Princípios e métodos para tomada de decisão

O GEN | Grupo Editorial Nacional – maior plataforma editorial brasileira no segmento científico, técnico e profissional – publica conteúdos nas áreas de ciências sociais aplicadas, exatas, humanas, jurídicas e da saúde, além de prover serviços direcionados à educação continuada e à preparação para concursos.

As editoras que integram o GEN, das mais respeitadas no mercado editorial, construíram catálogos inigualáveis, com obras decisivas para a formação acadêmica e o aperfeiçoamento de várias gerações de profissionais e estudantes, tendo se tornado sinônimo de qualidade e seriedade.

A missão do GEN e dos núcleos de conteúdo que o compõem é prover a melhor informação científica e distribuí-la de maneira flexível e conveniente, a preços justos, gerando benefícios e servindo a autores, docentes, livreiros, funcionários, colaboradores e acionistas.

Nosso comportamento ético incondicional e nossa responsabilidade social e ambiental são reforçados pela natureza educacional de nossa atividade e dão sustentabilidade ao crescimento contínuo e à rentabilidade do grupo.

Luiz Flavio Autran Monteiro **Gomes**
Carlos Francisco Simões **Gomes**

Princípios e métodos para tomada de decisão

ENFOQUE MULTICRITÉRIO

6ª Edição

Os autores e a editora empenharam-se para citar adequadamente e dar o devido crédito a todos os detentores dos direitos autorais de qualquer material utilizado neste livro, dispondo-se a possíveis acertos caso, inadvertidamente, a identificação de algum deles tenha sido omitida.

Não é responsabilidade da editora nem dos autores a ocorrência de eventuais perdas ou danos a pessoas ou bens que tenham origem no uso desta publicação.

Apesar dos melhores esforços dos autores, do editor e dos revisores, é inevitável que surjam erros no texto. Assim, são bem-vindas as comunicações de usuários sobre correções ou sugestões referentes ao conteúdo ou ao nível pedagógico que auxiliem o aprimoramento de edições futuras. Os comentários dos leitores podem ser encaminhados à **Editora Atlas Ltda.** pelo e-mail faleconosco@grupogen.com.br.

Direitos exclusivos para a língua portuguesa
Copyright © 2019 by
Editora Atlas Ltda.
Uma editora integrante do GEN | Grupo Editorial Nacional

Reservados todos os direitos. É proibida a duplicação ou reprodução deste volume, no todo ou em parte, sob quaisquer formas ou por quaisquer meios (eletrônico, mecânico, gravação, fotocópia, distribuição na internet ou outros), sem permissão expressa da editora.

Rua Conselheiro Nébias, 1384
Campos Elísios, São Paulo, SP – CEP 01203-904
Tels.: 21-3543-0770/11-5080-0770
faleconosco@grupogen.com.br
www.grupogen.com.br

Designer de capa: OFÁ Design | Manu
Imagem de capa: leszekglasner | iStockphoto
Editoração Eletrônica: Set-up Time Artes Gráficas

CIP-BRASIL. CATALOGAÇÃO NA PUBLICAÇÃO
SINDICATO NACIONAL DOS EDITORES DE LIVROS, RJ

Gomes, Luiz Flavio Autran Monteiro

Princípios e métodos para tomada de decisão: enfoque multicritério / Luiz Flávio Autran Monteiro Gomes, Carlos Francisco Simões Gomes. - 6. ed. - São Paulo : Atlas, 2019.

ISBN 978-85-97-01846-2

1. Processo decisório por critério múltiplo. 2. Planejamento estratégico. I. Gomes, Carlos Francisco Simões. II. Título..

19-56074

CDD: 658.403
CDU: 005.53

Vanessa Mafra Xavier Salgado - Bibliotecária - CRB-7/6644

Apresentação da 6ª edição

O termo "decidir" apresenta significados semânticos diversos: emitir juízo final, tomar resolução, deliberar, resolver, sentenciar, dispor, optar, entre outros. Trata-se, portanto, de ação que tem, em seu bojo, níveis de responsabilidade vinculados aos objetivos da decisão.

A existência do homem, criação maior do universo, passa, sob o ponto de vista filosófico, por incalculáveis tomadas de decisão. E este formidável ser deve lançar mão de sua inteligência para agir com sabedoria diante de metas que crescem em complexidade na medida de sua evolução. Assim acontece em todos os tipos de sociedade. Sob o ponto de vista científico, decisões poderiam ser tomadas por inteligência artificial caso fosse ela dotada de raciocínio autônomo. Porém, para programá-la nos níveis de complexidade e sofisticação da mente humana, os recursos iriam além das mais visionárias expectativas.

No contemporâneo e admirável mundo do século XXI, máquinas são capazes de abrigar virtualmente o passado com capacidades incalculáveis e, assim, já substituem o armazenamento físico. Em termos do presente, a tecnologia incorporou-se definitivamente à administração da vida e não se pode mais viver sem ela. Porém, quando o foco está no futuro, a tomada de decisão permanece como atribuição única e exclusiva do homem, uma chave capaz de abrir caminhos de sucesso.

Esta obra, cuja sexta edição honrosamente apresento, versa sobre tomadas de decisão, no caso, decisões gerenciais de gestores, equipes, pessoas com responsabilidades sobre metas. O lançamento de sua primeira edição data de pouco mais de 15 anos e suas sucessivas reedições atestam a importância e excelência de seu conteúdo. Até a 5ª edição o título de capa foi *Tomada de Decisão Gerencial*, ora alterado para *Princípios e Métodos para Tomada de Decisão*.

Os autores expõem, com didática exemplar, os conceitos básicos sobre o tema, como cenários, atores e aspectos culturais, discorrem sobre a Teoria dos Sistemas e a indispensável eficácia em uma tomada de decisão. Introduzem o leitor nos processos decisórios, suas incertezas, riscos, técnicas qualitativas de auxílio à decisão e desatam os nós do Enfoque Multicritério.

Diante deste extraordinário volume, permito-me uma digressão: Por que o "país do futuro" da minha infância e adolescência não deslanchou? Há que se admitir uma secular e complexa sucessão de decisões ineficazes, com prevalência de uma visão política de curto prazo nos quesitos educação e conhecimento. Assim foi tecida a rede que nos aprisiona no rol dos eternos emergentes. Por conta de ausência total ou ineficácia de planejamento, deduz-se que a grande maioria de tomadas de decisão no Brasil provavelmente se perdeu na miopia do imediatismo.

Enfoques sobre Planejamento Estratégico, decisões negociadas em grupo e redução de conflitos merecem reflexões. Nos Capítulos 4 e 5, é possível mergulhar neste universo.

Finalmente, a Teoria da Utilidade Multiatributo, que fecha com chave de ouro este compêndio, trata de problemas com múltiplos objetivos. Os Anexos A a F posam como complementares apoios para os que se dedicam ao estudo e à prática da tomada de decisões gerenciais.

Cabe, neste encerramento, manifestar minha forte admiração pelos autores desta importante fonte de conhecimento que, sem dúvida, por sua modernidade, tem ainda longo caminho a trilhar como bibliografia brasileira indispensável sobre o tema. Meus melhores votos de sucesso para a iniciativa de mais esta tiragem, decisão certamente tomada com conhecimento de causa.

Francis Bogossian
Presidente da Academia Nacional de Engenharia

Apresentação da 1ª edição

"Os problemas com os quais nos deparamos em nossa vida profissional têm que ter um equacionamento devido e sua solução deve ser obtida, seguindo-se metodologias que permitam visualizar as vantagens, desvantagens, adequabilidade, exequibilidade e aceitabilidade de cada uma das soluções colimadas, de modo que possamos compará-las e daí decidir pela que julgarmos mais aceitável.

De nada adianta atritarmos com os problemas, adiar suas soluções ou achar que estes serão espontaneamente resolvidos."

Essas palavras me foram ditas por um ex-chefe a quem tenho profunda admiração. Guardei-as como uma das lições que recebemos em nossa vida profissional e que vale a pena carregar conosco.

Ao ler este trabalho intitulado "Tomada de Decisão Gerencial", muito me lembrei dessa lição e dos ensinamentos acerca desse assunto, que tive durante minha carreira.

Considero que Autran, Simões e Adiel foram muito felizes ao juntar, de forma bastante abrangente, mas concisa, uma quantidade razoável de conceitos e de metodologias que são essenciais nos dias de hoje para aqueles que no dia a dia tenham que tomar decisões. Também os profissionais que trabalham como analistas ou na facilitação das decisões têm neste livro um grande aliado.

Assim, nossos brilhantes autores apresentam, inicialmente, três capítulos riquíssimos em informações que, se algumas conhecíamos em profundidade, ficamos admirados pela forma simples, direta e, como já disse, concisa como as trataram. São os "Conceitos Básicos", apresentados no Capítulo 1, os métodos e as metodologias aplicadas aos processos decisórios e as técnicas qualitativas de auxílio à decisão, apresentados no Capítulo 2, "Processos Decisórios", e a "Riqueza do Enfoque Multicritério", apresentada no Capítulo 3.

No Capítulo 4, recordam os "Sistemas de Informação", sua classificação e a filosofia que devem possuir para ter grande aplicabilidade nas empresas e poder ser utilizados em decisões automatizadas.

O Capítulo 5 aborda os diversos recursos existentes na Tecnologia de Informação e no Método Multicritério, capazes de auxiliar, respectivamente, a "Decisão em Grupo" e a "Negociação".

O Capítulo 6 aprofunda conhecimentos da "Teoria da Utilidade Multiatributo", frequentemente conhecida por Maut (*Multi-Attribute Utility Theory*), e faz um tratamento um pouco mais preciso, matematicamente falando, do que os demais capítulos.

Finalizando, acredito que os três brilhantes professores, amigos entre si e, principalmente, amigos daqueles que têm seu dia a dia relacionado, de alguma forma, com a Tomada de Decisão, uniram-se para nos brindar com uma primorosa obra, onde permitem que tenhamos acesso a conhecimentos por eles adquiridos em muitos anos de estudo e reflexão.

Lucio Franco de Sá Fernandes
Contra-Almirante
Diretor do Centro de Análises de Sistemas Navais

Prefácio da 1ª edição

O mais forte argumento em favor da utilização de modelos e métodos para apoio à decisão em presença de critérios múltiplos reside na própria realidade: os problemas reais são intrinsecamente multidimensionais (não existe uma única medida do melhor), sendo expectável que, em muitas circunstâncias, os modelos multicritério se revelem como os mais adequados. A complexidade dos problemas reais que surgem nas sociedades tecnológicas modernas é essencialmente caracterizada pela pluralidade de pontos de vista, refletindo aspectos econômicos, sociais, políticos, físicos, de engenharia, administrativos, éticos, estéticos etc. Dado que, em geral, não existe uma solução admissível (em face da tecnologia e dos recursos disponíveis) que garanta o melhor valor em todos os aspectos de avaliação, o processo de tomada de decisões neste tipo de problema não será, em muitas circunstâncias, o mais adequado, se o reduzirmos à procura da solução ótima de uma única função objetivo, como seja a eficiência do ponto de vista econômico medida por um qualquer indicador. Como diz, Edgar Morin, em La Méthode: "Se a optimização comporta a integração de desordens, incertezas, especulações, concorrências, antagonismos, então, uma tal optimização comporta o inoptimizável".

Desde os primeiros desenvolvimentos, há uma trintena de anos, diversas correntes da Análise Multicritério têm prosperado. Utilizando uma metáfora particularmente adequada de Theo Stewart, constituem hoje uma Babel-like confusion of tongues. A aparição deste melting pot parece-nos não somente inevitável, mas igualmente encorajador. A complexidade e a turbulência do mundo atual, assim como a variedade das formações acadêmicas e, em particular, a diversidade das tradições culturais, de todos os que têm contribuído para este ramo do conhecimento, justificam claramente a variedade dos caminhos seguidos. Em nossa opinião, há, no entanto, uma via de ação comum a todos os investigadores desta área, isto é: uma atitude inconformista que nos impele a fazer face aos desafios do nosso tempo, o que contribui para uma compreensão plural da realidade, tendo como objetivo principal uma melhor intervenção sobre esta mesma realidade. Atualmente, os investigadores preocupam-se não só com a criação de métodos de análise adaptados à sua visão da realidade, mas também com a estruturação e modelação de problemas, com a validação dos modelos, com a análise de robustez das soluções propostas etc. Muito embora estas preocupações não sejam específicas da "Comunidade Multicritério", creio que são especialmente sentidas no seu seio, visto que o desenvolvimento da Análise Multicritério tem como motivação principal a tentativa de ultrapassar dificuldades no uso adequado de aproximações da Pesquisa Operacional clássica, em muitas situações reais. Por outro lado, os paradigmas cognitivos em que se baseiam as aproximações multicritério estão longe de uma aceitação universal. Há necessidade de clarificar os fundamentos teóricos de muitos procedimentos, de unificar conceitos, de compatibilizar terminologias e de se ter em conta estudos empíricos acerca do comportamento dos decisores. Devem também acentuar-se as relações sinergéticas entre a Análise Multicritério e outras áreas do conhecimento, tais como a Psicologia Cognitiva, as Ciências Econômicas e Sociais em geral, a Inteligência Artificial, os Sistemas de Informação, os Sistemas de Apoio à Decisão (DSS), as novas tecnologias geralmente ligadas à Ciência dos Computadores etc. As novas tecnologias propiciam a construção de Sistemas Interativos de Apoio à Decisão muito flexíveis, o que facilita a combinação de protocolos algorítmicos com a experiência e intuição de agentes de decisão. Além disso, estes Sistemas de Apoio à Decisão podem ainda ser usados de forma simbiótica com ferramentas mais abrangentes de natureza sistêmica, como, por exemplo, a Análise de Cenários.

Quero ainda salientar que, para além dos Modelos de Análise Multicritério, os Modelos de Decisão em Grupo e os Modelos de Negociação têm tido grande desenvolvimento nos últimos anos, e, em muitos casos, trata-se de modelos que combinam aspectos quantitativos com aspectos qualitativos da realidade. Obviamente, abordam questões extremamente relevantes nos processos de decisão. Em particular, não podemos esquecer que a negociação está presente em muitos casos e, contudo, foi ignorada durante décadas pela Pesquisa Operacional.

No enquadramento que acabamos de esquematizar, parece-nos particularmente feliz o aparecimento desta nova edição do livro de Luiz Autran Gomes, Carlos Simões Gomes e Adiel Teixeira de Almeida. É, de fato, com muito prazer que me associo a este evento da edição científica de autores brasileiros, estando certo de que permitirá não só iniciar muitos leitores na aplicação prática da Análise Multicritério, mas também estimular o aparecimento de novos pesquisadores, nesta importante área do conhecimento.

Last but not least, aqui deixo um grande abraço para o Luiz, para o Carlos Simões e para o Adiel, companheiros que, ao longo de quase 20 anos, contribuíram de forma decisiva para a minha integração nesse imenso continente que é o Brasil, terra com que hoje me identifico e que aprendi a amar, sem fazer destrinça com a minha própria pátria.

Coimbra, 3 de agosto de 2006.
João Clímaco
Professor Catedrático da Faculdade de Economia
da Universidade de Coimbra

Prólogo

Este livro foi escrito com o espírito de tornar acessível ao leitor da língua portuguesa um conjunto de conceitos básicos que caracterizam o grande campo da Administração e da Pesquisa Operacional usualmente denominado, em nosso idioma, *Apoio Multicritério à Decisão (AMD)* ou, do ponto de vista essencial de suas aplicações, *Tomada de Decisão Gerencial*. Assim, optou-se por esse segundo título como título principal desta obra, enfatizando-se, no entanto, por meio do subtítulo, que aqui se concentra no chamado *Enfoque Multicritério*.

Dois verdadeiros tratados foram e continuam sendo fundamentais na formação dos autores nesse campo de conhecimento aplicado, podendo-se afirmar que inspiraram, com toda certeza, parte considerável deste texto. Por conseguinte, são esses os dois livros clássicos que os autores consideram imprescindíveis em qualquer biblioteca pessoal sobre o assunto: (1) *Decisions with multiple objectives: preferences and value tradeoffs*. New York: Wiley, 1976, de Ralph Keeney e Howard Raiffa; e (2) *Aide multiple à la decision: méthodes et cas*. Paris: Economica, 1993, de Bernard Roy e Denis Bouyssou. Podem-se considerar esses dois compêndios como as "bíblias", respectivamente, das chamadas *escola americana* e *escola francesa do AMD* e, portanto, é natural que alguns elementos aflorem ao longo deste livro, reconhecidos os devidos créditos. Sob esse aspecto, os autores deste livro desejam expressar sua gratidão a (por ordem alfabética) Bouyssou, Keeney, Raiffa e Roy pela influência que sobre nós têm exercido e, sobretudo, pelos sólidos pilares que construíram e sobre os quais se assenta a *Tomada de Decisão Gerencial*, sob o *Enfoque Multicritério*.

Os Autores

Sumário

1 **Conceitos básicos, 1**
   1   Definição de decisão, 1
   2   Análise de cenários, 4
   3   Atores da decisão, 5
   4   Influência da cultura no apoio à decisão, 7
   5   Teoria dos sistemas, 9

2 **Processos decisórios, 19**
   1   Introdução, 19
   2   Métodos e metodologias aplicáveis ao processo decisório, 20
       2.1   Escolhas orientadas, 30
   3   Condições de decisão e tipos de problemas, 31
   4   Decisões sob incerteza, 35
   5   Decisões sob risco, 38
   6   Técnicas qualitativas de auxílio à decisão, 38

3 **Riqueza do enfoque multicritério, 57**
   1   Introdução, 57
   2   Métodos multicritério de apoio à decisão, 60
   3   Decisão em grupo, 74
   4   Fundamentação analítica do apoio multicritério à decisão (AMD), 75
       4.1   Conceitos fundamentais e ferramentas básicas, 78
       4.2   Classificação da família de algoritmos multicritério, 80

4.3 Modelagem das preferências, 84
4.4 Principais estruturas de preferências, 86
4.5 Modelagem das consequências, 91
4.6 Pesos dos critérios e taxas de substituição entre critérios, 97
4.7 Família coerente de critérios, 103
5 Vantagens da utilização do AMD como quadro de referência analítico dos sistemas de apoio à decisão, 120

4 Planejamento estratégico e prospectivo com Sistemas de Informação (SI), 123
1 Considerações sobre a decisão, 123
2 Tomada de decisão intuitiva, 125
3 Prospectiva, 133
4 Planejamento com cenários, 136
5 Métodos para elaborar cenários, 143
    5.1 Descrição dos principais métodos para a elaboração de cenários, 144
        5.1.1 Método análise morfológica, 144
        5.1.2 Método de construção de cenários de ambientes de negócios, 144
        5.1.3 Método dos cenários, 145
        5.1.4 Método interax, 145
        5.1.5 Método SRI International (Stanford Research Institute), 146
        5.1.6 Global Business Network, 146
        5.1.7 Método Future Mapping, 146
        5.1.8 Método Battelle Memorial Institute, 147
        5.1.9 Método Análise Prospectiva, 147
        5.1.10 Método Comprehensive Situation Mapping, 147
        5.1.11 Decision Strategies International, 148
        5.1.12 Método unificado de planejamento estratégico prospectivo (Momento), 148
    5.2 Consistência dos cenários, 149
6 Sistemas de informação, 150
7 Planejamento estratégico (PE), 158

5 Decisão em grupo, negociação, métodos TODIM e TOPSIS, 165
1 Tecnologia de informação (TI) e tomada de decisão, 165
2 Métodos multicritério em contextos de negociação e decisão em grupo, 170
3 Metodologia multicritério para redução de conflitos, 173
    3.1 Considerações iniciais sobre decisão em grupo e negociação, 175
    3.2 Uso do AMD em negociação e decisão em grupo, 179
    3.3 Metodologia proposta, 180

3.3.1 Exemplo numérico, 184
4 Teoria da utilidade multiatributo, teoria dos conjuntos nebulosos e teoria dos jogos, 186
    4.1 Métodos TODIM e TOPSIS, 193
        4.1.1 Método TODIM, 193
        4.1.2 Método TOPSIS, 197

6 Teoria da utilidade multiatributo, 201
1 Introdução, 201
2 Elementos da teoria da utilidade esperada, 203
    2.1 Estrutura axiomática, 206
    2.2 Alguns conceitos e propriedades relevantes, 207
        2.2.1 Monotonicidade, 207
        2.2.2 Equivalente certo, 208
        2.2.3 Equivalência estratégica, 209
        2.2.4 Aversão ao risco, 209
        2.2.5 Propensão ao risco, 210
        2.2.6 Função utilidade monotonicamente decrescente, 210
    2.3 Elicitação da função utilidade, 211
3 Estabelecimento do problema com utilidade multiatributo, 211
4 Estudo da teoria da utilidade multiatributo para o caso de dois atributos, 215
    4.1 Independência em utilidade, 216
    4.2 Independência aditiva, 220
    4.3 Função utilidade aditiva, 222
    4.4 Função utilidade multilinear, 223
    4.5 Análise do parâmetro k, 225
    4.6 Não existência da independência em utilidade entre os atributos, 227
5 Estudo da utilidade multiatributo para o caso com mais de dois atributos, 228
6 Procedimento para avaliação da função utilidade multiatributo, 229
    6.1 Preparação do decisor para avaliação, 230
    6.2 Identificação de independência, 231
    6.3 Avaliação da função utilidade condicional, 234
    6.4 Avaliação das constantes de escala, 235
    6.5 Verificação de consistência, 237
7 Informações intercritérios nos métodos multicritério e, em particular, na MAUT, 237
8 Uso da função utilidade multiatributo como método, 239
    8.1 Método UTA, 241
9 Aplicabilidade da teoria da utilidade multiatributo, 245

Anexo A — Métodos Electre e Promethee, 249
1. Primeiros métodos da escola francesa, 249
2. Sistema de preferências, 249
3. Combinação das situações fundamentais, 252
4. Fundamentos dos métodos electre, 254
5. Concordância e discordância, 255
6. Representação das relações de sobreclassificação usando grafos, 257
7. Método Electre I, 258
8. Núcleo de um grafo, 259
9. Circuitos, 259
10. Método Electre II, 260
11. Promethee (Preference Ranking Organization Method for Enrichment Evaluations), 264

Anexo B — Esclarecimentos terminológicos, 271

Anexo C — Teorias que tratam do não determinismo, 281
1. Teoria dos conjuntos aproximativos (TCA), 281
2. Teoria dos conjuntos nebulosos, 287
3. Conceitos básicos de probabilidade, 296

Anexo D — Formulação multiobjetivo, 299
1. Conceitos, 299

Anexo E — Outros métodos quantitativos de apoio à decisão, 307
1. Programação matemática, 307
2. Simulação, 313
3. Algoritmos genéticos, 317

Anexo F — PO Soft, 321

Referências, 327

Conceitos básicos

1 DEFINIÇÃO DE DECISÃO

A palavra *decisão* é formada por *de* (que em latim significa parar, extrair, interromper), que se antepõe à palavra *caedere* (que significa cindir, cortar). Tomada ao pé da letra, a palavra *decisão* significa "parar de cortar" ou "deixar fluir".

Uma decisão precisa ser tomada sempre que se está diante de um problema que possui mais que uma alternativa para sua solução. Mesmo quando, para solucionar um problema, há uma única ação a tomar, existem as alternativas de tomar ou não essa ação. Concentrar-se no problema certo possibilita direcionar corretamente todo o processo.

Em sua dimensão mais básica, um processo de tomada de decisão pode conceber-se como a eleição por parte de um centro decisor (um indivíduo ou um grupo de indivíduos) da melhor alternativa entre as possíveis. O problema analítico está em definir o melhor e o possível em um processo de decisão (Romero, 1996).

As decisões podem ser classificadas de várias formas, tais como:

a) simples ou complexas;
b) específicas ou estratégicas etc.

As consequências advindas das decisões podem apresentar-se da seguinte maneira:

a) imediata;
b) curto prazo;
c) longo prazo;
d) combinação das formas anteriores (impacto multidimensional).

As decisões podem acarretar abrangência bem diversa. Segundo Zeleny (1994), a tomada de decisão é um esforço para tentar resolver problema(s) de objetivos conflitantes, cuja presença impede a existência da solução ótima e conduz à procura do "melhor compromisso".

Para Hammond, Keeney e Raiffa (1999), os objetivos ajudam a determinar quais informações devem ser obtidas, permitem justificar decisões perante os outros, estabelecem a importância de uma escolha, e permitem estabelecer o tempo e o esforço necessário para cumprir uma tarefa.

O processo de decisão requer a existência de um conjunto de alternativas factíveis para sua composição, em que cada decisão (escolha de uma alternativa factível) tem associados um ganho e uma perda. Para Malczewski (1999), decisões são necessárias quando uma oportunidade ou problema existe, ou quando algo não é o que deveria ser ou, ainda, quando existe uma oportunidade de melhoria ou otimização.

Alguns autores afirmam que decidir é posicionar-se em relação ao futuro.

Decidir também pode ser definido como:

a) processo de colher informações, atribuir importância a elas, posteriormente buscar possíveis alternativas de solução e, depois, fazer a escolha entre as alternativas;
b) dar solução, deliberar, tomar decisão.

A tomada de decisão pode ser evidenciada nas mais simples atitudes diárias, tais como o que fazer para divertir-se: *assistir a programas de televisão, ouvir rádio, ouvir um CD, ler um livro*? Uma primeira decisão poderá acarretar outras, por exemplo: decidir-se a *assistir à televisão* acarreta a necessidade de nova definição, que seria a *qual canal (ou programa)* assistir.

O ser humano deverá também escolher em qual instituição de ensino irá estudar, e, dentro da instituição de ensino, quais cursos irá fazer e, como consequência, onde comprar livros etc.

Algumas escolhas, quando realizadas, seguem um único parâmetro; assim, procede-se a uma mensuração desse parâmetro.

Escolhendo comprar, por exemplo, um carro sob o único parâmetro de custo, verificar-se-á qual é o carro menos oneroso, por meio de uma mensuração monetária, e o mesmo será comprado; isto não é uma decisão, é uma mensuração simples. Logo, decidir é escolher uma alternativa em um conjunto de alternativas possíveis sob a influência de pelo menos dois parâmetros conflitantes.

Tomar decisões complexas é, de modo geral, uma das mais difíceis tarefas enfrentadas individualmente ou por grupos de indivíduos, pois quase sempre tais decisões devem atender a múltiplos objetivos e, frequentemente, seus impactos não podem ser corretamente identificados. Os grupos envolvidos em decisões, complexas ou não, realizam processos sociais que transformam uma coleção de decisões individuais em uma ação conjunta (French, 1988). Algumas decisões serão tomadas por meio de parâmetros não mensuráveis quantitativamente, porém medidos qualitativamente, como é o caso do parâmetro beleza. Entretanto, esta mensuração pode ser feita em uma escala verbal ou ordinal. Posteriormente, poderá ser transformada em uma escala numérica.

O ser humano vê-se, assim, obrigado a tomar decisões, ora usando parâmetros quantitativos, ora usando parâmetros de mensuração qualitativa, como forte característica subjetiva. Os parâmetros quantitativos normalmente são de mensuração mais fácil que os parâmetros qualitativos. Este mesmo decisor, ou tomador de decisão ou agente de decisão (do inglês *decision maker* – DM), é o responsável por realizar (executar) a decisão; pode ser uma pessoa, um grupo, um comitê, uma companhia etc. Tem de vislumbrar as consequências das decisões em um meio ambiente mutável e sujeito a condições que o decisor não pode controlar, e com incertezas, imprecisão e/ou ambiguidade. Em muitas situações do mundo real nas quais o decisor envolve-se com vários critérios de decisão, os valores a serem atribuídos para classificação das alternativas nos critérios ou mesmo a importância dos critérios podem ser efetuados com números inexatos (Miettinen e Salminen, 1999).

De acordo com Hopwood (1980), as incertezas têm efeito direto sobre a maneira como o processo de decisão na organização é realizado.

A tomada de decisão, usando parâmetros quantitativos e qualitativos, é utilizada por grupos empresariais, pequenas e médias empresas, por governos, militares etc.

Pode-se exemplificar tudo o que foi apresentado anteriormente por meio da seguinte situação-problema (exemplo): *deseja-se resolver o problema da fome em uma comunidade*, e as alternativas para solucionar o problema poderiam ser:

a) subsidiar os alimentos para que todos pudessem adquiri-los com seus salários;
b) instituir um "salário de ajuda" (extra) para os necessitados.

Essas duas propostas resolveriam o problema. A mensuração dos custos no subsídio e no valor do salário é quantitativa, porém o impacto social das medidas terá uma avaliação qualitativa diversa.

Da mesma forma, outro grupo poderia arguir que nada adianta alimentar um povo doente, e nesse caso, o dinheiro deveria ser prioritariamente enviado para a saúde; da mesma forma, outro(s) especialista(s) poderia(m) arguir que nada adianta tratar de um "doente que morre de fome". Tratando-se de recursos escassos, poderia acarretar que apenas uma alternativa poderia ser implantada, e a escolha teria um caráter técnico e subjetivo.

Pode-se também exemplificar a subjetividade envolvida no processo de decisão com as seguintes situações: "uma empresa que necessite priorizar fornecedores, ou escolher o local ideal para uma nova filial, ou mesmo selecionar empregados", fará isso sob parâmetros qualitativos e quantitativos.

Deduz-se que no mundo atual (real), particularmente no ambiente empresarial, em um mercado globalizado cada vez mais competitivo, é preciso tomar decisões mais rápidas, corretas e abrangentes. As decisões, normalmente, buscarão minimizar perdas, maximizar ganhos e criar uma situação em que comparativamente o decisor julgue que houve elevação (houve ganho) entre o estado da natureza em que se encontrava e o estado em que irá encontrar-se (irá advir) após implementar a decisão.

Salienta-se que subjetividade não é o oposto da objetividade, o oposto da subjetividade é a falta de objetividade. Uma decisão subjetiva pode ser objetiva.

2 ANÁLISE DE CENÁRIOS

A análise de cenários tem sido utilizada ao longo da história da humanidade, notadamente no campo militar, mas também como elemento fundamental para apoio à tomada de decisão civil. Tal análise caracteriza, em essência, o que se denomina pensamento – ou planejamento – estratégico. Foi na segunda metade do século XX, no entanto, que a análise de cenários passou a adquirir tecnologia própria, com o tratamento probabilístico (e/ou possibilístico) dos distintos cenários e do consequente tratamento matemático dos cursos de ação a serem potencialmente seguidos.

A ideia central da análise de cenários é, após um estudo detalhado dos vários aspectos do problema de decisão que se pretende resolver, efetuar a construção de diferentes contextos – os cenários – alternativos passíveis de materialização. Estão delineados a seguir diferentes cursos de ação – as estratégias – que podem ser seguidos para cada um desses cenários. Haverá, assim, cenários aparentemente mais prováveis e menos prováveis de se materializar. Da mesma forma, deverá ser estruturado um possível inter-relacionamento entre estratégias de implementação de alternativas, de tal modo que, à medida que a realidade for sendo desvendada, tanto os cenários elaborados previamente como as estratégias sejam reavaliados.

Cenários constitui uma ferramenta de planejamento poderosa, principalmente porque o futuro é imprevisível. Usar cenários é ensaiar para o futuro antes de o futuro chegar. Ao reconhecer sinais de aviso e a história que está emergindo, podem-se evitar surpresas, adaptar-se e agir efetivamente. Outras características importantes do método de cenários são a procura sistemática das descontinuidades que poderiam ocorrer no futuro e a explicitação do papel dos atores econômicos e políticos.

A prospectiva oferece uma grande quantidade de modelos qualitativos, os quais, conjugados com os quantitativos, permitem um considerável aprofundamento conceitual sobre o ambiente externo.

Alguns autores afirmam que o uso de cenários começou em jogos de guerra. A partir dos anos 1960, o uso decolou no mundo empresarial. No final dos anos 1970, as falhas desta abordagem já eram amplamente conhecidas e, desde então, houve uma transição de cenários probabilísticos para causais qualitativos.

- Hipóteses básicas
    - estratégias sólidas reduzem a complexidade;
    - a discussão de estratégias é uma parte natural da tarefa gerencial, e não só para especialistas;
    - não há nada de muito complicado em uma boa estratégia, que deve ser regida pelo bom senso;
    - investir tempo em estratégia gera economia de tempo no dia a dia.

Em qualquer problema de decisão, por outro lado, todo esforço possível deve ser empreendido para chegar-se a uma ampla compreensão dos valores subjacentes aos objetivos do problema. Nessa medida, a análise de cenários pode ajudar substancialmente, uma vez que a elaboração de estratégias não apenas é um exercício dinâmico, mas também uma oportunidade de simular a realidade, com isto estruturando melhor o problema de decisão. Isso é particularmente importante em áreas complexas como a de agronegócios, em que se lida explicitamente com dimensões tecnológicas, humanas, sociais, econômicas, jurídicas, políticas e institucionais.

Além da análise de cenários, entretanto, há outras(os) técnicas/métodos – o teatro nas organizações, por exemplo, é uma delas – para elicitação de valores e a decorrente formulação de problemas complexos de decisão. Todas visam, basicamente, a uma simulação/vivência do processo de decisão, seguida da identificação dos valores e, finalmente, da criação e da seleção das opções passíveis de solucionar cada problema de decisão.

Entender a natureza de cada problema sob os diversos ângulos (definindo as causas do problema) é, assim, elemento-chave para uma boa solução do mesmo. É a visão multidimensional, sobre a qual versam as seções seguintes, que permite tal entendimento.

Esses conceitos serão ampliados no Capítulo 4 – Planejamento estratégico e prospectivo com Sistemas de Informação (SI).

3 ATORES DA DECISÃO

Frequentemente, os termos *decisor*, *facilitador* e *analista* são usados como sinônimos. Em geral, esse fato decorre de ser o mesmo indivíduo, ou grupo de indivíduos, encarregado(s) de executar(em) as três funções. Cabe aqui definir corretamente esses termos:

    a) *Decisor(es)*: influencia(m) no processo de decisão de acordo com o juízo de valor(es) que representa(m) e/ou relações que se estabeleceram. Essas relações devem possuir caráter dinâmico, pois poderão ser modificadas durante o processo de decisão em razão do enriquecimento de informações e/ou interferência de facilitadores.

O decisor pode ser uma pessoa, ou um grupo de pessoas, em nome do(s) qual(ais) é tomada a decisão (Vanderpooten, 1995). O decisor nessa situação não participa do processo de decisão, porém irá influenciá-lo se possuir o poder de veto. Haverá um grupo que tomará a decisão e irá oficializá-la mediante a "assinatura" do decisor.

Nem todos os decisores têm o poder de decisão. Assim, é importante, ainda, distinguir o grau de influência dos decisores no processo de decisão. Esse grau de influência faz a distinção entre os decisores envolvidos com o processo de decisão, que são colocados em dois grupos denominados agidos e intervenientes (Bana e Costa, 1993).

O decisor pode ser definido como aquele(s) a quem o processo decisório destina-se, e que tem (têm) o poder e a responsabilidade de ratificar uma decisão e assumir suas consequências.

Observação: os agidos são pessoas às quais o programa é imposto, ou são as pessoas que são afetadas por ele, de maneira direta ou indireta. Os agidos não tomam decisão sobre o programa, apenas participam. São aqueles que, apesar de sofrerem consequências das decisões, têm limitadas ou nenhuma capacidade de, por vontade própria, ver seus valores e preferências contemplados nos modelos de avaliação. Entretanto, dependendo de sua força e importância, podem exercer pressão mais ou menos intensa para que isto ocorra, porém sempre de forma indireta (Bana e Costa e Silva, 1994). Os intervenientes são pessoas que tomam a decisão sobre os programas e têm ação direta sobre a mudança. Ambos os tipos de atores são importantes, embora tenham regras diferentes. Os agidos não são pessoas passivas durante todo o processo de decisão, assim como os intervenientes também não são pessoas ativas durante todo o processo (Bana e Costa, 1993). Negociação é um processo no qual a decisão mútua é feita com a concordância das partes; essa decisão é conseguida com a busca do consenso.

b) *Facilitador(es)*: é (são) um (os) líder(es) experiente(s) que deve(m) focalizar a(s) sua(s) atenção(ões) na resolução do(s) problema(s), coordenando os pontos de vista do(s) decisor(es), mantendo o(s) decisor(es) motivado(s) e destacando o aprendizado no processo de decisão. Tem (têm) como papel esclarecer e modelar o processo de avaliação e/ou negociação conducente à tomada de decisão. Deve manter uma postura neutra no processo decisório, para não intervir nos julgamentos dos decisores. Deve propiciar o aprendizado. O facilitador (Roy, 1985) é um ator particular, cujo grau de ingerência na atividade de apoio à decisão deveria ser contínuo, adotando uma postura empática. No entanto, o facilitador deve tentar abstrair-se de seu sistema de valor, a fim de não vir a influenciar os demais intervenientes.

c) *Analista(s)*: é (são) o(s) que faz(em) a análise, auxilia(m) o(s) facilitador(es) e o(s) decisor(es) na estruturação do(s) problema(s) e identificação dos fatores do meio ambiente que influenciam na evolução, solução e configuração do problema. A maior parte do trabalho do analista consiste na formulação do problema, e em ajudar as pessoas a visualizar o problema.

4 INFLUÊNCIA DA CULTURA NO APOIO À DECISÃO

Para agricultores, cultura tem significado de plantação, pois do ponto de vista etimológico, a palavra *cultura* é uma transposição ao português do termo latino *cultura*; substantivo derivado do verbo *colere*, cuja significação "trabalhar a terra" nos remete ao campo da produção humana; um atleta entende que cultura possa estar associada à valorização do corpo (cultura física); para muitos, cultura é sinônimo de erudição e, para outros, é somente o patrimônio artístico, literário e científico de um povo. Todas as afirmações anteriores estão corretas; entretanto, neste livro, o interesse recai apenas no significado socioantropológico, e é nesse sentido que prosseguirá o estudo dessa palavra.

A cultura pode ser definida como: *conjunto de conhecimentos; estado de desenvolvimento intelectual; instrução* (Dicionário Brasileiro da Língua Portuguesa, Globo, 1994). Cultura também pode ser definida como *o valor das ideias que não são inatas, porém aprendidas e depois distribuídas*. Culturas podem ser transferidas e observadas (danças, cerimônias e rituais) (Nutt, 1988).

No *Dicionário Aurélio Buarque de Holanda* (2. ed., p. 508), tem-se a seguinte definição: complexo dos padrões de comportamento, das crenças, das instituições e doutros valores espirituais e materiais transmitidos coletivamente e característicos de uma sociedade; associado à civilização e progresso; desenvolvimento de um grupo social; desenvolvimento de uma nação; fruto de um esforço coletivo pelo aprimoramento de valores; atividade e desenvolvimento intelectuais.

No *Dicionário escolar da língua portuguesa*, do MEC (8. ed., p. 374), consta o seguinte: desenvolvimento intelectual, saber, estudo, sistemas de atitudes e modos de agir, costumes e instruções (estágio de desenvolvimento) de um povo, ou que caracteriza determinada sociedade, conhecimento geral.

Para E. B. Tylor, no livro *Primitive culture*, cultura é todo o complexo que inclui conhecimentos, crenças, arte moral, lei, costumes e todas as outras capacidades e hábitos adquiridos pelo homem como membro da sociedade; cultura é uma abstração do comportamento.

Deduz-se, então, que cultura se contrapõe ao conhecimento específico.

Na *Enciclopédia do estudante* (v. 2, p. 402), estão presentes as seguintes considerações: acúmulo de conhecimentos; maneira de viver de uma sociedade. A cultura inclui a relação de um grupo de homens e o mundo, e a relação dos homens entre si dentro de um grupo.

Assim, as formas de comunicação (linguagem escrita, falada, gestual) são essenciais para que homens expressem sua cultura individual e as sociedades transmitam sua cultura. Os valores são ideias gerais que orientam o comportamento de um grupo e/ou de um indivíduo.

Vergez e Huisman (v. 1, 1982) fazem as seguintes considerações no Capítulo 1 "A Ação" do livro *Compêndio moderno de filosofia*: a palavra *cultura*, em sua acepção tradicional, exprime a ideia de desenvolvimento, de aperfeiçoamento da pessoa que "se instruiu enriquecendo seu bom gosto, seu senso crítico e seu julgamento"; cultura significa sobretudo desenvolvimento espiritual; designa comportamentos e conhecimentos adquiridos e transmitidos pela educação; a cultura é o que acrescenta a natureza, uma vez que uma sociedade de abelhas é um ambiente complexo, porém inculto, pois nada acrescenta com o correr dos anos; cultura pressupõe que não existe uma sociedade inculta; a cultura faz a distinção das sociedades. Todo indivíduo que pertence a uma sociedade é portador de certos aspectos dela; assim, todo ser humano é culto, pois possui parte da cultura da sociedade onde vive.

Na *Enciclopédia universo* (v. 3, p. 1494), têm-se as seguintes ponderações: tudo o que o homem adquire pelo estudo ou experiência do mundo, de modo a realizar-se como pessoa; tudo o que estrutura e define uma sociedade; elaboração e transformação inteligente de uma realidade natural; experiência humana. A cultura distingue-se da erudição à medida que exclui a especialização. O objetivo de uma cultura geral seria ajudar o homem, em quaisquer circunstâncias, a fazer julgamentos sólidos e desenvolver espírito crítico.

Culturas são dinâmicas, evoluem com o tempo, acarretando o fenômeno de "mudança cultural". Cultura também pode ser definida por: *conhecimentos básicos indispensáveis para o entendimento de qualquer ramo do saber humano; refinamento do indivíduo e da sociedade.*

Cultura inclui costumes, instituições, técnicas, padrões de comportamento e valores socialmente transmitidos e todos os outros produtos do trabalho e pensamento humano (artefatos decorativos, artes, ideologias políticas, rituais religiosos, costumes sociais). Em antropologia, cultura refere-se ao modo de vida da sociedade humana, transmitido de uma geração à outra pelo aprendizado e pela experiência. Cultura universal inclui organização social, religião, estrutura e organização econômica e cultura material.

Cultura, ainda, significa o desenvolvimento do intelecto por treinamento ou educação, podendo referir-se a alto grau de distinção e refinamento formado por estética e treino intelectual.

Cultura é tudo o que o homem produz em termos materiais e espirituais. Enquanto os animais e vegetais só transmitem a seus descendentes a herança biológica, os seres humanos também transmitem a herança cultural. A cultura é aprendida, a herança biológica não.

Isto remete aos três aspectos fundamentais da cultura:

- transmitida: herança ou tradição social;
- aprendida: pois não é manifestação da genética do homem;
- compartilhada: é um fenômeno social.

Bem como aos três níveis da cultura:

- ideológico: totalidade de significados, valores e normas que possuem os indivíduos e grupos;
- comportamental: totalidade das ações significativas;
- material: objetos ou veículos materiais por meio dos quais se exterioriza o nível ideológico.

A cultura faz parte do modo de ser, agir e expressar-se dos indivíduos e dos grupos humanos.

A cultura influencia o ser humano, porém este também pode influenciar a cultura, seja com suas ideias, seja com seus inventos e/ou suas descobertas. A cultura é, simultaneamente, um produto da vida social e da atividade social dos homens.

Em face do exposto, conclui-se que o decisor fará suas atribuições de pesos para critérios influenciado por seus valores pessoais, que definirão as suas preferências. A cultura do decisor é determinada por suas ideias inatas, aprendidas, comportamentos observados, crenças, características da sociedade onde vive, desenvolvimento intelectual (o que pode ocasionar uma mudança de preferências durante o processo decisório), seu aprendizado familiar; valores apreendidos dos pais; valores determinados pelo(s) país(es) onde viveu; religião adotada ou ausência dela; assuntos que determinaram essa instrução; ambiente de trabalho (pessoas da convivência diária); cultura da empresa; ideologia política etc.

A "cultura do observador (ou do analista)", formada por meio do conjunto de informações que ele acumulou em sua experiência administrativa científica e da própria experiência de vida, associa-se a um modelo conceitual, no qual a percepção da realidade, a partir de analogias com situações científicas (leis, teorias ou outros modelos), permite definir um modelo conceitual. Cultura significa um misto de informação, experiência e criatividade. Um modelo é uma representação da realidade, vista por intermédio dos recursos (cultura) do analista e/ou decisor.

5 TEORIA DOS SISTEMAS

Um sistema pode ser conceituado como:

a) conjunto de elementos (partes ou subsistemas) que interagem, trocando informações e controles, que se destina a uma finalidade específica;

b) conjunto de partes (elementos ou subsistemas), interdependentes, que interagem de modo a atingir determinado fim, de acordo com um plano ou princípio;

c) qualquer unidade que processa certos insumos a fim de obter certos resultados;

d) conjunto de elementos (partes ou subsistemas) dinamicamente relacionados, que formam uma atividade, para atingir um objetivo, e operam sobre dados/energia/matéria (orgânica ou não) para fornecer informações/energia/matéria;

e) conjunto de elementos (partes ou subsistemas) interconectados, em que alguns elementos são humanos e outros não, para a obtenção de um objetivo desejado, pela manipulação e controle de homens e elementos não humanos.

Todo sistema é, portanto, um conjunto complexo de homens e/ou máquinas, em que o todo é maior que a soma das partes, pois o todo inclui a interação das partes. As partes do sistema podem ser vistas como outros sistemas, denominados nesse caso subsistemas. Todo sistema existe para atender a um propósito ou resolver um problema (Figura 1.1).

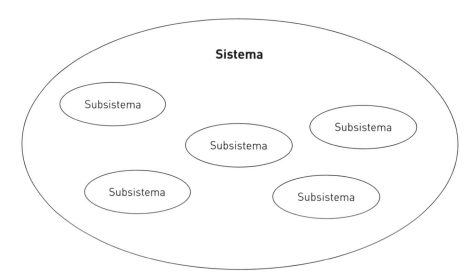

Figura 1.1 – Subsistemas dentro de um sistema.

Com base na definição de sistema, têm-se as seguintes definições:

a) Engenharia de Sistemas (ES) – tem como propósito planejamento, desenvolvimento, construção, modificação e avaliação de um sistema;

b) Análise de Sistemas (AS) – por meio de metodologias e processos lógicos, por vezes construindo modelos, ajuda na tomada de decisão na fase de identificação, planejamento e desenvolvimento dos processos na ES;

c) Pesquisa Operacional (PO) – procura otimizar as operações existentes e/ou ajudar no processo de tomada de decisão; visa fornecer subsídios racionais para a tomada de decisão.

O enfoque sistêmico tem como propósito:

a) identificar a definição, missão e/ou a finalidade do sistema;
b) entender como os elementos do sistema interagem e influenciam-se para a realização dos objetivos do sistema;
c) utilizar modelo(s) para auxiliar(em) na identificação correta do(s) problema(s).

O enfoque analítico concentra-se nos elementos individuais do sistema, observando-os isoladamente, pois o enfoque sistêmico, ao contrário do analítico, tem como foco as interações entre os elementos de um sistema, estudando a natureza das interações e considerando seus efeitos.

Problema

Para o correto entendimento de um problema, é necessário decompor o mesmo em partes que facilitem a definição de passos necessários para a solução (atacar as causas do problema).

Problema pode ser definido como:

a) todo resultado considerado indesejado;
b) algo que está errado e deve ser corrigido.

A integração das soluções parciais (solução de cada causa de problema) gera a solução do problema em foco. Para a correta formulação do problema, faz-se necessário constatar os fatores que influenciam o problema, bem como estudar o meio ambiente e identificar as restrições. Estas podem ser financeiras, econômicas, legais, políticas, materiais, temporais, de pessoal etc.

Os problemas são uma parte normal da vida. Algumas pessoas enganosamente os negam em uma tentativa patológica de fazê-los desaparecer.

No estudo dos problemas, deve-se ter cuidado com crenças que não geram fatos e com a "ditadura de experiência", pois:

a) uma crença prova apenas a existência do "fenômeno da crença", mas de nenhuma forma a realidade de seu conteúdo (segundo Carl Gustav Jung). O fato, indiscutível, de diariamente observarmos o Sol nascer no leste e se pôr no oeste não prova a teoria de que o Sol gira em torno da Terra;

b) "a experiência não é, em absoluto, o único campo ao qual a nossa compreensão pode ficar confinada": "A experiência nos diz o que é, mas não que deva ser necessariamente o que é e não o contrário. Ela nunca nos dá, portanto, quaisquer verdades realmente gerais; e nossa razão, que está particularmente ansiosa por essa classe de conhecimento, é provocada por ela, e não satisfeita. As verdades gerais, que ao mesmo tempo trazem o caráter de uma necessidade interior, devem ser independentes da experiência – claras e certas por si mesmas" (Kant).

Para construir um sistema, é necessário responder às seguintes perguntas:

a) Qual é o problema? (o que mudar)
b) Que se pretende obter? (especificar objetivos)
c) Que deve fazer o sistema?
d) Qual o grau de perfeição a ser atingido?
e) Onde terá lugar o estudo?
f) Quem ou o que será afetado?

Os seguintes pontos básicos deverão ser analisados no desenvolvimento de um sistema (ver Figura 1.2):

a) *problema* – identificação e definição da situação problemática;
b) *objetivos* – propósito ou finalidade do sistema;
c) *âmbito* – profundidade necessária;
d) *grupos* – pessoas envolvidas;
e) *incertezas*, imprecisões e informações dúbias (sistema não determinístico);
f) *duração* – cronograma de trabalho, prazos e metas, horizonte de tempo (tempo é insumo e restrição);
g) *listagem de alternativas* – construção da solução e montagem do plano de implementação.

Um sistema tem cinco elementos:

a) *meio ambiente* – variáveis independentes. Está fora do controle do sistema, condiciona seu funcionamento e é constituído por fatores externos e outros sistemas;
b) *entradas ou insumos (recursos)* – variáveis dependentes. São as informações, capital, recursos, *inputs*, mão de obra, energia, matéria-prima etc.;

c) *saídas (resultados ou produtos)* – variáveis resultantes, *output*. Buscam atender ao propósito; são constituídas de respostas desejadas (que devem ser maximizadas) e por respostas indesejadas que devem ser minimizadas;

d) *processos, subsistemas e modelos, que são o que agregam valor* – processos são o núcleo do sistema, pois transformam entrada em saída. Estão sob controle do sistema; e têm o estado final que é determinado pelo estado inicial;

e) *controle e realimentação – feedback*. Permitem melhorar o rendimento e quantificar os resultados, bem como manter-se informado sobre o desempenho (ver Figura 1.2).

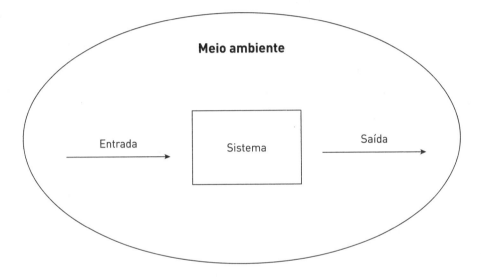

Figura 1.2 – O sistema e seu meio ambiente.

Todo sistema deverá ter as seguintes características:

a) homeostase, isto é, o equilíbrio dinâmico obtido por meio da autorregulação ou autocontrole, dispondo de dispositivos de retroalimentação (*feedback*);

b) simbiose, que se divide em:
- simbiose interna implica que, em um sistema, todos os componentes/elementos/subsistemas atuam, não existindo componentes/elementos/subsistemas sem função;
- simbiose externa é a propriedade de o sistema ser um componente participante e indispensável (em tese) de um sistema maior;

c) sinergia – o todo é maior que a soma das partes que o compõem;

d) entropia – todo sistema sofre deterioração;

e) sintropia, negentropia ou entropia negativa – a capacidade de importar a energia necessária para compensar a natural degradação entrópica e realizar autoajustes em direção ao equilíbrio organizacional.

Academicamente, os sistemas podem ser assim classificados:

a) quanto à natureza:
- natural; ou
- criado pelo homem;

b) quanto à existência física ou constituição:
- físico ou concreto (real); ou
- conceitual ou abstrato (conceitos, planos, hipóteses e/ou ideias);

c) quanto ao relacionamento com o meio ambiente:
- fechados (isolados do ambiente); ou
- abertos (interfaces com o meio ambiente, por exemplo, organismos, enquanto vivos);

d) quanto à dinâmica:
- estáticos (estruturas ou armações); ou
- dinâmicos (movimentos predeterminados e invariáveis);

e) quanto à natureza das variáveis:
- determinísticos; ou
- possibilísticos; ou
- probabilísticos.

Um sistema pode ser um modelo de representação da realidade, ou um somatório de modelos. Modelo pode ser definido como:

a) uma representação da realidade, projetada para algum propósito definido;
b) representação da realidade, planejada para ser usada por alguém no entendimento, mudança, gerenciamento e controle da realidade;
c) representação externa e explícita de parte da realidade vista pela pessoa que deseja usar aquele modelo para entender, mudar, gerenciar e controlar parte da realidade.

Os modelos devem ser holísticos, interdisciplinares e permitir quantificação. Todo modelo para ser utilizado deve ser validado. Os modelos permitem a representação, entendimento, análise e quantificação da realidade.

Modelar é arte e ciência. Não existe receita, porém respeita princípios gerais e técnicas. A modelagem e a utilização dos modelos requerem que:

a) nenhum modelo seja considerado uma reprodução perfeita da realidade, pois os modelos são representações simplificadas do mundo real, e as simplificações são necessárias, pois o mundo real é normalmente muito complexo. Essas simplificações são conhecidas como assunções do modelo;

b) a avaliação do modelo seja feita nos termos e nos aspectos do estudo a ser realizado, pois um modelo só é válido para a finalidade para a qual foi construído.

Observação: são frequentes os casos de usuários que esquecem essa restrição e tentam usar o modelo para uma finalidade para a qual ele não se aplica, ou, então, acreditam piamente em todos os resultados apresentados pelo modelo e esquecem-se de verificar se suas assunções continuam válidas.

c) haja conscientização de que o modelo tem sua qualidade afetada pelo tempo disponível para confecção, pelo pessoal envolvido e pelos recursos materiais.

Os modelos podem ser academicamente classificados como:

a) quanto à propriedade:
- *icônicos* – são imagens do sistema, representam certos aspectos do mesmo (por exemplo, mapas); ou
- *analógicos* – empregam um conjunto de propriedades para estudar outro conjunto de propriedades que o sistema em estudo possui (por exemplo, tensão em uma balança que representa o peso de um objeto); ou
- *simbólicos* – empregam-se símbolos para designar propriedades do sistema em estudo (por exemplo, fórmulas matemáticas como $F = m \times a$);

b) quanto ao uso:
- *prescritivos (ou prescritivistas)* – os modelos são apresentados ao decisor, e este decide se os aceita ou não;
- *construtivos (ou construtivista ou aproximação criativa)* – consiste em construir modelos pelo processo decisório em que a estruturação avança de forma interativa e de modo coerente com os objetivos e valores do decisor;
- *descritivos* – em que é feita uma visão do mundo como este se apresenta, não emitindo julgamento sobre a realidade descrita;
- *normativos* – em que é feita uma visão do mundo por meio de processos idealizados, defendendo o uso de fórmulas matemáticas;

c) quanto à natureza:
- concretos:

- físicos;
- geométricos;
• abstratos:
- matemáticos;
- lógicos;
- esquemáticos.

A quantificação dos resultados (saídas) do sistema é realizada por meio de:

a) desempenho, que é a medida do que o sistema é capaz de fazer se estiver em perfeito estado de funcionamento (explicitado por meio de *teste de verificação*) e se for devidamente empregado (*componente não humano*);

b) conhecimento do desempenho de um sistema é obtido mediante a *Avaliação Operacional*;

c) aprestamento é o estado de funcionamento dos equipamentos, subsistemas etc., incluindo o pessoal que os opera.

O aprestamento divide-se em disponibilidade e confiabilidade.

Disponibilidade: pronto quando é preciso; é a probabilidade de se estar pronto para operar quando necessário.

TMF = tempo médio entre falhas

TMC = tempo médio para consertar

Disponibilidade = $TMF \div (TMF + TMC)$

$TMF = 1/\lambda$

$F(T) = P(T \leq t)$

$F(T) = 1 - e^{(-\lambda \times t)}$

Exemplo: para um equipamento com $\lambda = 2$ falhas por 1.000 horas, a probabilidade de falhar antes ou até 500 h é:

$$F(T \leq 500) = 1 - e^{(-[2 \times 500] \div 1.000)} = 0{,}6321$$

Confiabilidade: manter-se funcionando. Probabilidade de operar corretamente, por tempo determinado (fim da missão), dado que estava disponível.

$$R(T) = P(T > t)$$

Confiabilidade de o sistema operar por T maior que t.

$$R(T) = e^{(-\lambda \times t)}$$

Observação: mantenabilidade é a probabilidade de diagnosticar um defeito e reparar um sistema em tempo menor que o tempo dado: $P(M \leq T) = M(T)$ (Almeida e Souza, 2001).

Emprego é o uso adequado dos meios disponíveis. Instrução e adestramento. Contribuição humana à eficácia do sistema.

O produto ou eficácia (medida de eficácia) é função do desempenho, do aprestamento e do emprego. Se um dos componentes for igual a zero, a eficácia será zero (Figura 1.3).

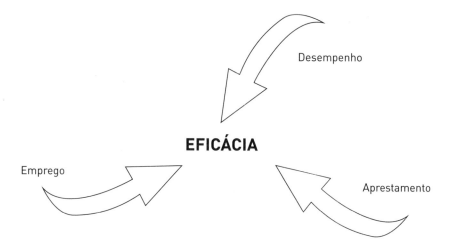

Figura 1.3 – O conceito de eficácia.

Observação: raramente o produto é único.

Eficácia é diferente de eficiência.

Efetividade, eficácia e eficiência

Efetividade é a determinação dos aspectos relevantes do problema, determinação dos objetivos a serem seguidos e critérios/atributos para classificar alternativas e mensurar resultados.

Eficácia é o atendimento dos objetivos ou metas propostas, usando os critérios definidos no nível anterior.

Eficiência é o atendimento dos objetivos com melhor alocação de recursos.

Só se é efetivo, se foi possível identificar corretamente o problema e suas causas.

Se for efetivo, então pode ser eficaz. Só é eficaz, se foi possível *resolver corretamente o problema*.

Se for eficaz, então pode ser eficiente. Só é eficiente, se foi possível *resolver o problema, minimizando os insumos* (ver Figura 1.3).

Observação:

Efetivo é 0 ou 1.

Eficácia é 0 ou 1.

Eficiência é uma comparação relativa.

Quantificação

Nos dizeres de Lorde Kelvin:

> Quando você pode medir aquilo sobre o que está falando e expressá-lo em números, saberá algo a respeito do assunto; quando não pode medi-lo, quando não pode expressá-lo em números, seu conhecimento é de um tipo pobre e insuficiente; poderá ser o início do conhecimento, mas em seus pensamentos você mal avançou para o estágio da ciência.

Se um objetivo não for medido, seus resultados não podem ser conhecidos.

Se os resultados não são conhecidos, o objetivo não pode ser controlado, e o ato de atingi-lo não pode ser avaliado.

Dogma e doutrina

Doutrina: conjunto de princípios que servem de base a um sistema; opinião de autores; ensinamentos.

Dogma: ponto fundamental indiscutível de uma doutrina. Não pode ser negado.

Observação: doutrina é diferente de dogma. Doutrina é passível de discussão; os dogmas que *porventura* existirem na doutrina são indiscutíveis.

O perigo do dogmatismo é que cada um diz o que quer e aceita o que bem entende. A ciência não é um fenômeno individual, mas social; a demarcação da ciência é feita mais pela comunidade (científica) do que pelo indivíduo. Toda teoria não passa de um tijolo substituível no edifício inacabável da ciência.

Processos decisórios

1 INTRODUÇÃO

A teoria da decisão não é uma teoria descritiva ou explicativa, já que não faz parte de seus objetivos descrever ou explicar como e/ou por que as pessoas (ou instituições) agem de determinada forma ou tomam certas decisões. Pelo contrário, trata-se de uma teoria ora prescritiva ora normativa, no sentido de pretender ajudar as pessoas a tomarem decisões melhores, em face de suas preferências básicas. A teoria da decisão parte do pressuposto de que os indivíduos são capazes de expressar suas preferências básicas, e são racionais, quando enfrentam situações de decisão simples. Com base nessa proposição, a metodologia desenvolvida pela teoria da decisão permite a resolução de problemas de decisão mais complexos. Saliente-se que o ser humano tem uma capacidade cognitiva limitada; assim, tem limitação para compreender todos os sistemas a seu redor e/ou processar todas as informações que recebe.

Segundo Kaufman (1999), são três as fontes de restrição cognitiva:

a) capacidade limitada do processamento do cérebro humano;
b) desconhecimento de todas as alternativas possíveis de resolver o problema;
c) influência dos aspectos emocionais e afetivos.

Pode-se definir teoria da decisão como: conjunto de procedimentos e métodos de análise que procuram assegurar a coerência, a eficácia e a eficiência das decisões tomadas em função das informações disponíveis, antevendo cenários possíveis. Para tal, essa teoria pode usar ferramentas matemáticas ou não. A teoria da decisão é aquela que trata de escolhas entre alternativas.

Para muitos autores, o marco do início da teoria da decisão é o ano de 1738 com o artigo de Daniel Bernoulli *"Specimen theoriae novae de mesura sortis"*.

O objetivo da análise de decisão é o de prover uma metodologia racional que permita avaliar a decisão a ser tomada em ambiente de incerteza (Hillier e Lieberman, 1980); é o estudo cuidadoso que precede a decisão, e para tal, poderá *também dispor das ferramentas da* teoria da decisão. Uma análise de decisões consiste na utilização de diferentes conceitos e técnicas de modelagem e síntese, visando a uma melhor qualidade no processo decisório. O emprego de uma boa análise de decisões é mais importante à medida que a complexidade do processo aumenta. Em todos os casos, o problema de decisão, quando existir, sempre deve ser estruturado racionalmente.

A modelagem de um problema de decisão pode contar com a participação de um ou mais agentes decisórios e utilizar um ou mais critérios durante a avaliação. Cada agente decisório é responsável por definir valores de julgamento pessoal a alguns atributos, tais como o grau de desempenho das alternativas em relação a cada critério e o peso (ou nível de pertinência) dos critérios de decisão. Dessa forma, os valores dessas variáveis são influenciados por fatores subjetivos decorrentes da intuição e da experiência dos agentes decisórios (Lima Junior, Osiro e Carpinetti, 2013).

2 MÉTODOS E METODOLOGIAS APLICÁVEIS AO PROCESSO DECISÓRIO

Em Chiavenato (1983), são identificados seis elementos comuns a toda decisão:

a) decisor;

b) objetivo;

c) preferências;

d) estratégia (metodologia utilizada para a tomada de decisão);

e) situação (aspectos ambientais, recursos e restrições);

f) resultado (consequências do processo de decisão).

Seguem-se alguns modelos de processos de decisão:

Modelo do processo de decisão por Uris (1989)

A) *Análise e identificação da situação e do problema*

A situação e o ambiente onde o problema está inserido devem ser claramente identificados, por meio do levantamento de informações, para que se possa chegar a uma decisão segura e precisa. Para isso, cabe um rigoroso levantamento das informações necessárias.

B) Desenvolvimento de alternativas

As pessoas que forem encarregadas das decisões, bem como o(s) facilitador(es) e o(s) analista(s), devem usufruir de sua experiência pessoal e de sua equipe, bem como dos dados anteriormente coletados para identificar possíveis alternativas para a resolução do problema proposto.

C) Comparação entre alternativas

Devem ser relacionadas as vantagens e desvantagens de cada alternativa, bem como os custos envolvidos. Nessa fase, podem ser utilizados algoritmos de apoio à decisão.

D) Classificação dos riscos de cada alternativa

Deve-se mensurar o grau de incerteza, imprecisão e ambiguidade de todas as alternativas. Verifique os níveis de complexidade envolvidos. Normalmente, é apresentada como complexidade mais frequente a presença de grande número de alternativas, bem como a identificação dos critérios envolvidos no processo de decisão e o estabelecimento da importância relativa entre esses critérios. As decisões sempre envolvem riscos, seja em grau quase nulo, seja em alto grau, seja em um estágio intermediário de risco entre o quase nulo e o alto grau. Sempre se deve levar em consideração o grau de risco de cada alternativa e escolher a que apresente comprovadamente o menor grau de risco. Contudo, é necessário, muitas vezes, combinar o grau de risco com os objetivos a serem alcançados. Às vezes, o grau de risco que se corre é muito grande, porém o objetivo a ser alcançado, se alcançado, trará benefícios maiores em relação às alternativas menos arriscadas, isto é, o possível ganho compensa o grande risco. Mais uma vez está caracterizada a subjetividade do processo decisório.

E) Escolha da melhor alternativa

Uma vez identificadas as vantagens, desvantagens e riscos, o(s) decisor(es) deve(m) ser capaz(es) de identificar a(s) alternativa(s) que melhor solucione(m) o(s) problema(s). Deve-se, também, fazer uma previsão de metas e submetas, incluindo o tempo estimado para alcançá-las, com o objetivo de futuras avaliações.

F) Execução e avaliação

A(s) alternativa(s) escolhida(s) deve(m) ser implantada(s) com energia e domínio da situação. A comparação dos resultados com as previsões determina a continuidade dessa linha de ação ou sua mudança. Os resultados do processo decisório devem ser analisados e comparados, objetivando validar ou não o processo utilizado; assim, erros detectados não serão repetidos em outras decisões.

Observação: o apoio (ou auxílio) à decisão, para alguns autores, é dividido em apenas duas fases: análise e síntese. Os passos (A) e (B) formam a análise do apoio à decisão, e o passo (C) é a síntese do apoio à decisão. Os passos (D) e (E) enquadram-se na tomada de decisão propriamente dita. Toda decisão deve ser o resultado de um processo que envolve estudos de causas e consequências, atreladas a objetivos.

Outros autores resumem os passos anteriores em quatro etapas (Binder, 1994):

a) inteligência ou coleta de informações = análise e identificação da situação;
b) concepção ou estruturação = desenvolvimento de alternativas, comparação entre alternativas e classificação dos riscos de cada alternativa;
c) escolha = escolha da melhor alternativa;
d) revisão = execução e avaliação.

Observação: Binder (1994) não identifica no processo decisório as fases da análise e síntese, mas as fases de coleta e estruturação.

Basadur (Costa, 1997) divide o processo decisório em quatro estágios:

a) geração do problema;
b) formulação do problema;
c) identificação da solução do problema;
d) implementação da solução do problema.

Alguns autores identificam outros seis estágios (Shamblin e Stevens Jr., 1989):

a) formulação do problema;
b) construção de um modelo de estudo;
c) sugestão de solução com base no estudo;
d) teste da solução do modelo;
e) estabelecimento de controles sobre a solução;
f) implementação da solução.

Em Chiavenato (1983), são identificadas sete etapas:

a) percepção da situação que envolve algum problema;
b) análise e definição do problema;
c) definição dos objetivos;
d) procura de alternativas de solução;
e) avaliação e comparação das alternativas;
f) seleção da(s) alternativa(s) adequada(s);
g) implementação da alternativa escolhida.

Pode-se também estudar o processo de decisão de Markov (Fargier, Lang e Sabbadin, 1996), em que o passado do sistema não influencia a escolha, porém permite fazer previsões dos "movimentos" das variáveis, e o evento futuro só depende do estado presente do processo. A suposição das cadeias de Markov é a independência do presente em relação ao passado. O conhecimento do estado em qualquer instante é suficiente para prever o futuro. Identificam-se os seguintes pontos:

a) o processo de decisão é finito ou discreto, ou é infinito no número de estágios de decisão; o conjunto de sucessos possíveis é finito;

b) o processo pode ser tanto preciso ou impreciso, quanto probabilístico ou possibilístico;

c) as ações podem ser determinísticas, não determinísticas, estocásticas ou possibilísticas;

d) a probabilidade do próximo sucesso depende apenas do sucesso imediatamente anterior; caso contrário, trata-se de uma cadeia de ordem mais elevada. As probabilidades são constantes no tempo (Larson, 1982, e Shamblin e Stevens, 1989);

e) o conjunto de ações é finito em todos os momentos;

f) a busca da alternativa que maximize os critérios de decisão de maior importância.

Segundo Hillier e Lieberman (1980), a *estratégia de decisão* deve seguir cinco etapas:

a) especificar objetivos e escalas de mensuração que permitam verificar o nível de atendimento desses objetivos (ver em Escalas, Anexo B);

b) identificar alternativas que permitam atingir os objetivos;

c) determinar ou mensurar quanto cada alternativa permite alcançar do objetivo;

d) considerar as relações existentes entre os objetivos;

e) selecionar a(s) alternativa(s) que melhor permita(m) atender aos objetivos, levando em consideração as incertezas, imprecisões e ambiguidades.

O processo de definição de um problema é a determinação de suas características. Para tanto, sugere-se a seguinte sequência de cuidados e de etapas (procedimentos):

a) no planejamento, verificar a possibilidade de os dados estarem incompletos;

b) garantir a estabilidade do sistema.

Passos para utilização do Método do Caso (Chiavenato, 1983):

a) leia o caso cuidadosamente (relatórios);

b) reúna fatos;

c) avalie os fatos;
d) identifique e defina o problema;
e) estabeleça alternativas de solução do problema;
f) escolha a alternativa mais adequada;
g) prepare um plano de implementação da alternativa escolhida.

Método cartesiano

a) princípio da dúvida ou da evidência: não aceitar como verdadeira coisa alguma, enquanto não se souber com clareza que ela é verdadeira;
b) princípio da análise da decomposição: deve-se dividir e decompor cada dificuldade ou problema em tantas partes quantas sejam possíveis e necessárias;
c) princípio da síntese ou da composição: deve-se conduzir de forma ordenada os pensamentos e o raciocínio, começando pelo(s) objetivo(s) mais fácil(eis) e simples de conhecer, para gradualmente aumentar a dificuldade;
d) princípio da enumeração ou da verificação: verifique e revise todo o processo de forma a estar seguro de que nada foi omitido.

Outro procedimento sugerido seria:

a) formulação do problema com base na necessidade sentida;
b) apresentação de propostas para solução;
c) previsão das consequências e testes das propostas;
d) planejamento da ação;
e) tomada de providências para a ação;
f) avaliação dos resultados.

Técnica do incidente crítico

Para a aplicação da técnica do incidente crítico, Flanagan (1973) define cinco passos fundamentais a serem seguidos:

a) Objetivos gerais: a definição do objetivo geral de uma atividade é condição *sine qua non* para a avaliação de comportamentos específicos. Sem se entender o objetivo da atividade, não há como se mensurar adequadamente a eficácia ou não no desenvolvimento desta atividade. O objetivo geral deve ser uma declaração breve obtida das autoridades no campo, que expresse em termos simples aqueles objetivos com os quais a maioria das pessoas concordaria.

b) Planos e especificações: é fundamental para o sucesso da aplicação da técnica que um conjunto de instruções claras e específicas seja construído e multiplicado entre os observadores. É preciso delimitar a situação a ser observada (lugar, pessoas, condições e atividades), decidir o grau de relevância do comportamento em relação ao objetivo geral da atividade, especificar uma escala de intensidade do efeito (positivo e negativo) sobre o objetivo geral da atividade, e definir os critérios de seleção e treinamento dos observadores.

c) Coleta de dados: é fortemente impactada pela proximidade dos fatos. Quanto mais recentes forem os fatos nas mentes dos observadores, mais detalhadas serão as informações coletadas. A coleta de dados tem sido mais viabilizada a partir de quatro procedimentos: entrevistas individuais, grupos focais, envio de questionários por correio ou internet, e formas de registro no momento que ocorre o incidente (formulários ou relatórios). A correta confecção das perguntas é crucial para o êxito da coleta. Elas devem ser breves, claras e relacionadas com o objetivo geral da atividade.

d) Análise dos dados: tem como propósito resumir e descrever os dados de forma eficiente, aumentando assim a utilidade (compreensão, especificidade e validade) dos dados coletados e já descritos. Deve-se definir os critérios referenciais que possibilitem a construção de categorias de incidentes adequadas com a finalidade da pesquisa. O passo seguinte à escolha das categorias é a definição do grau de especificidade-generalidade a ser trabalhado na determinação dos comportamentos gerais que estarão inseridos na categoria. Como esta etapa tende a ser mais subjetiva, recomenda-se que a escolha das categorias e a determinação dos comportamentos gerais sejam feitas por observadores especialistas externos.

e) Interpretações e relatório: nesta etapa, tanto as limitações da pesquisa como o valor de seus resultados precisam ser ressaltados.

Alguns autores identificam três fases a serem executadas pelo decisor, durante o processo de decisão (Tellalyan, Stoyanov e Tcobanov, 1994):

a) formulação do problema;
b) cálculos;
c) interpretação dos resultados (Tellalyan, Stoyanov e Tcobanov, 1994).

A *Soft Systems Methodology* (SSM), metodologia desenvolvida por Checkland (1981, 1985) e Checkland e Scholes (1990), identifica os seguintes estágios:

Estágio 1 – investigar a situação problemática que está completamente desestruturada.

A situação problemática deve ser percebida e observada pelo pesquisador como realmente é. O pesquisador deve pressupor muito pouco sobre a natureza da situação.

Estágio 2 – expressar a situação problemática.

Nesse estágio, o pesquisador desenvolve uma descrição detalhada, uma *rich picture* (Patching, 1990) da situação onde o problema ocorre.

Estágio 3 – definir as causas ou a essência dos sistemas relevantes.

São definidas nesse estágio as causas do problema, ou seja, a essência dos sistemas relevantes. Checkland (1981, 1985) e Checkland e Scholes (1990) fornecem o mnemônico CATWOE, traduzido aqui por CATCOPA (Soares, 1997), semelhante a um *checklist* para assegurar a inclusão dos elementos mais importantes das definições das causas:

a) clientes são as pessoas que se beneficiam do sistema organizacional;
b) atores são as pessoas que transformam os *inputs* em *outputs*;
c) transformação é o processamento de *inputs* em *outputs* (processos correntes);
d) concepção do mundo é uma visão de mundo relevante;
e) proprietário da organização é ou são as pessoas que têm poder de veto;
f) ambientes externos e/ou internos influenciam o sistema organizacional estudado.

Observação: a "transformação" é um elemento do conceito dos sistemas.

Estágio 4 – elaborar e testar os modelos conceituais.

O pesquisador monta os modelos com base no conhecimento dos conceitos dos sistemas. Ele desenvolve descrições, em termos sistêmicos, de como as partes relevantes da situação podem funcionar de forma ideal.

Estágio 5 – comparar os modelos conceituais com a realidade.

A proposta aqui ainda não é implementar os modelos conceituais, mas comparar e contrastar as diferenças entre eles, que podem ser usadas como base para discussão: *como funcionam os sistemas relevantes? Como poderão vir a funcionar? Que implicações podem existir?*

Estágio 6 – identificar as mudanças que poderiam ser possíveis e desejáveis.

Com base na discussão do Estágio 5, algumas mudanças possíveis podem ser identificadas. É provável que elas variem quanto ao desejo e à possibilidade de serem implementadas pelos atores da organização.

Estágio 7 – ações para melhorar a situação problemática.

As mudanças possíveis e desejáveis identificadas no Estágio 6 são agora colocadas em prática.

Pode-se enumerar as seguintes características:

a) quando uma ou várias pessoas procuram uma solução, às vezes atingem a totalidade dos objetivos e, em outras, apenas alguns dos objetivos;

b) a determinação do grau de confiança para atingir o objetivo e a própria definição da confiança estão condicionadas pela existência de variáveis possivelmente não controladas;

c) o objetivo a ser perseguido pode ser atingido por diferentes caminhos (alternativas) e acarreta múltiplas consequências;

d) estão disponíveis informações relativas aos diversos caminhos possíveis, as quais devem ser encontradas e, depois, cuidadosamente analisadas;

e) dificuldades de quantificação e existência da subjetividade.

Podem ser identificados quatro tipos de sistemas principais para a busca de uma solução do problema:

a) *sistemas de informação* – geram informações a partir dos dados existentes;

b) *sistemas de previsão* – determinam as probabilidades e possibilidades de ocorrência do resultado;

c) *sistemas de valorização* – fazem uso das Teorias do Valor e da Utilidade (Von Neumann e Morgenstern, 1953); da Teoria dos Prospectos (Kahneman e Tversky, 1981) e das relações de superação (Roy e Bouyssou, 1993). Para exposição de tais sistemas, consulte Gomes et al. (2004) e Gomes e Gomes (1992);

d) *sistemas de preferência* – estabelece uma ordem completa entre os resultados, a fim selecionar a melhor linha de ação, ou melhor conjunto de soluções, para resolução do problema em questão.

Gomes (1999) propõe a seguinte abordagem para estudo e busca de solução de um problema, denominada *metodologia sintética para abordagem de problemas.*

Premissas

a) para haver decisão, são necessárias pelo menos duas alternativas, classificadas em pelo menos dois critérios/atributos; pode haver conflito entre os critérios; e/ou as alternativas podem não possuir crescimento monotônico simultâneo em todos os critérios/atributos;

b) o processo de decisão é dinâmico; alteram-se preferências, objetivos, e degradam-se alternativas durante o processo.

Dificuldades

a) os critérios, alternativas, atributos, consequências das alternativas ou restrições do problema podem não estar claramente definidos;

b) critérios e/ou alternativas podem estar interligados;

c) podem ocorrer dificuldades de quantificação das alternativas nos critérios de decisão;

d) juízos de valor dos atores da decisão podem ser conflitantes;

e) preferências dos decisores podem mudar durante o processo de decisão;

f) algumas alternativas podem degradar durante o processo de decisão, e outras podem agregar maior valor.

Cuidados

a) só aceitar como verdadeiro o que se souber com clareza;

b) reconhecer corretamente o problema a ser atacado;

c) verificar se existe disposição para resolver o problema;

d) revisar o processo de forma a estar seguro de que nada foi omitido;

e) verificar se o tempo e a competência da equipe são suficientes para resolver o problema;

f) escolher corretamente as escalas utilizadas;

g) quantificar o não determinístico.

Elementos

a) atores da decisão;

b) problema;

c) objetivo;

d) preferências;

e) processos, subsistemas, modelos, metodologia e transformações que ocorrerão;

f) meio ambiente, restrições e relaxações;

g) entradas ou insumos;

h) alternativas;

i) critérios e atributos;

j) saídas, resultados, benefícios e beneficiários;

k) controle e realimentação.

Etapas

1. ***Identificação, formulação e análise do problema***

É necessário inserir o problema em um contexto amplo e posicioná-lo em um sistema maior, incluindo outros fatores de influência. É preciso saber onde se está no momento M_1, e para onde se quer ir em M_2, ou o que se tem no momento M_1 e o que se quer obter em M_2.

O problema deve ser entendido como ele é. Identificar fontes de informação, bem como o grau de credibilidade dessas fontes. Identificar os cenários onde a decisão ocorrerá e realizar estudo prospectivo dos futuros cenários.

2. Definição de objetivos e preferências

Definir corretamente o(s) objetivo(s) a ser(em) alcançado(s) e especificar os estados de início e fim almejado; realizar a identificação de preferências e ampliar a descrição do problema.

3. Identificação das restrições e/ou relaxações

Evitar ambiguidades; verificar se o tempo, insumos, capacidade técnica e influência do meio ambiente permitem solucionar o problema, ou identificar as limitações que causam a solução do problema.

4. Identificar critérios e/ou atributos de decisão

Identificar os critérios/atributos que influenciam a comparação de alternativas e, se necessário, ordenar os critérios de forma hierárquica. Determinar os critérios quantitativos e qualitativos, ou razoavelmente quantificáveis ou só qualificáveis por julgamento de valor; priorizar os critérios básicos e sua relação de impacto no objetivo geral e, posteriormente, priorizar os subcritérios dentro do(s) critério(s); identificar os atributos. Estabelecer prioridades, verificar a interdependência entre critérios/atributos. Identificar causas do problema, bem como a essência do mesmo.

5. Construção e teste de um modelo para estudo

Identificar modelos que representem o sistema; identificar métodos que auxiliarão na solução do problema. Identificar o número de repetições que irão ocorrer e estabelecer políticas predeterminadas para as situações que se repetem.

6. Realimentação do modelo de estudo

Comparar o modelo com a realidade.

7. Estabelecimento de medidas de eficácia

Indicadores que mostrarão que o resultado desejado foi atingido.

8. Identificação de alternativas que solucionem o problema

Identificar alternativas que geram um conjunto de alternativas possíveis (sujeito a um julgamento subjetivo e impreciso); fazer associação das alternativas aos atributos/critérios; e verificar a possibilidade de expansão das alternativas. Estabelecer prioridades e verificar a interdependência entre alternativas. Escolher as alternativas que permitam clara busca de informações e, assim, possibilitem correta definição ou até reavaliação dos métodos que serão utilizados para fazer a aproximação do problema. Executar uma avaliação das alternativas e identificar consequências e riscos (a avaliação das consequências será dentro dos critérios e atributos de decisão); estudar as soluções que são geradas pelos modelos. Resolver os conflitos; é aconselhável o uso de sistemas de apoio à decisão para sua minimização; estabelecer canais de informação das decisões tomadas.

9. *Mensuração das consequências das alternativas e do grau que permite alcançar o objetivo*

Fazer a melhor previsão possível do(s) resultado(s), levando em conta a dificuldade de quantificação; identificar, se possível, as probabilidades associadas a cada resultado. Na ausência de probabilidades identificar as possibilidades de ocorrência dos resultados.

10. *Comparação das alternativas*

Comparar as alternativas de critérios/atributos.

11. *Escolha(s) da(s) alternativa(s)*

Escolher a melhor solução, ou combinação de alternativas, após a definição do conjunto de alternativas e suas múltiplas consequências. Essa escolha deve ser feita após a priorização das alternativas.

12. *Implementação*

Aplicar os recursos, levando em consideração que recursos normalmente são escassos. Projetar o novo sistema; ou implementar a alternativa. Otimizar o sistema gerado pela alternativa.

13. *Realimentação*

Avaliar o desempenho.

Pode-se identificar a formulação do problema como a análise do apoio à decisão, fazer os cálculos e processar os dados que envolvem a síntese do apoio à decisão. A interpretação dos resultados permitiria a decisão propriamente dita.

Na formulação do problema, o decisor otimiza a solução do problema e define suas funções objetivas. Durante a realização dos cálculos, o decisor procura a solução de compromisso, usando os vários algoritmos a sua disposição. Na interpretação dos resultados, o decisor deve dispor de um texto e/ou gráficos que reproduzam os resultados obtidos, para permitir a análise dos mesmos e a tomada de decisão.

2.1 Escolhas orientadas

Na década de 1970, Richard McCormick, em seu livro *Ambiguity in moral choice* (Markette University Press, Milwaukee, 1973), sintetizou as discussões em torno da escolha moral ou da decisão. Este autor propôs seis princípios:

1. Ponderação nas implicações sociais da decisão
   Procurar prever as consequências (inevitáveis) do processo decisório.
2. Generalização
   Identificar o que aconteceria se o ato contido no seu processo decisório venha a se tornar uma norma para todos.
3. Reflexão
   Verificar e refletir a respeito das influências culturais, observando o modo como elas interferem nas escolhas e decidindo quais costumes devem ser seguidos.
4. Sabedoria e experiência
   Aprender com a sabedoria da experiência humana, refletindo por que alguns aspectos da experiência humana foram inseridos nas leis que são aprovadas pela vida social.
5. Consultar interlocutores
   Consultar todos os envolvidos, verificar interesses pessoais, identificar quais interesses melhoram e quais impedem o processo decisório.
6. Heranças
   Fazer uso completo das heranças religiosas, artísticas, políticas etc. que podem iluminar a compreensão de questões da vida e do processo decisório.

3 CONDIÇÕES DE DECISÃO E TIPOS DE PROBLEMAS

Uma decisão pode ser tomada nas seguintes condições:

A) Decisão em condições de certeza

Ocorre quando a decisão é feita com pleno conhecimento de todos os estados da natureza (Costa, 1997). Existe a certeza do que irá ocorrer durante o período em que a decisão é tomada. É possível atribuir probabilidade 100% a um estado específico da natureza (Klekamp e Thierauf, 1975). A probabilidade indica o grau de certeza em que 0% será a completa incerteza e 100% ou um indica a certeza completa.

B) Decisão em condições de risco

Ocorre quando são conhecidas as probabilidades associadas a cada um dos estados da natureza. O número total de estados da natureza é conhecido. Ao contrário do item anterior, que dispunha de 100% de certeza no resultado final, aqui essa certeza irá variar de 0 a 100% (Costa, 1997).

C) Decisão em condições de incerteza ou decisão em condições de ignorância

Ocorre quando não se obtete o total de estados da natureza, ou mesmo a parcela dos estados conhecidos da natureza possui dados obtidos com probabilidade incerta, ou é desconhecida a probabilidade associada aos eventos.

D) *Decisão em condições de competição ou decisão em condições de conflito*

Ocorre quando estratégias e estados da natureza são determinados pela ação de competidores (Klekamp e Thierauf, 1975). Existem, obrigatoriamente, dois ou mais decisores envolvidos; o resultado depende da escolha de cada um dos decisores.

O não determinístico pode originar-se de seis fontes básicas:

a) imprecisão causada pela dificuldade de avaliar as ações sob a influência de um critério (ou mais) em particular;

b) indeterminação dos métodos de avaliação dos resultados, visto que estes podem basear-se em uma "definição arbitrária" (Slowinski et al., 1996);

c) dúvida em relação aos valores dos dados obtidos;

d) dúvida sobre se os valores envolvidos ou obtidos irão variar ao longo do tempo e/ou espaço;

e) classificação e/ou opiniões ambíguas;

f) eventos probabilísticos.

O não determinístico pode ser definido como a junção dos termos: impreciso (também denominado vago ou inexato), ambíguo (também denominado dúbio) e incerto (ou probabilístico). O Anexo C trata de duas teorias que trabalham o não determinismo, quais sejam: a Teoria dos Conjuntos Aproximativos (TCA) e a Teoria dos Conjuntos Nebulosos.

O *conceito de impreciso* advém da impossibilidade de realizar, com precisão, uma medição ou graduação de um objeto e/ou situação; também pode estar associado à inconsistência de fenômenos naturais. O *conceito de ambíguo* é caracterizado pela dificuldade de obter uma precisa classificação do elemento em estudo, embora este seja de perfeito conhecimento dos especialistas. Advém da existência de duas classificações para um mesmo objeto e/ou existência de duas alternativas diferentes que possuam a mesma classificação. O *conceito de incerto* está relacionado com o fato de alguns eventos serem probabilísticos e de as probabilidades desses eventos não serem conhecidas.

O impreciso é "tratado" por meio de:

a) comparação por relações nebulosas;

b) uso de informações advindas da subjetividade;

c) uso de modelos possibilísticos.

O incerto é "tratado" por intermédio da identificação da não existência do determinístico e da necessidade de utilizar-se de modelos probabilísticos.

Observação: o modelo probabilístico é possível quando existe um grau de regularidade em um fenômeno observado e pode-se aplicar um modelo matemático à variabilidade qualitativa do fenômeno observado, e assim, trabalhar o referido fenômeno com grau de regularidade de forma quantitativa (Hillier e Lieberman, 1980).

Tome-se um conjunto de alternativas A definido em (ou está sujeito a) um conjunto de estados da natureza Ω, conjunto este assumido como finito. A decisão (D) será a_0 (a_0 é a decisão escolhida), em que D será $D(a_0)$, e para tal $D(a_0) \geq D(a_i)$, sendo que i varia de 1 até n; a_0 e $a_i \in A$, e $A = \{a : a : x \rightarrow D\}$ (Yager e Lamata, 1996). A estruturação de problemas é o processo pelo qual um conjunto de aspectos relevantes é suficientemente bem apresentado como um problema ou grupo de problemas, de tal forma que o risco de usar procedimentos analíticos para resolver o problema errado seja minimizado (Schwenk e Howard, 1983).

O trabalho de estruturação visa à construção de um modelo mais ou menos formalizado, capaz de ser aceito pelos atores do processo de decisão como um esquema de representação e organização dos elementos primários de avaliação, que possa servir de base à aprendizagem, à investigação e à discussão interativa com e entre os atores do processo de decisão (Bana e Costa, 1992).

Os problemas podem ser classificados, basicamente, de três maneiras:

- *Problemas estruturados*: são aqueles cuja solução pode ser alcançada seguindo-se processos lógicos e muito bem definidos. Os sistemas de informação tradicionais buscam resolver esses tipos de problemas, os quais são rotineiros e repetitivos e, por isso, programáveis em computador. Nessa situação, a ação é conhecida e a decisão está sujeita a resultados conhecidos, ou seja, as consequências são conhecidas. Esses problemas classificam-se como *decisão em condições de certeza* (Binder, 1994). É possível ao decisor escolher a alternativa que possui a melhor relação ganho/perda. A certeza é determinística. A esse tipo de problema também está associado o conceito de *universo certo*, pois é a hipótese da informação perfeita; cada linha de ação tem uma consequência definida (somente uma) e conhecida. O método apropriado de solução é o cálculo (Hopwood, 1980).

- *Problemas semiestruturados*: usam determinados modelos matemáticos nas partes estruturadas do problema que está sendo analisado. As decisões finais devem ser tomadas com base em critérios subjetivos e de difícil quantificação. Partes estruturadas do problema podem ser solucionadas com um programa de computador, e outras resolvidas pelo julgamento do decisor. Os sistemas especialistas estão sendo utilizados em auxílio à resolução das partes não estruturadas do problema (Binder, 1994). Nesse tipo de problema, a probabilidade dos estados da natureza é assumida como se eles fossem conhecidos; as consequências são conhecidas e probabilísticas. Esse tipo de decisão é denominado *decisão em condições de risco* (Yager e Lamata, 1996).

White (1975) define esse tipo de problema por meio da fórmula que se segue.

$$V(a_i) = \Sigma \left| p(s_j) \otimes v(\theta(a_i, s_j)) \right|$$

O somatório é feito para todo S, em que:

V = o valor da função de utilidade aplicada à alternativa a_i, também definido como a utilidade de a_i;

S = o conjunto de possíveis eventos, sendo $s_j \in S$;

$p(s_j)$ = a probabilidade associada ao evento s_j;

$\theta(a_i, s_j)$ = a consequência da alternativa a_i para o evento s_j;

v = o valor de $\theta(a_i, s_j)$;

$\otimes$ = associa o primeiro termo ao segundo termo da fórmula.

A esse tipo de problema está associado o conceito de *universo aleatório*. As consequências das decisões dependem de uma série de sucessos aleatórios, segundo leis de probabilidade. O decisor executa um julgamento (Hopwood, 1980).

- *Problemas não estruturados*: são os problemas para os quais não existem processos lógicos e bem definidos para resolução. Em função de seu caráter não quantificável, sua resolução é fruto da intuição humana, estando sujeita a probabilidades desconhecidas, ou a possibilidades subjetivas. São problemas desconhecidos e/ou complexos para a organização e, também, resistentes à implantação computacional (Binder, 1994). Essa é a *decisão feita sob "ignorância" ou "condições de incerteza"*. A decisão sob incerteza requer que uma ou mais decisões sejam feitas antes e uma ou mais "incertezas" sejam observadas e/ou estruturadas (Marshall e Oliver, 1995). A esse tipo de problema está associado o conceito de *universo indeterminado*, em que não é possível obter todas as informações necessárias, pois não se pode recorrer a experimentação etc. O decisor pode utilizar-se de "probabilidades *a priori*" e/ou possibilidades. O decisor executa uma escolha (inspiração) baseado em sua experiência (Hopwood, 1980).

O decisor, diante de um problema não estruturado (Yager e Lamata, 1996):

a) pode assumir atitudes pessimista ou otimista;
b) utilizar algoritmos de apoio à decisão, considerando a subjetividade dos valores do decisor;
c) utilizar a teoria da utilidade para verificar qual alternativa, em seu entender, agrega maior valor.

Observação: o termo *decisão* sob (ou em) condições de incerteza já está consagrado, porém, à luz do que foi anteriormente definido para ambíguo, impreciso e incerto, e à guisa de sermos corretos nas definições, parece-nos que o termo mais adequado seria decisão imprecisa ou em condições de imprecisão.

4 DECISÕES SOB INCERTEZA

O problema decisório pode levar a escolha da solução ótima; uma alternativa poderá ser escolhida pela maximização ou minimização da função objetivo. Caso típico de maximização ocorre quando se almeja o aumento dos lucros.

O problema poderia buscar a solução ótima no valor mínimo, quando se quer diminuir os gastos (minimização).

O método maximax é o indicado quando se busca a alternativa com o melhor desempenho de maximização.

Poder-se-ia tentar soluções ditas "especiais", por exemplo, saber qual seria o pior resultado e então tentar evitá-lo. Dentro das soluções "especiais", tem-se também a maximização dos valores mínimos, ou maximin, em que se procura a solução para minimizar as perdas máximas.

Poderia ocorrer ainda de o decisor estar interessado no método que propõe a *minimização do máximo "arrependimento"*.

No critério de Hurwicz, o decisor estudaria a diferença de resultados entre a melhor alternativa, que por hipótese tivesse menor probabilidade/possibilidade de ser implementada ou de ocorrer, e a alternativa que foi escolhida.

Na minimização do máximo "arrependimento", embora a alternativa escolhida não forneça o melhor resultado, poderia ter maior probabilidade/possibilidade de ser implementada ou de ocorrer. Assim, caso a melhor alternativa ocorresse, ou posteriormente se verificasse sua factibilidade, o decisor poderá se arrepender de não a ter escolhido, porém com o consolo de a diferença ter sido a mínima em relação à melhor alternativa.

Exemplificando matematicamente o exposto:

a) conjunto $A = \{a_1, a_2, ..., a_k, ..., a_m\}$, conjunto de alternativas; a alternativa $A+$ será a escolhida;

b) conjunto $C = \{c_i$, em que i varia de 1 até $m\}$, conjunto de critérios a serem usados para avaliação (comparação ou análise) das alternativas;

c) $A+ = \{a_k$ máx (ou mín) mín (ou máx) $c_i\}$, em que k varia de 1 até n, e c_i representa os critérios;

Serão analisadas quatro alternativas submetidas a cinco critérios.

1. Critério maximax – máximos dos máximos – decisão otimista:

Situação – uma empresa vende bem com calor:

	Verão com muito sol	Verão com dias de chuva	Verão chuvoso	Maximax
a_1	5.000	2.000	100	5.000
a_2	4.000	900	400	4.000
a_3	50	50	500	500

Exemplo do uso do Maximax

Escolhe-se o maior ganho por linha e, depois, o maior ganho da coluna Maximax. A escolhida é a a_1.

2. Critério maximin

Máximo dos mínimos, escolhe-se o pior resultado de cada alternativa e, depois, o melhor dos piores ou o "menos ruim"; também conhecido como "minimização das perdas".

	Verão com muito sol	Verão com dias de chuva	Verão chuvoso	Maximin
a_1	5.000	2.000	100	100
a_2	4.000	900	400	400
a_3	50	50	500	50

Exemplo do uso do Maximin

A escolhida é a alternativa a_2.

3. Critério de Laplace

Calculam-se os valores médios de cada alternativa e, depois, se escolhe o maior.

	Verão com muito sol	Verão com dias de chuva	Verão chuvoso	Laplace
a_1	5.000	2.000	100	2.366,7
a_2	4.000	900	400	1.766,7
a_3	50	50	500	200

Exemplo do uso do método de Laplace

Neste caso, a escolhida é a alternativa a_1.

4. Critério do mínimo arrependimento

Buscar-se-á minimizar o arrependimento de se ter escolhido uma alternativa, e o resultado que seria obtido caso a melhor situação venha ocorrer.

Alternativas	Verão com muito sol	Verão com dias de chuva	Verão chuvoso
a_1	5.000	2.000	100
a_2	4.000	900	400
a_3	50	50	500

Alternativas para avaliação

Em cada coluna, será diminuído do valor de cada célula o maior valor que seria obtido com o estado da natureza.

Alternativas	Verão com muito sol	Verão com dias de chuva	Verão chuvoso
a_1	5.000 − 5.000 = 0	2.000 − 2.000 = 0	100 − 500 = −400
a_2	4.000 − 5.000 = −1.000	900 − 2.000 = −1.100	400 − 500 = −100
a_3	50 − 5.000 = −4.950	50 − 2000 = −1.950	500 − 500 = 0

Cálculo do arrependimento

Verifica-se na tabela a seguir usando-se o critério maxmin.

Alternativas	Verão com muito sol	Verão com dias de chuva	Verão chuvoso	Mínimo arrependimento
a_1	0	0	400	400
a_2	1.000	1.100	100	1.100
a_3	4.950	1.950	0	4.950

Exemplo do uso do mínimo arrependimento

Escolhe-se a alternativa a_1.

O decisor otimista escolherá o método maximax; o decisor pessimista escolherá o método maximin. Tomar decisões complexas é, de modo geral, uma das mais difíceis tarefas enfrentadas por indivíduos isolados ou mesmo por grupos. Quase sempre, tais decisões devem atender a múltiplos objetivos; elas são influenciadas por vários critérios, às vezes conflitantes, e sob muitos atributos; e seus impactos nem sempre podem ser bem identificados, principalmente ao longo do tempo. Os objetos de decisão, estratégias ou alternativas, muitas vezes, estão interligados. Os objetivos, entretanto, podem apresentar-se interdependentes uns dos outros ou interligados. Normalmente, não se pode substituir a multiplicidade de objetivos por um único objetivo.

Por mais que a tecnologia evolua, a decisão sempre será uma atividade humana e baseada em um número maior de ciências, como economia, matemática, psicologia etc. Para diminuir o número de alternativas em um processo de decisão, ou simplesmente grupá-las para facilitar o processo, o decisor poderá utilizar-se do conceito disjuntivo[1] e conjuntivo.[2] Esse processo permite separar alternativas em aceitáveis e não aceitáveis.

No método conjuntivo, uma alternativa necessita atender a um valor mínimo em todos os atributos e/ou critérios; caso contrário, será rejeitada, ou seja, deverá superar um valor mínimo em todas as dimensões. Considerando X_{ij}, o valor da alternativa a_i no critério c_j, este valor deverá ser maior que um valor X_o estipulado.

No método disjuntivo, uma alternativa deve atender a um valor mínimo em um ou mais critérios e/ou atributos; será estabelecida a quantidade de critérios em que uma alternativa deverá ultrapassar o valor X_o, em que esse valor poderá variar de 1 até j.

5 DECISÕES SOB RISCO
Critério de Hurwicz

Ao critério da alternativa ponderada é atribuído uma probabilidade para cada estado da natureza. Neste caso, o decisor consultou o serviço de meteorologia que atribui as seguintes probabilidades.

- Verão com muito sol = 25%.
- Verão com dias de chuva = 50%.
- Verão chuvoso = 25%.

Nesta situação, o valor de 0,25 será multiplicado aos valores da coluna "verão com muito sol", o valor de 0,5 será multiplicado com a coluna "verão com dias de chuva", e o valor de 0,25 será multiplicado com a coluna do "verão chuvoso", e depois será feito o somatório.

Alternativas	Verão com muito sol (25%)	Verão com dias de chuva (50%)	Verão chuvoso (25%)	Hurwicz
a_1	1.250	1.000	25	818,75
a_2	1.000	450	100	500
a_3	12,5	25	125	46.875

Exemplo do uso do Critério de Hurwicz

A escolhida é a alternativa a_1.

6 TÉCNICAS QUALITATIVAS DE AUXÍLIO À DECISÃO

Existem várias técnicas que facilitam os analistas e decisores no estudo e estruturação dos problemas. A seguir, estão definidas as mais usadas:

---

[1] Tradução do termo inglês *conjunctive*.
[2] Tradução do termo inglês *disjunctive*.

A) *Brainstorm* ou *brainstorming* (tempestade de ideias)

É a técnica usada para auxiliar um grupo a imaginar/criar tantas ideias quanto possível em torno de um assunto ou problema, de forma criativa. Deve ser usado quando for necessário conhecer melhor o universo de uma situação, colher informações, opiniões e sugestões dos participantes, identificando problemas existentes e encontrando soluções criativas para o problema identificado. O grupo é formado por um coordenador e um assessor para cada cinco participantes (equipe de síntese). O número total de participantes é, no mínimo, cinco e, no máximo, 15. Em geral, as reuniões têm duração (total) de 45 a 150 minutos, sendo reservados normalmente 30 minutos para a geração de ideias. Ressalte-se que as melhores ideias surgem a partir da metade final das reuniões.

O *brainstorm* pode ser utilizado de duas formas:

- *Estruturado*: todas as pessoas do grupo devem dar uma ideia a cada rodada, ou "passar" até que chegue sua próxima vez; isto propicia aos mais tímidos a participação no grupo, podendo impor, contudo, certa "pressão" sobre a pessoa tímida.
- *Não estruturado*: os membros do grupo simplesmente dão ideias conforme elas surgem, proporcionando uma atmosfera mais relaxada, mas que pode favorecer o domínio dos participantes mais extrovertidos no grupo.

Etapas

1. definição do tema, que deve estar centrado no problema;
2. definição do coordenador e assessor (quando necessário);
3. convite para a reunião;
4. abertura da sessão: o "aquecimento" dos envolvidos é feito com um trabalho dinâmico, usando temas neutros para motivar a participação; esse "aquecimento" não pode durar mais do que cinco minutos; posteriormente, o tema do *brainstorm* deve ser posicionado em um local visível;
5. geração de ideias: nessa fase, não devem ocorrer críticas ou elogios às ideias, com duração de 30 minutos;
6. transcrever em um painel todas as propostas, evitando mal-entendidos e sobreposições; buscar uma quantidade de ideias para dela obter qualidade; um participante pode ampliar uma ideia anterior, sugerindo outra que a complemente e a melhore;
7. aperfeiçoamento de ideias: essa fase não deve exceder a 60 minutos;
8. avaliação por consenso, com sugestões: essa fase não deve exceder a 60 minutos;
9. encerramento.

Desvantagens

Se não houver estímulos à participação, poderá ocorrer a inibição de alguns participantes do grupo.

Vantagens

Praticamente, todos os problemas podem ter seu estudo inicial conduzido com o uso dessa técnica. Ela não pressupõe a necessidade de especialistas.

B) Matriz de prioridade

É uma técnica que prioriza alternativas com base em determinados critérios e deve ser usada quando se quer estabelecer uma entre diversas alternativas, por meio de análise mais criteriosa. Como ela é constituída por um somatório de matrizes, existe a certa necessidade de as pessoas que vão aplicá-la terem maior conhecimento do problema. Essa técnica também é denominada matriz de impacto. O grupo de participantes será formado de, no mínimo, dez e, no máximo, 15 componentes, devendo existir um coordenador e um assessor para cada cinco participantes.

Etapas

1. definição do tema;
2. definição do coordenador e assessor (quando necessário);
3. escolha de pesos e critérios;
4. construção da matriz decisória;
5. obtenção de resultado da matriz decisória;
6. avaliação dos peritos;
7. conclusões;
8. encerramento.

Desvantagens

A comparação paritária dos critérios de priorização das alternativas e a posterior comparação das alternativas sob a influência desses mesmos critérios podem acarretar a perda da visão geral do contexto.

Dificuldade de trabalhar com impactos múltiplos, em que vários eventos influem simultaneamente um(uns) sobre o(s) outro(s).

Vantagens

- permite a priorização das alternativas, à medida que estabelece uma função objetivo que quantifica em termos numéricos o valor (por vezes, subjetivo) agregado de cada alternativa;

- a posterior análise destas alternativas, dispondo do valor agregado delas, permite ao decisor examinar de forma mais clara e estabelecer qual(is) será(ão) a(s) alternativa(s) a ser(em) implementada(s);
- permite a exploração dos efeitos colaterais das alternativas passíveis de ser implementadas.

C) Diagrama de espinha de peixe

É a técnica que permite visualizar melhor o universo em que o problema está inserido. Isto é feito por meio da construção de um diagrama no qual as causas vão sendo cada vez mais discriminadas até chegar a sua origem. Essa técnica foi desenvolvida pelo Prof. Kaoru Ishikawa. O Diagrama de Causa e Efeito é uma ferramenta utilizada para apresentar a relação existente entre o as características de qualidade resultantes de um processo (efeito) e os fatores (causas) do processo que, por razões técnicas, possam afetar o resultado considerado. Ela deve ser aplicada a um problema que apresenta causas decorrentes de causas anteriores, ou quando se quer esmiuçar as causas de um problema, ou visualizá-las de forma mais clara e agrupadas por fatores-chave. Frequentemente, o efeito de um processo constitui um problema a ser solucionado e então o Diagrama de Causa e Efeito é utilizado para resumir as possíveis causas do problema. O Diagrama de Causa e Efeito também é chamado de Diagrama de Espinha de Peixe, Diagrama de Ishikawa, Diagrama de Influência ou Diagrama dos 4P.

Essa técnica permite a observação de um efeito e as possibilidades de "causa" que podem contribuir para esse efeito. É aplicada no estudo de problemas que apresentam causas decorrentes de causas anteriores. Os participantes podem variar de cinco a 15 pessoas, sendo necessária a presença de um facilitador.

Etapas

1. Definição do tema.
2. Sessão de *brainstorm*.
3. Definição do diagrama. Defina a característica de qualidade ou o problema a ser analisado (efeito). Identifique as causas primárias que afetam o efeito, classificando-as nas categorias 6Ms: máquina, matéria-prima, mão de obra, meio ambiente, medições e método. Identifique as causas secundárias que afetam as primárias.
4. Identificação das causas terciárias que afetam as secundárias. Esse procedimento deve continuar até que as possíveis causas estejam suficientemente detalhadas. Por consenso, estipule a importância de cada causa e identifique as causas que parecem exercer um efeito mais significativo. Registre outras informações, como título, data, responsáveis.

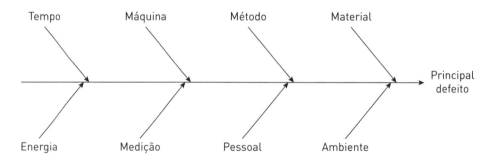

5. Listagem das causas; para cada causa devem ser questionados: *o que, onde, quando (ou quem), por que* e *como isto acontece*.
6. Elaboração do diagrama de causa e efeito.
7. Verificação das causas que aparecem repetitivamente (são as prováveis causas principais).
8. Obtenção de consenso do grupo.
9. Coleta de dados para determinar a frequência relativa das diferentes causas.
10. Encerramento da sessão.

Desvantagens

Para o correto uso dessa técnica, é necessária a presença de pelo menos um especialista no problema e um especialista na utilização da técnica.

Vantagens

Permite a visualização das causas de um problema de forma mais clara e agrupadas por fatores-chave.

D) Árvores de decisão ou diagrama da árvore

Seu papel é disciplinar decisões sequenciais, no sentido de que as alternativas que se oferecem à escolha, em um dado momento, são decorrentes de uma decisão anterior ou terão influência decisiva na determinação de um conjunto de alternativas futuras. São muitos os processos nos quais os eventos ocorrem de forma sequencial ou as decisões são tomadas assim. O termo sequencial é aqui empregado de modo que as possibilidades que se oferecem à escolha, em um dado momento, sejam decorrentes de uma decisão ou evento anterior, ou terão influência decisiva na determinação de um conjunto de alternativas para o futuro próximo. Ainda que o número de estágios decisórios possa ser elevado, é sempre interessante que, a cada passo, a escolha leve em conta não apenas seus resultados imediatos, mas também aqueles decorrentes das perspectivas geradas para os próximos estágios, e assim sucessivamente.

É a técnica que permite indicar, de forma gráfica e cronológica, um caminho a ser seguido em um processo de decisão, explicitando etapas a serem cumpridas para alcançar o objetivo pretendido.

A construção de árvores de decisão obedece a um método bastante simples. A partir de uma "raiz", representativa do estágio inicial, lançam-se tantos ramos em direção ao estágio seguinte quantas forem as possibilidades de escolha. Quando um ramo conduz a um ponto em que novas alternativas se colocam, faz-se a ramificação correspondente em direção ao estágio seguinte, e assim sucessivamente.

Essa árvore representa um processo de decisão em que os nós são os momentos no tempo em que o decisor deve efetuar uma decisão. O grupo de participantes (ideal) deve ser no mínimo de cinco e no máximo de oito pessoas.

Etapas
1. Definição do tema.
2. Definição do objetivo, metas e submetas.
3. Construção da árvore de decisão.
4. Revisão da árvore de decisão.
5. Encerramento.

Desvantagens
- o resultado é extremamente dependente dos conhecimentos técnicos dos participantes;
- este método não deve ser usado por pessoas leigas no problema em estudo.

Vantagens
- permite a subdivisão do objetivo em metas e submetas, indicando o caminho para alcançá-las;
- orienta o decisor à medida que responde à pergunta: *o que é necessário fazer para alcançar a meta pretendida?*;
- permite o exame, pelo decisor, de todas as possibilidades;
- permite a criação de algoritmos facilmente implementados em computadores.

E) **Mapas cognitivos**

É a técnica que permite retratar ideias, sentimentos, valores e atitudes e seus inter-relacionamentos, de forma que torne possível um estudo e uma análise posterior, utilizando para tal uma representação gráfica. A construção desses mapas originou-se na psicologia e está baseada na teoria dos conceitos pessoais de Kelly (1955). O procedimento para a construção de mapas cognitivos é iniciado com uma entrevista do analista e/ou facilitador com o decisor. É uma técnica de modelagem bastante apropriada para situações problemáticas que são predominantemente descritas por noções qualitativas.

Em situações de decisões em grupo, bastante comuns em problemas complexos, o facilitador pode iniciar as discussões com entrevistas individuais com cada um dos participantes, ou partir diretamente para uma sessão de *brainstorm* com o grupo. Nesses encontros, o facilitador, por intermédio de um procedimento tão estruturado quanto se queira, procura uma definição para o problema e, com base nela, tenta obter do decisor os fatores que são importantes no contexto a partir de questões do tipo:

- *Por que isto é importante para você?*
- *Por que você está preocupado com isto?*
- *De que forma (como) seria possível melhorar esta situação?*
- *Como as teclas se ligam? Como uma informação passa de um local para outro?*

Formalmente, os mapas cognitivos são definidos como grafos, em que cada conceito é considerado um nó, e uma relação de influência é uma entre os nós. Eles têm uma estrutura hierárquica na forma de meios/fins que pode, por vezes, ser quebrada em razão de laços fechados formados entre os nós.

Quando os mapas são formados por um número elevado de nós e, portanto, tornam-se relativamente complexos, surge a necessidade da identificação de características estruturais que permitam sua análise.

Hierarquia de meios e fins

Os conceitos de um mapa cognitivo são relacionados por meio de ligações de influência entre um conceito-meio e um conceito-fim. Dois tipos de ligações de influência são possíveis entre duas variáveis localizadas nos polos de dois conceitos. Por exemplo, na Figura 2.1, em que C_1 é meio e C_2 é fim, tem-se:

Influência: uma variação no nível de uma variável inicial v_i é uma condição necessária, mas não suficiente, para mudar o nível de uma variável final v_f.

Possível influência: uma variação no nível de uma variável inicial v_i não é uma condição necessária nem suficiente para mudar o nível de uma variável final v_f. A variável v_i tem maiores ou menores chances de explicar a variável v_f de acordo com determinada probabilidade, possibilidade ou condição estabelecida.

A condição mais comum é a de possível influência entre conceitos, como pode ser visto na Figura 2.1.

Dispondo de uma estrutura hierárquica do mapa cognitivo, é primordial que o facilitador identifique inicialmente os conceitos de cabeças e caudas. Os conceitos do mapa de onde não saem flechas são denominados cabeças. Eles revelam objetivos, resultados e valores mais fundamentais dos decisores expressos no mapa.

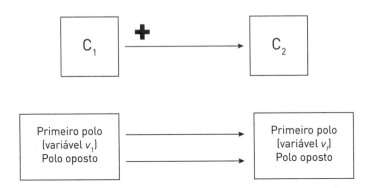

Figura 2.1 Conceito de cabeças e caudas.

Um número elevado de cabeças indica que existe uma série de objetivos e valores a serem levados em consideração. Conhecendo que a relação entre meios e fins é sempre uma comparação relativa, na prática recomenda-se subir a hierarquia de conceitos em direção aos fins até que se chegue a um único conceito cabeça. Esse conceito expressa o objetivo mais estratégico dos decisores no processo decisório.

Os conceitos do mapa cognitivo em que não entram flechas são chamados de caudas. Esses conceitos revelam meios, ações e alternativas pelos quais podem ser atingidos os objetivos dos decisores. Um número elevado de caudas indica a existência de múltiplas formas de atender aos objetivos dos decisores.

Laços de realimentação

É bastante comum aparecerem no discurso dos decisores laços de realimentação entre conceitos. Isso ocorre quando um conceito-meio influencia um conceito-fim, que, por sua vez, influencia aquele mesmo conceito-meio.

A estrutura hierárquica de um mapa cognitivo é destruída pela circularidade, isto é, uma cadeia de nós ligados circularmente entre si, em forma de um laço fechado, gerando realimentação.

Conceitualmente, todos os nós presentes em uma estrutura circular têm o mesmo nível hierárquico dentro do mapa e podem, portanto, ser substituídos por um único nó que descreve o laço. No entanto, tal procedimento acaba gerando uma perda de informações indesejada nesse ponto do processo de apoio à decisão. Por essa razão, é preferível eliminar as circularidades, retirando as ligações de influência entre o conceito mais fim e o conceito mais meio. A análise de existência de circularidade deve preceder todas as outras análises; cada um dos laços é corrigido e checado antes de prosseguir com o processo.

Clusters

A lógica da análise de *clusters*, isto é, de aglomerados, é a de que, em vários sistemas complexos e hierárquicos, as ligações intracomponentes são mais fortes que as ligações intercomponentes. Dessa forma, a descoberta de onde as ligações são mais fracas é uma base para a análise de complexidade. Assim, um *cluster* é um conjunto de nós que são relacionados por vínculas intracomponentes, e um mapa cognitivo é um conjunto de *clusters* relacionados por vínculas intercomponentes.

A detecção de *clusters* permite visão macroscópica do mapa; é, portanto, de grande relevância para a análise dele. A divisão do mapa global em mapas menores relativamente não relacionados (apenas com ligações intercomponentes) representa uma diminuição da complexidade cognitiva do mapa global.

Cada *cluster* pode ser analisado como se fosse um mapa independente. Com isso, reduz-se enormemente a complexidade original do mapa cognitivo e pode-se fazer uma análise de forma e conteúdo.

Análise avançada de mapas cognitivos

Para identificar os pontos de vista fundamentais (PVF) do problema, é necessário realizar uma análise de forma e conteúdo do mapa cognitivo. Inicialmente, o facilitador deve identificar, observando a forma do mapa, linhas de argumentação. Um conjunto de linhas de argumentação determinado pela análise de conteúdo é um ramo. Cada ramo irá gerar um eixo de avaliação do problema.

Os pesquisadores que utilizam mapas cognitivos para identificar os pontos de vista e/ou critérios que devem ser utilizados no modelo de avaliação consideram tal atividade uma arte e, portanto, não estruturável. O objetivo da análise avançada é justamente o contrário: tornar tal identificação um processo estruturado e justificável.

Linhas de argumentação do mapa cognitivo

Uma linha de argumentação é constituída por um conjunto de conceitos que são influenciados e hierarquicamente superiores a um conceito cauda. Uma linha de argumentação começa com um conceito cauda e termina em um conceito cabeça, que é um fim para aquele conceito meio. Essa análise é basicamente ligada à forma do mapa.

Determinando os pontos de vista fundamentais (PVF)

O enquadramento do processo decisório é formado pelo conjunto de ações potenciais (as oportunidades de escolha ou alternativas) associadas aos pontos de vista fundamentais dos decisores (que refletem consequências ou resultados de interesse influenciados por aquelas escolhas).

O conjunto de ações potenciais define quais ações devem ser consideradas em uma situação de decisão específica. Os PVF explicitam os valores que o decisor considera importantes naquele contexto e, ao mesmo tempo, define a classe de consequências das ações que são de interesse dos decisores.

Pela Figura 2.2, tem-se uma ideia do processo decisório lateralmente. Três linhas paralelas são apresentadas: a das ações potenciais (L_3), a dos PVF (L_2) e a dos objetivos estratégicos dos decisores L_1.

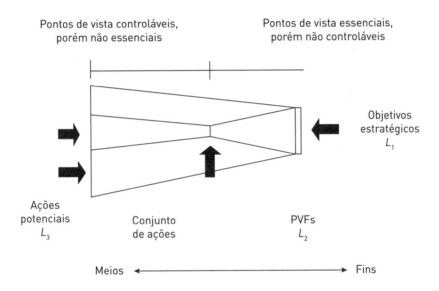

Figura 2.2 – Processo decisório.

Para determinar os PVF, é necessário realizar o enquadramento do mapa cognitivo. O enquadramento consiste em definir, em cada ramo do mapa cognitivo:

a) onde estão localizados os conceitos que expressam ideias relacionadas com os objetivos estratégicos dos decisores;

b) onde estão localizados os conceitos que expressam ideias relacionadas com as ações potenciais do problema;

c) em uma busca nos sentidos fins-meios e meios-fins do ramo, localizar os conceitos que expressam ideias relacionadas com o candidato a PVF dos decisores, naquele contexto de decisão.

Nessa pesquisa do ramo em busca do PVF, algumas diretrizes devem ser adotadas pelo facilitador. Na procura de sentido dos fins-meios, deve-se levar em conta o aumento da controlabilidade do ponto de vista (ideia) expresso pelos decisores naquele ramo. A controlabilidade refere-se à necessidade de o PVF representar um aspecto que seja de consequências fundamentalmente importantes segundo os objetivos estratégicos dos decisores.

Em um mapa cognitivo, cada bloco de texto representa um constructo, com um polo "presente" (isto é, um rótulo para a situação atual definido pelo ator) e um polo "contraste" (isto é, um rótulo para a situação que é o oposto psicológico à situação atual). Os dois rótulos são separados por "..." (lido como "em vez de"). A ligação entre os construtos é feita por meio de relações de causalidade, simbolizadas por flechas (→). A cada flecha é associado um sinal positivo ou negativo, que indica a direção do relacionamento. Um sinal positivo (+) na extremidade da flecha indica o primeiro polo de um constructo. O mapa cognitivo tem uma forma hierárquica de meios-fins.

Os mapas cognitivos são grafos em que cada constructo (ou ponto de vista) é considerado um nó, e uma relação causal (ou relação de influência) é uma ligação. Eles têm uma estrutura hierárquica na forma de meios-fins que pode, por vezes, ser quebrada em razão de laços fechados formados entre os nós. Quando os mapas são formados por um número elevado de nós e, portanto, tornam-se relativamente complexos, surge a necessidade da identificação de características estruturais que permitam sua análise. Suas propriedades devem ser, de preferência, descobertas analiticamente em vez de intuitivamente.

Etapas

1. determinação e escolha de um nome para o tema, e definição do problema;
2. definição dos elementos primários de avaliação (EPA) por meio de uma sessão de *brainstorm*;
3. identificação dos conceitos e sua interligação (ligações de influência);
4. construção do mapa cognitivo;
5. avaliação dos resultados, identificação das áreas de interesse (*clusters*);
6. identificação de pontos de vista fundamentais;
7. encerramento.

Desvantagens

Para o correto uso dessa técnica, é necessária a presença de especialistas no problema que está sendo discutido, e de especialistas no uso da técnica.

Vantagens

- em tomada de decisão em grupo, o processo de construção dos mapas cognitivos provoca uma geração de conhecimento, cria uma linguagem comum para a

comunicação e inibe rivalidades pessoais, uma vez que os conceitos apresentados no mapa são anônimos e, ao mesmo tempo, pertencem a todos;
- todos os mapas individuais são agrupados em um único, que pertence ao grupo e não mais a uma única pessoa. Essas características vão possibilitar maior discussão sobre o assunto, melhorando assim a qualidade da decisão tomada;
- possui característica reflexiva; permite aos atores da decisão aprender sobre o problema, ao mesmo tempo que "negociam" sua interpretação e percepção.

F) Matriz SWOT

SWOT é a sigla dos termos de língua inglesa *strengths* (forças), *weaknesses* (fraquezas), *opportunities* (oportunidades) e *threats* (ameaças). É um importante instrumento utilizado para planejamento estratégico que consiste em recolher dados importantes que caracterizam o ambiente interno (forças e fraquezas), que são controláveis, e externo (oportunidades e ameaças), que não são controláveis, da empresa. Logo, as variáveis mapeadas externamente (macroambiente e ambiente operacional) se constituem em oportunidades ou ameaças para o sucesso da organização, e as internas em Forças ou Fraquezas, que facilitarão ou dificultarão o seu desempenho. Graças à sua simplicidade, pode ser utilizada para qualquer tipo de análise de cenário, desde a criação de um *blog* à gestão de uma multinacional. Este é o exemplo de um sistema simples destinado a posicionar ou verificar a posição estratégica da empresa/instituição no ambiente em questão. A técnica de análise SWOT foi elaborada pelo norte-americano Albert Humphrey, durante o desenvolvimento de um projeto de pesquisa na Stanford University, entre as décadas de 1960 e 1970.

Oportunidades	Estratégias de desenvolvimento	Estratégias de crescimento
Ameaças	Estratégias de manutenção	Estratégias de sobrevivência
	Pontos fortes	Pontos fracos

Figura 2.3 – Matriz SWOT.

Oportunidades

- Forças, variáveis ou situações externas, não controláveis pela organização, dentro de determinado cenário, e que podem favorecê-la além de seu desempenho

esperado, desde que sejam identificadas e por ela aproveitadas satisfatoriamente em tempo hábil.
- Leva a organização a aumentar a universalidade dos seus serviços, a cumprir mais adequadamente a sua função social e a satisfazer os seus clientes, melhorando consequentemente a sua imagem.
- Em caso de empresas privadas, aumenta a competitividade e a lucratividade, entre outros aspectos.
- Exemplos: estabilidade econômica, investimentos governamentais, política econômica nacional, política setorial etc.

Ameaças
- Forças, variáveis ou situações externas adversas à organização, que impõem obstáculos ao seu desempenho esperado e não são controláveis por ela dentro de determinado cenário.
- Pode causar sérios danos no nível de satisfação dos clientes e da sociedade. Em caso de empresas privadas, reduz a competitividade e a lucratividade, entre outros aspectos, podendo levá-la, inclusive, à perda de fatia de mercado e à própria falência.
- Exemplos: juros altos, elevação cambial, política econômica nacional etc.

Forças
- Característica ou diferenciação existente na organização, que lhe proporciona ou provoca uma vantagem ou facilidade operacional.
- É uma variável controlável. Uma força favorece a organização diante de ameaças e oportunidades do ambiente externo.
- Exemplo: funcionários capacitados para o desempenho de suas funções.

Fraquezas
- Característica ou situação inadequada da organização, que lhe proporciona ou provoca uma desvantagem ou dificuldade operacional.
- É uma variável controlável.

Uma fraqueza limita a organização diante de ameaças e oportunidades do ambiente externo.

G) Técnica "P-N-I"

A **técnica "P-N-I"** tem como objetivo auxiliar o grupo a avaliar e aperfeiçoar uma ideia ou proposta com base na identificação e análise de seus pontos positivos, negativos e interessantes. Deve ser usada para análise de uma ideia ou proposta de modo a conhecer seus pontos favoráveis e desfavoráveis; serve não só para orientar a discussão do grupo quando este se depara com uma ideia ampla e incerta, mas também para colher contribuições a fim de promover melhorias em propostas ou projetos.

Oportunidades	Capitalizar	Melhorar
Ameaças	Monitorar	Eliminar
	Pontos fortes	Pontos fracos

Figura 2.4 – Matriz SWOT.

O objetivo da técnica de **Análise do Campo de Forças** é o de identificar forças ativas e reativas existentes, para sua administração, a fim de reduzir resistências capazes de prejudicar a implementação de um processo de mudança. Essa técnica permite analisar o equilíbrio entre as forças que agem em um processo de mudança. Pode ser usada quando se planeja implementar uma mudança, para identificar se as forças ativas e favoráveis à mudança preponderam e para direcionar estratégias voltadas a anular ou minimizar resistências. Devem-se listar, de um lado, as forças que ativam a mudança e, de outro, as forças que são reativas à mudança.

Etapas

1. definição da mudança;
2. convite aos participantes;
3. preparação do local;
4. abertura da sessão;
5. exposição da problemática e mudança a ser implementada;
6. listagem das forças atuantes;
7. avaliação da intensidade das forças;
8. construção do diagrama;
9. interpretação do diagrama;
10. apresentação de sugestões;
11. encerramento da sessão;
12. divulgação de resultados.

H) Técnica Nominal de Grupo

A Técnica Nominal de Grupo, ou Técnica de Grupo Nominal, tem como objetivo abranger todo o processo de tomada de decisão, desde a definição do problema até a seleção de alternativas. Deve ser usada quando é necessário definir e priorizar causas e/ou soluções de determinado problema e quando se deseja discutir um problema do início até o fim. Essa técnica permite reduzir o número de opções.

Etapas

1. definição do tema;
2. *brainstorm* estruturado;
3. redução do número de ideias pela retirada de ideias duplicadas. Posteriormente, combinará propostas idênticas e/ou parecidas (duração de 45 a 60 minutos);
4. numeração das propostas;
5. atribuição de notas às ideias; deve-se estabelecer uma escala de pontuação, e cada participante atribui uma nota às ideias. A critério do grupo, as menos pontuadas são excluídas;
6. revisão da votação (se necessário).

I) Método Delphi

Uma série de estudos foi conduzida, durante alguns anos, pela RAND Corporation (Santa Mônica, Califórnia, Estados Unidos), recebendo a denominação de *Projeto Delphi*. Tal designação para o projeto inspirou-se no antigo oráculo de Delfos (Grécia) dedicado a Apolo. A técnica empregada foi chamada de Método Delphi. Seus precursores foram Dalkey e Helmer, que, em 1964, no artigo "*Report on a long-range forecasting study*", apresentaram em detalhes seus fundamentos teóricos. Originalmente, o Delphi foi concebido como um instrumento que possibilitasse articular de forma sistemática as opiniões de especialistas em determinadas áreas, de tal forma que produzisse como saída um consenso razoável acerca da probabilidade de ocorrência, em tempo futuro, de determinados eventos.

O Método Delphi é reconhecido como um dos melhores instrumentos de previsão qualitativa. Vem sendo aplicado em:

1. previsão tecnológica;
2. administração;
3. busca de consenso;
4. prospectiva (principalmente em descrição de cenários futuros);
5. planejamento estratégico e outros.

O princípio do método é intuitivo e interativo. Implica a constituição de um grupo de especialistas em determinada área do conhecimento que respondem a uma série de questões.

Delimita-se a área de investigação e especificação dos assuntos a serem considerados ao mesmo tempo em que se elaboram os questionários. Em princípio, qualquer área é passível de ser estudada ou pesquisada, embora a maioria das aplicações do Método Delphi seja para previsões tecnológicas.

A tarefa básica, nesta etapa, consiste em formular precisamente as questões pertinentes aos eventos que se queira prever, e o formato básico seria: *qual a probabilidade que o evento "x" venha a ocorrer e quando?*

O evento deve ser especificado de forma não ambígua, para que se garanta que o consenso/dissenso obtido seja real, e não fruto de má compreensão do que se está querendo prever.

Em geral, quanto maior a familiaridade dos especialistas com o assunto, tanto mais simples deve ser a formulação da questão.

Esses questionários permitirão a coleta dos dados em uma primeira rodada.

Os resultados dessa primeira fase são analisados, calculando-se a mediana e o desvio-padrão. A síntese dos resultados é comunicada aos membros do grupo que, após tomarem conhecimento, respondem novamente.

Uma vez aplicados e respondidos os questionários, em uma primeira tentativa, tratam-se de delimitar o grau de consenso existente sobre as estimativas. Estatisticamente, a ideia de ponte consensual é operacionalizada pela mediana e pela dispersão de respostas em seu entorno (normalmente, usa-se o quartil). A mediana poderia ser tomada como o resultado de um processo democrático de escolha. Metade dos entrevistados consideraria a resposta correta como sendo menor (antes) ou igual à mediana, e a outra metade a consideraria como maior (depois) ou igual à mesma. Quanto menor fosse a amplitude entre os 50% das respostas que se localizam em torno da mediana (isto é, primeiro e terceiro quartis), maior o consenso dos analistas quanto à possibilidade de ocorrência do evento (correspondente à mediana).

Em seguida, acrescentam-se ao questionário original os resultados encontrados, pedindo-se aos especialistas que mantenham ou reconsiderem sua opinião inicial, em função dos resultados obtidos pela maioria. Assim, casa especialista poderá alterar sua previsão, a fim de que se obtenha grau mais elevado de consenso. Aos especialistas cujas opiniões (respostas) se situam fora do "interquartil" (intervalo entre o 1º e 3º quartis), pede-se que as justifiquem por escrito.

Nessa "segunda rodada", juntamente com a síntese matemática/estatística das informações, sugere-se que os especialistas recebam informações compiladas dos demais especialistas que se contraponham às suas. O especialista, ao deparar-se com opiniões que se contrapõem à sua, que poderão não ser de seu conhecimento, é convidado a rever suas posições e/ou acrescentar novos argumentos que a suportem.

Na compilação das opiniões, deve-se evitar repetir respostas. Caso ocorra algum tipo de votação no primeiro questionário, o resultado da votação deve ser incluído.

Após o recebimento dos questionários da "segunda rodada", sugere-se que os especialistas recebam os novos argumentos que se contrapõem à sua posição, juntamente com a síntese matemática/estatística.

As interações sucedem-se dessa maneira até que um consenso ou quase consenso seja obtido. Os turnos de coleta e processamento se sucedem, nos moldes aqui descritos, até que se obtenha consenso satisfatório. A ideia não é a de "forçar" um acordo, o que deturparia a confiabilidade da estimativa, mas buscar substituir a interação pessoal entre os especialistas (o que se faz normalmente na mesa-redonda) por outro mecanismo (*feedback*) cuja finalidade é explicitar os critérios de julgamento. Em geral, três turnos são suficientes, no sentido de que um quarto turno não resultaria em modificações substantivas.

As interações sucedem-se dessa maneira até que um consenso ou quase consenso seja obtido. Normalmente, as posições estabilizam-se entre a quarta e a sexta "rodada", não se sugerindo a realização da sétima rodada.

De modo geral, o Método Delphi distingue-se por três características básicas:

1. anonimato;
2. interação com a realimentação (*feedback*) controlada;
3. respostas estatísticas do grupo.

O anonimato entre os participantes é um modo de reduzir a influência de um sobre o outro, porque eles não se intercomunicam durante a realização do painel. A interação com a realimentação controlada – condução do experimento em uma série de etapas ("rodadas"), comunicando aos participantes um resumo da etapa precedente – reduz a dispersão do tema principal; o pesquisador (controlador ou grupo de controle) só fornece ao grupo de especialistas o que se refere aos objetivos e metas do estudo, evitando que o painel se desvie dos pontos centrais do problema.

A utilização de definição estatística da resposta do grupo é uma forma de reduzir a pressão do grupo na direção da conformidade, evitando, ao fim do exercício, dispersão significativa das respostas individuais. O produto final deverá ser uma previsão que contenha o ponto de vista da maioria. No entanto, pode haver um resultado também minoritário, se a minoria tiver convicção acerca do assunto.

Não existe a exigência de um número mínimo ou máximo de componentes do painel, que pode variar de um pequeno grupo até um grupo numeroso, dependendo do tipo de problema a ser pesquisado e da população e/ou amostra.

Pesquisadores que usam a Teoria dos Conjuntos Nebulosos, descrita no Anexo C, e a inferência baysiana sugerem que um grupo de 30 pessoas ou mais, não viciado, é o ideal para pesquisas que tenham cunho qualitativo.

O Método Delphi oferece duas vantagens: seu custo é relativamente baixo e ele suprime as pressões que os participantes poderiam ter numa confrontação face a face.

A aplicação do método pode ser feita por meio do correio ou via terminais de computador (Internet etc.). O pesquisador resume o cálculo da mediana ou da média da previsão, remetendo o resultado a cada especialista e, sempre que possível, incluindo um relatório. Os especialistas respondentes são solicitados a revisar suas previsões, submetendo-as à comparação com os argumentos de suporte. O processo para quando os participantes estiverem próximo do consenso. O consenso, ou a impossibilidade de alcançá-lo, começa a ser vislumbrado após a quarta rodada. Após a quinta rodada, as posições tendem a se estabilizar e não se alteram mais.

J) Estrela Decisória

A Estrela Decisória ficou conhecida com os Círculos de Controle da Qualidade (CCQ) no Japão. Essa ferramenta viabiliza a estruturação das ações para a solução de problemas. É uma escada de oito degraus que permite a subida até o último degrau (solução do problema).

Figura 2.5 – Estrela Decisória.

K) Técnicas de grupo

Técnicas	Propósito
Diálogo ou debate público	Informar sobre um assunto e esclarecê-lo com base no debate entre dois especialistas com pontos de vista distintos.
Discussão em painel	Informar sobre um assunto e esclarecê-lo por meio da discussão entre vários especialistas, cada qual apresentando sua visão.
Mesa-redonda	Estabelecer um consenso por meio de discussão relativamente informal entre especialistas.
Painel com interrogadores	Informar sobre um assunto, aprofundá-lo e esclarecê-lo por meio de perguntas elaboradas por um grupo seleto de interrogadores a especialistas seletos.
Direção de conferência	Informar com base na exposição de determinado assunto, como se fosse uma aula em que o conferencista faz o papel de professor.
Fórum ou foro	Informar sobre um assunto e esclarecê-lo com base em debate entre dois especialistas com pontos de vista distintos, seguido de perguntas.
Simpósio	Conhecer melhor determinado assunto com base na exposição de vários especialistas.
Grupo de cochicho	Informar sobre um assunto e interagir com o público de uma palestra por meio de perguntas feitas aos ouvintes para que sejam respondidas em dupla.

Riqueza do enfoque multicritério

1 INTRODUÇÃO

Frequentemente, tanto na vida profissional como privada, o homem se depara com problemas cuja resolução implica o que se considera uma tomada de decisão complexa. De modo geral, tais problemas possuem pelo menos algumas das seguintes características:

a) os critérios de resolução do problema são em número de, pelo menos, dois e conflitam entre si;

b) tanto os critérios como as alternativas de solução não são claramente definidos e as consequências da escolha de dada alternativa com relação a pelo menos um critério não são claramente compreendidas;

c) os critérios e as alternativas podem estar interligados, de tal forma que um critério parece refletir parcialmente outro critério, ao passo que a eficácia da escolha de uma alternativa depende de outra alternativa ter sido ou não também escolhida, no caso em que as alternativas não são mutuamente exclusivas;

d) a solução do problema depende de um conjunto de pessoas, cada qual com seu próprio ponto de vista, muitas vezes conflitante com os demais;

e) as restrições do problema não são bem definidas, podendo mesmo haver alguma dúvida a respeito do que é critério e do que é restrição;

f) alguns dos critérios são quantificáveis, ao passo que outros só o são por meio de julgamentos de valor efetuados sobre uma escala;

g) a escala para dado critério pode ser cardinal, verbal ou ordinal, dependendo dos dados disponíveis e da própria natureza dos critérios;

h) várias outras complicações podem surgir em um problema real de tomada de decisão, mas esses sete aspectos anteriores caracterizam a complexidade de tal problema. Em geral, problemas dessa natureza são considerados mal estruturados.

O homem tenta há muitos anos abordar processos complexos de tomada de decisão, utilizando abstrações, heurísticas e raciocínios dedutivos, por vezes calcando-se no estado da arte do conhecimento científico disponível. Até a primeira metade do século XX, por exemplo, utilizava-se basicamente a esperança matemática para a tomada de decisão em condições consideradas aleatórias. Verificava-se, no entanto, que, em certas condições, as limitações e o consequente risco associado a tal tratamento eram inaceitáveis.

A Pesquisa Operacional (PO) é uma área que cuida da otimização dos processos organizacionais e de métodos de resolução de problemas e apoio à decisão, entre outros. A PO procura aperfeiçoar as operações existentes e/ou ajudar no processo de tomada de decisão, visando não só fornecer subsídios racionais para a tomada de decisão, bem como proporcionar ferramentas quantitativas ao processo de tomada de decisões. É constituída por um conjunto de disciplinas isoladas, tais como Programação Linear, Teoria das Filas, Simulação, Programação Dinâmica, Teoria dos Jogos etc. Em suma, a PO é um método científico de tomada de decisões.

A origem da PO está na Segunda Guerra Mundial pelo esforço de guerra onde existia a necessidade urgente de alocar recursos escassos às várias operações militares na Europa, África e Pacífico. Inicialmente, foram criadas várias seções de PO nas forças armadas britânicas e, posteriormente, esforços similares foram mobilizados nas forças armadas dos Estados Unidos. Após o término do conflito, o sucesso da PO passou a ser incorporado pelas empresas civis.

Em 1949, o Massachusetts Institute of Technology instituiu um programa sob forma de estudos de PO para campos não militares.

Na década de 1950, em razão da experiência adquirida pelas Forças Aliadas na abordagem dos problemas logístico-militares surgidos durante a Segunda Guerra Mundial, deu-se ênfase à solução dos problemas usando a então nascente Pesquisa Operacional, originada daquela experiência. Nesse ponto, surge a necessidade imediata de otimizar custos, despesas e lucros. Foram desenvolvidos então métodos estritamente matemáticos para se encontrar a solução ótima de um problema. São diversos métodos, adaptados a situações específicas, utilizados para alocação de carga, definição de percurso mínimo, otimização de estoque etc. Esses métodos vêm sendo usados ainda hoje em uma série de aplicações.

Nos anos 1950, a indústria petrolífera começou a utilizar as técnicas incipientes de programação linear para determinar a melhor composição da gasolina em termos de octanagem, com o mínimo de custo. A partir daí, o uso de tais técnicas tem se espalhado, sendo utilizadas em indústrias como a de computadores, de serviços etc., para resolver problemas tão díspares quanto à composição de carne e gordura em um hambúrguer e o controle de portfólio de ações de um banco. Por esta razão foram desenvolvidos métodos estritamente matemáticos para se encontrar a solução ótima de um problema.

O ser humano utiliza de modelos para representar o mundo ao seu redor; estruturas de abstração podem ser empregadas para representar as interações; por meio de metodologias, algoritmos e técnicas, como modelagem matemática para analisar situações complexas, a PO propicia aos executivos, administradores, executivos e demais decisores o poder de tomar decisões mais eficientes, bem como construir sistemas produtivos, baseados em dados mais completos, consideração de todas as alternativas possíveis, previsões cuidadosas de resultados e estimativas de risco e nas mais modernas ferramentas e técnicas de decisão.

Na década de 1960, surgiram métodos probabilísticos voltados para a tomada de decisão, que foram aplicados em diversos trabalhos técnicos, desenvolvidos até a década passada, mas que estão sendo suplantados por métodos cuja matemática é menos complexa, cuja transparência é inegavelmente maior e são corretos do ponto de vista científico, pois são fundamentados em axiomas rigorosos.

Crescente número de organizações devotadas ao estudo e à análise de decisões começa a aparecer. Rapidamente, instituições de várias áreas formam grupos para "Apoio à Tomada de Decisão", os quais reúnem matemáticos, estatísticos, cientistas da computação, economistas e especialistas em Pesquisa Operacional.

Já na década de 1970, surgem os primeiros métodos voltados para os problemas discretos de decisão, no ambiente multicritério ou multiobjetivo, ou seja, métodos que utilizam uma abordagem diferenciada para essa classe de problemas e que passam a atuar sob a forma de auxílio à decisão, não só visando à representação multidimensional dos problemas, mas, também, incorporando uma série de características bem definidas quanto a sua metodologia, como, por exemplo:

- a) a análise do processo de decisão ao qual essa metodologia é aplicada, sempre com o objetivo de identificar informações/regiões críticas;
- b) melhor compreensão das dimensões do problema;
- c) a possibilidade de haver diferentes formulações válidas para o problema;
- d) a aceitação de que, em problemas complexos, nem sempre as situações devem forçosamente encaixar-se dentro de um perfeito formalismo e, em particular, que estruturas que representem apenas parcialmente a comparabilidade entre as alternativas possam ser relevantes ao processo de auxílio à decisão;
- e) o uso de representações explícitas de uma estrutura de preferências, em vez de representações numéricas definidas artificialmente, pode muitas vezes ser mais apropriado a um problema de tomada de decisão.

Observação: No Brasil, existe a Sociedade Brasileira de Pesquisa Operacional (Sobrapo), fundada em 1968 (www.sobrapo.org.br), que mantém anualmente simpósios científicos sobre o tema PO, denominados Simpósio Brasileiro de Pesquisa Operacional (SBPO), e é filiada a International Federation of Operations Research Societies.

Um dos primeiros métodos, dedicados ao ambiente de decisão multicritério, é hoje talvez o mais extensivamente usado em todo o mundo. Trata-se do método AHP clássico, desenvolvido pelo Prof. Thomas L. Saaty em meados da década de 1970, segundo o qual o problema de decisão pode ser geralmente decomposto em níveis hierárquicos, facilitando, assim, sua compreensão e avaliação. Em contraste com esse método e com a teoria da utilidade multiatributo, frequentemente considerados como os métodos multicritério mais representativos da chamada *escola americana*, outra série de métodos foi desenvolvida na Europa, por vezes denominados, em seu conjunto, a *escola francesa* do AMD (Lootsma, 1990). Esses métodos permitem uma modelagem mais flexível do problema, pois não admitem necessariamente a comparabilidade entre todas as alternativas, além de não imporem ao analista de decisões uma estruturação hierárquica dos critérios existentes.

Para Malczewski (1999), os problemas multicritério envolvem seis componentes:

a) objetivo;

b decisor(es);

c) conjunto de critérios de decisão;

d) conjunto de alternativas;

e) conjunto de estados da natureza;

f) consequências das decisões.

De acordo com Matsatsinis e Samaras (2001), métodos de AMD são ferramentas úteis para redução de conflitos interpessoais, visto que buscam obter o consenso em vez de pressionar por concessões. Um grande obstáculo na tomada de decisão em grupo é que os participantes alteram suas opiniões de acordo com possíveis resultados durante a negociação.

2 MÉTODOS MULTICRITÉRIO DE APOIO À DECISÃO

Os métodos multicritério têm sido desenvolvidos para apoiar e conduzir os decisores na avaliação e escolha das alternativas-solução, em diferentes espaços. O espaço das variáveis de decisão, em particular, consiste no conjunto de decisões factíveis e não factíveis para dado problema.

Nas decisões em grupo, as preferências individuais podem ser combinadas de modo a resultar em uma decisão do grupo. As variáveis de decisão são as ações detalhadas, que devem ser decididas e comunicadas. A decisão do grupo é, assim, consequência de um intercâmbio de decisões entre os membros do grupo do qual emana a negociação das propostas aceitáveis. Se o compromisso é obtido, elas são automaticamente acordadas.

Um ponto importante da decisão é a objetividade: os participantes podem divergir na avaliação de uma decisão, mas a decisão grupal é objetiva e final, como decisão. Pesos podem então ser usados para agregar os valores das funções-objetivos em um único valor, determinando a utilidade da decisão alternativa.

De modo geral, problemas de decisão podem ser discretos, quando se trata de um número finito de alternativas, ou contínuos, quando tal número pode ser pensado como infinitamente grande. Entre os métodos multicritério discretos, destacam-se a Utilidade Multiatributo (Keeney e Raiffa, 1976), o AHP (Saaty, 1994) e os métodos Electre (Roy e Bouyssou, 1993). Enquanto os dois primeiros são considerados os mais representativos da escola americana do AMD, os métodos Electre (consultar Anexo A) constituem, por assim dizer, o coração da chamada escola francesa. O Capítulo 6 traz uma descrição da Teoria da Utilidade Multiatributo. Os métodos contínuos são também denominados métodos de otimização multicritério ou métodos interativos, compreendendo basicamente métodos de programação matemática com mais de uma função-objetivo (Steuer, 1988). A utilização desses métodos, tanto discretos como contínuos, é imensamente facilitada por *softwares* especializados (consultar Anexo D).

Deve-se notar, também, que a abordagem do problema de decisão, sob o enfoque do AMD, não visa apresentar ao decisor ou aos decisores uma solução para seu problema, elegendo uma única verdade representada pela ação selecionada. Visa, isto sim, como seu nome indica, apoiar o processo decisório, por meio da recomendação de ações ou cursos de ações a quem vai tomar decisão. Se a qualidade da informação disponível ao longo do processo de resolução de um problema complexo é de inquestionável importância, também o é a forma de tratamento analítico daquela mesma informação. Essa forma deve fundamentalmente agregar valor àquela qualidade da informação, havendo, por conseguinte, perfeita simbiose entre a qualidade da informação e a qualidade do apoio à tomada de decisão. O AMD, com seus vários métodos, é o meio por excelência pelo qual tal simbiose materializa-se.

Os métodos de AMD procuram esclarecer o processo de decisão, tentando incorporar os julgamentos de valores dos agentes, na intenção de acompanhar a maneira como se desenvolvem as preferências, e entender o processo como aprendizagem.

Vansnick (1986) afirma que o AMD representa uma evolução da Teoria das Escolhas Sociais, destinguindo-se desta pela noção de importância relativa dos critérios. De acordo com essa teoria, a preferência do decisor é exercida por resultados sociais, e a função de utilidade individual fica definida também como função coletiva de utilidade social.

Por outro lado, não podemos ignorar o fato de que, além de seus aspectos técnicos, tratáveis pelas ciências da decisão, há dimensões culturais e de cultura organizacional que são também importantes para todos os que lidam com a tomada de decisão gerencial, tanto no nível estratégico como nos níveis tático e operacional. Ainda assim, buscando essencialmente clarificar o processo de tomada de decisão, torna-se indispensável o domínio dos fundamentos e métodos de AMD.

Assumindo que a estruturação do modelo é fundamental em um processo de apoio à decisão (apoiar ou auxiliar a decisão é diferente de tomar decisão) e considerando que a estruturação tem um caráter misto entre a ciência e a arte (esse caráter provém da ausência de métodos puramente matemáticos para conduzir a estruturação), isso implica que é impossível conceber um procedimento genérico de estruturação cuja aplicação possa garantir a unidade e validade do modelo concebido (Bana e Costa, 1992).

O trabalho de estruturação visa à construção de um modelo mais ou menos formalizado, capaz de ser aceito pelos decisores como um esquema de representação e organização dos elementos primários de avaliação, que possa servir de base à aprendizagem, à investigação, à comunicação e à discussão interativa com e entre os decisores.

Uma boa metodologia não explora só as soluções, explora também o decisor, e o faz à medida que o auxilia na busca da decisão, explicitando suas preferências (Buchanan e Henig, 1994).

Os métodos de AMD têm um caráter científico e, ao mesmo tempo, subjetivo, trazendo consigo a capacidade de agregar, de maneira ampla, todas as características consideradas importantes, inclusive as não quantitativas, com a finalidade de possibilitar a transparência e a sistematização do processo referente aos problemas de tomada de decisão (Pinto Junior e Soares de Mello, 2013). Os métodos de decisão que consideram mais de um critério são definidos como métodos de decisão multicritério. Nesses métodos, algumas alternativas são avaliadas segundo um número de critérios definidos, sendo que cada critério induz a uma ordenação particular das alternativas, fazendo com que seja necessária a adoção de algum mecanismo capaz de construir uma ordenação geral de preferências, também chamada de *ranking* ou classificação (Lima Junior, Osiro e Carpinetti, 2013).

Os métodos e metodologias de AMD auxiliam os decisores a compreender e a explicitar suas preferências junto às alternativas (Easley et al., 2000).

Observação: devemos ter sempre em mente as definições de sistemas e modelos no Capítulo 1.

Sistemas: conjuntos de partes que interagem para atingir determinado fim, de acordo com um plano ou princípio.

Modelos: é uma representação abstrata de um sistema real, ou uma imitação simplificada que permite sua manipulação e entendimento quando o sistema real não está disponível para estudo ou a condução de experimentos é muito cara ou perigosa.

Existe um conjunto de métodos aplicados aos problemas de gestão que constitui o enfoque da Pesquisa Operacional, da qual surgiu um campo denominado:

a) em inglês: *Multiple Attribute* (ou *Multi-Attribute*) *Decision Making* (MADM), *Multiple Criteria* (ou *Multi-Criteria*) *Decision Making* (MCDM), *Multiple Objective* (ou *Multi-Objective*) *Decision Making* (MODM), *Multiple Objective Decision Aiding* (MODA) e *Multiple Criteria Decision Aiding* (ou *Aid*) (MCDA);

b) em português: Análise de Decisões com Múltiplos Critérios (ADMC) e Auxílio (ou Apoio) Multicritério à Decisão (AMD);

c) em francês: *Aide Multicritère à la Décision* ou *Analyse Multicritère*. De acordo com o dicionário *Larousse*, a palavra *Aide* traduz-se para o português como "ajuda"; a palavra portuguesa *apoio* seria traduzida para o francês como *appui*;

d) em espanhol: *Análisis de las Decisiones Multicriterio*;

Observação: alguns autores (Yoon e Hwang, 1981) não consideram MADM, MCDM, MODM, MODA e MCDA como sinônimos; para eles, MADM é um campo dentro do MCDM (ou seu sinônimo MCDA) responsável pela avaliação, priorização e seleção de alternativas em um ambiente multicritério/atributo com critérios/atributos conflitantes; e o MODM (ou seu sinônimo MODA), um campo do MCDM que estuda a escolha da melhor alternativa em um ambiente de objetivos conflitantes; esses autores agrupariam a Teoria da Utilidade Multiatributo e os métodos de subordinação no MADM e os métodos interativos no MODM; esses mesmos autores não diferenciam os termos *atributo* e *critério*. Outros autores consideram o MCDA a escola francesa do AMD.

O AMD é fundamentado na precisa identificação da situação de decisão em que existem critérios conflitantes, nos atores da decisão (decisão em grupo) e nos problemas desses atores. Os métodos multicritério têm sido desenvolvidos para apoiar e conduzir os decisores na avaliação e escolha das alternativas-solução, em diferentes espaços. O espaço das variáveis de decisão, em particular, consiste no conjunto de decisões factíveis e não factíveis para dado problema. Nas decisões em grupo, as preferências individuais podem ser combinadas de modo que resultem em uma decisão do grupo (Zopounidis e Doumpos, 2000). As variáveis de decisão são as ações detalhadas, que devem ser decididas e comunicadas. A decisão do grupo é, assim, consequência de um intercâmbio de decisões entre os membros do grupo, do qual emana a negociação das propostas aceitáveis. Se o compromisso é obtido, elas são automaticamente acordadas.

O AMD consiste em um conjunto de métodos e técnicas para auxiliar ou apoiar pessoas e organizações a tomarem decisões, sob a influência de uma multiplicidade de critérios. A aplicação de qualquer método de análise multicritério pressupõe a necessidade de especificação anterior sobre qual objetivo o decisor pretende alcançar, quando se propõe comparar entre si várias alternativas de decisão, recorrendo ao uso de múltiplos critérios (Bana e Costa e Almeida, 1990).

A distinção entre o AMD (Gershon e Grandzol, 1994) e as metodologias tradicionais de avaliação é o grau de incorporação dos valores do decisor nos modelos de avaliação. O AMD pressupõe ser necessário aceitar que a subjetividade está sempre presente nos processos de decisão. Isto permite iniciar o entendimento de que serão encontrados diferentes juízos de valor nos diversos atores da decisão. Nesse sentido, buscam-se construir modelos que legitimem a elaboração de juízos de valor, juízos estes necessariamente subjetivos. No AMD (Yu, 1985), a estrutura de valores dos decisores está associada aos critérios existentes, e busca permitir que as alternativas sejam examinadas, avaliadas e, se possível, priorizadas.

Observação: as metodologias da PO *Soft* (ver Anexo F) também levam em consideração alguns dos aspectos apresentados. A PO *Soft* é composta de uma geração de métodos e metodologias, pensados e elaborados para um mundo coberto por um clima de complexidade, conflitos e situações não determinísticas (incerteza, imprecisão e situações dúbias) que auxiliam os que praticam funções de análise de problemas e gerenciamento, na vida real, a enfrentar os problemas de planejamento e tomada de decisão, além de ajudar os estudantes de sistemas de gerenciamento e de PO a entender essa nova perspectiva.

A principal função desses métodos e metodologias consiste em estruturar problemas antes de tentar resolvê-los; por isso, foram chamados de métodos *Soft*. Sua importância deve ser compreendida porque a maior parte deles surge de uma evolução da PO – ferramentas de otimização e algoritmos. Elas também constituem uma contribuição britânica à arte da estruturação de problemas, sem que haja necessidade de as pessoas que vão utilizá-las adquirirem conhecimento matemático de alto nível.

Enquanto os métodos tradicionais, na tentativa de representar a complexidade de situações desestruturadas, muitas vezes empregam técnicas baseadas na teoria das probabilidades, os métodos *Soft*, ao contrário, adotam o conceito de cálculo de possibilidades. Eles estruturam eventos ou resultados que os participantes declaram relevantes, o que torna possível identificá-los, sem a obrigatoriedade de associar números sobre seus significados.

O principal ingrediente das metodologias *Soft* é o comportamento humano, que por senso comum e experiência pode ser representado por métodos gráficos ou diagramas que representam de forma esquemática redes de interações, demonstrando, entre os diversos elementos das situações analisadas, as influências, causalidades, similaridades ou compatibilidades existentes. Fornecer elementos que visem estruturar situações problemáticas consideradas estratégicas é a característica mais comum encontrada entre as metodologias citadas. Um detalhamento maior da PO *Soft* é encontrado em Rosenhead (1989) e Soares (1997).

O AMD tem como princípio buscar o estabelecimento de uma relação de preferências (subjetivas) entre as alternativas que estão sendo avaliadas/priorizadas/ordenadas sob a influência de vários critérios, no processo de decisão.

A abordagem multicritério tem como característica:

a) processos decisórios complexos, e neles existem vários atores envolvidos que definem os aspectos relevantes do processo de decisão;

b) cada ator tem a sua subjetividade (juízo de valores);

c) reconhece os limites da objetividade e considera as subjetividades dos atores;

d) tem como pressuposto que o problema não está claramente definido nem bem estruturado.

O ser humano, como foi descrito anteriormente, tem presente em sua existência a constante necessidade de tomar decisões, e o faz por meio de comparações, classificações e ordenação de alternativas. O AMD pode ser usado em diversas áreas de atuação, que podemos exemplificar com Stewart (1992):

a) gestão tecnológica;

b) critérios em conflito;

c) Engenharia de Sistemas, que vem a ser o campo da engenharia diretamente relacionado com as atividades de concepção, melhoramentos e implantação de sistemas integrados; esta é alicerçada em conhecimentos e habilidades das ciências matemáticas, físicas e sociais;

d) Engenharia de Produção, concernente à tomada de decisão que atue em processos produtivos, visando a sua otimização e controle;

e) qualidade.

Diferentes decisores frequentemente escolhem diferentes caminhos de solução para um problema idêntico; o mesmo equipamento pode não ser comprado por duas firmas que existam na mesma cidade e enfrentem problemas semelhantes. Cada decisor aloca uma importância relativa, diferente, para cada critério (Mousseau, 1992) no processo de decisão.

Observação: *multicritério* não significa que seja *multidimensional*. Algumas decisões podem não ser multicritério, porém ter avaliação multidimensional. Se analisar o critério custo (monocritério) de forma individual, tem-se custo de curto, médio e longo prazo, e, ainda, custos fixos e custos variáveis (multidimensional).

Os sistemas de suporte (ou apoio) à decisão agilizam sugestões com base em algoritmos implementados via programação em computadores, porém toda essa tecnologia seria de pouca validade se esquecesse a subjetividade inerente ao processo humano de tomada de decisão, que, como se viu, é o objeto de estudo do AMD.

Para obter um bom resultado, é importante buscar um conhecimento perfeito, ou o mais perfeito possível dentro das restrições (tempo, custo etc.), das consequências das alternativas. Estas consequências devem ser medidas no curto, médio e longo prazo.

A busca da solução de um problema frequentemente ocorre em ambiente em que os critérios são conflitantes, onde o ganho de um critério (Mousseau, 1997) pode causar perda em outro. Tem-se de escolher a solução final, levando-se em conta o compromisso das diversas relações de troca intermediárias dos procedimentos adotados.

Observações:

a) uma alternativa é considerada dominada quando existe outra alternativa que a supera em um ou mais critérios e iguala-se aos demais; o princípio da dominância é usado para eliminar uma alternativa que seja claramente inferior a outra alternativa;

b) superioridade de Pareto: o bem-estar social associado a um estado A é superior ao de outro estado B, se, e somente se, existe em A pelo menos um indivíduo com bem-estar maior que em B e não existe em B outro indivíduo que possua um bem-estar superior em A; um estado é superior a outro se é possível aumentar o bem-estar de pelo menos um indivíduo sem prejudicar os demais;

c) ótimo de Pareto: o bem-estar de uma sociedade é máximo se não existe outro estado em que seja possível aumentar o bem-estar de um indivíduo sem diminuir o bem-estar dos demais indivíduos dessa sociedade; não existe como melhorar o bem-estar de um indivíduo sem prejudicar o bem-estar de pelo menos outro indivíduo.

A "solução eficiente", "não inferior", "não dominada", "fronteira", "fronteira de eficiência", "eficiência de Pareto", ou "ótimo de Pareto" (Pareto, 1996) é aquela que pode ser obtida de forma que a alternativa escolhida atinja um valor amplo em todos os critérios e não possua um decréscimo simultâneo (um valor dominado por outra alternativa) em nível inaceitável em qualquer dos demais critérios que estão sendo utilizados no processo de avaliação das alternativas.

O decisor pode não estar interessado somente em identificar a melhor alternativa, mas também em saber o quanto a melhor alternativa tem um valor global suficientemente bom para ser tomada como decisão.

Observação: em uma curva convexa (Figura 3.1), há uma fronteira de eficiência; em uma curva não convexa, pode encontrar-se mais de uma fronteira de eficiência (French, 1988).

> Tomar uma decisão é fazer uma escolha dentro do conjunto de alternativas factíveis, ou seja, alternativas que atendam ao(s) objetivo(s) e supere(m) a(s) restrição(ões) do(s) problema(s); a eficiência na tomada de decisão consiste na escolha da alternativa que, tanto quanto possível, ofereça o(s) melhor(es) resultado(s); na impossibilidade de escolher-se a melhor alternativa, devemos buscar o conjunto de alternativas não dominadas (ótimo de Pareto); essas alternativas

são comparadas em função dos critérios identificados no processo de decisão, sob a influência dos atributos definidos e dentro de riscos aceitáveis, que farão o decisor posicionar-se para um futuro possível.

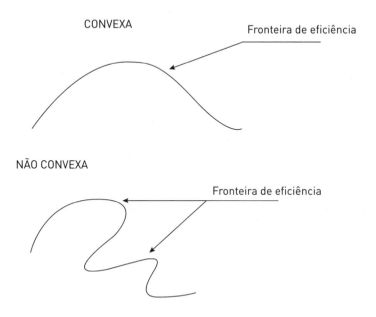

Figura 3.1 Curvas convexas e não convexas.

Durante a modelagem de um problema que utiliza o AMD, é necessário considerar quatro aspectos básicos (Mousseau e Slowinski, 1998):

a) escolha, separar as alternativas selecionadas das rejeitadas;

b) construção dos critérios e agregação das informações;

c) classificação, separar as alternativas em grupos, tornando possível identificar a dominância dos grupos;

d) ordenação, identificar uma hierarquia ou uma pré-ordem (preordenação) de classificação entre as alternativas.

O(s) ator(es) do processo de decisão que julgue(m) conveniente usar a metodologia multicritério para auxiliá-lo(s) a estruturar seu(s) problema(s) e posteriormente priorizar/escolher as alternativas factíveis deverá(ão) (Munda, 1997):

a) definir e estruturar o problema;

b) definir o conjunto de critérios e/ou atributos que serão utilizados para classificar as alternativas;

c) escolher se utilizará(ão) métodos discretos ou contínuos. Se optar(em) por métodos discretos (concebidos para trabalhar com um número finito de alternativas), deverá(ão) optar entre a escola francesa e a escola americana;

d) identificar o sistema de preferências do(s) decisor(es);

e) escolher o procedimento de agregação.

Para identificar o sistema de preferências do(s) decisor(es), é necessário:

a) considerar a subjetividade dos atores de decisão, as percepções individuais e vislumbrar em quais aspectos do(s) problema(s) o(s) decisor(es) encontram maior dificuldade de explicitar suas percepções individuais;

b) estruturar o problema de acordo com a visão compartilhada;

c) identificar os pontos de vista comuns;

d) saber onde o(s) decisor(es) é(são) inconsistente(s);

e) verificar o que pode ser mudado e por quê.

É preciso ter cuidado para não elaborar um modelo que leve a uma irrealidade, pois, do contrário, obter-se-á uma solução sem nenhum resultado prático. A simulação é essencialmente um trabalho com analogias; é uma modalidade experimental de pesquisa que procura tirar conclusões com modelos que representam a realidade; é a imitação da realidade por meio de modelos.

Os modelos de tomada de decisões por meio de múltiplos critérios são indicados para problemas nos quais existem vários critérios de avaliação, normalmente critérios conflitantes.

Os problemas de multicritério não podem ser assim resolvidos sob análise matemática ou econômica apenas. Para a solução do problema, propõe-se dois caminhos distintos (Brans e Mareschal, 1994):

a) identificar para cada alternativa sua utilidade, agregando todos os valores advindos da classificação das alternativas nos critérios em uma única função de utilidade, sem indicar a importância relativa dos critérios. Este caminho, porém, é falho se considerarmos, por exemplo, a seguinte situação: uma empresa decide contratar um engenheiro com conhecimentos de eletricidade e mecânica; dois candidatos aparecem: um, com média global 8, obteve média 6 em eletricidade e 10 em mecânica; o outro, também com média global 8, teve média 10 em eletricidade e 6 em mecânica. A função utilidade que simplesmente realiza uma média aritmética entre as duas avaliações de cada candidato, sem atribuir importância diferenciada para eletricidade e mecânica, irá gerar um resultado igual para os dois candidatos;

b) utilizar uma metodologia que leve em conta a importância relativa que o decisor atribui a cada critério, no caso, conhecimentos em mecânica e eletricidade e média global dos conhecimentos em mecânica e eletricidade. Esse caminho parece ser o mais eficiente, e será abordado, assumindo, por hipótese, que não é possível dizer que uma decisão é boa ou ruim, utilizando-se para tal um único modelo matemático; também se pode afirmar que a subjetividade no processo de decisão deve ser considerada e que a sensibilidade da decisão pode ser estudada comparando-se as sugestões de decisão que advêm de dois ou mais algoritmos diferentes.

O AMD propõe-se a ter visão prescritiva (ou prescritivista) e construtiva (ou construtivista ou aproximação criativa (Roy, 1977 e 1985)) dos problemas. Essa visão seria uma fusão da visão descritiva, que é a visão do mundo como este se apresenta, não emitindo julgamento sobre a realidade descrita com visão normativa; esta é uma visão do mundo por meio de processos idealizados, que defendem o uso de fórmulas matemáticas. Essa visão apresenta receitas antecipadas.

Na visão prescritiva, fazem-se modelos que são apresentados ao decisor e este decide se os aceita ou não. A visão construtiva consiste em construir modelos utilizando o processo decisório; a estruturação avança de forma interativa de modo coerente com os objetivos e valores do decisor.

As diferenças entre o modelo construtivista e o prescritivista são:

Construtivista
   a) facilita construir o modelo de preferências dos decisores, para o momento e a situação em estudo, com o objetivo de fazer recomendações;
   b) permite o envolvimento dos atores do processo de decisão durante todas as fases do processo de apoio à decisão; as decisões são tradução dos valores dos decisores. Os atores aprendem juntos sobre o problema enfocado;
   c) permite levar em conta os aspectos subjetivos do grupo de decisores.

Prescritivista
   a) descreve primeiramente um modelo de preferências para depois fazer prescrições com base em hipóteses normativas que são validadas pela realidade descrita;
   b) restringe o envolvimento dos atores do processo de decisão à estruturação do problema.

O decisor precisa entender suas próprias preferências, e o AMD deve possuir algoritmos e metodologias que tornem confortável ao decisor explicitar essas preferências. O importante é tomar boas decisões ao longo da vida; os grandes decisores empresariais e governamentais estão interessados nas soluções que obtenham os melhores resultados para suas empresas e seus países.

Assumindo que tomar decisões é uma tarefa difícil tanto para grupos como para indivíduos isolados; que normalmente a decisão deverá atender a objetivos e a critérios conflitantes; que as consequências das decisões nem sempre são facilmente identificáveis; e que algumas alternativas e/ou objetivos estão interligados, a não aceitação da subjetividade pode tornar-se uma dificuldade para a solução do problema. É nesse mérito que o AMD é enquadrado. O princípio de aprendizagem auxilia na construção de preferências.

A metodologia tem sido baseada em operacionalidade e em um julgamento pessoal. Suas vantagens são:

a) facilitar o uso por não especialistas, preferencialmente quando transformada em um programa de computador que seja o mais amigável possível com o usuário e disponha de recursos gráfico-visuais;
b) constituir-se em um método lógico e transparente;
c) permitir liberdade de ambiguidade para interpretações dos dados de entrada;
d) poder englobar tanto critérios quantitativos como qualitativos;
e) poderem os julgamentos de valor ser exercidos em escalas cardinais ou verbais;
f) permitir ao decisor dispor de algoritmos que possibilitem a utilização de critérios independentes uns dos outros, como algoritmos que auxiliem em problemas cujos critérios de avaliação são dependentes; analogamente, ele poder lidar com alternativas que são independentes umas das outras, bem como dependentes;
g) incorporar questões do comportamento humano nos processos de decisão.

Segundo Vincke (1992), o AMD não consiste somente em construir uma família com técnicas de agregação de preferências, dadas em um conjunto de dados. O decisor deve ter conhecimento dos métodos que pode utilizar e verificar o que mais se ajusta à situação.

A decisão multicritério ocorre quando, tendo um conjunto A de alternativas ou ações avaliadas em uma família de critérios, se deseja (Vincke, 1992):

a) determinar um conjunto de ações ou alternativas (conjunto A) que são consideradas as melhores para resolver determinado problema;
b) dividir o conjunto A em subconjuntos que atendam a normas preestabelecidas;
c) ordenar as alternativas de forma crescente ou decrescente, considerando sua "capacidade" de solucionar determinado problema.

O importante é que, na análise multicritério, sempre há um fator humano. Nunca poderá ser uma situação em que a decisão seja totalmente concebida por meio de algoritmos.

O objetivo é trazer um apoio ou auxílio à tomada de decisão e, obviamente, escolher a(s) melhor(es) alternativa(s), entre várias possíveis. O AMD assume que é frequentemente impossível prever se uma situação é boa ou má apenas por métodos matemáticos, bem como se a modelagem dos critérios envolvidos no processo de decisão não é meramente objetiva, se a subjetividade não está sempre presente (Vanderpooten, 1995).

Com regularidade, o AMD utiliza-se de procedimentos da psicologia e da matemática, como, por exemplo, escalonamento multidimensional.

Muitos debates têm sido feitos nesse sentido sobre as preferências do decisor na análise multicritério. Ela permite ao decisor fazer sua busca com consistência, à medida que o alerta para tal, porém, nunca poderá impor uma estrutura injustificável ao decisor (Stewart, 1992).

As decisões econômicas, industriais, políticas ou sociais, por exemplo, são decisões de multicritério. Uma firma/empresa nunca compra um equipamento apenas baseada no preço (ou custo); a qualidade e outros critérios devem ser considerados.

A função multicritério de decisão (FD) pode ser assim descrita (Gomes, 1999):

G = objetivo e/ou objetivos a serem alcançados.

Conjunto $A = \{a_1, a_2, ...\}$, conjunto de alternativas que deverão ser avaliadas, comparadas ou analisadas e, se possível e necessário, priorizadas pelo decisor.

Conjunto $C = \{c_i$, em que i varia de 1 até $n\}$, conjunto de critérios a serem usados para avaliação das alternativas.

Conjunto K = em que k_j representa o número de participantes do processo de decisão.

Conjunto U = em que u_l representa a informação individual (Kim, Choi e Kim, 1999).

Conjunto $O = \{o_j$, em que j varia de 1 até $m\}$, conjunto de atributos.

Conjunto $W = \{w_1, w_2, ..., w_k\}$, conjunto de pesos atribuídos aos critérios e/ou atributos, sendo w_k função da preferência do decisor por c_i ou o_j.

R = restrições a serem observadas.

Ω = conjunto de possíveis estados da natureza ou possíveis eventos.

$p(\Omega)$ = a probabilidade; em sua ausência, é substituída pela possibilidade, associada a um evento específico Ω.

$H(A, \Omega, p(\Omega))$ = benefícios esperados da alternativa e/ou consequências.

$FD = G \otimes [A \otimes R] \otimes [W \otimes C \otimes O] \otimes [\Omega \otimes H \otimes p(\Omega)] \otimes [K \otimes U]$,
em que o símbolo $\otimes$ significa "associado a".

Observação: a relação $A \otimes R$ busca eliminar as alternativas que não superam as restrições. A relação $W \otimes C \otimes O$ associa os critérios e atributos com os respectivos pesos, modela as preferências do decisor. A relação [$\Omega \otimes H \otimes p(\Omega)$] quantifica a incerteza e/ou a imprecisão do processo de decisão e a agregação de valor das alternativas. O valor de $a \in A$, $c_i \in C$ e $o_j \in O$ é função de $\Sigma a_{ci} \times w_k + \Sigma a_{oj} \times w_k$. A interação [$K \otimes U$] gera um "valor" maior que a simples soma das partes, uma vez que ocorre a interação do grupo.

Suponha G como um conjunto que representa o(s) objetivo(s), e A como o conjunto composto pelas alternativas possíveis de decisão, em que o decisor escolhe (faz) sua decisão. Define-se uma alternativa (a) qualquer, em que $a \in A$ G não representa objetivo(s) trivial(is) e não está facilmente definido.

A esse tipo de situação/problema propõe-se o AMD, ou seja, indicar o caminho, ou, pelo menos, diminuir a confusão para alcançar a direção que, posteriormente, indicará o caminho a ser seguido. Para cumprir o pressuposto, o AMD utiliza-se dos mais variados algoritmos para realizar as aproximações em busca da solução.

A diferenciação mais frequente que ocorre no AMD está no fato de, algumas vezes, A ser definido explicitamente com uma lista finita de alternativas (métodos discretos); outras vezes, A está implícito e definido de forma matemática (métodos contínuos).

Ao modelar ou formular o problema, os critérios são importantes. Os critérios podem ser desenvolvidos por um método hierárquico ou não, a partir de uma meta-padrão, que é redimensionada em submetas.

Cada caminho $a \in A$ representa uma *performance* escolhida, que traz as consequências de sua implementação, porém tudo advém de uma decisão particular. Essa metodologia de aproximação cria para cada qual (*caminho a*) um vetor de critérios/atributos chamado de Z, com n critérios/atributos, onde para cada *caminho a* de escolha tem-se um resultado diferente. Ao definir todos os pontos de um vetor, pode-se definir o Z_a máximo e o Z_a mínimo e, assim, estabelecer padrões.

O AMD pode ser usado em dois contextos:

a) um indivíduo, ou mesmo um grupo, cuja decisão não causa impacto em outros grupos; nesse caso, os métodos utilizados não requerem substancial documentação;

b) uma pessoa (normalmente um grupo), cuja decisão acarreta forte consequência em outros grupos; nesse caso, a lista de alternativas é considerável. Isso, geralmente, ocorre em grupos empresariais ou em decisões de organismos públicos. Esse tipo de decisão deve ser baseado em forte documentação, assim como os critérios analisados devem levar em conta os diversos elementos da comunidade.

O AMD é um enfoque utilizado como elemento central da análise de decisões. Como tal, lança mão de informações sobre o problema, tendo como característica principal a análise de várias alternativas ou ações, sob vários pontos de vista ou critérios. Para fazer essa análise, os decisores frequentemente têm que comparar as alternativas presentes no processo decisório.

Assim, com o AMD propõem-se a clarificação do problema e a tentativa de fornecer respostas para as questões levantadas em um processo decisório, segundo modelos definidos e claros. À medida que a complexidade dos problemas vai aumentando, a análise do ponto de vista de um único critério de julgamento das alternativas – também chamada "análise monocritério" – não tem sentido e faz-se a abordagem de problemas envolvendo vários pontos de vista pela abordagem mais rica que constitui o AMD.

Pela análise das formulações básicas nos problemas de AMD, objetiva-se a clarificação da decisão com a escolha de um subconjunto, tão restrito quanto possível, para a escolha final de uma alternativa, obtendo-se como resultado tal escolha.

Sempre que se faz uma análise, cabe atentar para os seguintes princípios:

a) ao estudar uma situação multiatributo (e/ou multicritério), deve haver compensação entre os atributos (e/ou critérios), ou seja, um grande ganho em um atributo (e/ou critério) de menor importância compensará uma pequena perda em um atributo (e/ou critério) de grande importância;

b) deve existir uma ordenação possível para as alternativas e, portanto, deve haver melhor alternativa, que precisam ser descobertas.

A escolha dos métodos/algoritmos é feita frequentemente assumindo-se ser impossível para um analista, em situações de decisão complexa, ter uma visão precisa do mundo real. Assim, não é possível representar todos os estados da natureza de forma certeira.

O analista/especialista deve estar ciente de que as preferências não são constantes; elas mudam com o tempo, e, algumas vezes, são ambíguas e não podem ser vistas de forma independente em um processo de análise. Mesmo que se consiga uma resposta para a modelagem de preferências e/ou função de utilidade por meio de funções ou programas, deve-se sempre revisar o processo com o objetivo de verificar se alguma preferência não foi alterada.

O estudo da *Informação das Preferências*[1] divide-se em Preferência das Informações Intracritérios[2] e Preferência das Informações Intercritérios:[3]

a) Preferência das Informações Intracritérios: é necessária para construir preferências parciais em um critério particular, na avaliação de alternativas neste critério (classificação de alternativas neste critério);

---

[1] Tradução do termo inglês *preference information*.

[2] Tradução do termo inglês *intra-criterion preference information*.

[3] Tradução do termo inglês *inter-criteria preference information*.

b) Preferência das Informações Intercritérios: é utilizada para definir a importância de cada critério dentro do agregado de preferências formado pelos critérios (essa informação define o peso de cada critério).

3 DECISÃO EM GRUPO

O AMD, com seus vários métodos analíticos, constitui-se em uma nova e dinâmica área de pesquisa para suporte à decisão, especialmente às decisões grupais e à negociação em particular. Nas decisões em grupo, o processo é normativo e as preferências individuais podem ser combinadas para resultar em uma decisão grupal. As variáveis de decisão são ações detalhadas e devem ser comunicadas e tomadas. E, quando um compromisso é obtido, elas são acordadas. As variáveis de decisão e seus valores são considerados, em qualquer altura, uma decisão ou um compromisso. Assim, a decisão grupal deve ser reduzida a um intercâmbio de decisões entre os membros do grupo, e a negociação, similarmente, a um intercâmbio de propostas aceitáveis. O espaço das variáveis de decisão inclui as decisões factíveis e as não factíveis.

Se todos os participantes em um processo de decisão concordam com as restrições, temos as restrições *hard*, no sentido de que são comuns a todos os participantes. Nas negociações, essas restrições são discutidas durante a fase de preparação, quando as partes definem cada decisão particular e seu valor.

Em princípio, o valor de uma decisão é melhor do que outro quando ele é mais alto. Como se está sempre procurando atingir valores cada vez mais elevados, é importante optar por decisões não dominadas ou eficientes, como as decisões factíveis, mas únicas, em que não existe outra solução com maior valor.

Nesse tipo de modelo de decisão, supõe-se que o conjunto das alternativas possíveis é do conhecimento de todos os participantes, o que não leva em conta a criatividade individual nem a inovação. Nas decisões em grupo, o consenso é obrigatório, consistindo na grande meta a ser atingida. As concessões terão de ser feitas, porque a rigidez das restrições pode determinar a inviabilidade de uma boa alternativa. Até porque elas são feitas para aumentar a qualidade da decisão, enquanto a negociação se processa.

O jogo das concessões, combinado com uma nitidez maior dos critérios, e o peso delas, combinado com as vantagens e desvantagens de cada uma das alternativas-solução, e a pesquisa para o completo conhecimento do problema a decidir por todos os indivíduos do grupo (as críticas e reflexões devem apontar apenas o que é realmente objeto de decisão) constituem os parâmetros de um modelo de decisão em grupo. Todo o grupo deve interagir, as decisões devem ser claras para todos e haver consenso entre seus pontos de vista.

4 FUNDAMENTAÇÃO ANALÍTICA DO APOIO MULTICRITÉRIO À DECISÃO (AMD)[4]

Os problemas complexos de decisão são comuns a uma infinidade de áreas, e estão presentes em várias atividades públicas e privadas. Um problema de decisão caracteriza-se pela disposição de um agente de decisão em exercer livremente uma escolha entre diversas possibilidades de ação, denominadas alternativas, de forma que aquela considerada a mais satisfatória seja selecionada. A expressão *agente de decisão* simboliza um indivíduo, ou um grupo de indivíduos, a quem cabe a responsabilidade da decisão, isto é, a tarefa de escolher a alternativa que deverá ser implementada. Essas alternativas, a depender do tipo de problema, podem representar, por exemplo, projetos de investimento de uma empresa, locais para instalação de uma indústria ou estabelecimento comercial, indivíduos que estejam candidatando-se a um novo emprego etc. O objetivo central deste estudo é enfocar os problemas de decisão discretos, isto é, aqueles em que o conjunto de alternativas analisadas é finito.

Na vida das organizações, inúmeros são os problemas complexos de decisão enfrentados por seu corpo gerencial, tendo em vista que a maioria das situações reais é caracterizada pela existência de vários objetivos, ou "desejos", a serem atingidos. Os problemas econômicos, industriais, financeiros, políticos ou sociais enquadram-se nesse enfoque. Quando a escolha de determinada alternativa depende da análise de diferentes pontos de vista ou "desejos", denominados critérios, o problema de decisão é considerado um problema multicritério.

Normalmente, os critérios utilizados na análise de um conjunto de alternativas são conflitantes. Esse fato torna a resolução do problema mais complexa, tendo em vista que é impossível encontrar uma solução que otimize todos os "desejos" do agente de decisão, simultaneamente. Na compra de determinado bem, por exemplo, o que se procura é um produto que tenha qualidade, durabilidade e apresentação ao menor preço de custo. Esses objetivos, além de não ter uma medida única, são claramente conflitantes. Essa tarefa pode tornar-se ainda mais difícil à medida que as exigências do comprador (o agente de decisão, neste caso) sejam levadas ao extremo. O que se busca então é uma solução intermediária, na qual o comprador aceita ficar com um bem que atenda aos requisitos mínimos desejados, a um preço, considerado por ele, justo.

Diante desse cenário, torna-se essencial a existência de uma metodologia de apoio à tomada de decisão. Essa metodologia deve ser baseada, acima de tudo, no bom senso, na experiência e em técnicas de cálculo práticas e elementares, de forma que retrate situações complexas pelo uso de modelos que permitam melhor compreensão da realidade.

---

[4] Os conceitos e definições apresentados nesta seção são adaptações do material contido em Roy e Bouyssou (1993).

Segundo Roy e Bouyssou (1993), o apoio à decisão é a atividade daquele (analista de decisões ou "homem de estudos") que, calcado em modelos claramente explicitados, mas não necessariamente formalizados, ajuda na obtenção de elementos de resposta às questões de um agente de decisão ao longo do processo decisório. Esses elementos visam esclarecer (isto é, clarificar) cada decisão e, normalmente, recomendá-la, ou simplesmente favorecê--la; um comportamento de natureza a aumentar a coerência entre a evolução do processo, por um lado, e os objetivos e o sistema de valores a serviço dos quais esse agente de decisão se posiciona, por outro.

A metodologia de AMD, desenvolvida com o objetivo de dar um tratamento específico às particularidades dos problemas de decisão multicritério, utiliza uma forma abrangente de abordagem e tem sido cada vez mais utilizada, mundialmente, na busca de soluções para problemas complexos. Em geral, ela é empregada em problemas com múltiplos objetivos, com dados imprecisos e nebulosos, e também em situações que envolvem grupos com interesses distintos. Diferentemente de uma análise em que se busca a maximização ou minimização de um único parâmetro, como ocorre na PO tradicional, o AMD possibilita caracterização mais ampla do problema em estudo. Para isso, os critérios devem ser estabelecidos de forma que identifiquem adequadamente as diversas facetas envolvidas no problema.

O AMD não busca, portanto, uma solução ótima para determinado problema, como acontece na Pesquisa Operacional tradicional, mas uma solução de compromisso, em que deve prevalecer o consenso entre as partes envolvidas. Segundo esse enfoque, os critérios estabelecidos, bem como a importância a eles atribuída, têm papel fundamental nos resultados obtidos. Esse tipo de análise permite tratar o processo decisório de forma mais transparente, aumentando sua credibilidade. Há que se notar, porém, que a abordagem do problema de decisão, pela ótica do AMD, não visa apresentar ao agente de decisão solução definitiva para seu problema, elegendo uma única verdade representada pela alternativa selecionada. Essa abordagem visa, sim, apoiar o processo decisório com a recomendação de ações que estejam em sintonia com as preferências expressas pelo agente de decisão.

Uma metodologia de apoio à decisão deve ser constituída por quatro níveis, não obrigatoriamente sequenciais. Em cada um desses níveis, o analista de decisões deve ser confrontado com os seguintes questionamentos:

Nível I – Objetivo da decisão e espírito da recomendação

- Sob qual forma convém modelar a decisão?
- Como diferenciar as diversas possibilidades de ação?
- Onde posicionar a fronteira entre o que é e o que não é possível?
- Em qual espírito elaborar os modelos?
- Qual a forma de uma eventual recomendação?

Nível II – *Análise das consequências e elaboração dos critérios*

- Na forma segundo a qual foi desenvolvido o modelo, em que a decisão da modelagem condiciona a evolução do processo?
- Quais as consequências das decisões? Como interferem com os objetivos e sistemas de valores de um agente qualquer de decisão?
- Entre as consequências assim explicitadas, quais devem ser formalizadas e como?
- Até que ponto tais consequências são discriminantes para esclarecer a decisão, levando-se em conta, notadamente, os fatores de imprecisão, de incerteza e de indeterminação?
- Como construir uma família de critérios capazes de levar em conta essas consequências e esses fatores?

Nível III – *Modelagem das preferências globais e abordagens operacionais para a agregação das* **performances**

- Entre a variedade (geralmente grande) de que se dispõe para definição dos critérios, como selecionar aquele (no caso de uma análise monocritério, mas multidimensional) ou aqueles (no caso de uma análise multicritério) que permitem apreender ao máximo a totalidade das consequências?
- O que se deve exigir de uma família de critérios (eventualmente reduzida a um único critério de síntese) para que ela se constitua em uma base de diálogo aceitável entre os diferentes agentes de decisão?
- No caso de uma análise multicritério, como agregar as *performances* de uma ação segundo os diversos critérios de tal forma que a dita ação possa ser declarada boa ou ruim, melhor ou pior do que outra?
- Quais informações concernentes à importância relativa dos critérios devem-se consideradas? E como?

Nível IV – *Procedimentos de pesquisa e elaboração da recomendação*

- Como tirar partido do trabalho realizado nos níveis precedentes a fim de fornecer respostas e mesmo elaborar uma recomendação?
- Quais procedimentos de tratamento utilizar?
- Como analisar os resultados para tirar conclusões?
- Pode-se elaborar uma recomendação final ou devem-se questionar algumas das opções consideradas em níveis anteriores?
- Segundo quais modalidades deve-se comunicar a recomendação final às pessoas responsáveis a fim de garantir uma inserção boa (isto é, efetiva) no processo de decisão?

Nos níveis I e II, nos quais são definidos os objetivos da decisão e suas consequências, os conceitos de ação, de problemática, de preferência, de consequências e de critérios são fundamentais. Baseados nesses conceitos, os níveis III e IV dizem respeito aos modelos e métodos utilizados para comparar ações e elaborar uma recomendação.

Belton e Stewart (2002) descrevem o processo de AMD em três fases:

- Identificação e estruturação do problema: onde se entende a questão do problema e as decisões que precisam ser tomadas (nível I e II anteriormente mencionados).
- Construção e uso do modelo: desenvolvimento de modelos formais das preferências do tomador de decisão, os critérios adotados para o julgamento, valores dos *trade-offs*, metas etc., para, então, as alternativas serem comparadas umas com as outras, de maneira sistemática, consistente e transparente (nível III, anteriormente mencionado).
- Informação e plano de ação: não apenas analisar o problema de decisão e sua robustez, mas implementar os resultados, por meio de um plano de ação específico (nível IV, anteriormente mencionado).

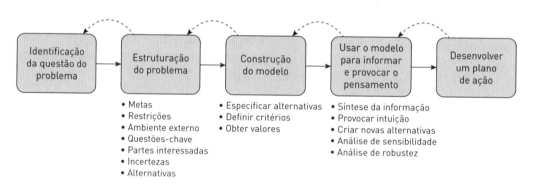

Figura 3.2 – O processo do AMD (Belton e Stewart, 2002).

4.1 Conceitos fundamentais e ferramentas básicas

Ação (ou alternativa) e conjunto de ações potenciais

Uma ação, ou alternativa, constitui uma das possibilidades de escolha do agente de decisão, identificada no início, ou mesmo no decorrer de um processo decisório, podendo vir a se tornar uma solução para o problema em estudo. Uma ação pode ser definida como:

a) *real* – quando se refere a um projeto completamente elaborado que pode ser materializado (factível e viável);

b) *fictícia* – quando corresponde a um projeto idealizado, não completamente elaborado ou, ainda, uma construção mental;

c) *realista* – quando é factível ou viável;

d) *irrealista* – quando não é factível nem viável.

Uma ação dita potencial é uma ação real ou fictícia julgada provisoriamente (ou inicialmente) realista, com chance de se chegar a real por pelo menos um ator de decisão, ou acreditada como tal pelo analista de decisões. O conjunto de ações potenciais sobre as quais trabalha o auxílio à decisão em uma fase do estudo é designado por *A*. Quando o conjunto *A* é finito, o problema de decisão é denominado discreto. Caso contrário, ele é dito contínuo. Um conjunto de decisores mais conservador pode criar o conjunto *A* com alternativas classificadas apenas como real.

O conjunto *A* pode ser escrito sob uma das seguintes formas:

- uma lista $\{a_1, a_2, ..., a_m\}$ de ações potenciais. Como exemplo desse caso pode ser citado o conjunto formado por *m* projetos de investimento de determinada empresa;
- um subconjunto do R^n, quando cada ação potencial é definida por *n* variáveis reais $x_1, x_2, ..., x_n$, sobre as quais se aplica certo número de restrições. Como exemplo desse caso pode ser citada a seleção de um plano de produção, partindo-se de um número *n* de variáveis. Essas variáveis podem representar o número de unidades produtoras, a composição dos produtos, a mão de obra necessária etc.

Uma ação potencial não exclui necessariamente as demais. Quando esse fato ocorre, a ação é dita global. Caso contrário, ela é dita fragmentária.

Suponha que, em um conjunto de ações potenciais (ou alternativas), as mesmas sejam diferentes, exclusivas e exaustivas. De acordo com essa hipótese, não é permitido ao agente de decisão escolher uma solução mista, isto é, intermediária entre duas alternativas A_j e A_k. Além disso, proíbe-se a escolha de uma alternativa que não pertença ao conjunto de ações potenciais. Cabe ressaltar, entretanto, que o conjunto *A* pode evoluir ao longo de um processo decisório. Assim, se uma nova alternativa for incluída, a análise tem que ser refeita desde o início.

Problemáticas do apoio à decisão

No contexto do apoio à decisão, o resultado pretendido em determinado problema pode ser identificado entre quatro tipos de problemática de referência, descritos a seguir:

a) *Problemática P · α* – tem como objetivo esclarecer a decisão pela escolha de um subconjunto tão restrito quanto possível, considerando a escolha final de uma única ação. Esse conjunto conterá as "melhores ações" ou as ações "satisfatórias". O resultado pretendido é, portanto, uma escolha ou um procedimento de seleção;

b) *Problemática P · β* – tem como objetivo esclarecer a decisão por uma triagem resultante da alocação de cada ação a uma categoria (ou classe). As diferentes categorias são definidas *a priori* com base em normas aplicáveis ao conjunto de ações. O resultado pretendido é, portanto, uma triagem ou um procedimento de classificação;

c) *Problemática P · γ* – tem como objetivo esclarecer a decisão por um arranjo obtido pelo reagrupamento de todas ou de parte (as mais satisfatórias) das ações em classes de equivalência. Essas classes são ordenadas de modo completo ou parcial, conforme as preferências. O resultado pretendido é, portanto, um arranjo ou um procedimento de ordenação;

d) *Problemática P · δ* – tem como objetivo esclarecer a decisão por uma descrição, em linguagem apropriada, das ações e de suas consequências. O resultado pretendido é, portanto, uma descrição ou um procedimento cognitivo.

Ressalte-se que as problemáticas definidas anteriormente não são independentes umas das outras. Em particular, a ordenação das alternativas ($P · γ$) pode servir de base para resolver um problema $P · α$ ou $P · β$. Na prática, muitos métodos multicritério, sobretudo aqueles desenvolvidos nos anos 1970 e princípio dos anos 1980, privilegiaram a problemática $P · γ$.

4.2 Classificação da família de algoritmos multicritério

Primeira classificação – quanto à teoria principal em que se baseia (cinco possibilidades)

a) **Classificação segundo a escola americana**

O valor cardinal de uma alternativa a_i é formado por um conjunto de valores v_{1i}, v_{2i}, ..., v_{ni}, em que cada v_{ni} é o valor assumido pela alternativa a_i em cada um dos n critérios. Isso significa que, caso determinado critério/atributo seja considerado pouco importante diante de outros critérios/atributos, ele receberá um peso (valor atribuído) inferior ao peso atribuído àqueles de maior importância. Essa teoria permite a definição de uma função que busca agregar os valores de cada alternativa (a_i) sujeita (classificada) em cada critério (c). Isso representa que a importância relativa de cada critério advém do conceito de "taxa de substituição" ou "relação de troca" (*trade-off*). O decisor defronta-se com o problema de identificação da taxa de substituição de um critério em relação a outro. Essa abordagem também é definida como *critério único de síntese que exclui a incomparabilidade* (Dias et al., 1996).

Esta teoria assume que:

- todos os estados são comparáveis (não existe incomparabilidade);
- existe transitividade na relação de preferências;
- existe transitividade nas relações de indiferença.

A função de utilidade, função de preferência ou modelagem de preferência, obtida por meio de análises multicritério, tem por objetivo agrupar os múltiplos critérios e auxiliar o decisor na seleção das alternativas. Funções de preferência são representações matemáticas de julgamentos humanos, que podem usar gráficos e/ou escalas numéricas (pode-se usar inicialmente uma escala verbal e, posteriormente, transformá-la em numérica). As funções de preferência são desenvolvidas durante a estruturação do problema.

Dentro da escola americana, destaca-se a Teoria da Utilidade Multiatributo, com as seguintes características:

- **Possibilita** definir uma medida de mérito (valor) global para cada alternativa, indicadora de sua posição relativa em uma ordenação final; no entanto, é necessário dispor de informação completa (cardinal) sobre as preferências intracritério dos decisores, o que, na maioria dos casos práticos, é muito difícil, ou mesmo impossível de obter (Bana e Costa e Almeida, 1990).
- **Permite** duas formas de comparação: preferência e indiferença. Não pressupõe a existência de hesitação. Pressupõe transitividade.
- **Facilita** o estabelecimento de hierarquias.

b) **Classificação de métodos de subordinação e síntese ou escola francesa ou escola europeia**

São aplicados à comparação entre alternativas discretas, em que existe a relação de prevalência de síntese que aceita incomparabilidade (Dias et al., 1996). O decisor pode deparar-se com uma das quatro situações ao comparar duas alternativas (Roy e Bouyssou, 1993):

- Uma alternativa é preferida à outra com preferência forte, também denominada preferência sem hesitação.
- Uma alternativa é preferida à outra com preferência fraca, também denominada preferência com hesitação.
- Uma alternativa é indiferente à outra.
- Uma alternativa é incomparável à outra.

Não existe uma função de valor ou utilidade. Há as preferências dos decisores; não existe transitividade de preferências e/ou indiferenças. A utilização desses métodos não pressupõe uma definição de preferências por parte do decisor ao iniciar o processo de decisão.

O uso dos métodos de subordinação em vez da Teoria da Utilidade pode ser motivado pela impossibilidade ou dificuldade de se estabelecer uma função de utilidade, e pelo fato de a agregação da escola francesa facilitar a comparação da agregação *a priori* e *a posteriori* (Azondekon e Martel, 1999).

A Teoria da Modelagem de Preferências:

- Permite ordenar (pelo menos parcialmente) as alternativas em termos relativos, mesmo quando a informação de que se dispõe sobre as preferências paritárias, critério a critério, é pobre; no entanto, não é possível a indicação do mérito global de cada alternativa (Bana, Costa e Almeida, 1990).
- Permite quatro diferentes formas de comparação entre alternativas: preferência sem hesitação; preferência com hesitação; indiferença; e incomparabilidade.
- Não necessita de uma função de utilidade, utilizando-se de comparações paritárias e gráfico para representar a dominância das alternativas.
- Não pressupõe transitividade; pressupõe subordinação e análise paritária.

A escola francesa adota as seguintes convicções básicas:

- Onipresença da subjetividade no processo decisório.
- Paradigma da aprendizagem pela participação.
- Convicção do construtivismo.
- Reconhecimento das limitações do ótimo matemático e utilização de uma abordagem que não parte de quaisquer precondições, mas procura construir um modelo de elementos-chave que capacitam os atores do processo de decisão a evoluir no processo decisório, como resultado pura e simplesmente de seus próprios objetivos, convicções e sistemas de valores (Roy e Vanderpooten, 1996).

Observação: Vanderpooten (1995) afirma que a escola francesa tende seu foco de estudo para metodologias em que as preferências pessoais dos decisores tenham menor influência na alternativa escolhida; em contrapartida, a escola americana buscaria métodos para melhor explicitar essa preferência, que teria grande influência na escolha final. Uma boa decisão só será possível se as duas influências forem equilibradas. Bana e Costa (1992, 1993) defendem que a escola americana utiliza modelos descritivistas e prescritivistas, enquanto a escola europeia usa modelos construtivistas. Implícita ou explicitamente, todos os modelos e métodos de AMD têm como fundamento as estruturas da Teoria de Preferência e Teoria da Não Dominância.

c) Classificação dos métodos interativos (ver Anexo D)

São aplicados em Sistemas Informáticos Interativos (SII) – tem por objetivo apoiar e melhorar os processos de decisão, especialmente em tarefas complexas e mal estruturadas que requerem a apreciação crítica e o julgamento dos agentes de decisão. Os métodos interativos, com interações de tentativa e erro, subdividem-se, segundo Steuer et al. (1996) e Steuer e Gardiner (1994), em:

- métodos de pesquisa de linha;
- métodos de redução de espaço de pesos (também denominados coeficientes de peso);
- métodos de redução do espaço das funções objetivo;
- métodos de contração de cone dos gradientes das funções objetivo.

d) Classificação híbrida

É atribuída a métodos que utilizam conceitos de duas ou mais das escolas anteriores.

e) Classificação de métodos em outras escolas

A escola holandesa e a PO *Soft* (ver Anexo F) não utilizam os conceitos das escolas anteriores.

Segunda classificação – algoritmos/métodos/metodologias puros ou agregam conceitos de outras teorias, que não as descritas nas três primeiras escolas da primeira classificação (duas possibilidades).

a) Puros – AHP clássico, Electre I e II (ver Anexo A) etc.
b) Agregam conceitos de outras teorias – AHP com Teoria dos Conjuntos Nebulosos, Electre III etc.

Terceira classificação – utilizados para duas possibilidades:

a) decisão em grupo/negociação;
b) para explicitar a preferência de um único decisor.

Observação: ao se analisar os métodos de PO classificados como AMD, conclui-se que a chave da filosofia dos métodos AMD está na maneira de realizar a aproximação do problema, seja para resolvê-lo ou reduzir sua "confusão". O AMD tem seu foco na modelagem de preferências dos decisores.

As Teorias da Modelagem de Preferência e a Teoria Multiatributo permitem ao decisor explicitar as suas preferências. O decisor/facilitador/analista identificará qual dessas teorias melhor se aplica ao problema em estudo, necessariamente com alternativas e critério/atributos discretos e finitos.

Caberá ao decisor/facilitador/analista utilizar-se de outras diferentes teorias, quando julgar necessário, de forma associada, buscando sempre melhor compreensão do problema, explicitação das alternativas e posterior escolha do resultado ótimo de Pareto.

4.3 Modelagem das preferências

Com o objetivo de apoiar o processo decisório, torna-se necessário estabelecer certas condições que possam expressar as preferências do agente de decisão quando da comparação entre duas ações potenciais. Essas condições são definidas por relações binárias.

Uma relação binária H sobre um conjunto A é uma partição do conjunto de pares ordenados de $A \times A$. Essa partição cria então dois subconjuntos de $A \times A$. O primeiro, identificado por B, é o subconjunto de pares ordenados que estão na relação H. O segundo, identificado por $B-$, se for igual a $\{A \times A\} - B$, inclui os pares ordenados que não estão na relação H. Em face da importância das relações binárias para a modelagem das preferências de um agente de decisão, são apresentadas a seguir as propriedades clássicas de uma relação binária H sobre um conjunto A:

a) reflexividade – $\forall\, a \in A$, $a\,H\,a$ ou $(a, a) \in B$;
b) irreflexividade – $\forall\, a \in A$, não $[a\,H\,a]$ ou $(a, a) \notin B$;
c) simetria – $\forall\, a, b \in A$, $a\,H\,b \Rightarrow b\,H\,a$ ou $(a, b) \in B \Rightarrow (b, a) \in B$;
d) assimetria – $\forall\, a, b \in A$, $a\,H\,b \Rightarrow$ não $[b\,H\,a]$ ou $(a, b) \in B \Rightarrow (b, a) \notin B$;
e) transitividade – $\forall\, a, b, c \in A$, $[a\,H\,b\ \text{e}\ b\,H\,c] \Rightarrow a\,H\,c$ ou $(a, b) \in B$ e $(b, c) \in B \Rightarrow (a, c) \in B$.

Outras propriedades da relação binária H:

f) Ferrers – $\forall\, a, b, c, d \in A$, $[a\,H\,b\ \text{e}\ c\,H\,d] \Rightarrow [a\,H\,d\ \text{ou}\ c\,H\,b]$;
g) quase transitividade – $\forall\, a, b, c, d \in A$, $[a\,H\,b\ \text{e}\ b\,H\,c] \Rightarrow [a\,H\,d\ \text{ou}\ d\,H\,c]$;
h) completude – $\forall\, a, b \in A$, $a\,H\,b$ ou $b\,H\,a$;
i) sejam $H_1, H_2, ..., H_k$, k relações binárias sobre um conjunto A. Dizemos que estas relações são mutuamente exclusivas –

$\forall\, a, b \in A,\ \forall\, i \in \{1, 2, ..., k\},\ a\,H_i\,b \Rightarrow [\text{não}\ (a\,H_j\,b)\ \text{e não}\ (b\,H_j\,a),\ \forall\, j \neq i]$;

j) exaustivas – $\forall\, a, b \in A,\ \exists\, i \in \{1, 2, ..., k\}$ tal que $a\,H_i\,b$ ou $b\,H_i\,a$.

Dessa forma, assegura-se convenientemente uma representação realista das preferências de um agente de decisão, quando, na comparação entre duas ações potenciais, são definidas quatro situações fundamentais e incompatíveis entre si, descritas a seguir:

a) *indiferença (I)* – existem razões claras e positivas que justificam uma equivalência entre as duas ações. A relação binária *I* é simétrica e reflexiva;

b) *preferência estrita (P)* – existem razões claras e positivas que justificam uma preferência significativa em favor de uma (bem identificada) das duas ações. A relação binária *P* é assimétrica e irreflexiva;

c) *preferência fraca (Q)* – existem razões claras e positivas que não implicam uma preferência estrita em favor de uma (bem identificada) das duas ações, mas essas razões são insuficientes para deduzir que seja uma preferência estrita em favor da outra, seja uma indiferença entre essas duas ações (essas razões não permitem isolar uma das duas situações precedentes – indiferença e preferência estrita – como a única apropriada). A relação binária *Q* é assimétrica e irreflexiva;

d) *incomparabilidade (R ou NC)* – não existem razões claras e positivas que justifiquem uma das três situações precedentes. A relação binária *R* é simétrica e irreflexiva.

Entre os reagrupamentos possíveis das quatro situações fundamentais descritas, alguns apresentam particular interesse. São eles:

a) *não preferência (~)* – ausência de razões claras e positivas que justifiquem uma preferência estrita ou uma preferência fraca em favor de qualquer das duas ações; reagrupa, por conseguinte, sem possibilidade de diferenciá-las, as situações de indiferença e de incomparabilidade:

$$a \sim b \Leftrightarrow (a\,I\,b \text{ ou } a\,R\,b)$$

b) *preferência (no sentido amplo) (>)* – existem razões claras e positivas que justificam uma preferência estrita ou fraca em favor de uma (bem identificada) das duas ações; reagrupa, por conseguinte, sem possibilidade de diferenciá-las, as situações de preferência estrita e de preferência fraca:

$$a > b \Leftrightarrow (a\,P\,b \text{ ou } a\,Q\,b)$$

c) *presunção de preferência (J)* – existem razões claras e positivas que justificam a preferência fraca, independentemente de quão fraca ela seja, em favor de uma (bem identificada) das duas ações, ou, no limite, a indiferença entre elas, mas sem que nenhuma separação significativa seja estabelecida entre as situações de preferência fraca e de indiferença:

$$a\,J\,b \Leftrightarrow (a\,Q\,b \text{ ou } a\,I\,b)$$

d) *K-preferência (K)* – ou existem razões claras e positivas que justificam a preferência estrita em favor de uma (bem identificada) das duas ações, ou verifica-se a incomparabilidade dessas duas ações, mas sem que nenhuma separação significativa seja estabelecida entre elas:

$$a\,K\,b \Leftrightarrow (a\,P\,b \text{ ou } a\,R\,b)$$

e) *sobreclassificação*[5] *(S)* – existem razões claras e positivas que justificam tratar-se de uma preferência, de uma presunção de preferência em favor de uma (bem identificada) das duas ações, mas sem que nenhuma separação significativa seja estabelecida entre as situações de preferência estrita, de preferência fraca e de indiferença:

$$a\,S\,b \Leftrightarrow (a\,P\,b \text{ ou } a\,Q\,b \text{ ou } a\,I\,b)$$

Definição 3.1 – dadas as nove relações binárias $I, R, \sim, P, Q, >, J, K, S$, definidas sobre um conjunto de ações potenciais A, diz-se que elas constituem um sistema relacional de preferências (*s.r.p.*) de um agente de decisão sobre A se:

a) de acordo com as definições e propriedades descritas anteriormente, elas podem ser consideradas como representação das preferências do agente de decisão em face das ações que constituem o conjunto A;

b) elas são exaustivas, isto é, para um par qualquer de ações, ao menos uma das nove relações se verifica;

c) elas são mutuamente exclusivas, isto é, para um par de ações quaisquer, duas relações distintas jamais se verificam.

4.4 Principais estruturas de preferências

Tomando por base as relações binárias apresentadas na seção imediatamente anterior, bem como suas respectivas propriedades, pode-se enunciar as principais estruturas de preferência sobre um conjunto de ações potenciais A, como se segue:

Ordem completa

Neste tipo de relação, as alternativas são comparadas par a par de modo a estabelecer apenas as relações de preferência entre elas. Pretende-se definir a relação em que uma alternativa é melhor que outra alternativa, não permitindo a igualdade entre elas. Este tipo de estrutura apresenta perda de informação, uma vez que exige do decisor uma definição de superação entre as alternativas, que pode estar distante da realidade.

Pré-ordem completa

Um par de relações binárias (T, V) sobre um conjunto de ações potenciais A é uma pré-ordem completa se:

---

[5] Utiliza-se habitualmente, em português, as palavras *superação* (ou *sobreclassificação* ou *subordinação* ou *prevalência*) como tradução de *surclassement* (termo em francês) ou *outranking* (termo em inglês). O conceito de relação de superação é fundamental no desenvolvimento dos procedimentos de agregação multicritério da escola francesa do AMD.

- *T* e *V* são exaustivas e mutuamente exclusivas;
- *V* é assimétrica e transitiva;
- *T* é simétrica e transitiva.

A estrutura de pré-ordem completa corresponde à noção intuitiva de classificação com possibilidade de empate por similaridade. Uma relação *T* sobre um conjunto *A* é uma relação de equivalência se *T* é reflexiva, simétrica e transitiva. Uma pré-ordem completa (*T*, *V*) tal que *V* = ϕ (conjunto vazio), é uma relação de equivalência particular, com uma única classe. Uma pré-ordem completa (*T*, *V*) em que *T* só se verifica entre duas ações idênticas, é denominada uma ordem completa, o que corresponde à noção intuitiva de classificação sem possibilidade de empate por similaridade.

As noções de pré-ordem e ordem adaptam-se muito bem ao conjunto *R* de números reais. Nesse caso, as relações ≥ e ≤ definem duas estruturas de pré-ordem bem conhecidas. A igualdade representa a parte simétrica (*T*) e as relações *menor que* e *maior que* representam a parte assimétrica (*V*). Assim, uma pré-ordem completa (*T*, *V*) sobre um conjunto *A* pode sempre, em aplicações práticas, ser representada por uma função *g*, de valor real, definida sobre *A*, tal que:

$$\forall \, a, b \in A$$

$$b \, T \, a \Leftrightarrow g(b) = g(a)$$

$$b \, V \, a \Leftrightarrow g(b) > g(a)$$

Logo, uma pré-ordem completa (*T*, *V*) sobre um conjunto de ações potenciais *A*, em que *A* = {*a, b, c, d, e, f*}, pode ser representada, por exemplo, pela Figura 3.3.

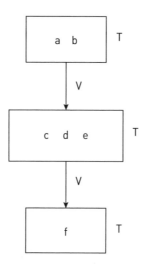

Figura 3.3 – Exemplo de representação de uma pré-ordem completa.

Na Figura 3.3, os elementos de um mesmo retângulo estão ligados pela relação T. Os elementos de um mesmo retângulo estão ligados pela relação V aos elementos de outro retângulo situado abaixo.

Com base nas relações binárias que definem as preferências de um agente de decisão sobre um conjunto de ações potenciais, pode-se construir os sistemas relacionais de preferência (I, P), (~, P), (~, >) ou (I, >), tendo uma estrutura de pré-ordem completa. Esse fato supõe as seguintes propriedades:

a) a ausência de incomparabilidade;
b) a transitividade de P (ou >) e de I (ou ~).

A imposição da transitividade de I ou ~ conduz frequentemente a uma modelagem de preferências pouco realista. Esse fato justifica a introdução das estruturas seguintes.

Quase ordem e ordem de intervalo

Um par de relações binárias (T, V) sobre um conjunto de ações potenciais A é uma ordem de intervalo se:

- T e V são exaustivas e mutuamente exclusivas;
- T é simétrica;
- V é assimétrica;
- $\forall\ a, b, c, d \in A, [a\ V\ b, b\ T\ c, c\ V\ d] \Rightarrow a\ V\ d$.

Se, além disso, temos:

- $\forall\ a, b, c, d \in A, [a\ V\ b, b\ V\ c] \Rightarrow$ não $[a\ T\ d, d\ T\ c]$, dizemos que (T, V) é uma quase ordem.

Essas duas estruturas consistem em admitir que a relação simétrica não é perfeitamente transitiva em decorrência de casos extremos, que são obtidos, em aplicações práticas, pela introdução de um limite de indiferença q, como mostrado a seguir.

Uma quase ordem (T, V) sobre um conjunto A pode ser representada por uma função g de valores reais, definida sobre A, tal que $\forall\ a, b \in A$:

$$b\ T\ a \Leftrightarrow -q \leq g(b) - g(a) \leq q$$

$$b\ V\ a \Leftrightarrow g(b) > g(a) + q$$

Uma ordem de intervalo (T, V) sobre um conjunto A pode ser representada por duas funções g e q, sendo g de valores reais, definida sobre A, e q uma função de R em R, tal que $\forall\ a, b \in A$:

$$b\ T\ a \Leftrightarrow g(b) - g(a) \leq q(g(a)) \text{ e}$$

$$g(a) - g(b) \leq q(g(b))$$

$$b\ V\ a \Leftrightarrow g(b) - g(a) > q(g(a))$$

em que a função limite de indiferença q é tal que: $q(g(a)) \geq 0, \forall\ a \in A$.

Uma pré-ordem completa é uma quase ordem com o limite de indiferença nulo. Analogamente, uma quase ordem é uma ordem de intervalo com o limite de indiferença constante.

Com base nas relações binárias que definem as preferências de um agente de decisão sobre um conjunto de ações potenciais, podem-se construir os sistemas relacionais de preferência (I, P), (~, P), (~, >) ou (I, >), tendo uma estrutura de quase ordem ou de ordem de intervalo.

Pré-ordem parcial

Um trio de relações binárias (T, V, W) sobre um conjunto de ações potenciais A é uma pré-ordem parcial se:

- T, V, W são exaustivas e mutuamente exclusivas;
- W é simétrica e irreflexiva;
- T é simétrica e reflexiva;
- V é assimétrica;
- $(T \cup V)$ é transitiva.

A estrutura de pré-ordem parcial generaliza a estrutura de pré-ordem completa, pois admite a incomparabilidade na classificação, guardando ao mesmo tempo a transitividade. Uma pré-ordem parcial tal que $\forall\ a, b \in A, a\ T\ b \Leftrightarrow a = b$ denomina-se ordem parcial.

Pode-se verificar que uma estrutura de pré-ordem parcial, tal que $W = \phi$, é uma pré-ordem completa. Analogamente, T é uma relação de equivalência em uma estrutura de pré-ordem parcial em que $V = \phi$.

Da mesma forma, generalizando, as estruturas de quase ordem e ordem de intervalo, de modo que apareçam eventuais incomparabilidades. Nesse caso, há quase ordem parcial ou ordem de intervalo parcial.

Uma pré-ordem parcial (T, V, W) sobre um conjunto A pode sempre, na prática, ser representada por uma função g de valores reais definida sobre A tal que $\forall\ a, b \in A$:

$$b\ T\ a \Rightarrow g(b) = g(a)$$

$$b\ V\ a \Rightarrow g(b) > g(a)$$

Os sistemas relacionais de preferência que podem ter uma estrutura de pré-ordem parcial são do tipo: (I, P, R), (I, >, R), (~, P, R) ou (~, >, R).

Pseudo-ordem

Um trio de relações binárias (T, V, W) sobre um conjunto de ações potenciais A é uma pseudo-ordem se:

- T, V, W são exaustivas e mutuamente exclusivas;
- T é simétrica e reflexiva;
- V é assimétrica;
- W é assimétrica;
- (T, V ∪ W) tem uma estrutura de quase ordem;
- (∇, V) tem uma estrutura de quase ordem (com $b \nabla a \Leftrightarrow$ [não $(b \nabla a)$ e não $(a V b)$]);
- V • T • W ⊂ V;
- W • T • V ⊂ V;
- T • W • V ⊂ V;
- V • W • T ⊂ V.

Observação: $T \cup V$ é uma relação binária sobre A definida por $a\ T \cup V\ b \Leftrightarrow a\ T\ b$ ou $a\ V\ b$. $T \bullet V$ é uma relação binária sobre A definida por $a\ T \bullet V\ b \Leftrightarrow \exists\ c \in A$ tal que $a\ T\ c$ e $c\ V\ b$. Essa estrutura mais complexa corresponde intuitivamente a uma quase ordem (T, V) na qual se insere, de maneira adequada, a relação W. Essa relação corresponde, para a modelagem das preferências, à preferência fraca (W = Q), que é então inserida entre a indiferença (T = I) e a preferência estrita (V = P). Isso se torna possível a partir da introdução de um limite de preferência estrita p.

Uma pseudo-ordem (T, V, W) sobre um conjunto A pode sempre, na prática, ser representada por três funções g, q, p. Enquanto a função g tem valores reais definidos sobre A, as funções q e p são definidas de R em R, de modo que:

$$b\ T\ a \Leftrightarrow g(b) - g(a) \leq q(g(a))\ \text{e}$$

$$g(a) - g(b) \leq q(g(b))$$

$$b\ W\ a \Leftrightarrow g(a) + q(g(a)) < g(b) \leq g(a) + p(g(a))$$

$$b\ V\ a \Leftrightarrow g(b) > g(a) + p(g(a))$$

Em que as funções limites q e p são tais que $\forall\ a, b \in A$:

$$p(g(a)) \geq q(g(a)) \geq 0$$

$$g(b) > g(a) \Rightarrow g(b) + q(g(b)) \geq g(a) + q(g(a))\ \text{e}$$

$$g(b) + p(g(b)) \geq g(a) + p(g(a))$$

Sempre é possível escolher uma representação de uma pseudo-ordem de tal modo que uma das duas funções-limites q e p sejam constantes. Uma quase ordem é uma pseudo-ordem particular em que $W = \phi$. Com relação à modelagem das preferências, podem-se construir sistemas relacionais de preferência do tipo (I, Q, P) que tem uma estrutura de pseudo-ordem.

Relações de preferência nebulosas

Para cada relação H do sistema relacional de preferência, pode-se introduzir a estimativa, lida sobre uma escala de zero a um, da maior ou menor credibilidade de aceitação (reflexo de uma convicção ou hipótese de trabalho) da asserção $a\ H\ b$.

4.5 Modelagem das consequências

Para uma modelagem realista dos problemas de decisão, é importante que sejam analisadas as consequências decorrentes da implementação de qualquer ação de A que venha a ser escolhida. Essas consequências, que em geral são múltiplas, podem estar relacionadas com aspectos monetários, de tempo, de espaço, de conforto, de segurança, de imagem etc.

A metodologia de apoio à decisão conduz a uma análise das consequências das ações de A sobre um conjunto de n dimensões, denominado espectro de consequências, tal que:

a) cada dimensão deve ser bem identificada;

b) a cada dimensão i associa-se uma escala de preferência E_i, tal que as leituras nessa escala refletem uma ordem completa compartilhada por todos os atores do processo decisório;

c) cada dimensão i tem a ela associado um indicador de estado g_i. Esse indicador, por sua vez, associa a cada ação $a \in A$ um subconjunto $g_i(a)$ da escala de preferência E_i relacionada. Esse subconjunto contém alguma (ou algumas) das leituras de E_i que se materializará(ão), no caso de a ação ser escolhida;

d) pode-se também associar a cada dimensão $i = 1, 2, ..., n$ e a cada ação $a \in A$ um indicador de dispersão d_i^a. Esse indicador permite estimar a maior ou menor verossimilhança das leituras de $g_i(a)$, se a for escolhida. A indicação dessa verossimilhança pode ser dada por uma distribuição de probabilidades, ou pode ser puramente ordinal.

O modelo das consequências de uma ação a é representado por:

$$\Gamma(a) = \{(g_i(a), d_i^a), i = 1, 2, ..., n\}$$

$\Gamma(A)$ representa o conjunto dos modelos correspondentes às ações de A.

Para a elaboração de um modelo de consequências, devem-se considerar os seguintes princípios:

a) princípio da inteligibilidade – as consequências devem ser compreendidas no que diz respeito às escalas de preferência;
b) princípio da universalidade – as consequências devem refletir o que é fundamental e unânime nos julgamentos de preferência;
c) princípio da confiabilidade – o grau de confiabilidade (nível de precisão, de significação, de validade) deve ficar claro para os elementos mais importantes.

Eixos de significância e critérios de decisão

Para que um agente de decisão possa efetuar uma escolha sobre um conjunto de ações potenciais A, supõe-se que sua análise será baseada em diferentes eixos de avaliação, denominados eixos de significância. Os eixos de significância são, portanto, elementos direcionadores da análise e devem ser estabelecidos com base na modelagem das consequências, de forma a representar as dimensões relevantes do problema. Com base nesses eixos, é possível então fazer comparações entre as ações potenciais.

Na escolha entre diversas marcas de determinado produto, características como preço, qualidade, estética e durabilidade, por exemplo, devem ser consideradas pelo consumidor. Essas características são denominadas atributos. Quando a esses atributos acrescenta-se um mínimo de informação relativa às preferências desse consumidor, eles convertem-se em critérios. Dito de outra maneira, um critério expressa, com maior ou menor precisão, as preferências de um agente de decisão com respeito a certo atributo. No exemplo anterior, com relação ao atributo preço, o "desejo" ou o "objetivo" do agente de decisão, representado pelo comprador do produto, é de que ele seja o menor possível. Com base nessa informação adicional, que define uma pré-ordem de preferências, o atributo preço passa a constituir um critério de decisão.

A um mesmo eixo de significância podem estar associados um ou mais critérios de decisão. No exemplo anterior, caso o produto citado fosse uma televisão, o eixo de significância "qualidade do produto" poderia englobar os critérios "qualidade de imagem" e "qualidade de som".

Formalmente, um critério g é uma função com valores reais definida sobre um conjunto de ações potenciais A, de tal sorte que é possível pensar ou descrever o resultado da comparação entre duas ações a e b, segundo este critério, a partir da comparação de dois números $g(a)$ e $g(b)$. Ao critério g é associada, portanto, uma escala E_g, constituída de um conjunto ordenado de valores reais, possíveis de ser assumidos por essa função. Dessa forma, um critério g pode ser visto como um modelo a partir do qual é possível, por exemplo, fundamentar uma proposição do tipo:

$$g(b) > g(a) \Rightarrow b\,P_g\,a$$

sendo P_g uma relação binária com o conteúdo semântico "é preferível a, relativamente às dimensões levadas em conta na definição de g".

Os critérios de decisão podem ser quantitativos, quando correspondem a atributos como preço, velocidade, área e outros, os quais são avaliados segundo escalas numéricas bem definidas, ou qualitativos, como conforto, qualidade, impacto ambiental e outros, para os quais não existem unidades de medida definidas. A depender das pré-ordens estabelecidas por preferências do agente de decisão, os critérios podem ter, em dado problema, um sentido de maximização ou de minimização.

Na construção de um critério, o analista de decisões deve preocupar-se com alguns aspectos relevantes, tais como:

a) os eixos de significância, com base nos quais são construídos os critérios, devem ser familiares e bem compreendidos por todos os atores do processo de decisão, mesmo que haja alguma divergência com respeito à importância relativa de cada um deles. É de grande importância que os critérios, associados aos eixos de significância, sejam expressos em unidades físicas claras;

b) o processo que define a avaliação de cada ação segundo dado critério deve ser compreensível e transparente;

c) a escolha de um critério deve levar em conta a qualidade dos dados usados para avaliar as diferentes ações, segundo tal critério. Quando existem imprecisões, incertezas ou indeterminações nesses dados, a forma de construção de um critério não pode pretender associar a eles informações além de sua capacidade.

Verdadeiro critério, quase critério e pseudocritério

Na construção de um critério, diferentes modelos podem ser adotados, de forma a definir o que se denomina poder discriminante do critério. A depender do modelo, o critério pode receber o nome de verdadeiro critério, quase critério ou pseudocritério. Esse tipo de informação é conhecido como informação intracritério.

No modelo verdadeiro critério, supõe-se que, $\forall\, a, b \in A$:

$$a\,P_g\,b \Leftrightarrow g(a) > g(b) \text{ e}$$

$$a\,I_g\,b \Leftrightarrow g(a) = g(b)$$

em que P_g é uma relação binária com o conteúdo semântico "é estritamente preferível a, segundo o critério g" e I_g é uma relação binária com o conteúdo semântico "é indiferente a, segundo o critério g".

Nesse tipo de modelo, qualquer diferença entre os valores da função (ou critério) g implica uma situação de preferência estrita. Além disso, a situação de indiferença só ocorre quando a função g assume o mesmo valor tanto para a quanto para b. Logo, o sistema relacional de preferência (I_g, P_g) é uma pré-ordem completa.

Em situações reais, todavia, é razoável admitir que pequenas diferenças (ou desvios) $g(a) - g(b)$ traduzem igualmente uma indiferença entre a e b. Assim, outro parâmetro, denominado limite de indiferença (q), pode ser introduzido no modelo. O valor de q pode ser constante ou variável. O limite de indiferença representa então o maior desvio compatível com uma situação de indiferença entre a e b. Nesse caso, supondo que $g(a) > g(b)$, tem-se:

$$a\, P_g\, b \Leftrightarrow g(a) - g(b) > q(g(b))$$

$$a\, I_g\, b \Leftrightarrow g(a) - g(b) \leq q(g(b))$$

O modelo anterior é denominado quase critério e o sistema relacional de preferência (I_g, P_g) é uma quase ordem (se q for constante) ou uma ordem de intervalo (se q for variável).

No modelo quase critério, qualquer desvio ligeiramente superior ao limite de indiferença revela uma situação de preferência estrita. Para evitar uma passagem brusca da indiferença para a preferência estrita, estabelece-se um modelo com dois limites, um de indiferença (q) e outro de preferência estrita (p). Assim como o limite de indiferença, o valor de p pode ser constante ou variável. A introdução desses limites cria uma região de preferência fraca (Q_g), que traduz uma hesitação entre a indiferença (I_g) e a preferência estrita (P_g). Nesse caso, supondo que $g(a) \geq g(b)$, tem-se:

$$a\, P_g\, b \Leftrightarrow g(a) - g(b) > p(g(b))$$

$$a\, Q_g\, b \Leftrightarrow q(g(b)) < g(a) - g(b) \leq p(g(b))$$

$$a\, I_g\, b \Leftrightarrow g(a) - g(b) \leq q(g(b))$$

O modelo anterior é denominado pseudocritério e o sistema relacional de preferência (I_g, Q_g, P_g) é uma pseudo-ordem.

Um quase critério é um pseudocritério tal que $q(g(a)) = p(g(a))$, $\forall\, a \in A$. Um verdadeiro critério é um pseudocritério tal que $q(g(a)) = p(g(a)) = 0$, $\forall\, a \in A$.

Matriz de decisão e vetor de consequências

Supondo que a_{ij} represente a avaliação da ação ou alternativa A_i, pertencente ao conjunto de ações potenciais A, segundo o critério g_j, pode-se pensar em construir uma matriz $[a_{ij}]$ semelhante à mostrada na Tabela 3.1. Essa matriz é denominada matriz de decisão (ou matriz de consequências). Cada linha da matriz de decisão expressa as medidas das consequências (ou de avaliações ou de *performances*) da alternativa i com relação aos n critérios considerados. Cada coluna, por sua vez, expressa as medidas das consequências das m alternativas com relação ao critério j.

Seja $F = \{g_1, g_2, ..., g_j, ..., g_n\}$ um conjunto de critérios, denominado família de critérios, e $A_i \in A$. O vetor de consequências da ação A_i é definido como o elemento $V \in R^n$ tal que:

$$V = g(A_i) = (g_1(A_i), g_2(A_i), ..., g_j(A_i), ..., g_n(A_i)) = (a_{i1}, a_{i2}, ..., a_{ij}, ..., a_{in})$$

Tabela 3.1 Matriz de decisão

Critérios →	g_1	g_2	....	g_j	....	g_n
Limites →	q_1, p_1	q_2, p_2	....	q_j, p_j	....	q_n, p_n
Alternativas ↓						
A_1	a_{11}	a_{12}	....	a_{1j}	....	a_{1n}
A_2	a_{21}	a_{22}	....	a_{2j}	....	a_{2n}
....	....	....	....	....	....	....
A_i	a_{i1}	a_{i2}	....	a_{ij}	....	a_{in}
....	....	....	....	....	....	....
A_m	a_{m1}	a_{m2}	....	a_{mj}	....	a_{mn}

Avaliação e normalização das *performances* das alternativas

Tendo em vista que a cada critério de decisão associa-se uma pré-ordem (ou quase ordem ou peudo-ordem), definida com base nas preferências do agente de decisão, torna-se necessário que a matriz de decisão contenha apenas valores numéricos. Esses valores devem corresponder a uma escala numérica ordinal ou cardinal, conforme o tipo de atributo que o critério estiver representando.

As *performances* das alternativas podem ser obtidas por uma medida direta lida sobre uma escala de unidades bem definidas, como no caso de grandezas, tais como custo, distância, tempo etc., utilizadas no caso de critérios quantitativos. As avaliações podem também ser feitas por julgamentos de valor associados a uma escala ordinal ou cardinal previamente escolhida, no caso de critérios qualitativos.

Podem-se também avaliar as *performances* das alternativas por meio de uma função de utilidade. Nesse caso, associam-se às medidas obtidas para determinado critério valores entre zero e um, que representam a menor ou maior satisfação do agente de decisão em relação àquele atributo. As funções de utilidade podem ser ordinais ou cardinais. Uma função de utilidade é dita ordinal quando representa apenas uma ordem de preferência e nada mais. Uma função de utilidade é dita cardinal quando as diferenças entre os valores da função têm um significado e podem ser comparadas em termos de intensidade de preferência (Pomerol e Barba-Romero, 2012).

Cabe ressaltar que o procedimento para avaliar um conjunto de alternativas, segundo determinado critério, depende do eixo de significância considerado. Caso o eixo de significância represente uma única dimensão i, sobre a qual as ações são avaliadas de forma pontual, então $g(a) = g_i(a)$, $\forall\, a \in A$. No caso de avaliações não pontuais sobre uma única dimensão, essas informações podem ser resumidas por um único número, técnica denominada pontualização. Uma forma de obter esse número é efetuar uma média ponderada do tipo:

$$g(a) = \sum f(e) \cdot d_i^a(e)$$

em que $d_i^a(e)$ é um indicador de dispersão.

A atualização de fluxos financeiros (consequências distribuídas ao longo do tempo) ou de utilidade esperada (distribuição probabilística na qual a função f leva em consideração a propensão ou aversão ao risco) são casos particulares em que as técnicas clássicas podem ser empregadas.

Nos casos em que a função f é difícil de ser definida ou quando não se deseja resumir um conjunto de informações complexas por um único número, pode-se representar uma avaliação distribuída, utilizando vários critérios. Quando há, por exemplo, uma distribuição probabilística, pode-se recorrer a um indicador de tendência central (esperança matemática, mediana, moda) e a um indicador de dispersão (variância, desvio-padrão).

Quando determinado critério g_k tiver originalmente um sentido de minimização e se quer trabalhar com todos os critérios a maximizar, as *performances* das alternativas correspondentes a este critério (a_{ik}) podem ser substituídas, na matriz de decisão, pelos valores $-a_{ik}$. Dessa forma, o critério g_k passa a ter um sentido de maximização, já que mín(g_k) = $-$máx($-g_k$). Outra forma de resolver esse tipo de problema é substituir os valores a_{ik} por seus inversos ($1/a_{ik}$).

Como em muitos problemas multicritério as escalas utilizadas na avaliação das alternativas são bastante heterogêneas, é necessário que esses valores sejam normalizados, critério a critério, para que possam ser comparados. Entretanto, cumpre ressaltar que a escolha do procedimento de normalização deve ser cuidadosa, pois, em algumas situações, o mesmo pode influenciar os resultados obtidos, acarretando problemas de reversão de ordem.[6]

A Tabela 3.2 apresenta os principais procedimentos de normalização habitualmente utilizados.

---

[6] Denomina-se reversão de ordem a troca de posições de algumas alternativas dentro de uma pré-ordem, em função de certas características operacionais introduzidas na resolução do problema pelo método multicritério utilizado.

Tabela 3.2 Principais procedimentos de normatização

Procedimento	Fórmula	Valor V genérico do vetor normalizado	Conserva a proporcionalidade?
1	$a_{ij}/\max a_{ij}$	$0 < V \leq 1$	Sim
2	$(a_{ij} - \min a_{ij}) \div (\max a_{ij} - \min a_{ij})$	$0 \leq V \leq 1$	Não
3	$a_{ij}/\Sigma\, a_{ij}$	$0 < V < 1$	Sim
4	$a_{ij}/(\Sigma\, a_{ij}^2)^{0,5}$	$0 < V < 1$	Sim

4.6 Pesos dos critérios e taxas de substituição entre critérios

Nos problemas multicritério, é bastante comum que, para o agente de decisão, alguns critérios sejam mais relevantes do que outros. Por motivos diversos, entre os quais estão suas preferências pessoais (razoavelmente explicitadas ou completamente subjetivas), o agente de decisão pode considerar alguns critérios menos ou mais importantes do que os demais. As medidas que expressam a importância relativa entre os critérios (w_j) são denominadas pesos dos critérios. O conjunto de pesos atribuídos aos diferentes critérios denomina-se vetor de pesos. A matriz de decisão, juntamente com o vetor de pesos, constitui toda a informação necessária, em princípio, para a resolução dos problemas multicritério discretos.

Como os pesos têm papel fundamental na resultante do conflito entre critérios, estes influenciam de maneira decisiva os resultados obtidos. Assim, a atribuição de valores aos pesos dos critérios deve ser bastante cuidadosa, tendo em vista, sobretudo, o caráter subjetivo desta tarefa. Afinal, os pesos devem refletir, o mais fielmente possível, as preferências do agente de decisão.

Existem diversas técnicas para atribuição de pesos aos critérios, algumas diretas e outras envolvendo métodos mais sofisticados. Como exemplo de técnicas diretas, podem ser citadas:

a) *ordenação simples* – o agente de decisão deve priorizar os critérios na ordem de sua preferência. Ao critério menos importante associa-se o valor 1, ao penúltimo, o valor 2, e assim sucessivamente. Ao critério mais importante deve-se então associar o valor n. Posteriormente, os valores devem ser normalizados para que a soma seja igual a 1;

b) *taxação simples* – o agente de decisão deve valorar cada peso, utilizando uma escala de medida previamente escolhida (0 a 5, 0 a 10, 0 a 100, por exemplo). Posteriormente, os valores devem ser normalizados.

Entre as técnicas mais sofisticadas, cabe citar, como exemplo, o método que utiliza o conceito de autovetor dominante de uma matriz de comparações binárias entre os critérios. Esta técnica é utilizada no método AHP (Saaty, 1994).

Ressalte-se, entretanto, que nem sempre o vetor de pesos significa exclusivamente a importância relativa dos critérios. Em alguns problemas multicritério, o vetor de pesos pode também estar relacionado com as diferentes unidades utilizadas para medir as *performances* das alternativas. Nesse caso, sua melhor denominação é fator ou taxa de conversão.

Quando a função de utilidade global de um agente de decisão é dada por uma soma ponderada $U(a) = \sum_j w_j \cdot g_j(a)$, a relação w_j/w_k é denominada taxa de substituição entre os critérios j e k. A taxa de substituição é a quantidade que deve ser adicionada à *performance* de uma alternativa a, segundo um critério de referência k, de modo a compensar uma perda de uma unidade na *performance* desta mesma alternativa, segundo um critério j qualquer. Com esse procedimento, mantém-se inalterado o valor da utilidade global $U(a)$.

Metodologias de atribuição de pesos

Para conferir pesos a critérios, deve-se fazê-lo por comparação de importância, atribuindo o maior peso ao critério que se julga mais importante. A análise comparativa deverá ser aos pares, identificando, segundo uma escala, a distância em importância que distancia um critério de outro e, assim, atribuindo o peso devido (Saaty, 1980 e Stewart, 1992).

As comparações paritárias dos critérios devem ser feitas por meio de questionamentos aos decisores. Nesse processo não pode ser esquecido/negligenciado o fato de que os decisores podem ser inconsistentes em seus julgamentos. Essa inconsistência deve ser quantificada e "tratada".

A falta de consistência pode ser séria para alguns problemas, mas não para todos. Por exemplo, se os objetos forem materiais químicos que, ao serem misturados na proporção exata, permitem a fabricação de um medicamento, a inconsistência pode significar que um produto químico é usado em proporção errada, o que possibilita resultados perigosos na utilização desses medicamentos (Saaty, 1980).

Uma consistência perfeita, mesmo medida com os instrumentos mais aprimorados, é difícil de ser obtida na prática; o que se precisa é de um método para avaliar o nível de importância dessa precisão para um problema específico (tolerância).

Para representar a realidade com parâmetros, assume-se o seguinte:

Hipótese

Pelo menos a realidade física é consistente, e pode ser utilizada para levar a resultados similares, por meio de tentativas sob condições controladas (simulação).

Requisito

1. O julgamento terá sempre de buscar a consistência (objetivo necessário). A consistência é necessária para representar a realidade, mas não é suficiente. Um indivíduo pode ter ideias muito consistentes, mas, se elas não correspondem

à situação do "mundo real", sua análise e o posterior julgamento serão falhos. Consistência é a questão central em medidas concretas, em julgamentos e no processo do pensamento.

2. Para obtenção de bons resultados que correspondam à realidade de nossos sentimentos, é preciso:

   2.1 usar a matemática para construir o tipo de teoria adequada, ou a mais adequada possível, para produzir escalas de julgamento e outras medidas comparativas;

   2.2 encontrar uma escala que discrimine nossos sentimentos, cujos valores apresentem alguma regularidade, de modo que possamos apoiar-nos nela para estabelecer alguma correspondência entre nosso julgamento qualitativo e esses números;

   2.3 ser capazes de reproduzir as medidas de realidade que já aprendemos na Física, na Economia etc.;

   2.4 ser capazes de determinar nosso grau de inconsistência, ambiguidade e imprecisão; aqui se aplica a TCA e a Teoria dos Conjuntos Nebulosos.

Dificuldades

1. a atribuição de pesos pode ser influenciada pela composição e/ou propriedades das alternativas que compõem o conjunto de alternativas factíveis;
2. existe uma dificuldade natural do ser humano de expressar suas preferências por pesos (Zeleny e Starr, 1977; Zeleny, 1982).

Diretiva

Para a obtenção de melhores estimativas da realidade, faz-se necessário canalizar impressões, sentimentos e crenças em um modo sistemático de realizar o julgamento. A linha de ação a ser seguida deverá aumentar a objetividade e diminuir, ao máximo, a subjetividade.

Ao estudar Sistemas de Apoio à Decisão (SAD), verifica-se que a inconsistência pode atingir esses sistemas e poderá ser visualizada, por exemplo, observando que dois bancos de dados desenvolvidos para um mesmo fim podem apresentar resultados divergentes.

Fatores que influenciam na atribuição de pesos

O bem-estar de um indivíduo deve ser considerado em uma análise multicritério. Pode-se também levar em conta que esses fatores influenciam o indivíduo durante a avaliação dos critérios e alternativas, e os pesos a eles atribuídos. Identificam-se, na sequência, os seguintes fatores (Saaty, 1980, French, 1995 e Zimmerman, 2000):

- Bem-estar geral:
  - Autorrespeito, senso de segurança e habilidade de adaptar-se a outras pessoas e a outros meios.
  - As informações sobre os parâmetros podem ser apresentadas com pouca credibilidade, ser contraditória ou controversa.
  - O decisor pode assumir a incerteza de processos e desempenhos futuros, e sentir-se inseguro em definir um valor que possa interferir no conjunto de valores.
  - Afeição mostrada por outrem, ideias de rigor, ética e a disciplina aprendida na infância.
  - Modelo apreendido dos pais (onde se inclui a cultura); aprendizado social e escolar, e as prioridades pessoais na área de ensino (hierarquias).
  - Aprendizado social e escolar (em que se inclui o conhecimento específico), e as prioridades pessoais na área de ensino (hierarquias).
  - Relacionamentos pessoais entre membros de um grupo (decisão em grupo).
  - Os parâmetros podem assumir pressupostos estocásticos e não serem considerados precisos para o contexto de decisão.
  - Senso crítico.
  - O decisor pode evidenciar a dificuldade de atribuir valores numéricos às suas preferências.
  - Esforços pessoais do grupo para melhor representar a realidade.
  - Alguns parâmetros podem estar associados a conhecimentos técnicos, que podem estar distantes do escopo de atuação do decisor de impedir que o mesmo defina valores exatos para esses.
  - Busca de uma metodologia de solução adequada (algumas metodologias permitem aprendizado enquanto se modela o problema).

Em situações de decisão, muitas vezes a dificuldade encontrada pelos decisores em definir os valores precisos para os parâmetros é causada por fatores evidenciados no processo complexo de estruturação do problema (Roy, 1985 e Bouyssou, 1993).

As seis principais metodologias de atribuição de pesos aos critérios são:

A) **SMART (Simple Multi Attribute Rating Technique)**

Segundo esse método, a atribuição de pesos é feita em duas etapas:

I – os critérios são ordenados de acordo com sua importância;

II – o decisor avalia a importância relativa de cada critério, iniciando pelo critério de menor importância para o de maior importância.

Na etapa II, normalmente, são atribuídos dez pontos para o critério de menor importância, e as importâncias dos demais critérios assumem valores acima de dez.

B) Ordinal (ranking methods)

Existem fórmulas consagradas para atribuição de pesos a alternativas e/ou critérios em um processo de decisão. Alguns exemplos são (usando o conceito de escala ordinal):

(1) $W_j = \{1 \div r_j\} \div \{\Sigma \, [1 \div r_k]\}$, em que k varia de 1 até n}

(2) $W_j = \{n - r_j + 1\} \div \{\Sigma \, [n - r_k + 1]\}$, em que k varia de 1 até n}

(3) $W_j = \{1 \div n\} \times \{\Sigma \, [1 \div k]\}$, em que k varia de j até n}

(4) $W_j = \{[n - r_j + 1]^p]\} \div \{\Sigma \, [n - r_k + 1]^p\}$, em que k varia de 1 até n}

Observações: (i) na fórmula (4), o termo $[n - r_j + 1]$ é elevado a p, sendo p escolhido/calculado de forma interativa. Um valor de p igual a zero atribui peso igual a todos os critérios; (ii) n é o número de critérios; o número um indica o critério de maior importância e o de número n o de menor importância; r_j é a classificação do critério dentro dos n critérios que é representada pelo número j; e W_j é o peso do critério j.

Exemplificando, ter-se-ia os critérios c_1, c_2 e c_3, com $c_1 > c_2 > c_3$, em ordem de importância. Utilizando a fórmula (1) para cálculos:

$$W_{c_1} = \{1 \div 1\} \div \{1 \div 1 + 1 \div 2 + 1 \div 3\} = 0{,}545.$$

$$W_{c_2} = \{1 \div 2\} \div \{1 \div 1 + 1 \div 2 + 1 \div 3\} = 0{,}272.$$

$$W_{c_3} = \{1 \div 3\} \div \{1 \div 1 + 1 \div 2 + 1 \div 3\} = 0{,}181.$$

Utilizando a fórmula (2), obtém-se:

$$W_{c_1} = \{3 - 1 + 1\} \div \{[3 - 1 + 1] + [3 - 2 + 1] + [3 - 3 + 1]\} = 0{,}5.$$

$$W_{c_2} = \{3 - 2 + 1\} \div \{[3 - 1 + 1] + [3 - 2 + 1] + [3 - 3 + 1]\} = 0{,}333.$$

$$W_{c_3} = \{3 - 3 + 1\} \div \{[3 - 1 + 1] + [3 - 2 + 1] + [3 - 3 + 1]\} = 0{,}166.$$

Utilizando a fórmula (3), obtém-se:

$$W_{c_1} = \{1 \div 3\} \times \{1{,}1 + 1 \div 2 + 1 \div 3\} = 0{,}61.$$

$$W_{c_2} = \{1 \div 3\} \times \{1 \div 2 + 1 \div 3\} = 0{,}28.$$

$$W_{c_3} = \{1 \div 3\} \times \{1 \div 3\} = 0{,}11.$$

Essa atribuição de pesos, utilizando fórmulas, é ideal para as situações em que os critérios estão classificados em uma escala ordinal e, em algumas situações, quando os critérios estão classificados em escala verbal. O decisor, porém, não interfere nos valores dos pesos; o decisor deve, a princípio, utilizar essas sugestões para iniciar o estudo do peso correto a ser atribuído a cada um dos critérios.

C) AHP (*Analytic Hierarchy Process*)

A atribuição de pesos aos critérios no método AHP, criado por Saaty (1980), é baseada na comparação paritária dos critérios considerados. Isso é feito por meio das perguntas: *qual destes critérios é o mais importante? Quanto este critério é mais importante que o outro?*

O decisor responderá a esta última pergunta com o número que relata a expressão verbal. Nesse método, é utilizada a escala de um a nove, proposta pelo autor do método, porém outros pesquisadores propuseram escalas alternativas, nas quais é estabelecido um valor superior a nove como limite. O método AHP tem como origem a escala da razão.

Utilizando a escala de razão, obtém-se a seguinte metodologia: considerando os critérios c_1, c_2 e c_3, em que $c_1 > c_2 > c_3$, pergunta-se *Quanto c_1 é superior a c_2? Quanto c_1 é superior a c_3? E Quanto c_2 é superior a c_3?* Observa-se que o número de comparações é definido pela fórmula $[n \times (n-1)] \times 2$, sendo n o número de critérios.

Considerando que $c_1 = 2 \times c_2$, $c_2 = 2 \times c_3$ e, consequentemente, $c_1 = 4 \times c_3$, obtém-se a Tabela 3.3 que se segue:

Tabela 3.3 Exemplo de uso do AHP

	C_1	C_2	C_3
C_1	$W_1 \div W_1$	$W_1 \div W_2$	$W_1 \div W_3$
C_2	$W_2 \div W_1$	$W_2 \div W_2$	$W_2 \div W_3$
C_3	$W_3 \div W_1$	$W_3 \div W_2$	$W_3 \div W_3$

	C_1	C_2	C_3	W
C_1	1	$2 \div 1$	$4 \div 1$	$[1 \times (2 \div 1) \times (4 \div 1)] = 8$
C_2	1/2	1	$2 \div 1$	$[(1 \div 2) \times 1 \times (2 \div 1)] = 1$
C_3	$1 \div 4$	$1 \div 2$	1	$[(1 \div 4) \times (1 \div 2) \times 1] = 0,125$

Efetuando a soma dos valores da coluna W (8 + 1 + 0,125), chega-se ao valor 9,125. Após isso, efetuando a normalização dos valores, obtém-se:

a) $W_{c_1} = 8 \div 9,125 = 0,8767$.

b) $W_{c_2} = 1 \div 9,125 = 0,109$.

c) $W_{c_3} = 0,125 \div 9,125 = 0,014$.

Esse método só pode ser utilizado quando os critérios tiverem sua importância atribuída mediante uma escala de quociente ou razão.

D) Atribuição direta de peso ou pontuação direta (Direct rating)

Aqui, simplesmente pergunta-se ao decisor quais os pesos que este atribuirá a cada um dos critérios, que representarão a importância relativa dos mesmos. Posteriormente, esses pesos serão normalizados. Essa metodologia é adequada para critérios classificados em escala verbal e escala cardinal.

E) Swing weighting

Nesse método, o decisor é convidado a considerar a situação hipotética de uma alternativa que possui a menor pontuação em todos os critérios envolvidos no processo de decisão. O decisor, assim, atribui 100 pontos para o critério que decide elevar primeiro à maior pontuação possível. O decisor, após atribuir 100 pontos para esse critério, elimina-o do processo.

O decisor consulta os critérios restantes, novamente escolhe o critério que gostaria de elevar e, então, atribui um valor inferior a 100 pontos, e assim o faz para todos os critérios.

F) Trade-off weighting

Nesse método, proposto por Keeney e Raiffa (Keeney e Raiffa, 1976, e Raiffa e Duncan, 1985), o decisor é convidado a considerar duas alternativas hipotéticas que se diferenciam entre si em apenas dois critérios, permanecendo iguais nos demais critérios. O decisor variará a pontuação das alternativas dentro dos critérios considerados, de forma a obter inequações que permitam a posterior definição dos pesos dos critérios.

Observação: os métodos *Swing weighting* e Smart basicamente diferem entre si na maneira de iniciar a atribuição de peso aos critérios. No primeiro método, o decisor começa atribuindo peso ao critério de maior importância, e o segundo método começa com a atribuição pelo critério de menor importância. O método *Trade-off weighting* utiliza de inequações para determinar os valores dos pesos dos critérios com base em um critério inicial ao qual foi arbitrado o peso. Para tal, utiliza-se uma escala multidimensional formada por conceitos de escala de razão somados a conceitos da escala de intervalo e/ou escala diferencial.

4.7 Família coerente de critérios

- **Definição e princípios de coerência**

    Seja $F = \{g_1, g_2, ..., g_j, ..., g_n\}$ uma família de n critérios ($n > 1$) definida por um conjunto de ações potenciais A. Logo, F associa a cada ação potencial A_i n números $g_j(A_i)$, constituindo o vetor de *performances* de A_i. Além disso, F pode fazer corresponder a cada uma das *performances* os valores $q_j(g_j(A_i))$ e $p_j(g_j(A_i))$, eventualmente nulos, que permitem avaliar a significância do desvio que pode existir entre $g_j(A_i)$ e a *performance* g_j de outra ação A_k. Por conseguinte, os critérios são os elementos-chaves sobre os quais se constroem as preferências globais.

Para que uma família de critérios F possa desempenhar adequadamente sua função de apoiar um processo decisório, estabelecendo preferências sobre um conjunto de ações potenciais, três axiomas básicos de coerência precisam ser respeitados. São eles os axiomas da exaustividade, da coesão e da não redundância, que passam a ser enunciados a seguir:

A) Axioma da exaustividade

Se, $\forall j \in F, g_j(b) = g_j(a)$, então, qualquer que seja a ação c, tem-se:

$$c\,H\,b \Rightarrow c\,H\,a, \forall H \in \{I, P, Q, R, \sim, >, S\}$$

$$b\,H'c \Rightarrow a\,H'c, \forall H' \in \{I, P, Q, R, \sim, >, S\}$$

Um teste prático pode ser realizado com o objetivo de verificar se F é exaustiva, isto é, se os critérios escolhidos estão representando todos os atributos que devem realmente ser considerados no problema. Para isso, formula-se o questionamento a seguir.

Teste:

Imagine duas ações a e b, verificando $\forall j \in F, g_j(b) = g_j(a)$ e, ainda assim, ser possível justificar a negação da indiferença $b\,I\,a$?

Caso a resposta ao teste seja positiva, o axioma da exaustividade não estará sendo respeitado pela família F. Nessa situação, um ou mais critérios deverão ser incluídos no modelo.

B) Axioma da coesão

Sejam a e b ações potenciais ligadas por uma relação segundo a qual a é pelo menos tão boa quanto b ($a\,P\,b$, $a\,Q\,b$ ou $a\,I\,b$). Se, por um processo qualquer, ocorrer aumento na *performance* de a, segundo um critério g_k, permanecendo inalteradas as demais *performances* $g_i(a)$, $i \neq k$, então a ação a^* assim obtida é tal que sua relação com b se processa pelo menos no mesmo nível de intensidade anteriormente existente, ocorrendo ou não depreciação de alguma *performance* de b.

Teste:

Suponha duas ações a e b, verificando $a\,I\,b$ diante das quais se justifica que, melhorando alguns desempenhos de a (os outros permanecendo inalterados) e/ou degradando alguns desempenhos de b (os outros permanecendo inalterados), pode-se a caracterizar duas ações a^* e/ou b^*, tais que a^* não pareça ser ao menos tão boa quanto b^*?

Caso a resposta ao teste seja positiva, o axioma da coesão não estará sendo respeitado pela família F. Nessa situação, as definições dos critérios têm que ser revistas.

C) Axioma da não redundância

Considere-se um critério k de F e, retirando esse critério, a família $F\backslash\{k\}$ deduzida de F. Admita que os $n - 1$ critérios de $F\backslash\{k\}$ sejam suficientes para prover a essa nova família o papel inicial de F. Dizemos então que k é um critério redundante, isto é, sua retirada define uma família $F\backslash\{k\}$ que satisfaz às duas exigências de exaustividade e coesão. Ou seja, k é fortemente dependente dos $n - 1$ critérios que constituem $F\backslash\{k\}$.

Teste:

Existe um critério k cuja retirada define uma família que não passa nos testes de exaustividade e de coesão?

Caso a resposta ao teste seja negativa, o axioma da não redundância não estará sendo respeitado pela família F. Nessa situação, o critério k terá que ser excluído da análise.

- **Definição**

    F é dita uma família coerente de critérios, em dado contexto de decisão, se todo agente de decisão aceita fundamentar o modelo de preferências globais sobre: (i) de um lado, os n critérios que constituem F como modelo de preferências em sentido estrito; e, (ii) de outro lado, os axiomas de exaustividade, coesão e não redundância como expressão de princípios de coerência entre a modelização em sentido estrito e aquela que se busca globalmente.

- **Independência entre critérios**

    Além dos axiomas apresentados, é desejável que uma família coerente F seja constituída de critérios independentes. A noção de independência está relacionada com três aspectos distintos. O primeiro diz respeito à isolabilidade de cada critério (independência no sentido de dispersão), hipótese que já deve ser atendida na própria definição do critério. A segunda se refere à separabilidade de cada subfamília de F (independência no sentido de preferência); esta é uma hipótese de trabalho considerada importante para uma adequada aplicação de diversos métodos multicritério. A terceira diz respeito à ausência de fatores que influenciam conjuntamente vários critérios (independência de ordem estrutural), que é uma hipótese ideal, porém muito difícil de ser obtida na prática. A seguir, são enunciados os três aspectos de independência descritos:

A) Isolabilidade de cada critério (independência no sentido de dispersão)

Raramente a *performance* de uma ação a, segundo um critério k, $g_k(a)$, é proveniente do conhecimento de uma única característica. Na verdade, a *performance* $g_k(a)$ constitui, na maioria das vezes, uma síntese de informações mais ou menos complexas. Entretanto, a comparação entre duas ações quaisquer a e b, segundo o critério k, deve ser feita considerando-se apenas suas respectivas *performances* $g_k(a)$ e $g_k(b)$. Isto é, nenhum outro fator que não tenha sido incluído na definição de k deve influenciar o resultado dessa comparação.

Formalmente, tem-se:

$$g_k(b) \geq g_k(a) \Rightarrow b\ S\ a, \text{ desde que } g_j(b) = g_j(a), \forall j \in F\backslash\{k\}$$

Traduzindo o fato de o eixo de significância do critério g_k ser isolável dentro da família F.

B) **Separabilidade de cada subfamília de critérios (independência no sentido de preferência)**

Seja F uma família de critérios, M um subconjunto de F e M' o subconjunto complementar. Diz-se que M é uma subfamília de critérios separável (ou M é preferencialmente independente em F), se dadas quatro ações a, b, c e d tais que:

$$g_j(a) = g_j(b), \forall j \in M'$$
$$g_j(c) = g_j(d), \forall j \in M'$$
$$g_j(a) = g_j(c), \forall j \in M$$
$$g_j(b) = g_j(d), \forall j \in M$$

Tem-se que:

$$a\ P\ b \Leftrightarrow c\ P\ d$$

em que P é a relação de preferência global que leva em conta todos os critérios.

Dito de outra forma, M é preferencialmente independente em F se as preferências entre as ações que não diferem a não ser por suas *performances* segundo os critérios de M independem das *performances* segundo os critérios de M'.

C) **Ausência de fatores que influenciam conjuntamente vários critérios (independência de ordem estrutural)**

Frequentemente, em uma família F, dois ou mais critérios formam uma subfamília J tal que os critérios de J apresentam uma ligação de ordem estrutural. Essa ligação pode ser decorrente da presença de fatores (explícitos e/ou implícitos) suscetíveis de influenciar conjuntamente as *performances* dos critérios de J, ocasionando certa redundância. Entretanto, em muitas situações reais, nenhum dos critérios de J pode ser eliminado, já que cada um deles veicula algumas informações adicionais indispensáveis para a obtenção das relações de preferência globais. Caso esse tipo de interdependência ocorra, alguns aspectos poderão ser considerados supervalorizados (ou computados mais de uma vez) em um modelo de preferência global estabelecido a partir da família F. Nesse caso, é necessária uma análise da adequabilidade do modelo utilizado à situação real que ele pretende representar.

Logo, procurar trabalhar com uma família F de critérios estruturalmente independentes parece ser uma orientação recomendável. Entretanto, não devemos adotar critérios artificiais, medidos de forma obscura e que, por essas razões, se mostrem de difícil compreensão para os atores do processo decisório.

Conflito entre critérios

Conforme mencionado anteriormente, os critérios utilizados em uma análise multicritério são, na maioria das vezes, conflitantes. Na compra de um automóvel, por exemplo, caso a escolha recaia no veículo menos caro, provavelmente este não será o mais confortável. Logo, para ganhar em um critério, o agente de decisão deve aceitar perder em algum outro critério. Consequentemente, a relação de preferência a ser obtida na comparação entre duas ações potenciais pode ser vista como a resultante do conflito entre os critérios.

Formalmente, diz-se que os critérios de F não estão em conflito na comparação de duas ações a e b, quando:

$$a\ S_j\ b\ (\text{ou } b\ S_j\ a),\ \forall\ j \in F$$

Caso os critérios de F sejam pseudocritérios, a ausência de conflito equivale a:

$$g_j(b) \leq g_j(a) + q_j(g_j(a)),\ \forall\ j \in F$$

Caso os critérios não sejam unânimes para declarar que a supera b, ou que b supera a, pode-se afirmar que os critérios de F estão em conflito no tocante à comparação entre a e b. Nessa situação, existe ao menos um par de critérios j e k, tal que:

$$\text{não } (a\ S_j\ b)\ \text{e não } (b\ S_k\ a)$$

Ou, ainda, se os critérios forem pseudocritérios:

$$g_j(b) > g_j(a) + q_j(g_j(a))\ \text{e}\ g_k(a) > g_k(b) + q_k(g_k(b))$$

Diz-se, então, que o par de critérios $\{j, k\}$ é conflitante na comparação entre a e b.

Efetuar um julgamento de preferência global implica obter uma resultante dos conflitos. Essa resultante depende da lógica de agregação e do sistema de valores que presidem a formação das preferências globais.

Análise de dominância e ótimo de Pareto

Na comparação entre duas ações a e b, diz-se que a domina b ($a\ \Delta_F\ b$), se:

$$g_j(a) \geq g_j(b),\ \forall\ j \in F$$

Em um problema multicritério, uma alternativa *a* é não dominada, eficiente, ou ótimo de Pareto se, e somente se, não se pode encontrar em *A* outra alternativa *b* que seja tão preferível quanto *a* em todas as pré-ordens relativas aos distintos critérios e estritamente mais preferível segundo pelo menos uma delas.

Como consequência da relação de dominância, tem-se: $a \Delta_F b \Rightarrow a \text{ S } b$. Ou seja, dizer que uma ação *a* domina outra ação *b* tem como consequência o fato de que *a* não é pior do que *b* (a recíproca não é verdadeira).

Análise de concordância

Suponha que se precisa comparar duas ações *a* e *b*, com base em suas *performances* avaliadas segundo nove diferentes critérios, como mostra a Tabela 3.4. Para todos os critérios, temos $q_j = 7$ e $p_j = 15$.

Tabela 3.4 Exemplo de concordância

	g_1	g_2	g_3	g_4	g_5	g_6	g_7	g_8	g_9
a	90	85	82	75	70	65	70	60	50
b	20	30	40	50	60	70	80	90	100

Verifica-se, no exemplo da Tabela 3.4, que os critérios g_1, g_2, g_3, g_4, g_5 e g_6 são concordantes com a proposição *a S b* (a inferioridade aparente de *a* com relação ao critério 6 não é considerada significativa, já que $g_6(b) - g_6(a) = 70 - 65 = 5 < 7$).

Pode-se definir, então, a coalizão de critérios *C(aSb)* como o conjunto de critérios concordantes com a proposição *a S b*. No exemplo da Tabela 3.4, temos:

$$C(aSb) = \{1, 2, 3, 4, 5, 6\} = \{g_1, g_2, g_3, g_4, g_5, g_6\}$$

Por outro lado, os critérios 6, 7, 8 e 9 são concordantes com a proposição *b S a*. Logo, a respectiva coalizão de critérios é $C(bSa) = \{6, 7, 8, 9\} = \{g_6, g_7, g_8, g_9\}$. Portanto, o conflito opõe os critérios de 1 a 5 aos critérios de 7 a 9, já que o critério $6 \in$ tanto a *C(aSb)* quanto a *C(bSa)*.

Para que se possa obter uma resultante do conflito, é necessário que a cada critério *j* seja associado um número $w_j > 0$ ("peso do critério"), que caracteriza sua importância relativa. A cada subfamília $C \subset F$ associa-se um número *w(C)*, que expressa a importância absoluta da coalizão de critérios pertencentes a *C*, em que:

$$w(C) = \sum w_j, \forall j \in C$$

A cada par (*a, b*) de ações podemos associar um índice de concordância, que varia entre 0 e 1, que mede a força dos argumentos em favor da afirmativa *a S b*; ele é calculado da seguinte forma:

$$c(a, b) = \sum w_j / \sum w_j$$
$$i \in C \; j \in F$$

O índice de concordância tem papel fundamental nos principais procedimentos de agregação multicritério da escola francesa do AMD.

Análise de discordância e efeito de veto

Na verificação de uma proposição do tipo $a \, S \, b$, pode haver critérios em favor de b que traduzam uma preferência tal de b sobre a que coloca em dúvida a afirmativa anterior. Nesse caso, justifica-se a definição de um índice de discordância $d(a, b)$. Esse índice varia também entre zero e um, e é tão maior quanto maior for a preferência de b sobre a, segundo ao menos um critério. Por definição, o critério j está em discordância com a proposição $a \, S \, b$ se, e somente se, $b \, P_j \, a$. Para o modelo de pseudocritério, tem-se:

$$b \, P_j \, a, \text{ se, e somente se, } g_j(b) > g_j(a) + p_j$$

Na Tabela 3.4, observa-se que os critérios 8 e 9 são discordantes da proposição $a \, S \, b$. Já o critério 7, embora não esteja em concordância com a proposição $a \, S \, b$, não contradiz essa proposição com a mesma intensidade que os critérios 8 e 9, já que, segundo o critério 7, a é fracamente preferível a b ($a \, Q \, b$). Nesse caso, o critério 7 não é considerado discordante com a proposição $a \, S \, b$.

Existem situações nas quais a diferença de *performances* entre duas alternativas a e b, segundo um critério discordante da proposição $a \, S \, b$, é considerada suficientemente grande, de tal forma que ultrapassa o limite de compatibilidade de aceitação dessa proposição, baseada em uma simples análise de concordância. Esse limite é denominado limite de veto (v_j, com $v_j > p_j$) e, nessa situação, diz-se que o critério j tem o poder de vetar a proposição $a \, S \, b$. Em outras palavras, $g_j(b) > g_j(a) > v_j$ é incompatível com a proposição $a \, S \, b$, independentemente dos valores das demais *performances*, isto é, mesmo se:

$$c(a, b) = 1 - (w_k / \sum w_j), \text{ e } k \text{ é o único critério discordante da proposição } a \, S \, b.$$

No exemplo anterior, caso estivesse associado ao critério 9 um limite de veto $v_9 = 45$, esse critério, por si só, vetaria a proposição $a \, S \, b$, já que:

$$g_9(b) - g_9(a) = 100 - 50 = 50 > 45$$

Procedimentos de agregação multicritério e principais métodos associados

- *Definição e principais modelos*

Estão apresentados aqui alguns conceitos importantes empregados na comparação de ações avaliadas segundo uma família de critérios F. A utilização prática desses conceitos conduz aos denominados Procedimentos de Agregação Multicritério (PAMC).

Definição: um Procedimento de Agregação Multicritério (PAMC) é uma regra que permite estabelecer, com base em uma matriz de *performances* (matriz de decisão) e de informações intercritérios, um ou mais sistemas relacionais de preferência sobre um conjunto A de ações potenciais.

Os sistemas relacionais mencionados podem ser do tipo (I, P), (I, Q, P), (I, P, R), (S, R) etc. Quando o sistema relacional de preferência estabelecido exclui toda relação de incomparabilidade (R) e satisfaz a propriedade transitiva, diz-se que o PAMC visa à construção de um critério único de síntese. Os PAMC assim definidos dão origem aos métodos que constituem a denominada escola americana do AMD.

Por outro lado, caso o sistema relacional de preferência estabelecido permita a relação de incomparabilidade (R), e não necessariamente satisfaça à propriedade transitiva, afirma-se que o PAMC visa à construção de uma relação de superação (S). Os PAMC assim definidos dão origem aos métodos que constituem a denominada *escola francesa* do AMD.

Outros tipos de PAMC existentes são os interativos, nos quais não se estabelece uma regra completa, *a priori*, baseada nas preferências do agente de decisão. Nesse caso, o processo decisório é constituído de etapas sucessivas. Antes do início de uma nova etapa, o agente de decisão intervém para expressar suas preferências com relação aos resultados obtidos na etapa anterior. Por se constituírem, do ponto de vista técnico, em vertentes multicritério da programação matemática monocritério, os métodos interativos não são abordados neste livro.

Em seguida, apresentam-se alguns PAMC elementares.

- ***Principais PAMC elementares***

PAMC lexicográfico

Nesse tipo de PAMC, os critérios de F são ordenados segundo uma hierarquia decrescente de importância (como a organização das palavras em um dicionário). Para aplicação do procedimento, comparam-se inicialmente as ações *a* e *b* segundo o critério considerado mais importante (g_1). Caso a comparação dos valores $g_1(a)$ e $g_1(b)$ traduza uma preferência estrita de *a* sobre *b*, então, globalmente, *a* será estritamente preferível a *b*, independentemente dos valores das demais *performances*. Por outro lado, se os valores $g_1(a)$ e $g_1(b)$ traduzirem uma indiferença entre *a* e *b*, então comparam-se suas respectivas *performances* relativas ao segundo critério mais importante (g_2). Caso a comparação de $g_2(a)$ e $g_2(b)$ traduza uma preferência estrita de *a* sobre *b*, então conclui-se que, em termos globais, *a* é estritamente preferível a *b*. Entretanto, se a comparação entre $g_2(a)$ e $g_2(b)$ ainda traduz uma indiferença entre *a* e *b*, passa-se à comparação das *performances* $g_3(a)$ e $g_3(b)$, segundo o terceiro critério mais importante, e assim sucessivamente.

PAMC do tipo concordância

Um PAMC elementar do tipo concordância conduz a um sistema relacional de preferência (S, R) tal que:

$$a\ S\ b \text{ se } w[C(a\ S\ b)]/w[F] \geq s, \text{ sendo } 0 \leq s \leq 1,$$

$$a\ R\ b \text{ se não } (a\ S\ b) \text{ e não } (b\ S\ a)$$

em que $w[C(a\ S\ b)]$ representa o somatório dos pesos dos critérios concordantes com a proposição $a\ S\ b$ e $w[F]$ representa o somatório dos pesos de todos os critérios de F.

O valor escolhido para s permite ser menos ou mais rigoroso quanto à importância da coalizão $C(a\ S\ b)$ exigida para que a proposição $a\ S\ b$ possa ser aceita.

PAMC do tipo concordância – discordância

Nesse tipo de PAMC, uma proposição do tipo $a\ S\ b$, $a\ Q\ b$, $a\ P\ b$ ou $a\ I\ b$ pode ser recusada desde que, segundo algum critério j de $C(b\ P\ a)$, a diferença $g_j(b) - g_j(a)$ seja considerada muito elevada. Nessa situação, um limite de veto (v_j) deverá ser estabelecido para cada critério. Esse PAMC conduz a um sistema relacional de preferência (S, R) tal que:

$$a\ S\ b \text{ se } w\ [C(a\ S\ b)]\ /\ w[F] \geq s, \text{ sendo } 0 \leq s \leq 1$$

$$e\ g_j(b) - g_j(a) \leq v_j, \forall j \in F$$

$$a\ R\ b \text{ se não } (a\ S\ b) \text{ e não } (b\ S\ a)$$

O valor de s = 1 implica exigir uma unanimidade dos critérios para declarar que $a\ S\ b$. O efeito de veto não tem, nesse caso, nenhuma utilidade.

PAMC do tipo soma ponderada

Esse PAMC pode ser utilizado quando a família F é constituída de verdadeiros critérios, conduzindo a um sistema relacional de preferência do tipo (I, P), que é uma pré-ordem completa, tal que:

$$a\ P\ b \text{ se } \sum w_j\ [g_j(a) - g_j(b)] > 0$$

$$a\ I\ b \text{ se } \sum w_j\ [g_j(a) - g_j(b)] = 0\ j = 1, ..., m$$

em que os w_j são os "pesos dos critérios" ou "taxas de conversão" ($w_j > 0$), e podem ser normalizados de modo que sua soma seja igual a 1.

- ***Agregação multicritério com critério único de síntese (escola americana)***

Nesse tipo de PAMC, o modelo de preferência global baseia-se em um critério único de síntese (g), construído com base na agregação de todos os critérios de F. Para que isso seja possível, faz-se necessário definir uma função de agregação V tal que:

$$g(a) = V(g_1(a), g_2(a), ..., g_n(a))$$

Além do vetor de *performances* de cada ação, a função V também deverá levar em conta as informações intercritérios, tais como os pesos dos critérios ou taxas de conversão.

Nos procedimentos de agregação assim definidos, faz-se a comparação entre as alternativas, de forma global, com base nos valores obtidos para o critério de síntese g. Quanto maior o valor de g, melhor será considerada a alternativa. Esses PAMC diferenciam-se entre si principalmente em razão:

a) da forma da função V;
b) da natureza das informações intercritérios;
c) do modelo e das propriedades que são conferidas ao critério de síntese g.

A construção de um critério único de síntese confere ao modelo de preferência global duas propriedades que o caracterizam:

a) toda relação de incomparabilidade é excluída;
b) a propriedade transitiva é sempre satisfeita.

Ressalte-se que a eliminação sistemática da relação de incomparabilidade é uma característica bastante restritiva, nos problemas multicritério reais, tendo em vista a qualidade, muitas vezes discutível, dos dados (*performances* das alternativas) e a presença eventual de diversos atores com sistemas de valores muito contrastantes.

Caso o critério de síntese g seja modelado como um verdadeiro critério, o sistema relacional de preferência decorrente será do tipo (I, P) tal que:

$$a \text{ P } b \Leftrightarrow g(a) > g(b)$$

$$a \text{ I } b \Leftrightarrow g(a) = g(b)$$

Um dos modelos de agregação com critério único de síntese mais utilizado, em razão de sua simplicidade, é aquele em que a função V é aditiva (aqui, inclui-se a soma ponderada). Nesse caso:

$$g(a) = V_1[g_1(a)] + V_2[g_2(a)] + ... + V_n[g_n(a)]$$

em que $V_1, V_2, ..., V_n$ são funções monótonas estritamente crescentes.

A aplicação desse modelo, que intuitivamente e em termos matemáticos é bastante objetivo e de fácil compreensão, supõe a existência subjacente de uma função cardinal aditiva para os critérios. Essa é uma hipótese de trabalho bastante forte, pois pressupõe que os critérios sejam independentes no sentido de preferência. Além disso, está sendo admitida a comparabilidade intercritérios das *performances* das alternativas. Tendo em vista que nem sempre é possível construir uma família coerente de critérios com critérios independentes, e que os valores e unidades das *performances* das alternativas muitas vezes são bastante heterogêneos, a escolha desse modelo de agregação deve ser bastante cuidadosa.

Outros modelos que podem ser utilizados são os não lineares, como os multiplicativos e exponenciais. Esses modelos apresentam como inconveniente a dificuldade de construção da função de utilidade. Além disso, os elementos de incerteza vão compondo-se progressivamente ao longo dos cálculos.

Os métodos mais conhecidos e utilizados que se baseiam nos PAMC com critério único de síntese são:

- MAUT, que faz uso da Teoria da Utilidade Multiatributo (Keeney e Raiffa, 1976);
- AHP, que faz uso da análise hierárquica de critérios (Saaty, 1980).

Assunções importantes da MAUT

a) a utilidade é uma medida de satisfação, que tem a propriedade aditiva. A avaliação da utilidade para mais de um critério/atributo pode ser adicionada de forma que se obtenha a preferência baseada em um julgamento multidimensional;

b) os critérios/atributos aplicados à decisão têm dimensões fixas para permitir a avaliação do quanto cada alternativa possui de determinado critério/atributo. A dimensão para avaliação não varia de alternativa para alternativa na decisão, apesar de o nível de critérios/atributos para cada alternativa variar. As preferências subjetivas são consistentemente aplicadas para cada alternativa;

c) para cada par de elementos comparados, tem-se sempre bem definida uma ordem de preferência; todos os estados são comparáveis;

d) continuidade: admite-se ser possível estabelecer a probabilidade de risco de duas alternativas, uma vez que as comparamos com uma alternativa determinística (Marshall e Oliver, 1995);

e) substituição: o decisor tenta substituir alternativas probabilísticas por alternativas determinísticas. A certeza é considerada melhor que a incerteza e/ou indeterminação, mesmo que a incerteza e/ou indeterminação possa acarretar ganhos superiores;

f) as alternativas têm crescimento monotômico: $V(a_1,a_2) = Va_1 + Va_2$ (French, 1988);

g) a função linear de utilidade só é possível quando os critérios de avaliação das alternativas são mutuamente exclusivos;

h) a aproximação pela Teoria da Utilidade tem como consequência (Munda, 1997):
   - um problema de multicritério é transformado em monocritério;
   - as avaliações em diferentes critérios são completamente compensatórias;
   - não é possível usar limiares de preferência e/ou indiferenças.

i) a Expectativa de Utilidade é função da probabilidade associada a cada ganho, considerando que a decisão d_1 tenha as seguintes probabilidades/ganhos:

- probabilidade 50% de ganhar 10;
- probabilidade 35% de ganhar 20;
- probabilidade 15% de ganhar 30.

A Expectativa de Utilidade é $10 \times 0,5 + 20 \times 0,35 + 30 \times 0,15 = 16,5$.

Essa expectativa, também denominada Utilidade de Von Neumann (Gomes, 1999), relaciona os ganhos com possibilidades e/ou probabilidades subjetivas ou não. O decisor deve ter o cuidado de normalizar as possibilidades para posteriormente multiplicá-las pelos ganhos.

Nesse ponto, encontra-se a crítica advinda dos estudos da Teoria das Expectativas (Kahneman e Tversky, 1981). Suponha duas situações:

> Situação A: tem-se 90% de probabilidade de ganhar R$ 1.000,00 e 10% de probabilidade de nada ganhar. A utilidade será 0,9 vezes 1.000 + 0,1 vezes 0, que é igual a 900.
>
> Situação B: tem-se 50% de probabilidade de ganhar R$ 2.000,00 e 50% de probabilidade de nada ganhar. A utilidade é 0,5 vezes 2.000 e 0,5 vezes 0, que é igual a 1.000.

Como existem pessoas que irão preferir a situação A, em que têm mais chances de ganhar R$ 1.000,00, do que a situação B, em que têm menos chances de ganhar R$ 2.000,00, essas pessoas irão contradizer a Teoria da Utilidade.

Uma alternativa e/ou produto pode receber "grau de utilidade" diferente por decisores diferentes. Isso decorre de fatores subjetivos e, no caso de produtos, pela quantidade do produto de que cada decisor dispõe. Uma pessoa que tem televisão dará uma utilidade diferente a uma nova televisão da de um decisor que tem três televisões e recebe mais uma.

A utilidade é aditiva, porém pode chegar a um limite de saturação. Se for aditiva, não obriga que o novo acréscimo de um produto crie a mesma (igual) utilidade que a aquisição anterior desse mesmo produto ocasionou. Uma pessoa que tenha um rádio atribuiu uma utilidade a este rádio quando alterou o "quantitativo de rádios" em sua posse de zero para um; ao passar a possuir dois rádios, a utilidade da aquisição do segundo rádio não necessariamente será a mesma atribuída à aquisição do primeiro rádio. A utilidade não obrigatoriamente multiplicou-se por dois ao se adquirir esse novo rádio. Em geral, a utilidade tem valores decrescentes para a aquisição de um mesmo produto. Em economia, esse conceito é conhecido como utilidade marginal (Rossetti, 1997). Uma pessoa que tenha 20 rádios poderá atribuir utilidade zero ao rádio número 21, pois já ocorreu saturação. A utilidade deve ser medida de forma racional na escala adequada determinada pelo decisor.

- **Agregação multicritério sem critério único de síntese (escola francesa)**

Os PAMC que não utilizam um critério único de síntese são os que se baseiam no conceito de relação de superação ou sobreclassificação S, formalizado por um grupo de pesquisadores franceses, no decorrer da década de 1960. Entre tais pesquisadores, destaque para Bernard Roy, um dos autores dos métodos Electre, pioneiro na utilização desse tipo de procedimento de agregação. A partir dos métodos Electre, diversas variantes e outros métodos assemelhados foram desenvolvidos, entre eles os métodos Prométhée, Qualiflex, Oreste e Melchior.

O conjunto de métodos que utiliza como base a relação de superação passou a ser denominado escola francesa do AMD. Essa denominação surgiu em contraposição à escola americana, mais orientada para os métodos de utilidade multiatributo apresentados na seção anterior. Outros métodos podem ser considerados híbridos, já que utilizam elementos dessas duas correntes.

- **Definição da Relação de Superação (S)**

Existem razões claras e positivas que justificam que seja uma preferência, seja uma presunção de preferência. Está bem identificada uma das duas ações (preferência ou presunção da preferência), mas sem que nenhuma separação significativa seja estabelecida entre as situações de preferência estrita, de preferência fraca e de indiferença

$$a\ S\ b \Rightarrow (a\ P\ b\ \text{ou}\ a\ Q\ b\ \text{ou}\ a\ I\ b)$$

A relação $a\ S\ b$ tem o conteúdo semântico "a é pelo menos tão boa quanto b".

A utilização da relação de superação confere ao modelo de preferência global duas propriedades que o caracterizam e que o tornam bastante flexível:

- a possibilidade de existir incomparabilidades entre alternativas;
- a propriedade transitiva não é necessariamente respeitada.

Os procedimentos de agregação multicritério sem critério único de síntese são constituídos de duas etapas:

a) *etapa de construção* – uma ou várias relações de superação são construídas;
b) *etapa de pesquisa* – as relações de superação são utilizadas com vistas em uma recomendação (seleção, classificação, ordenação de alternativas).

As relações de superação são construídas com base no princípio da concordância-discordância, que leva uma alternativa a ser pelo menos tão boa quanto outra, quando:

a) uma maioria considerada suficiente de critérios apoia essa proposição (princípio da concordância);

b) a oposição da minoria de critérios não é considerada forte demais (princípio da não discordância).

Na construção de uma relação de superação, as informações intercritérios (pesos dos critérios e limites de veto) e intracritérios (modelos dos critérios) desempenham papel fundamental.

Como exemplo, apresenta-se a seguir o procedimento adotado no método Electre I. Esse método foi concebido para resolver a problemática $P \cdot \alpha$. Assim, o que se pretende é obter um subconjunto N de ações tal que toda ação não contida em N é superada por pelo menos uma ação de N. Esse subconjunto, mantido tão pequeno quanto possível, é o conjunto no qual se encontra a solução para o problema, ou seja, o melhor compromisso procurado.

Construção da relação de superação (ou de sobreclassificação)

A cada par de ações (a, b) são associados um índice de concordância e um índice de discordância. O índice de concordância $c(a, b)$ mede a força dos argumentos em favor da afirmativa $a \, S \, b$, e é calculado por:

$$c(a,b) = \sum_{j \in C} w_i \Big/ \sum_{j \in F} w_i$$

Por outro lado, entre os critérios em favor de b pode existir pelo menos um para o qual a preferência de b sobre a é tal que coloca em dúvida a afirmativa $a \, S \, b$. Esse fato leva à introdução de um índice de discordância definido por:

$$d(a,b) = \begin{cases} 0 \text{ se } g_j(a) \geq g_j(b), \forall j \in F \\ (1/\delta)\left(\max\left[g_j(b) - g_j(a) \right]\right), \text{ em caso contrário} \end{cases}$$

em que:

máx $[g_j(b) - g_j(a)]$ = a maior diferença intracritério entre a e b, considerando os critérios que estão em desacordo com a proposição $a \, S \, b$;

δ = a maior diferença intracritério, considerando todas as alternativas e todos os critérios.

Ressalte-se, entretanto, que o índice de discordância calculado pela fórmula anterior só deve ser utilizado caso as diferenças intracritério $g_j(b) - g_j(a)$ tenham um significado cardinal (o que exclui os critérios qualitativos) e sejam comparáveis de um critério para outro. Em razão desse fato, em muitas situações, é preferível definir a discordância com base nos limites de veto estabelecidos para cada critério.

Para construção da relação de superação global, deve-se estabelecer um limite de concordância c (relativamente grande) e, se necessário, um limite de discordância d (relativamente pequeno), de tal forma que:

$a\ S\ b$ se, e somente se, $c(a, b) \geq c$ e $d(a, b) \leq d$

Se a discordância for definida pelos limites de veto:

$a\ S\ b$ se, e somente se, $c(a, b) \geq c$ e $g_j(b) - g_j(a) \leq v_j, \forall j \in F\backslash C$

com C representando o conjunto de critérios da coalizão $C(a\ S\ b)$.

Pesquisa da relação de superação

Nessa etapa, a relação de superação será representada por um grafo no qual os vértices representam as ações. Em tal gráfico, busca-se um subconjunto N de ações tais que:

$$\forall\ b \in A\backslash N, \exists\ a \in N\ /\ a\ S\ b$$

$$\forall\ a, c \in N, a\ R\ c$$

Ou seja, toda ação fora de N é superada por ao menos uma ação de N. Todas as ações de N são incomparáveis entre si. Na teoria dos grafos, o conjunto N é denominado núcleo do grafo, e existem algoritmos próprios para determiná-lo. Caso o grafo não tenha circuitos, o núcleo existe e é único.

Os métodos multicritério que utilizam o procedimento de agregação sem critério único de síntese têm, portanto, como mecanismo básico, as comparações binárias entre alternativas, critério a critério. Dessa forma, constrói-se uma matriz ($m \times m$) de concordância e outra matriz ($m \times m$) de discordância (se for o caso), cujos elementos são os índices obtidos, considerando-se todos os pares de alternativas. Esses métodos, denominados do tipo Electre, diferenciam-se entre si em função do tipo de problemática a que se propõem resolver, das informações intercritérios e intracritérios utilizadas, bem como pela quantidade de relações de superação que são construídas e investigadas.

Na Tabela 3.5 estão apresentados os principais métodos do tipo Electre e suas respectivas características.

Tabela 3.5   Características dos principais métodos do tipo Electre

Método	Tipo de problema	Tipo de critério	Pesos	Veto
Electre I	seleção $P \cdot \alpha$	verdadeiro	sim	sim
Electre IS	seleção $P \cdot \alpha$	pseudo	sim	sim
Electre TRI, Electre TRI-C e Electre TRI-nC	classificação $P \cdot \beta$	pseudo	sim	sim
Electre II	ordenação $P \cdot \gamma$	verdadeiro	sim	sim
Electre III	ordenação $P \cdot \gamma$	pseudo	sim	sim
Electre IV	ordenação $P \cdot \gamma$	pseudo	não	sim

A família Prométhée é aplicada na problemática de ordenação $P \cdot \gamma$. Usa pseudocritério e pesos (não veto).

O Anexo A apresenta os cálculos realizados para aplicação dos mais antigos métodos da escola francesa, quais sejam: métodos Electre I e Electre II e família Prométhée.

As apresentações de outros métodos dessa escola estão incluídas em Roy e Bouyssou (1993).

- *Considerações sobre a escolha do método*

Tendo em vista a grande variedade de métodos multicritério existentes, é necessário que o analista de decisões tenha uma visão crítica dos mesmos, de forma a adequar sua escolha às características do problema em questão. Além de levar em conta, nessa opção, a problemática objeto da decisão e os tipos de informações intercritérios e intracritérios que serão utilizados, o analista deve analisar a conveniência de adotar um método baseado em um procedimento de agregação com ou sem critério único de síntese.

A seguir, estão enunciadas algumas condições que caracterizam um contexto favorável à utilização de método baseado num PAMC sem critério único de síntese (escola francesa):

a) a existência de critérios qualitativos nos quais as diferenças de *performances* intercritérios não tenham significado comparativo no que diz respeito a uma gradação de preferência;

b) a natureza dos critérios é fortemente heterogênea, e acarreta a avaliação das *performances* das alternativas nas mais diferentes escalas e unidades;

c) a compensação de uma perda segundo um critério representado por um ganho segundo outro critério efetua-se de forma complexa e em ligação com sistemas de valores não necessariamente considerados na modelagem do problema;

d) a necessidade de utilização de pseudocritérios para obtenção das preferências globais.

- *Análise de sensibilidade, estabilidade e robustez*

Após a aplicação de um método multicritério, torna-se importante a realização de uma análise de sensibilidade, para verificar de que forma as variações introduzidas nos parâmetros característicos do método influenciam os resultados obtidos. Nesse contexto, os conceitos de estabilidade e robustez, apresentados a seguir, são muito importantes na análise da qualidade desses resultados.

Uma análise de estabilidade tem por objetivo verificar a velocidade com que uma solução se degrada a um nível predeterminado. Isto é, em um problema multicritério, a solução encontrada apresenta:

a) estabilidade fraca se, após análise de sensibilidade, a melhor solução permanece dentro do conjunto de soluções não dominadas;

b) estabilidade forte se, após análise de sensibilidade, o conjunto de soluções não dominadas não se altera.

Já uma análise de robustez tem por objetivo verificar até que ponto, após análise de sensibilidade, a pré-ordem encontrada no conjunto de soluções não dominadas não se altera.

- **Grandes estratégias do AMD**

A Figura 3.4 apresenta, de forma esquemática, as grandes estratégias do AMD:

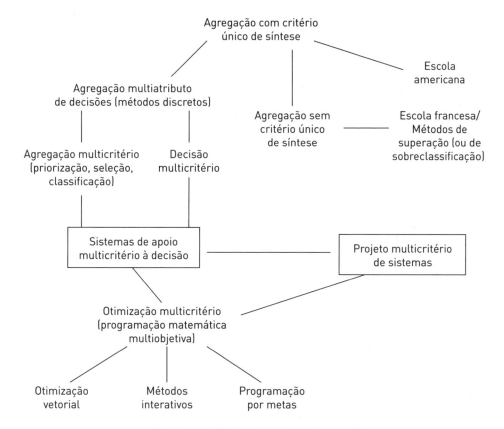

Figura 3.4 – Grandes estratégias do AMD.

A Tabela 3.6 mostra uma comparação entre os métodos da escola francesa e a Teoria da Utilidade Multiatributo.

Tabela 3.6 Comparação entre os métodos da escola francesa e a Teoria da Utilidade Multiatributo

Métodos da escola francesa ou escola europeia	Teoria da Utilidade Multiatributo
Permitem ordenar (pelo menos parcialmente) as alternativas em termos relativos, mesmo quando a informação de que dispõe sobre as preferências critério a critério é pobre; no entanto, não é possível a indicação do mérito global de cada alternativa.	Possibilita definir uma medida de mérito (valor) global para cada alternativa, indicadora de sua posição relativa em uma ordenação final; no entanto, é necessário dispor de informação completa (cardinal) sobre as preferências intracritérios dos decisores, o que, em alguns casos práticos, pode ser difícil.
Permitem quatro diferentes formas de comparação entre alternativas: preferência sem hesitação; preferência com hesitação; indiferença e incomparabilidade.	Permite duas formas de comparação: preferência e indiferença; não pressupõe a existência de hesitação.
A hesitação é uma área fértil para aplicação de teorias que trabalham com não determinismo: Teoria dos Conjuntos Nebulosos e Teoria dos Conjuntos Aproximativos (TCA).	Existem trabalhos que aplicam as Teorias dos Conjuntos Nebulosos e TCA para verificar a sensibilidade dos resultados.
Não necessitam de uma função de utilidade, utilizando-se de comparações paritárias e gráficos de Kernel para representar a dominância das alternativas.	Pressupõe a criação de uma função de utilidade.
Não pressupõem transitividade.	Pressupõe transitividade.
Pressupõem superação e análise paritária.	Facilita o estabelecimento de hierarquias.

5 VANTAGENS DA UTILIZAÇÃO DO AMD COMO QUADRO DE REFERÊNCIA ANALÍTICO DOS SISTEMAS DE APOIO À DECISÃO

Segundo Marakas (1998), um sistema de apoio à decisão é um sistema sob o controle de um ou mais tomadores de decisão que dá suporte às atividades de tomada de decisão por meio da provisão de um conjunto organizado de ferramentas. Estas, por sua vez, servem para estruturar partes do contexto decisional e melhorar a eficácia global do resultado da decisão.

Com base nessa definição, entende-se um sistema em sentido mais amplo, ou seja, como um conjunto de partes coordenadas de modo que satisfaçam um conjunto de metas (Churchman, 1968). Neste contexto, o AMD é um quadro de referência analítico dos sistemas de apoio à decisão. As razões essenciais para isso são as seguintes:

a) os métodos de AMD permitem uma abordagem mais abrangente e realista dos problemas complexos de decisão, à medida que torna possível a modelagem de uma diversidade maior de fatores que se encontram envolvidos no processo decisório. Para isso, tanto critérios quantitativos quanto qualitativos podem ser incluídos na análise;

b) a utilização da metodologia do AMD em uma organização de grande porte tem como grande vantagem promover ou facilitar a comunicação e a integração entre as partes envolvidas nos processos decisórios;

c) o fato de a metodologia do AMD trabalhar com modelos em que as preferências do agente de decisão ficam claramente explicitadas permite maior organização e transparência do processo decisório, aumentando, assim, sua credibilidade;

d) a metodologia do AMD propicia maior compreensão, por parte dos atores envolvidos no processo decisório, das diversas dimensões do problema. Assim, o modelo estabelecido inicialmente pode ser aprimorado com o decorrer do tempo, em função das discussões geradas durante sua concepção e posterior utilização prática;

e) o método multicritério para apoio à tomada de decisão agrega um valor substancial à informação, à medida que não apenas permite a abordagem de problemas considerados complexos e, por isso mesmo, não tratáveis pelos procedimentos intuitivo-empíricos usuais, mas, também, aufere ao processo de tomada de decisão uma clareza e consequente transparência jamais disponível quando seus procedimentos – ou outros métodos de natureza monocritério – são empregados.

Por conseguinte, espera-se que, cada vez mais, métodos do AMD estejam embutidos em sistemas de apoio à decisão.

Planejamento estratégico e prospectivo com Sistemas de Informação (SI)

1 CONSIDERAÇÕES SOBRE A DECISÃO

O processo de análise da decisão envolve diversas alternativas que devem ser avaliadas com cuidado, a fim de escolher a "melhor" decisão possível. Para a tomada de decisão ser efetiva (resolva o problema) e eficiente (resolva da "melhor" maneira), é necessário ter informações corretas e precisas. Para tanto, no momento que as decisões são colocadas em prática, o decisor deve estar convicto de que o processo decisório foi robusto e corretamente implementado. Antunes e Dias (2007) salientam que a análise de decisão visa desenvolver métodos lógicos para melhorar a tomada de decisões pelos indivíduos e pelas organizações, com ênfase no desenvolvimento de modelos para decidir em condições de incerteza e considerando múltiplos objetivos.

Partindo do pressuposto de que há uma defasagem entre o modelo utilizado em processo de tomada de decisão e como a decisão efetivamente ocorre, pode existir uma discrepância entre o resultado esperado de uma decisão e a real consequência da decisão implantada, em função de falhas ou desconsideração de algumas variáveis essenciais ao processo decisório, dentre as quais se destaca (Ju et al., 2007):

- por vezes, não está clara a necessidade ou objetivo a ser atendido;
- resultados esperados muito otimistas;

- não é feita uma análise criteriosa das informações disponíveis sobre as alternativas, ou não são identificadas as informações necessárias para assegurar a decisão;
- imprecisão dos dados que irão gerar as informações;
- inexistência das informações necessárias;
- valores dos decisores não foram corretamente modelados.

Assume-se que a qualidade da decisão envolve os seguintes aspectos (Gomes, 2005 e 2006):

- a percepção do decisor quanto à necessidade e oportunidade da decisão, considerando variáveis mercadológicas, operacionais, tecnológicas etc.;
- a adoção de uma(s) metodologia(s), que possibilite(m) identificar as variáveis necessárias e analisar as informações de forma racional;
- a avaliação da necessidade e viabilidade de compartilhar o processo decisório para a garantia do compromisso necessário à implementação da alternativa escolhida.

Pode ser identificados alguns erros que causam insucesso no processo decisório (Ju et al., 2007):

- **Precipitar-se**: chegar a conclusões sem analisar os aspectos considerados importantes para tentar compreender como as decisões devem ser tomadas.
- **Falta de controle estrutural:** não definir o problema de maneira consistente, não sabendo diferenciar causas do problema do problema propriamente dito.
- **Excesso de confiança em seu julgamento:** sentir-se seguro demais com relação às hipóteses e opiniões e, assim, deixar de colher informações factuais importantes.
- **Fracasso em grupo:** não gerenciar o processo de tomada de decisão do grupo acreditando que as escolhas serão corretas, em razão da presença de pessoas inteligentes no grupo.
- **Deixar de conferir o processo de decisão:** não elaborar uma abordagem organizada para compreender sua própria decisão.
- **Colher poucos dados:** não buscar dados recomendáveis ao problema, e perder a oportunidade de analisar os dados, ou fazer análises incorretas, gerando informações falsas.
- **Não aprender com a realimentação e/ou experiência:** deve-se saber ouvir a equipe e analisar opiniões, tendo a decisão correta como meta, e buscar aperfeiçoamento realizando a melhora do processo.

Os problemas de decisão podem ser discretos, quando se trata de um número finito de alternativas, ou contínuos, quando tal número pode ser pensado como infinito.

Assumindo que a estruturação do modelo é fundamental em um processo de apoio a decisão, pois apoiar a decisão é diferente de tomar decisão, e considerando que a estruturação tem um caráter misto entre a ciência e a arte (esse caráter provém da ausência de métodos puramente matemáticos para conduzir a estruturação), é impossível conceber um procedimento genérico de estruturação cuja aplicação possa garantir a unidade e validade do modelo concebido (Gomes, 2005 e 2006).

Antunes e Dias (2007) apresentam a seguinte representação para a situação-problema:

$$P = (A, O, S)$$

, em que:

D = o conjunto de participantes no processo de decisão;

O = o conjunto de situações que cada participante traz para o processo de decisão;

S = o conjunto de recursos disponíveis para implementação das soluções para o conjunto O.

$$\Gamma = (A, V, \Pi)$$

em que:

A = o conjunto de ações potenciais que o cliente pode empreender na situação-problema, tal como representada em P;

V = o conjunto de pontos que irão permitir observar, analisar, avaliar e comparar as ações potenciais, incluindo diferentes cenários para o futuro;

Π = a declaração do problema, o tipo de aplicação a desenvolver sobre o conjunto A, uma antecipação daquilo que o cliente espera.

A decisão será em função da interação de P com Γ.

2 TOMADA DE DECISÃO INTUITIVA

Em processos de decisão com incerteza, pouca informação e pressão do tempo, surge a necessidade da decisão intuitiva (Hensman e Sadler-Smith, 2011).

Em um processo decisório, as seguintes premissas, atitudes e predisposições costumam ocorrer:

- **Instinto** é a predisposição inata para a realização de ações, determinando, portanto, o nosso comportamento. É o impulso espontâneo e alheio à razão (Bazarian, 1986).
- **Intuição** é palavra que vem do latim *in tueri*, significando ver em, contemplar; significa um conhecimento direto, imediato do conjunto de qualidades sensíveis e

essenciais dos objetos e de suas relações, sem uso do raciocínio discursivo (Hensman e Sadler-Smith, 2011). Em psicologia, intuição é um processo que os humanos passam, às vezes e involuntariamente, para chegar a uma conclusão sobre algo. Na intuição, o raciocínio que se usa para chegar à conclusão é puramente inconsciente; a intuição também é definida como um processo, onde o raciocínio às vezes é feito "involuntariamente", para chegar a uma conclusão sobre algo (Morente, 1970). A intuição tem em sua raiz a convicção, que é a certeza com relação a algo, formada pelos nossos erros e acertos. Intuição é dita intelectual quando se refere ao trânsito ou à passagem de uma ideia à outra, àquilo que Aristóteles desenvolve sob a forma de lógica. A intuição é formada pela soma das experiências, enquanto o instinto não (Tian et al., 2003).

- **Convicção** é a premissa da verdade (Dane e Pratt, 2007); entretanto, o decisor, ao se deparar com fortes argumentos, pode alterar a intuição, levar ao questionamento das convicções e, assim, mudá-las.

- **Reação** é a atitude ou resposta diante de um estímulo interno ou externo e que produz um efeito. O tipo e a qualidade da reação dependem do decisor, suas características, experiências e o ambiente em que se encontra (Yang e Li, 2006).

O instinto leva à reação, mas quando o decisor aguarda "alguns segundos", o raciocínio involuntário substitui o instinto fazendo surgir a intuição, e aguardando "alguns minutos" surge o raciocínio consciente, que substitui a intuição e surge a decisão dita racional (Dane e Pratt, 2007).

Segundo Hensman e Sadler-Smith, (2011), a intuição é influenciada pelos fatores da decisão, pelas características do decisor, pelos processos afetivos que surgem no processo e pelo contexto organizacional.

Decisão: entre várias definições, pode-se adotar: o processo no qual se escolhe algumas ou apenas uma alternativa entre muitas alternativas para ações que irá se realizar ou o problema que busca resolver ou para o objetivo que se busca alcançar (Simon, 1989).

Amaral e Souza (2011) concluem que, no processo da tomada de decisão organizacional, os profissionais participantes da pesquisa como decisores, além da informação de qualidade, consideravam também a intuição.

A decisão intuitiva é a decisão baseada em experiência, verificações e conhecimentos, de forma inconsciente e automática. A intuição está sempre presente, em qualquer pessoa. A análise técnica, racional e eficiente de um negócio é muito importante, entretanto, assume-se que, quando a análise é combinada com a intuição, o resultado pode ser melhor. Se o decisor desenvolver uma intuição focada estrategicamente no seu negócio, terá capacidade de, junto com a análise técnica da questão, tomar decisões com mais rapidez, ser mais eficiente e ter uma empresa mais competitiva. A palavra-chave é *foco*.

O limite da racionalidade decorre da incapacidade da mente humana de aplicar a uma decisão todos os aspectos de valor, conhecimento e comportamento que poderiam ter importância para esta decisão. Antunes e Dias (2007) salientam que a teoria de decisão necessita da utilização de linguagens formais e abstratas e de um modelo de racionalidade.

Em um processo de decisão, a intuição tem um mecanismo próprio que recolhe as informações agregadas ao subconsciente de quem decide, pondera instintivamente sobre essas informações e responde de forma direta e instantânea ao objeto de estudo (trata-se de uma apreensão individual, direta, imediata e atual do objeto na dimensão em análise) (Yang e Li, 2006). O emprego da intuição calca-se em um modelo próprio de processamento dos dados e de análise dos mesmos, conduzindo à decisão dita "intuitiva" (Lobber et al., 2008). Se o decisor possuir uma "boa" intuição, provavelmente estará relacionado com a experiência que foi adquirindo no tratamento de diversos objetos de decisão e isto permite-lhe ter a sensibilidade necessária para perceber as nuances do problema e o contexto em que se insere, provavelmente vai estar em condições de dar grande contribuição para que se chegue aos resultados desejados. No entanto, na tomada de decisões não se deve considerar apenas a intuição, pois está muito dependente da experiência individual adquirida e por isso pode ser não muito representativa, pois depende da aprendizagem de cada indivíduo em particular (Tian et al., 2003).

Deve-se transformar o conhecimento tácito em conhecimento explícito, sempre que possível. Isso permitirá que as avaliações intuitivas sejam analisadas, questionadas quando necessário e utilizadas com confiança.

Emoções: o decisor capaz de analisar "com precisão" os sentimentos tem melhor desempenho na tomada de decisão. A pessoas parecem ser mais preparadas para evitar que os maus sentimentos tenham um impacto direto na estratégia de tomada de decisão, permitindo assumir ou não riscos. Em vez de rejeitar ou restringir as emoções, deve-se encontrar uma forma de usar os efeitos positivos da emoção. Há várias boas razões para utilizar os sentimentos ao tomar decisões, pois a vida não é estruturada, e sim muito dinâmica. Os decisores são frequentemente confrontados com situações que não são padronizadas e/ou são inesperadas (Bazarian, 1996).

Na decisão intuitiva, a solução só chega pela mente subconsciente, e não pela longa cadeia de derivações lógicas ou pelo resultado de um computador a partir de uma complexa simulação (Hensman e Sadler-Smith, 2011). A mente subconsciente encontra as ligações entre a sua nova situação e os vários padrões de experiências passadas. Às vezes, não é possível lembrar da maior parte dessas experiências e teria sido extremamente difícil registrá-las para uso posterior; no entanto, o subconsciente recorda-se dos ensinamentos de padrões e pode rapidamente contextualizar as novas circunstâncias padrões e enviar uma mensagem de sabedoria, "na língua" dos sentimentos (Tian et al., 2003). A decisão intuitiva ocorre em situações de tomada de decisão nas quais uma abordagem racional não é possível por questões de rapidez (tempo exíguo), como, por exemplo:

- em situações de mudança constante das variáveis no processo de decisão;
- quando o problema é mal estruturado e requer uma resposta rápida;
- quando o decisor tem de lidar com situações ambíguas, incompletas e/ou conflituosas e requer uma resposta rápida;
- em situações em que não há nada comparável, isto é, totalmente novas e o tempo é curto.

Alguns fatores são favoráveis ao surgimento da intuição, tais como (Morente, 1970):

- desejar imperiosamente solucionar o problema, com rapidez;
- acumular conhecimentos práticos e teóricos;
- trabalhar e pensar longa e intensamente;
- passar rapidamente de uma atividade à outra;
- ter a mente flexível e aberta ao novo.

A intuição pode ser dividida em três grupos. Esses grupos, na psicologia, não possuem termos oficiais para suas nomenclaturas nem mesmo seguem à risca a definição de intuição (Morente, 1970):

- **Tipo 1:** É o tipo de intuição que envolve um raciocínio simples, tão simples que passa despercebido pela mente consciente. O decisor chega a uma conclusão, mas não percebe que o raciocínio o levou a obtê-la. Exemplificando, quando se observa um objeto de vidro caindo em um chão de granito, sabe-se que o objeto se quebrará; esta conclusão é obtida sem precisar pensar conscientemente. É o que se chama de "óbvio" ou elementar.
- **Tipo 2:** É o tipo de intuição que vem da prática. Quanto mais se pratica alguma coisa, mais a mente passa a tarefa de raciocinar sobre o assunto que se está desenvolvendo do campo consciente para o campo inconsciente. Enxadristas considerados mestres, por exemplo, ao olharem para um tabuleiro, logo sabem que jogada fazer. Pensando muito pouco ou literalmente não pensando, o enxadrista reconhece, de forma inconsciente de jogos anteriores, onde as peças estavam em posição semelhante. Outro exemplo é no aprendizado de novas línguas, em que o aluno tem de pensar muito para construir frases do novo idioma que está aprendendo, enquanto o professor o faz naturalmente.
- **Tipo 3:** É quando se chega à conclusão de um problema complexo sem ter raciocinado. Popularmente, essa intuição se refere aos clichês "Como não pensei nisso antes?" e "Eureca!" Quando pessoas passam por esse fenômeno, elas não sabem explicar como raciocinaram para chegar ao resultado final, simplesmente falam que a resposta apareceu em sua mente.

Ju et al. (2007) propõem a seguinte modelagem para a decisão intuitiva:

O decisor compara, de forma intuitiva, a expectativa de custo da decisão com o custo que esta decisão efetivamente terá. Ju et al. (2007) afirmam que o conhecimento (*Cn*) e a experiência (*Ex*) diminuem a diferença entre o valor real, denominado custo final (*Cf*), e o custo estimado, denominado *Ce*; *dc* é a variação entre os dois custos, em que $dc = |Cf - Ce|$ *cd* é função do conhecimento e experiência, logo, $dc = f(Cn, Ex)$, podendo *dc* alcançar valor zero quando o decisor possuir grande conhecimento e experiência. Neste caso, estaria na intuição do tipo 2 descrita anteriormente.

Cn e *Ex* são maximizados; a Inteligência Emocional (*IE*) facilita não só a maximização de *Cn* e *Ex*, mas também o decisor em ter acesso a estas informações na memória (*M*).

Logo, mín (dc) = máx (Cn) + máx (Ex) + máx (IE) + máx (M).

A maximização da memória, juntamente com a maximização da experiência, estão relacionadas com a intuição do tipo 1, e a maximização do conhecimento, associada à maximização da *Ex* e à maximização da *IE*, estão ligadas à intuição do tipo 3. A decisão sempre é pensada em função do mundo futuro, e não do mundo presente; a decisão é o estudo das consequências futuras das ações implementadas no presente. Em face disto, o decisor atribui probabilidades para os cenários futuros. A partir deste pressuposto é importante considerar que os eventos futuros podem ter a probabilidade subjetiva de ocorrência, do decisor, alterada pelos seguintes eventos (Ju et al., 2007 e Lobber et al., 2008); (Simon, 1989 e Gomes, 2006):

- **Estado de ânimo:** o decisor com estado de ânimo positivo pode atribuir uma probabilidade para ocorrência de um evento maior ou menor do que atribuiria caso o estado de ânimo fosse negativo.

- **Estado emocional:** os decisores tendem a recordar mais facilmente da informação coerente com o estado emocional vivenciado no momento da evocação. Situações com forte impacto emocional são mais facilmente lembradas. O estado emocional pode levar o decisor a ser mais cauteloso ou mais agressivo e, assim, arriscar mais. Exemplificando: um manequim sorrindo induz um ânimo positivo ao comprador para adquirir a peça de vestuário; um comercial salienta que o produto é "novo", "melhorado", "atualizado" e, assim, melhora o ânimo do comprador.

- **Memória recente:** caso um ataque terrorista em um avião tenha ocorrido recentemente, o decisor pode considerar que viagens de aviões são perigosas, mesmo que a probabilidade de morte por acidente aéreo em nada tenha se alterado com este acidente.

- **Influências da ansiedade:** ocorrem nos estágios primários e até inconscientes do processo decisório.

- **Influências de depressão:** ocorrem em estágios mais avançados e conscientes do processo decisório.

Analisando o exposto, verifica-se que emoções e o estado de humor do decisor o influenciam no processo decisório. Segundo Hensman e Sadler-Smith (2011), a intuição é importante para: estratégias corporativas, desenvolvimento de recursos humanos, marketing, relações públicas, investimentos, aquisições, alianças e escolhas tecnológicas.

O efetivo uso da intuição pode ser o diferencial entre um executivo de sucesso e um executivo dito como "médio". Estudos de psicologia indicam que, em determinadas situações, o uso da intuição é preponderante e necessário nas organizações (Hensman e Sadler-Smith, 2011). A intuição é:

a) um processo dito feito pelo inconsciente ou subconsciente, mas sempre um processo não consciente;

b) holístico e associativo, pois obriga a juntar, fazer a interligação entre diferentes informações; e o decisor "identifica" uma coerência entre estas informações. Estas informações advêm do reconhecimento de padrões. É feita uma cognição inconsciente;

c) um processo rápido.

A aplicação da decisão intuitiva seria maior em:

a) decisões militares em combate;

b) decisões executivas envolvendo estratégias, investimentos e questões de recursos humanos (Hensman e Sadler-Smith, 2011).

Campbell e Whitehead (2010) descrevem quatro testes que os executivos devem fazer para ter certeza de que sua intuição está transmitindo a mensagem correta e confiável. A intuição usa as experiências passadas de um indivíduo como sua base de informação e, assim, criam-se julgamentos que se transformam em ações automáticas. A intuição é tão poderosa que influencia até os relacionamentos pessoais e profissionais, ou seja, com quem conversamos, quem consultamos e buscamos para qualquer auxílio. A intuição tem a capacidade de se infiltrar em todas as decisões que serão tomadas, até quando se quer analisar alguma coisa de maneira completamente racional e analítica.

O **primeiro** é o **teste** da familiaridade, onde se analisa se já enfrentamos uma situação parecida ou igual. O teste mostra que, se a pessoa teve muitas experiências que sejam conectadas ao problema que enfrenta atualmente, então o passado criará um julgamento, ou intuição (Campbell e Whitehead, 2010). É importante ressaltar que essas experiências só são válidas se forem encaixadas na situação atual, e dessa forma, a intuição será bem utilizada na tomada de decisão. Há casos em que a intuição diz alguma coisa baseada em experiências que não são adequadas. É preciso analisar se os conhecimentos anteriores obtiveram um resultado positivo e ótimo para que possam ser usados como uma base para a intuição criar seu julgamento. Uma maneira de entender se a experiência passada foi realmente válida é elaborar uma lista das incertezas que ocorreram, identificando, assim, o que pode ser melhorado em situações futuras para se chegar à melhor conclusão (Campbell e Whitehead, 2010).

A capacidade de usar o *feedback* é o **segundo teste** para entender se a intuição está seguindo o caminho certo. Se a pessoa recebeu retroalimentação, em situações anteriores, seja positiva ou negativa, isso ajuda na reflexão do processo de tomada de decisão (Campbell e Whitehead, 2010). Assim, a pessoa e o seu cérebro registram o que foi feito corretamente ou não. Esse processo de aprendizagem é vital para adicionar valor à intuição no futuro, porque o *feedback* é uma forma de discutir o que funcionou ou não, e o que deve ser feito como melhoria. Além disso, ter um diálogo transparente e aberto evita que as pessoas guardem informações falsas que possam prejudicar as decisões tomadas posteriormente.

O **terceiro teste** é entender os sentimentos que surgiram durante o processo de tomada de decisão e se eles ajudaram ou atrapalharam na hora de chegar à conclusão. As experiências e as emoções envolvidas podem levar pessoas a associarem a situação com algo positivo ou negativo, alterando a visão e o julgamento e, assim, prejudicando a decisão. Segundo Campbell e Whitehead (2010), se uma situação é geradora de altas emoções, as pessoas tendem a ficar mais tensas e emotivas (Campbell e Whitehead, 2010, p. 3). Isso acaba se tornando um problema porque os sentimentos fortes desequilibram as percepções e pontos de vista. Quando uma pessoa usa uma experiência anterior que seja carregada de emoções, sua intuição atual sofrerá influências que irão afetar o seu julgamento. Por isso, é necessário tratar as experiências passadas como uma base de informação, mas, ao mesmo tempo, ter o poder de criticar se elas são realmente relevantes e confiáveis ao dilema atual ou se elas gerarão conflitos futuros e decisões de qualidade inferior.

O **quarto teste** é o da independência, isto é, analisa se os interesses pessoais e a simpatia com alguém ou alguma coisa são de grande influência no julgamento da situação. Por exemplo, decidir onde se deve abrir um escritório. Para um dos tomadores de decisão, é muito mais conveniente escolher um local perto de casa, eliminando o tempo consumido no trânsito e outros gastos. O subconsciente dessa pessoa vai querer escolher um local mais perto, pois ela obtém diversos benefícios pessoais. O erro nessa intuição é que o indivíduo não está baseando sua decisão em critérios profissionais e sim considerando como ele poderia tirar proveito dessa circunstância. Quando há uma interferência com interesses pessoais, é muito grande a possibilidade de a intuição não ser tão confiável porque o subconsciente quer conseguir essa vantagem exclusiva (Campbell e Whitehead, 2010, p. 4).

Essas quatro avaliações são de suma importância para compreender se realmente vale a pena seguir e confiar na intuição. Se um desses testes for reprovado, significa que a intuição não é totalmente segura; então, é necessário fortalecer o processo de decisão para conseguir a solução ótima. Com a falha em um ou mais testes, os riscos de se chegar a uma conclusão ruim são mais altos porque é difícil definir a origem do problema e do erro, ao contrário de uma decisão racional. Há três formas de diminuir esses riscos e seguir usando a intuição para tomar decisões (Campbell e Whitehead, 2010).

A primeira maneira é ter um líder mais forte e firme ao seu redor para servir como um guia que fornecerá *feedback*. O importante é que esse chefe domine o assunto para controlar os julgamentos de uma decisão e entender se a intuição é aplicável no contexto. Esse tipo de governança constitui o método mais caro de se manter, porque uma pessoa ou uma instituição com a tarefa de monitorar alguém com frequência gerará custos altos (Campbell e Whitehead, 2010). Dependendo da situação, não é sempre relevante cobrir esses gastos porque há duas outras maneiras de diminuir os riscos de se chegar a uma conclusão inferior. A segunda opção para diminuir os riscos consiste em ter o maior número de experiências e informações. Isso ajudará a lidar com possíveis incertezas e ter uma base para formular uma resposta. Por fim, trabalhar com mais diálogo e desafios para conseguir outros pontos de vista, ganhar conhecimento e retroalimentação é uma estratégia relevante e frequentemente utilizada (Campbell e Whitehead, 2010). Essas três diretrizes são vitais para a redução de riscos na tomada de decisão intuitiva e buscam garantir um caminho mais seguro para se obter os melhores resultados.

Algumas distinções entre o conhecimento intuitivo e o conhecimento científico estão expressas na Tabela 4.1:

Tabela 4.1 Conhecimento intuitivo e científico

Conhecimento intuitivo	Conhecimento científico
Reduz-se a um ato, simples e individual.	Gera a decisão racional e resulta de um processo complexo de análise e de síntese.
Consiste em um ato de experiência sensível. Aplicado principalmente em decisões com tempo exíguo ou inesperadas ou com grande incerteza.	Gera a decisão racional que usa a experiência como primeiro passo ou estágio inicial de um longo processo de pesquisa.
O pensar é um processo dominado pela mente subconsciente, mesmo usando a mente consciente para formular ou racionalizar os resultados finais. A informação é processada em paralelo e não sequencialmente. Está ligado às emoções.	Fundamenta-se na objetividade e na evidência dos fatos, e essa objetividade e evidência são demonstradas de forma lógica ou experimentalmente; o conhecimento científico adquire o caráter objetivo de validade geral e independente de intuições; é o pensamento racional.

Fonte: Bazarian (1986), Ju et al. (2007) e Hensman e Sadler-Smith (2011).

Alguns autores identificam cinco diferenças cruciais entre a tomada de decisão racional e intuitiva que são determinantes para compreender como elas são vistas de maneira independente e como podem ser usadas em conjunto. A Tabela 4.2 apresenta um resumo de suas características:

Tabela 4.2 Decisão racional *versus* decisão intuitiva

Características	Decisão racional	Decisão intuitiva
Consumo de tempo	Alto – demorado	Baixo – rápido
Pessoas envolvidas no processo	Individual e/ou em grupo	Individual
Processo	Constante planejamento e organização de cada etapa (consciência de suas ações)	Resposta já chega de forma imediata (inconsciente)
Confiabilidade nos resultados	Alta – uso consciente de dados, pesquisas, cálculos, experiências	Baixa ou alta – reprodução de experiências pessoais
Situações	Alto nível de risco e complexidade do problema	Apresenta melhores resultados quando usado com método racional

Fonte: Bazerman (2006) e Brown (2006).

O processo de tomada de decisão racional baseia-se, principalmente, na lógica e na análise quantitativa. Conscientemente, o decisor busca todas as opções e formula os principais critérios para avaliar os resultados esperados. Com base nos resultados esperados e nos seus pesos relativos, são avaliadas as opções em função da utilidade percebida. Esta modelagem pode ser feita, por exemplo, pelo uso da Teoria da Utilidade. Finalmente, escolhe-se a opção que tem a classificação mais alta. A análise racional desempenha papel crucial em muitas situações, especialmente quando existem critérios claros e tem-se de trabalhar com extensos dados quantitativos. O perigo da decisão intuitiva é que ela nem sempre está fundamentada em informações precisas e pertinentes à necessidade a ser satisfeita, além do risco de tornar-se tendenciosa até mesmo pelo fato de não considerar outras alternativas. A situação mais crítica ocorre quando o sucesso da decisão depende do comportamento e compromisso de um grupo com relação à decisão que foi tomada de forma intuitiva. Nesse caso, convencer "os outros" que esta foi a melhor alternativa torna-se um problema.

3 PROSPECTIVA

Pierre Wack, citado por Peter Schwartz (1998), sempre se referia à época em que os faraós governavam o Egito, onde um templo erguia-se acima das cabeceiras do rio Nilo e próximo de onde três afluentes se uniam para formar este rio que, com um curso de mais de mil milhas, produzia todo ano a inundação de sua várzea, permitindo aos fazendeiros cultivarem suas plantações durante o tórrido e seco verão.

Toda primavera, os sacerdotes do templo reuniam-se na margem do rio para verificar a cor da água. Se estivesse clara, o Nilo Branco dominaria o curso e os fazendeiros teriam colheita pequena. Se a corrente estivesse escura, predominariam as águas do Nilo Azul, proporcionando cheias adequadas e colheitas abundantes. Finalmente, se dominassem as águas verde-escuras do Atbara, as cheias viriam cedo e seriam catastróficas.

Todo ano, os sacerdotes enviavam mensagens aos faraós sobre a cor da água. Estes, então, saberiam como estaria a situação financeira dos fazendeiros e qual seria o aumento dos impostos.

Segundo Wack, talvez os sacerdotes do Nilo sudanês tenham sido os primeiros *futurólogos* do mundo.

Evolução:

- 1799 – Guibert: Défense du Système de Guerre Moderne.
- 1800 – Concepts consolidated by Napoleon and Clausewitz (Jomini and Clausewitz).
- 1939 – (WWII) Operations Research: scientific methodology applied to military planning – quantitative analysis – Segunda Guerra Mundial.
- 1950 – Systems Analysis: scientific methodology applied to governmental planning – qualitative techniques.
- 1965 – Igor Ansoff – Corporative Strategy – reaching the business world.
- Do Latin *prospicere*: olhar longe, olhar distante. Visão prospectiva: *futuribles* – Luís de Molina, Espanha, Teologista – século XVI.

Heidjen (2000) enfatiza que, nos anos 1970, o elevado crescimento econômico abalou as reservas de gás natural, provocando instabilidade de preços no mercado mundial. A situação foi percebida pelos planejadores da Shell, que, liderados por Pierre Wack, analisaram os fatores determinantes e as possíveis repercussões futuras para a empresa. O trabalho da Shell trouxe uma nova dimensão à abordagem de cenários prospectivos, tornando-se uma referência, haja vista ter sido capaz de antecipar as crises energéticas daquela década (Oliveira e Forte, 2010). No Brasil, embora a elaboração de cenários estratégicos militares remonte ao começo da Guerra Fria, no ambiente corporativo a prática é mais recente. Na década de 1980, a Eletrobras e a Petrobras despontam como empresas pioneiras na elaboração de estudos de cenários, em razão de operarem projetos com longo período de maturação. Buarque (2003) relaciona várias tentativas de estudos prospectivos conduzidos no Brasil, como o caso da Eletrobras em 1987 e a Petrobras em 1989, que despontaram como empresas pioneiras durante as décadas de 1980 e 1990. Atualmente, a construção de cenários passou a fazer parte das ferramentas de planejamento estratégico, comumente aplicadas por consultorias e organizações de formas distintas.

A prospectiva é um processo sistemático e participativo que envolve a recolha de informações e a construção de visões para o futuro em médio e em longo prazo, com o objetivo de apoiar as decisões tomadas no presente e mobilizar ações comuns para enfrentar o futuro que está por vir.

Segundo Michel Godet, "a prospectiva é uma reflexão sistemática que visa orientar a ação presente à luz dos futuros possíveis". Em nossas sociedades modernas, a reflexão prospectiva se impõe em razão dos efeitos conjugados de dois fatores principais (Godet, 1983):

a) em primeiro lugar, a aceleração das mudanças técnicas, econômicas e sociais exige uma visão de longo prazo, pois "quanto mais rápido andamos, mais distante os faróis devem alcançar";

b) em segundo lugar, os fatores de inércia ligados às estruturas e aos comportamentos mandam "semear hoje para colher amanhã".

O estudo de cenários consiste em uma forma de lidar com situações que podem ocorrer no futuro a partir de uma lista limitada, porém estruturada, de opções de acontecimentos. Carvalho (2009) e Godet (2000a e 2000b) explanam que os instrumentos analíticos, em prospectiva, são apenas ferramentas que servem para reduzir a complexidade dos sistemas reais, não podendo substituir a inteligência, o sentido crítico e a perspicácia coletiva do grupo de trabalho. No entanto, estes instrumentos são úteis, valendo a pena todo o tempo investido no seu desenvolvimento.

Os estudos prospectivos têm alcançado um progresso substancial e estão proporcionando benefícios e discernimentos significativos àqueles que os estão aplicando. Nos estudos prospectivos é necessário reconhecer os pressupostos e as preferências culturais que subjazem às práticas prospectivas. Os estudos prospectivos, particularmente os de âmbito nacional, e inspirados pelo governo, precisam estabelecer uma interface eficiente com os processos políticos de tomada de decisão.

Ao contrário de modelos extrapolativos, que indicam somente "uma aposta" de como será o futuro, muitas vezes com base somente no passado (dados do passado e históricos), a metodologia de cenários fornece um "leque de opções" alicerçadas nas tendências atuais e na quantidade de eventos incertos com os quais a organização precisa lidar.

Não se trata de ignorar o passado e as extrapolações destes dados, mas usá-los e vislumbrar, além destes, outros cenários possíveis para o futuro.

A metodologia de cenários torna-se uma alternativa interessante porque não estuda a situação de forma tendenciosa, partindo do pressuposto de que tudo vai continuar como está nos próximos anos (Carvalho, 2009).

A nomenclatura, a ênfase e a ordem das etapas de elaboração de cenários variam de autor para autor, e, de modo geral, as metodologias percorrem o seguinte caminho (Carvalho, 2009):

- definição dos objetivos;
- levantamento, análise e descrição do relacionamento das variáveis;
- preenchimento dos estados das variáveis e verificação de sua consistência;

- definição do tema principal de cada cenário com base nas principais variações identificadas;
- construção da narrativa de pelo menos dois cenários: um de referência e um contrastado. O cenário pode ser construído a partir da identificação de tendências e incertezas para auxiliar os gestores na tomada de decisão.

Johnston (2000) identifica as seguintes visões comuns aos estudos prospectivos:

- o futuro é imprevisível;
- a atividade prospectiva deve ter por objeto não só a disponibilização de informação, mas também a mudança de mentalidades;
- o processo pode e é tão importante quanto o resultado;
- não existe uma correlação simples entre objetivos de programa e métodos prospectivos;
- a adesão das instâncias superiores ou um defensor do programa são fundamentais para se obterem resultados bem-sucedidos;
- a medição da eficácia do programa prospectivo é desejável, porém extremamente difícil.

4 PLANEJAMENTO COM CENÁRIOS

Na visão de Schoemaker (1995), o planejamento por cenários é uma metodologia estruturada (disciplinada) para imaginar futuros possíveis. O autor enfatiza que, dentre as diversas metodologias para se pensar o futuro, o planejamento por cenários se destaca pela habilidade de capturar uma grande gama de possibilidades, com alto grau de riqueza nos detalhes.

Para Schwartz (2000), o cenário é uma ferramenta para ordenar as percepções de uma pessoa sobre ambientes futuros alternativos nos quais as consequências de sua visão vão acontecer. O nome *cenário* deriva do termo teatral *scenario*, o roteiro para uma peça de teatro ou filme. Segundo Schwartz (2000), os cenários despontaram após a Segunda Guerra Mundial como um método de planejamento militar. A força aérea norte-americana tentou imaginar o que o oponente tentaria fazer, e preparou estratégias alternativas. Nos anos 1960, Herman Kahn, que fizera parte do grupo dessa força aérea, aprimorou os cenários como ferramenta para uso comercial. Ele se tornou o maior futurólogo ou visionário da América, prevendo que o crescimento e a prosperidade seriam inevitáveis. Porém, os cenários atingiram uma nova dimensão no início da década de 1970 com o trabalho de Pierre Wack, um planejador nos escritórios de Londres da Royal Dutch/Shell (grupo internacional de petróleo), que organizou um novo departamento chamado Grupo de Planejamento.

Para Porter (1992), um cenário é uma visão internamente consistente daquilo que o futuro poderia vir a ser, e com a construção de múltiplos cenários, uma empresa pode extrapolar sistematicamente as possíveis consequências da incerteza para a sua opção de estratégias.

Cenário é uma ferramenta utilizada para ordenar a percepção de alternativas para o ambiente futuro, já que as decisões de hoje nele terão efeito (Schwartz, 1998). Assemelha-se a um conjunto de histórias, escritas ou faladas, ao redor de uma trama cuidadosamente construída.

Para que os cenários sejam elaborados, é necessário, portanto, que o cenarista leve em conta um conjunto de forças que atuam no sistema em estudo. Entretanto, a consideração de tais forças não deve se limitar à extrapolação de tendências passadas. É preciso ir além e adotar uma abordagem pluralista do futuro, balizada por forças restritivas e forças propulsoras que atuam nas variáveis do sistema, bem como os limites naturais ou sociais dentro dos quais as variáveis podem evoluir no horizonte de tempo em análise. Um elemento fundamental quando da decisão de utilização da ferramenta é o elemento incerteza.

Cenário é a descrição de um futuro possível, imaginável ou desejável para um sistema e seu contexto e do caminho ou trajetória que o conecta com a situação inicial deste sistema e contexto.

Cenários são ferramentas para nos ajudar a explorar o futuro em um mundo de grandes incertezas. Cenários, portanto, são histórias sobre a maneira como o mundo (ou uma parte dele) poderá se transformar no futuro.

O uso de cenários, inserido na cultura organizacional, proporciona aos gestores um diferencial estratégico que, além de reduzir os riscos na tomada de decisão e elevar a probabilidade de acerto considerando essas mudanças inevitáveis, permite conduzir a empresa com maior assertividade na manutenção do seu negócio, pois oferece melhores condições de competitividade e de adaptação (Schoemaker, 1995).

Para Ringland (2006), o planejamento de cenários é uma parte do planejamento estratégico que combina ferramentas e tecnologias para administrar as incertezas do futuro, são modelos para antecipar o que o autor chama de vida real.

A elaboração de cenários traz diversas vantagens: toma-se consciência dos múltiplos futuros possíveis, a obrigação de analisar a interdependência que relaciona os elementos a serem estudados e a possibilidade de identificação de problemas que poderiam ser ignorados ou deixados de lado por métodos menos abrangentes (Sutter et al., 2012 e Gomes e Costa, 2013).

Estabelecimento do escopo de estudo, no qual é importante a definição do ambiente geográfico a ser estudado, do período futuro a ser projetado, do contexto inserido etc. Define-se o sistema (ou empresa), e identificam-se as entradas (insumos) e as saídas (resultados desejados) do sistema.

a) Identificar os principais elementos que irão interagir na visão de futuro, compreendendo as variáveis de cenários e os atores e *stakeholders* envolvidos com o cenário de uma forma geral.

b) Identificar as principais forças motrizes que influenciarão o futuro e os cenários de um modo geral e definir as variáveis-chave da construção dos cenários, o que permite contemplar suas possibilidades de estados futuros.

c) Identificar as incertezas e os fatores causais que geram essas incertezas.

d) Identificar os indicadores-chave para o estudo, e fazer uma análise retrospectiva desses indicadores.

e) Efetuar a identificação de estratégias que busquem possibilitar a ocorrência do cenário desejado, evitando-se a construção do cenário indesejado.

- *Um cenário completo estrutura cinco componentes ou "ingredientes":*
  a) uma "filosofia";
  b) variáveis;
  c) atores;
  d) cenas;
  e) trajetória.

- A **"filosofia"** é a "essência" do futuro cenarizado. Outros autores preferem denominar de "lógica" ou "enredo" do cenário (*para onde* vai o objeto cenarizado).

- As **variáveis** representam os elementos ou aspectos essenciais do ambiente (ou contexto) considerado em face do objetivo a que se destina o cenário (*o que* considerar).

- A incerteza do futuro pode ser apreciada a partir de cenários que repartem entre si o campo dos prováveis. Em princípio, quanto maior for o número de cenários, maior será a incerteza. Mas será apenas em tese, porque é necessário ter também em conta as diferenças de conteúdo entre os cenários: os mais prováveis podem ser muito próximos ou muito contrastados.

- Os **atores**, neste contexto, são entidades ou organizações públicas e privadas, instâncias de decisão, classes sociais, agentes econômicos, grupamentos ou pessoas que influem ou influirão significativamente no sistema considerado, tais como as empresas, os partidos políticos, os financiadores, os grupos técnicos, entidades de consumidores etc. (a *quem* considerar).

- As **cenas**: cada uma delas descreve o estado ou situação do sistema considerado e de seu contexto em determinado instante de tempo. A cena é uma descrição de como estão organizados ou vinculados entre si os atores e as situações, representando um "corte" dentro do processo evolutivo do objeto considerado. Logo, a preocupação fundamental de cada cena não é evidenciar a dinâmica da situação ao longo do tempo, e sim as estruturas a ela associadas em um dado segmento de tempo; qual a dimensão das variáveis nesse instante; qual a posição relativa de cada uma delas perante as demais; quais os atores intervenientes e como eles interagem etc. *Cada cena é uma visão sincrônica do objeto cenarizado em determinado instante de tempo.*

- A **trajetória**: ela é o percurso ou caminho, ao longo do tempo, do objeto cenarizado. A trajetória *descreve o movimento ou a dinâmica desse objeto partindo da cena inicial até a cena final.*

Godet (2000) define cenário prospectivo como "conjunto formado pela descrição de uma situação futura e do encaminhamento dos acontecimentos que permitem passar da situação de origem a uma situação futura". O autor complementa sua definição incluindo que um cenário não é a realidade futura, mas um meio de representá-la, com o objetivo de nortear a ação presente, à luz dos futuros possíveis e desejáveis.

Wright e Spers (2006) afirmam que o estudo de cenários permite mapear caminhos distintos, considerando aquilo que os indivíduos acreditam saber sobre o futuro, inclusive, acontecimentos tidos como incertos em um horizonte de tempo especificado. Para os autores, a elaboração de cenários não é um exercício de predição, mas um esforço para fazer descrições plausíveis e consistentes de possíveis situações futuras. Mesmo sendo uma representação parcial e imperfeita do que está por vir, esta ferramenta deve abarcar os principais pontos do problema para auxiliar, no presente, a tomada de decisão que assegurará objetivos futuros.

Para Turner (2008), o uso de cenários faz com que a organização pense de forma sistemática e estratégica sobre a variedade de potenciais resultados, sem a influência de seus próprios vieses, opiniões e preconceitos. Para esse autor, o planejamento por cenários permite que a organização reflita e ensaie diversos futuros possíveis, e evita o comodismo ou receio de mudar uma situação presente favorável.

Schoemaker (1995) destaca que a metodologia de cenários pode ser empregada em qualquer situação de incerteza, pois serve para identificar previamente sinais de alerta, avaliar a robustez das competências-chave da organização, gerar melhores opções estratégicas e avaliar risco/retorno de cada opção. Segundo o autor, a utilização de cenários é adequada nas seguintes condições:

- existe uma alta incerteza em relação à capacidade de estudar o futuro;
- ocorreram muitas surpresas no passado;
- há a possibilidade de existirem novas oportunidades que não foram percebidas ou geradas;

- identificou-se uma baixa qualidade de pensamento estratégico;
- a empresa necessita de uma linguagem comum sem perder a diversidade;
- existem várias opiniões divergentes.

As análises de cenários, aplicadas ao planejamento com cenários, são descrições de futuros alternativos, com base nos quais as decisões de hoje devem ser tomadas. Não são previsões nem estratégias, mas sim diferentes hipóteses de evolução que são elaboradas para focar determinados riscos e oportunidades envolvidas nas diversas estratégias de desenvolvimento (Fahey e Randall, 1998).

Assim, as incertezas e imprecisões sempre presentes na tomada de decisão constituem-se na razão de ser de uma boa análise de cenários.

Devem constituir-se em imagens internamente coerentes das possibilidades futuras (assumindo frequentemente a forma de histórias), que sejam úteis para prever as implicações de desenvolvimentos incertos, ajudando os participantes, do processo de decisão, a organizarem o seu pensamento sobre quais seriam as medidas desejáveis para responder à conjuntura representada pelo cenário, com o objetivo último de aumentar a robustez das políticas e estratégias de desenvolvimento que serão adotadas.

Em um mundo de crescentes incertezas, o método de cenários é uma maneira de pensar de forma otimizada sobre uma grande variedade de potenciais resultados de variáveis que podem impactar o futuro de uma organização (Carvalho, 2009).

Segundo Ackoff (1970), a essência da sabedoria empresarial é a preocupação com o futuro dos negócios. Entendê-lo e controlá-lo constitui o grande desafio das empresas, principalmente na era do conhecimento, pois quando se fala de futuro, pensa-se em cenário. Sendo assim, identifica-se a importância do planejamento com cenários.

Quando se utiliza o planejamento, por meio de cenários, fica-se um passo adiante das tradicionais metodologias de planejamento, visto integram-se as incertezas na construção do futuro (Ribeiro, 2006).

Elaborar cenários não é um exercício de predição, mas sim um esforço de fazer descrições plausíveis e consistentes de situações futuras possíveis, apresentando os condicionantes do caminho entre a situação atual e cada cenário futuro, destacando os fatores relevantes às decisões que precisam ser tomadas (Wright e Spers, 2006).

Cenários são ferramentas de trabalho para orientar empresas e governos, como um referencial para exame de alternativas e a posterior tomada de decisões, rumo a um objetivo estratégico. Neste ponto, identifica-se uma clara sinergia do AMD e o estudo de cenários.

Embora possam se valer de diferentes escopos e horizontes futuros, os cenários são utilizados, normalmente, para a formulação de opções de longo prazo, de modo a contribuir para a formação de uma visão compartilhada de negócios e objetivos a serem realizados, levando em consideração as dificuldades conjunturais e as restrições de uma visão de curto prazo (Schwartz, 1998). Cenários não são predições sobre o que irá acontecer, mas descrições, com base em hipóteses plausíveis, do que poderá acontecer. O uso de planejamento por meio de cenários auxilia:

- identificar possíveis oportunidades de negócios;
- testar uma estratégia em múltiplos cenários;
- monitorar a execução da estratégia;
- pesquisar mudanças no ambiente para determinar as estratégias que deverão ser adaptadas, e caso necessário alterar as decisões, para a sobrevivência dos negócios;
- reduzir as incertezas em relação à capacidade da liderança de promoção de ajustes;
- promover a percepção e a geração de novas oportunidades;
- incrementar a qualidade do pensamento estratégico (reduzir a prática de um comportamento muito rotineiro, operacional ou burocrático).

Para Turner (2009), o processo de planejamento por cenários é criativo, colaborativo e desafia as percepções sobre o futuro. Deve envolver diversos colaboradores da empresa e agentes externos com diversificada experiência e pontos de vista. As seguintes características são essenciais em um trabalho de cenários:

- construir pelo menos dois cenários, para refletir o mínimo de incerteza;
- plausíveis, o que significa que devem surgir de modo lógico (em um encadeado de causas e efeitos) do passado e do presente;
- internamente consistente, o que significa que os acontecimentos no interior de cada cenário devem ser construídos segundo linhas de raciocínio corretas;
- relevantes para as preocupações do utilizador, permitindo gerar ideias compreensivas e inovadoras e fornecendo meios adequados de teste de futuros planos, estratégias ou orientações das organizações;
- visão nova e original dos temas e questões selecionadas na agenda da organização; transparentes, facilitando a apreensão de sua lógica.

Ao olhar para o futuro, devem-se considerar três características de conhecimento (Ribeiro, 2006): coisas que sabemos que sabemos; coisas que sabemos que não sabemos; e coisas que não sabemos que sabemos.

Bons cenários desafiam a miopia empresarial, proporcionando uma análise mais acurada de inúmeros fatores que moldam o futuro. Assim, o planejamento por cenários requer coragem intelectual para revelar evidências que não são adequadas para nossos modelos mentais, principalmente quando eles significam uma ameaça à própria existência empresarial, levando-nos a desenvolver a habilidade de manter de duas a quatro ideias conflitantes e, ao mesmo tempo, pensar e agir estrategicamente na busca de resultados efetivos para as empresas (Ribeiro, 2006).

Previsão e prospecção não são a mesma coisa. Técnicas de projeção são usadas para se identificarem futuros prováveis. A prospecção diz respeito à busca de futuros possíveis e sua previsão (Tabela 4.3).

Tabela 4.3   Previsão e prospecção

Previsão	Prospecção
Concentra-se nas certezas e oculta as incertezas.	Concentra-se nas incertezas legitimando o seu reconhecimento.
Origina uma única projeção.	Origina imagens diversas, mas lógicas, do futuro.
Privilegia a continuidade.	Privilegia as considerações de rupturas.
Tem pouca influência do qualitativo.	Busca alinhar o qualitativo com o quantitativo.
A previsão única pode ocultar riscos.	Os vários "futuros" fazem evidenciar os riscos.
Pode gerar inércia.	Favorece a flexibilidade.
Origina-se em modelos simples que vão tornando-se complexos.	Parte de futuros, complexos, e busca a simplificação.
Pode gerar uma abordagem setorial.	Adota desde o início uma abordagem global.

Fonte: Comissão Europeia (2002).

A montagem de cenários futuros encerra desafios metodológicos consideráveis. A "modelagem" de cenários futuros tornou-se ferramenta de uso comum das agências de inteligência, civil e militar, dos governos dotados de pensamento estratégico e das grandes empresas – para não mencionar as inúmeras aplicações científicas em campos os mais diversos, como meteorologia, astronomia, ciências ambientais, economia, marketing, finanças e demografia (Polesi, 2006).

Em condições de futuros alternativos, é possível identificar um número relativamente pequeno de futuros possíveis e distintos. Esse nível de incerteza exige o desenvolvimento de cenários distintos, em que cada qual poderá exigir uma avaliação diferenciada. Após definir o grau de probabilidade de que cada um desses futuros ocorrerá, é possível usar um arcabouço clássico de análise de decisão para direcionar os riscos e retornos inerentes a estratégias alternativas.

A capacidade de voltar-se para o futuro e "direcioná-lo" faz parte do contexto do planejamento nas organizações, como observam alguns autores (Porter, 1989, Godet, 2000a, 2000b, e Schwartz, 2006). A utilização de cenários prospectivos é uma ferramenta das mais adequadas para a definição de estratégias em ambientes turbulentos e incertos. Com a construção de cenários múltiplos, uma empresa pode explorar, sistematicamente, as possíveis consequências dessas incertezas para suas opções estratégicas. Os cenários compelem aos gestores para pensar no futuro considerando o que poderia ser e não "o que será". Os cenários constituem uma iluminação indispensável para orientar as decisões estratégicas (Godet, 2000a, 2000b).

Cenários permitem explorar padrões de negócio futuro diferentes, com base em uma procura criativa. Assim, deve-se considerar a prospecção como um processo continuado de pensar o futuro e de identificar aspectos econômicos, sociais, ambientais, científicos e tecnológicos. A criatividade é uma característica que deve estar presente em todos os estudos prospectivos, pois há a necessidade de se evitarem visões preconcebidas de problemas e situações e encorajar um novo padrão de percepção. É um meio de ampliar a habilidade de visualizar futuros alternativos.

Algumas organizações utilizam cenários como instrumentos para compreender as implicações estratégicas das incertezas. Com a construção de cenários múltiplos, uma empresa pode explorar, sistematicamente, as possíveis consequências dessas incertezas para suas opções estratégicas.

Selecionar o método de elaboração de cenários e integrá-lo ao processo estratégico da empresa é tarefa ardorosa, que requer profundo conhecimento e comprometimento. A escolha do método vai depender das características peculiares de cada empresa, ou seja, das decisões estratégicas, do ambiente de negócio, da cultura organizacional, do tempo disponível, do investimento e dos resultados esperados. Cabe ressaltar que raramente os modelos são utilizados por completo, sendo, com frequência, combinados.

Johnston (2000) afirma que os autores de estudos prospectivos observaram que as organizações tinham uma série de objetivos definidos para os estudos prospectivos, desde "criar uma capacidade de alerta precoce" até "desenvolver consenso". Entretanto, três grandes temas predominaram:

- criar *informação* que contribua para o processo de tomada de decisão;
- incentivar as pessoas para que *reflitam* sobre o futuro;
- *reunir* as pessoas de modo a formar uma visão do futuro coletiva ou compartilhada.

5 MÉTODOS PARA ELABORAR CENÁRIOS

Segundo Wright et al. (2009), existem cinco armadilhas no desenvolvimento de prospecção de cenário. Estas são:

- Previsibilidade de um conjunto limitado de escolhas de fatores: a partir dos métodos escolhidos para facilitar a interpretação dos fatores do sistema estudado, deixando cego para o entendimento completo do ambiente estudado.
- Previsibilidade da seleção de temas: como é escolhido o tema a ser tratado com mais prioridade. Dessa forma, dependendo de quem fizer uma escolha, esta pode ser mais otimista ou pessimista.

- *Future myopia:* o grupo que faz o estudo pode ser muito especializado no assunto, enquanto o ideal é ter diferentes visões de outras áreas. Quando não se tem muita diversificação em um grupo, a prospecção estará míope para os possíveis acontecimentos.
- Suposições implícitas típicas: mesmo com o grupo bem formado, a tomada de decisão final deixa a desejar se houver simplificações no resultado final, para que o grupo chegue a um acordo, e não a uma votação.
- Avaliação da robustez das estratégias: muitas metodologias usam apenas ferramentas qualitativas para obter a efetividade que o estudo atingiu, enquanto, na verdade, ferramentas quantitativas podem trazer maiores resultados.

5.1 Descrição dos principais métodos para a elaboração de cenários

5.1.1 Método análise morfológica

É uma técnica que configura de maneira sistemática todas as situações possíveis para um dado sistema, por meio da combinação de diferentes estados dos parâmetros (características) desse sistema. Foi desenvolvida por Fritz Zwicky e aplicada a partir de 1942. Parte de uma situação dada gera novas situações mediante reestruturações dessa situação inicial, produzindo um grande número de configurações alternativas (Schoemaker, 1995).

Está estruturada no desenvolvimento das seguintes etapas:

- define-se o sistema da maneira mais precisa possível;
- analisa-se, descreve-se e identificam-se os parâmetros (características) básicas desse sistema;
- examina-se cada parâmetro e define-se que estados (situações) independentes ele pode assumir;
- introduzem-se restrições para eliminar combinações inconsistentes;
- efetuam-se combinações alternativas entre os estados de cada parâmetro, respeitando as restrições estabelecidas.

5.1.2 Método de construção de cenários de ambientes de negócios

Técnica desenvolvida para aplicação empresarial, com foco na elicitação de incertezas e em fatores causais das mesmas (Porter, 1989 e 1992).

Está estruturada no desenvolvimento das seguintes etapas:

- identificam-se as incertezas e os fatores causais destas, quais possíveis descontinuidades;
- identificam-se as variáveis de cada fator causal;

- realizam-se as combinações das variáveis para criar os cenários;
- determina-se a vantagem competitiva de cada cenário;
- quais atores estão no processo;
- quais são as tendências.

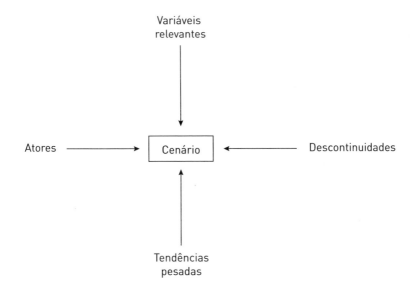

Figura 4.1 – Cenário de ambiente de negócios.

5.1.3 Método dos cenários

Desenvolvido por Godet (2000a), tem como propósito, a partir da identificação das variáveis principais para o estudo – uma vez que o problema foi corretamente definido, e estas estão associadas aos objetivos estratégicos, bem como os atores que influenciam o processo – elencar possíveis cenários (Godet, 2000a e 2000b).

Está estruturado no desenvolvimento das seguintes etapas:

- define-se o problema;
- identificam-se as principais variáveis e efetua-se uma análise retrospectiva das mesmas;
- definem-se os objetivos estratégicos e quais os atores envolvidos;
- fazem-se projeções de cenários.

5.1.4 Método interax

Este método tem como foco principal o uso de indicadores, de modo a vislumbrar eventos impactantes e buscar a probabilização dos mesmos (Godet, 2000b).

Está estruturado no desenvolvimento das seguintes etapas:

- define-se a questão principal e o período de análise;
- identificam-se os indicadores-chave;
- projetam-se os indicadores-chave;
- identifica-se o impacto dos eventos;
- desenvolve-se a distribuição de probabilidade do evento;
- estimam-se os impactos de eventos sobre as tendências;
- completa-se a análise de impacto cruzado (utilizando a matriz de impacto cruzado);
- processa-se o modelo.

Há vantagens e desvantagens no emprego de cada uma dessas técnicas anteriormente mencionadas. Assim, na abordagem designada por "momento", apresentada em 5.1.12, busca-se constituir um enfoque unificador, como método de elaboração de cenários.

5.1.5 Método SRI International (Stanford Research Institute)

- definição das decisões estratégicas que os cenários deverão abordar;
- identificação dos fatores-chave de decisão;
- análise das forças ambientais;
- desenvolvimento dos cenários lógicos;
- descrição dos cenários;
- identificação das implicações estratégicas para a tomada de decisão.

5.1.6 Global Business Network

- identificação da questão ou decisão central;
- identificação dos fatores-chave do ambiente local;
- identificação das forças motrizes do macroambiente;
- hierarquização dos fatores-chave por importância e incerteza;
- seleção da lógica dos cenários;
- redação dos cenários;
- análise das implicações;
- seleção dos indicadores iniciais e dos sinais de aviso para monitoramento do futuro.

5.1.7 Método Future Mapping

- criação dos estados finais e dos eventos;

- explicitação do modelo mental vigente – cenários de sabedoria convencional;
- mapeamento dos estados finais; participantes são divididos em grupos;
- construção dos cenários; apresentação dos grupos;
- análise dos pontos comuns e divergentes para os cenários;
- escolha do estado final mais desejável;
- mapeamento da direção estratégica.

5.1.8 Método Battelle Memorial Institute

- definição da estrutura do assunto a ser pesquisado;
- identificação e estruturação das áreas de influência sobre o assunto;
- definição dos descritores, com a lógica de cada um e atribuição de probabilidades iniciais de ocorrência a cada estado dos descritores;
- preenchimento da matriz de impacto cruzado com as probabilidades identificadas na etapa anterior;
- seleção dos cenários para estudo mais detalhado e elaboração da narrativa dos mesmos;
- introdução de eventos de baixa probabilidade, mas com alto impacto, e condução da análise de sensibilidade com o propósito de analisar os seus efeitos;
- elaboração das projeções decorrentes dos cenários e avalição de suas implicações para a empresa.

5.1.9 Método Análise Prospectiva

- análise do problema e delimitação do sistema;
- diagnóstico da empresa;
- análise estrutural;
- dinâmica da empresa no ambiente;
- cenários ambientais;
- identificação das estratégias;
- avaliação das estratégias;
- seleção das estratégias;
- elaboração de planos de ação e monitoramento da estratégia.

5.1.10 Método Comprehensive Situation Mapping

- Fase divergente: a visão individual de cada tomador de decisão sobre a natureza e estrutura da situação estratégica é diagramada separadamente, sem a influência da ideia dos outros participantes do processo.

- Fase convergente: os participantes do processo interagem em um debate com apresentações dos diagramas desenvolvidos individualmente, análise das hipóteses mais e menos importantes e uma possível consolidação das ideias.
- Análise do impacto de tendências: definição do foco – questões que precisam ser respondidas para definir os limites dos cenários a serem criados; mapeamento das forças motrizes que têm maior capacidade de moldar o futuro do setor.
- Desenvolvimento: a) construção do espaço do cenário com a classificação dos vários estados futuros em função das forças motrizes; b) seleção dos cenários a serem detalhados; c) detalhamento dos cenários, relacionando as tendências e os eventos necessários para se chegar a cada um dos estados finais.
- Documentação e utilização: a) documentação, compreendendo quadros e narrativas que descrevam a história representada em cada cenário; b) comprovação das implicações de cada cenário – quão diferentes serão as decisões sobre os negócios em função de cada tipo de cenário.

5.1.11 Decision Strategies International

- definição do escopo e do horizonte de tempo;
- identificação dos *stakeholders*;
- identificação de tendências básicas;
- identificação de incertezas-chave.
- construção de temas de cenários iniciais;
- checagem da consistência e plausibilidade;
- desenvolvimento de cenários de aprendizagem;
- identificação de necessidades de pesquisas adicionais;
- desenvolvimento de modelos quantitativos;
- desenvolvimento de cenários de decisão.

5.1.12 Método unificado de planejamento estratégico prospectivo (Momento)

Este método busca definir o problema pelo conceito sistêmico, identificar os pontos fortes e fracos, ameaças e oportunidades – elementos usados na análise SWOT –, bem como empregar indicadores para monitorar a evolução de um dado cenário. Faz uso de uma análise retrospectiva, para o estabelecimento de probabilidades e de metas, bem como de uma matriz de impactos cruzados. Por meio desta combinação de técnicas criam-se cenários alternativos.

Está estruturado no desenvolvimento das seguintes etapas:

- Define-se o sistema (ou empresa), identificam-se as entradas e as saídas do sistema; identificam-se a missão e a visão de futuro.
- Identificam-se as incertezas e os fatores (causais) que levam a estas incertezas.
- Verificam-se variáveis internas (pontos fortes e fracos) e as variáveis externas (ameaças e oportunidades) do sistema em estudo; bem como quais são os atores relevantes e quais as áreas de influência de cada ator.
- Identificam-se quais as variáveis relevantes para o estudo prospectivo, quais as configurações que estas podem assumir, e as probabilidades destas configurações. Faz-se uma análise retrospectiva (histórico) das variáveis para auxiliar nas configurações a na atribuição de probabilidades.
- Identificam-se indicadores-chave para o estudo, e faz-se uma análise retrospectiva destes indicadores.
- Identificam-se efeitos impactantes, buscando-se atribuir as probabilidades, que podem ser fatores de ruptura no estudo, e verifica-se como cada efeito impacta no outro.
- Busca-se com uma matriz de impacto verificar como os efeitos impactam nos indicadores.
- Identificam-se os cenários para estudos, buscando-se o mais provável, o indesejável e o desejável, e outros cenários pertinentes.
- Faz-se uma matriz de impacto com os componentes de cada cenário para verificar a coerência do cenário, bem como a sinergia entre os componentes.
- Elabora-se uma matriz de impacto com os componentes dos cenários criados, verificando-se como as ocorrências de qualquer componente podem influenciar os demais.
- Buscam-se vantagens competitivas em cada cenário e as desvantagens de cada cenário.

5.2 Consistência dos cenários

A prospectiva não se esgota na elaboração de cenários, basta recordar a importância de identificar tendências, circunscrever as principais incertezas, listar as possíveis rupturas, sugerir as possíveis "surpresas". Os cenários devem ser construídos de acordo com um conjunto de princípios para que possam ser concebidos.

Os cenários normativos configuram futuros desejados, exprimindo sempre uma vontade ou compromisso de um ator ou de uma coalizão específica de atores em relação a determinados objetivos ou projetos. A lógica de construção desses cenários consiste em, primeiramente, estabelecer o futuro desejado para, em seguida, definir como alcançá-lo a partir da situação atual. Os cenários exploratórios caracterizam futuros possíveis ou prováveis do contexto considerado mediante a simulação e desdobramento de certas condições iniciais diferenciadas, sem que seja assumida qualquer opção ou preferência por um dos futuros configurados.

Nos cenários exploratórios extrapolativos, o futuro é apenas um prolongamento do passado e do presente, compreendendo duas variantes: o futuro "livre de surpresas" e o futuro com variações canônicas. A extrapolação com variações canônicas, por sua vez, consiste em variar um ou mais parâmetros característicos do futuro livre de surpresas e, com isso, configurar os futuros alternativos resultantes. Significa, na prática, introduzir uma faixa de variação admissível no futuro livre de surpresas e sempre a partir dele. Ou seja, não há mudança qualitativa. Os cenários exploratórios múltiplos pressupõem rupturas nas trajetórias de futuro, representando, portanto, futuros plausíveis ou prováveis qualitativamente distintos. O cenário de referência é o que caracteriza a evolução futura suposta como a mais provável do objeto cenarizado, no instante em que a projeção é realizada e a todos os instantes em que as escolhas ou rupturas se impõem aos atores dominantes, considerando as mudanças e demais tendências latentes ou prevalecentes em uma situação de partida.

6 SISTEMAS DE INFORMAÇÃO

Os SI são o requisito básico para a decisão automatizada. As informações que a empresa possui devem estar, de preferência, totalmente integradas, e essa integração deverá ser preferencialmente feita por computadores em rede, pois isso permitirá a todos os seus membros o acesso aos dados mais recentes da empresa a qualquer momento. Todos os sistemas, por melhores que sejam, estão sujeitos a falhas, e deve-se sempre tentar identificá-las e corrigi-las.

Os SI deverão ter a seguinte filosofia:

a) só serão eficazes se possibilitarem a execução rápida de algum trabalho com qualidade e tempo reduzido;

b) deverão ser flexíveis para se adaptar às mudanças do ambiente;

c) não deverão levar em consideração a personalidade do indivíduo, mas o interesse da organização; devem prever sempre procedimentos impessoais;

d) as informações deverão fluir da maneira mais rápida possível;

e) deverão ser desenvolvidos com base em um objetivo válido e prioritário, e originar-se de informações precisas e inquestionáveis.

Problemas no desenvolvimento de SI globais:

a) nem todas as pessoas são fluentes em inglês, por exemplo, caso a opção do sistema seja em língua inglesa;

b) níveis educacionais diferentes de país para país;

c) diferenças culturais existentes em cada sociedade;

d) leis e tradições que causam impacto em como lucros e perdas são analisados;

e) flutuações nas moedas.

Para a seleção de uma ferramenta de programação, cabe identificar:

a) qual a natureza do problema a ser resolvido;

b) se o problema é científico ou gerencial;

c) se o problema envolverá modelagem matemática e/ou manipula arquivos;

d) quais os requisitos de *hardware*;

e) se a linguagem é compatível com os recursos de *hardware*;

f) se o pessoal da empresa já conhece a ferramenta ou será necessário treinamento prévio;

g) se a linguagem suporta programas que podem ser modificados e mantidos por longos períodos.

Os SI podem melhorar a qualidade:

a) simplificando o produto e/ou processo de produção;

b) apoiando a realização de *benchmarking*;

c) apoiando o direcionamento do produto/serviço às necessidades do cliente;

d) reduzindo o ciclo de produção;

e) melhorando a precisão e a qualidade do projeto;

f) estreitando os limites de tolerância da produção;

g) diminuindo as possibilidades de falha humana.

Com o uso adequado dos sistemas de informação, surge uma nova organização:

a) redução dos níveis hierárquicos, quando julgado de interesse;

b) redefinição das fronteiras organizacionais (eliminação/redução das barreiras);

c) reorganização do fluxo de produto e informação;

d) aumento da flexibilização das empresas (customização em massa);

e) mudanças no processo de gerenciamento.

Segurança da Informação

Segurança refere-se a todas as normas, procedimentos e ferramentas técnicas usadas para salvaguardar os sistemas de informação contra acessos não autorizados, alterações, roubos e danos físicos.

a) No ano de 2007, o investimento de empresas brasileiras em segurança da informação foi de US$ 370 milhões, valor que representa 1,9% do faturamento do mercado de Tecnologia de Informação (TI). Em 2011, por exemplo, a média investida no País foi de 7% da receita das companhias, revela a 23ª edição da pesquisa anual *Mercado Brasileiro de TI e Uso nas Empresas*. Em 2012, a maior parte do faturamento da indústria de TI no País permaneceu no segmento de *hardware*, que movimentou US$ 35,3 bilhões, seguido por serviços, com US$ 15,4 bilhões, e por *software*, com US$ 9,4 bilhões.

b) Em 2007, as empresas norte-americanas e europeias investiram US$ 44,5 bilhões em segurança de dados, valor que representa 3,7% do faturamento em TI (CC Group, *jornal O Globo*, 16-2-2008). Em 2013, os gastos com TI em todo o mundo superaram US$ 2,1 trilhões, alta de 5,7% comparado ao ano de 2012.

c) Os *hackers* fazem ataques financeiros em 65% das empresas do mundo (Gartner Group). O orçamento médio das empresas para a área de segurança da informação, em 2014, foi de US$ 4,1 milhões – uma retração de quase 4% em relação a 2013.

"Analisando a pesquisa, em alguns casos os programas de segurança da informação têm enfraquecido devido a investimentos na área. Ao mesmo tempo, os custos financeiros de investigar e mitigar os incidentes crescem ano após ano", disse o sócio da PwC Brasil e especialista em TI, Edgar D'Andrea (https://m.blogs.ne10.uol.com.br/mundobit/2015/01/08/ataques-ciberneticos-no-mundo-aumentaram-48-em-2014).

d) Nos primeiros meses de 2008, o Brasil dobrou o número de ataques bloqueados. Hoje, o número de ataques que buscam dados/informações restritas/confidenciais são quatro mil tentativas por mês (Panda Security, *jornal O Globo*, 16-2-2008). O Brasil está entre os cinco principais países-alvo de *hackers* em ataques a empresas no último bimestre, segundo o último levantamento da RSA, divisão de segurança do grupo EMC. Os *hackers* têm utilizado com muita frequência nos ataques às companhias nacionais a técnica do *phishing*, que visa obter dados pessoais ou informações sigilosas através de uma fraude eletrônica. Segundo a pesquisa, os países mais buscados pelos *hackers* para ataques virtuais contra empresas foram Estados Unidos, Reino Unido, Índia, Brasil e Austrália. Em março deste ano, o Brasil ficou na quarta colocação, empatado com a Índia, que detêve 4% dos ataques virtuais; já em abril, o País ficou também na quarta posição com a mesma porcentagem de ataques, só que dessa vez empatado com a Austrália.

Estados Unidos e Reino Unido foram os líderes em ataques no bimestre. O relatório ainda aponta que, no período analisado, 571 marcas sofreram ataques de cibercriminosos (260 em março e 311 em abril). Os números indicam que o mês de abril apresentou aumento de 20% no número de ataques em relação ao mês anterior. Em 2012, os ataques feitos por meio do *phishing* resultaram em um prejuízo de US$ 1,5 bilhão (R$ 3 bilhões) para a economia mundial, aumento de 22% em comparação a 2011, e, no mesmo ano, os cinco países mais atacados foram Reino Unido, Estados Unidos, Canadá, Brasil e África do Sul, respectivamente. Em 2012, o custo médio dos ataques de *hackers* a redes empresariais no Brasil está entre US$ 100 mil e US$ 300 mil por incidentes, aponta a pesquisa divulgada hoje pela companhia de segurança Check Point. Realizado em parceria com o Instituto Ponemon, o estudo mostra que cerca de 40% das empresas no País são alvos de 26 a 50 ataques por semana.[1]

e) Aproximadamente 58% das empresas do mundo esperam por uma perda de dados de grandes proporções, uma vez por ano. O custo médio anual do crime cibernético para as empresas nos Estados Unidos foi de US$ 12,7 milhões, o que representa um aumento de 96% desde o início da coleta de dados, há cinco anos, que vem sendo realizada pelo Ponemon Institute, cujo estudo, em 2014, foi encomendado pela HP.

f) O roubo ou perda de computadores representou 46% de todas as brechas em dados que podem levar ao roubo de informações (Symantec, jornal *O Globo*, 16-2-2008). O estudo *Managing cyber risks in na interconnected world* utilizou como base os dados da pesquisa "The Global State of Information Security Survey 2015", organizado pela consultoria, em parceria com as empresas norte-americanas CIO e CSO. De acordo com a pesquisa, o número de incidentes cibernéticos detectados subiu para 42,8 milhões este ano – um salto de 48% em relação a 2013 (https://m.blogs.ne10.uol.com.br/mundobit/2015/01/08/ataques-ciberneticos--no-mundo-aumentaram-48-em-2014).

Os dados são uma "reflexão em uma parede de todas as coisas acontecendo no mundo" (Platão). São fatos brutos, ou um fluxo infinito de coisas que estão acontecendo ou aconteceram.

---

[1] Este trecho é parte de conteúdo que pode ser compartilhado utilizando o *link* http://g1.globo.com/economia/noticia/2012/06/custo-de-ataque-hacker-no-brasil-varia-de-us-100-mil-a-us-300-mil.html ou as ferramentas oferecidas na página. Textos, fotos, artes e vídeos do Valor estão protegidos pela legislação brasileira sobre direito autoral. Não reproduza o conteúdo do jornal em qualquer meio de comunicação, eletrônico ou impresso, sem autorização do Valor (falecom@valor.com.br). Essas regras têm como objetivo proteger o investimento que o Valor faz na qualidade de seu jornalismo. Matéria completa: http://canaltech.com.br/noticia/hacker/Estudo-Brasil-esta-entre-os-cinco-paises-alvo-de-hackers-em-ataques-a--empresas/#ixzz2lBSu7giH.

A informação – do latim *informare*, "dar forma" –, é o conjunto de dados aos quais os seres humanos deram forma para torná-los significativos e úteis. São dados organizados de modo que tenham significado e valor para o recebedor.

Conhecimento é o conjunto de ferramentas conceituais e categorias usadas para criar, colecionar, armazenar e compartilhar a informação.

A importância cada vez maior da Tecnologia de Informação (TI) levou à criação da posição de *Chief Information Officer* (CIO), o diretor responsável por informações, inclusive pela TI da empresa. Entretanto, ele também é um membro influente da administração sênior, geralmente um vice-presidente ou vice-presidente sênior da empresa.

A chave do sucesso com tecnologia não é a tecnologia por si só, mas a habilidade em administrá-la bem. A TI permite às organizações processarem grande quantidade de transações de uma maneira eficiente.

Os SI englobam:

a) Sistemas de Apoio à Decisão;
b) Sistemas de Informação Gerencial;
c) Sistemas Especialistas;
d) Sistemas de Apoio à Decisão em Grupo;
e) Sistemas de Informação para Executivos;
f) Sistemas Especialistas para Suporte.

A) *Sistemas de Apoio à Decisão (SAD) ou Decision Support Systems (DSS)*

Os SAD são utilizados para resolução de problemas mais complexos e menos estruturados (prioritariamente não estruturados), e tentam combinar modelos e/ou técnicas analíticas.

Essa terminologia surgiu em 1970 e, desde então, vem ganhando popularidade. Os SAD constituem um campo multidisciplinar que envolve: teoria da decisão, metodologias de concepção, arquiteturas lógicas, interação homem-máquina e inteligência artificial.

Os SAD têm como objetivo ajudar a melhorar a eficácia e produtividade de gerentes e profissionais. São sistemas interativos e usados frequentemente por indivíduos com pouca experiência em computação e métodos analíticos. A diferença fundamental entre os SAD e os sistemas tradicionais está no fato de os SAD serem flexíveis e adaptáveis às mudanças do meio ambiente e dos problemas. O SAD poderá ser mais ou menos usado, de acordo com a decisão pessoal do analista.

Os projetistas de SAD devem trabalhar com três subsistemas básicos:

1. banco de dados (BD);
2. banco de modelos;
3. comunicação ou interfaces.

O primeiro subsistema deverá agrupar todas as informações disponíveis, fornecê-las rapidamente e permitir sua manipulação de forma eficiente, esclarecendo, também, qual banco de dados será utilizado.

O subsistema de modelos é constituído de modelos gerenciais, capazes de lidar com os dados da empresa mediante simulações, cálculos, resoluções de problemas matemáticos, entre outros. Esse subsistema utiliza-se de otimização, simulação e dados estatísticos.

O subsistema de comunicação é o conjunto de todos os componentes de *hardware* e *software* que dão suporte ao usuário do SAD. Esse subsistema permite a perfeita interação homem-máquina. Este (o homem) definirá a linguagem de programação que será usada no subsistema de modelos e o modo como os resultados devem ser impressos e/ou aparecer na tela (*display*) do computador. O subsistema de comunicação utiliza-se de terminais, *link* de dados, processadores de texto etc.

O SAD tem as seguintes características:

- pode respaldar diversas decisões independentes e/ou sequenciais;
- pode apoiar todas as etapas do processo de tomada de decisões e diversos processos;
- o usuário pode adaptá-lo ao longo do tempo para lidar com condições em mudança;
- em algumas situações, podem ser utilizadas ferramentas de simples manuseio, como o Excel;
- os mais complexos podem estar integrados a sistemas corporativos;
- modelos padronizados podem ser adotados.

O SAD gera os seguintes benefícios:

- os modelos permitem simulações rápidas;
- o custo da modelagem, normalmente, é muito menor que o custo de examinar alternativas no sistema real;
- a modelagem permite que um gerente avalie os riscos relacionados com ações específicas;
- os modelos matemáticos permitem a análise de um número muito grande de alternativas e soluções possíveis;
- os modelos podem dar visões claras de fenômenos complexos e, assim, aprimorar e reforçar a aprendizagem.

B) ***Sistemas de Informação Gerencial* (SIG) ou *Management Information System* (MIS)**

Os Sistemas de Informação Gerencial (SIG) prometiam obrigatoriamente ser o "sistema nervoso eletrônico" das empresas, e hoje acabaram transformando-se em sistemas bem estruturados para a geração de relatórios, montagem de gráficos etc. Permitem fornecer aos executivos, de forma selecionada e resumida, os dados necessários para o entendimento da situação-problema. Os SIG recolhem e processam informações de várias fontes, sendo prioritariamente utilizados em problemas estruturados.

Os SIG apresentam as seguintes características:

a) foco sobre a informação, direcionado para gerentes de nível médio;
b) foco no armazenamento, processamento e fluxos de dados no nível operacional;
c) processamento de transações eficientes;
d) fluxo de informações estruturado;
e) integração de atividades de EDP (*Eletronic Data Processing*), processamento de dados eletrônicos por função comercial, tais como: SIG para produção, SIG para marketing, SIG pessoal etc.;
f) geração de relatórios e consultas, normalmente com um grande banco de dados.

C) *Sistemas Especialistas* (SE) ou *Expert Systems* (ES)

Os SE, também chamados de sistemas baseados em conhecimento (SBC), foram a abertura da Inteligência Artificial (IA). Esses sistemas tentam reproduzir, com perfeição, os resultados que seriam obtidos por especialistas humanos, pelo uso de um conjunto de regras para a decisão.

O "especialista" pode ser definido como a pessoa que, por dedicar-se profundamente ao estudo de determinado assunto, deve ter não apenas conhecimento teórico e prático do mesmo, como também ter desenvolvida sua capacidade de avaliação para identificação dos aspectos mais relevantes do assunto em que se especializou.

Exibem os SE as características associadas com inteligência no comportamento humano; é um programa de computador que usa o conhecimento de um especialista e busca alcançar alto nível de desempenho em problema específico. Podem admitir informações incompletas e inexatas e, também, explicar as linhas de raciocínio usadas.

Os SE podem unir informática, gerenciamento e inteligência artificial em um conjunto chamado sistemas especialistas para bancos de dados. Esses sistemas usam banco de dados como suporte para banco de conhecimentos.

Por meio de programas computacionais que utilizam argumentações simbólicas especializadas, esses sistemas podem resolver problemas difíceis.

Também podem os SE ser utilizados para seleção de modelos. Esses SE são denominados Sistemas Especialistas para Bancos de Modelos (SEBM). Os SEBM desenvolvem-se em três campos da IA:

a) aplicação da IA ao desenvolvimento de modelos, em que são usados modelos estatísticos, programação linear e modelos de fila;

b) aplicação da IA à integração de bancos de modelos, o que só é possível se permitir perfeita saída de dados de um modelo para outro;

c) aplicação da IA à interpretação dos resultados gerados pelos modelos.

Os SE são de grande valia para preservar e disseminar conhecimentos escassos, codificando a experiência humana (de algum especialista) em programas ou modelos.

Os SE possuem quatro componentes essenciais:

a) a base de conhecimento, em que são armazenados os conhecimentos referentes à área de atuação, isto é, dados e regras que usam fatos (experiência) para a tomada de decisão;

b) o mecanismo de inferência, que faz a execução dos procedimentos;

c) módulo de aquisição de conhecimento, que organiza a base de conhecimentos;

d) interface de explicação e aquisição de fatos, que contém os dados de inicialização do problema.

Alguns autores definem as seguintes metas para os SE:

1. aumentar os lucros;
2. manipular, representar, adquirir e explanar o conhecimento.

D) *Sistemas de Apoio à Decisão em Grupo*

São desenvolvidos com o objetivo de dar apoio a grupos de pessoas responsáveis por decisões em seu ambiente de trabalho:

a) devem apoiar a decisão com respostas melhores do que as do período anterior à sua existência. O SAD em grupo permite que subprocessos de vários departamentos diferentes, porém semelhantes, ou que interajam entre si, possam ser avaliados em sua inter-relação ou de forma integrada;

b) devem ser de fácil entendimento e operados por pessoas de diferentes níveis de conhecimento, que irão utilizá-los;

c) podem ser específicos ou gerais;

d) devem possuir mecanismos internos que desestimulem o desentendimento;

e) devem facilitar a comunicação nas reuniões, por meio de interação direta com um sistema, ou uma decisão grupal pode ser inserida no sistema por meio de um interlocutor.

Esse sistema poderá ter uma rede de computadores integrados que permitam seu acesso simultâneo por mais de uma pessoa.

Esse assunto será ampliado no próximo capítulo.

E) **Sistemas de Informação para Executivos** ou *Executive Information Systems* (EIS)

São também conhecidos como Sistemas de Suporte de Decisão para Executivos; ao contrário dos SIG, destinam-se a um pequeno número de usuários executivos e, diferentemente dos SAD, não permitem desenvolvimento interativo e não se capacitam a alterar seus modelos.

Esses sistemas surgiram em função da necessidade específica dos executivos de atuarem em grande diversidade de negócios, e possuírem pequena disponibilidade de tempo. Esses sistemas, usados pela alta gerência, sem ajuda de intermediários, proporcionam acesso *online* direto às informações atuais sobre a empresa, são desenvolvidos tendo-se em mente os fatores críticos de sucesso, e usam os mais avançados métodos para a geração de gráficos, comunicações, armazenamento e recuperação de dados. A ênfase desse sistema consiste em auxiliar o executivo a atingir os objetivos e mensurar o progresso (verificar se as metas foram atingidas).

f) **Sistemas Especialistas para Suporte** (SES)

Podem ser chamados de Sistemas de Apoio ao Especialista (SAE), e são definidos por alguns autores como: *programas computacionais que usam raciocínio simbólico para ajudar as pessoas a resolverem, bem, problemas difíceis.*

Os SES englobam características do SE e dos SAD para melhorar o apoio à tomada de decisão; e uma das maneiras para melhorar esse apoio é introduzir em um SAD uma base de conhecimento de um especialista.

Estes sistemas devem dispor de:

   a) interface amigável;
   b) banco de conhecimentos que deverá ser constantemente atualizado;
   c) banco de modelos que permita ao usuário utilizar o modelo que mais o agrade;
   d) sistema inteligente de controle que permita ao usuário facilmente alterar os dados e regras, bem como a seleção de procedimentos, metas e estratégias.

7 PLANEJAMENTO ESTRATÉGICO (PE)

PE é o processo por meio do qual uma organização estabelece sua identidade organizacional, analisa o seu ambiente de negócio (interno e externo, atual e futuro) e elabora as linhas de ação (ditas estratégias), a fim de aumentar as probabilidades de sucesso (sobrevivência, atendimento de seus objetivos e crescimento sustentável).

- Estratégia, do grego:
   o *Stratos* (exército)

- *Ago* (liderança)
- Siginificado original: a arte do general.

Planeja-se pelos seguintes motivos:

- melhor resultado a partir de uma abordagem estruturada e eficiente;
- aversão a decisões totalmente instintivas.

Benefícios do PE:

- agiliza decisões;
- melhora a comunicação;
- aumenta a capacidade gerencial para tomar decisões;
- promove uma consciência coletiva;
- proporciona uma visão de conjunto;
- permite uma direção única para todos;
- orienta os programas de qualidade;
- melhora o relacionamento da organização com seu ambiente interno e externo.

Principais razões de uma política estratégica de negócio:

- eficiência (recursos, tempo e pensamento);
- transição de ideias individuais para ação institucional;
- sistema institucional de aprendizado.

Ambientes do Planejamento Estratégico (PE):

- Ambiente externo: deriva de modelos mentais comuns e consensuais do mundo exterior.
- Ambiente interno: pertence a uma pessoa e se relaciona com sua antecipação de estados futuros.
- Ambiente contextual: define os limites daquilo que se faz, sem estar sujeito à influência de uma pessoa.
- Ambiente transacional: organização é um participante efetivo, influenciando resultados e sendo, ao mesmo tempo, influenciada por eles.

Uma boa estratégia deve ter:

- reconhecimento de objetivos;

- avaliação das características da organização/país;
- avaliação do ambiente, atual e futuro;
- desenvolvimento de políticas a seguir; decisões para melhorar.
  - Hipóteses básicas do PE:
- Estratégias sólidas reduzem a complexidade.
- A discussão de estratégias é uma parte natural da tarefa gerencial, e não só para especialistas.
- Não há nada de muito complicado em uma boa estratégia, que deve ser regida pelo bom senso.
- Investir tempo em estratégia gera economia de tempo no dia a dia.

Para Choo (2003), o conhecimento é parte intrínseca da mente humana e a criação de estratégias decorre da interpretação do ambiente e da compreensão das mudanças e dos significados. Construir conhecimento e elaborar estratégias são atividades conexas para tomada de decisão. Todavia, o processo de criação de conhecimento decorre das informações demandadas e das informações disponíveis ao ser humano, ou seja, o indivíduo absorve informações de acordo com as necessidades por ele estabelecidas. A compreensão dessas necessidades envolve cinco tipos de informação (Silva et al., 2011):

a) informação interna: refere-se às informações do corpo humano, que assumem a forma de mensagens cerebrais;

b) informação conversacional: diz respeito às informações formais ou informais, trocadas no decorrer do dia por conversas;

c) informação de referência: é aquela que opera os sistemas do mundo em que se vive, ou seja, materiais que são usados como referência, podendo ser desde um manual de instrução, até um simples folheto informativo;

d) informação noticiosa: é a informação transmitida por meio de mídia e que tenha algum impacto sobre a forma como se vê o mundo;

e) informação cultural: esta forma de informação se refere a tudo aquilo que é capaz de expressar algum tipo de característica visando compreender e acompanhar a formação da civilização, bem como determinar atitudes, crenças e a natureza de sociedade.

Paradigmas do PE:

- ***Paradigma racional***: sugere uma metáfora de máquina para a organização.
  - racionalistas: achar a estratégia ótima;
  - há uma resposta; a tarefa é encontrá-la;

- traçar um quadro "mais provável";
- considera as sensibilidades;
- a abordagem probabilística ao planejamento de cenários pertence à escola racional.

• **Paradigma evolucionário**: sugere uma ecologia.
- evolucionistas: a estratégia emerge e somente pode ser entendida em retrospecto;
- a estratégia total é acurada e só pode ser atingida por meio da junção de vários fragmentos, evoluindo à medida que decisões internas e os eventos externos fluem.

• **Paradigma processual**: sugere um organismo vivo.
- processualistas: estratégia é uma ilusão, devem-se abrir espaços para novas ideias;
- o sucesso dos negócios não pode ser codificado, mas requer uma invenção original das pessoas envolvidas.

O laço do aprendizado está descrito na Figura 4.2.

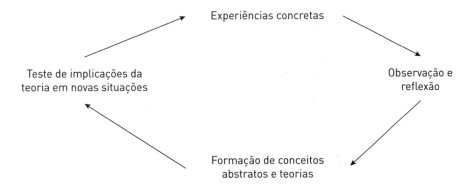

Figura 4.2 – Laço do aprendizado.

O laço do aprendizado busca:

- a organização como organismo;
- o aprendizado como crescimento;
- o planejamento de cenários como mecanismo de adaptação;
- a conversação estratégica;
- o planejador de cenários como facilitador do processo;
- o intensivo uso da invenção.

Para uma organização alcançar todo o seu potencial, é fundamental que ela tenha uma visão claramente articulada e compartilhada. Essa visão inclui, em primeiro lugar, um autoconhecimento sobre seus valores e missão essenciais (aqueles que não mudariam nem se fossem prejudiciais para a organização em um dado momento de sua história). Sabendo o que não se quer mudar, a organização se liberta para mudar tudo o mais que for necessário para alcançar o segundo elemento de sua visão – uma visualização sobre sua atuação desejada no futuro.

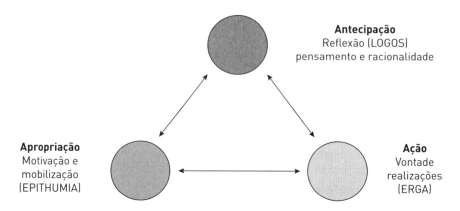

Figura 4.3 – Triângulo grego.

O estudo do futuro implica vencer três grandes dificuldades:

- a primeira é a própria *incerteza*, a ser estruturada;
- a segunda é a *complexidade*, a ser reduzida;
- e a terceira é a *organicidade*, a ser respeitada.

Há dois estilos de planejamento, segundo Schwartz (2000), ilustrados no quadro a seguir:

Planejamento baseado em previsões determinísticas e extrapolativas	Planejamento baseado em cenários
1. Concentração nas certezas. "Mascara" as incertezas.	1. Concentração nas incertezas. Legitima o reconhecimento das incertezas.
2. Apoiado em projeções únicas e "lineares".	2. Apoiado em imagens lógicas do futuro.
3. O quantitativo orienta ou determina o qualitativo.	3. O qualitativo orienta ou determina o quantitativo.
4. Esconde ("mascara") os riscos.	4. Explicita e sublinha os riscos.
5. Favorece a inércia.	5. Favorece a flexibilidade e o espírito de responsabilidade.
6. Parte da simplicidade para a complexidade.	6. Parte da complexidade para a simplicidade.

Nenhuma decisão importante pode ser tomada sem levar-se em conta não somente o mundo de hoje, mas também como será o amanhã (**Isaac Asimov**).

O planejamento não diz respeito a decisões futuras, mas às implicações futuras de decisões presentes (**Peter Drucker**).

Tipos de previsões:

Marketing: previsões de demanda por produtos, por área geográfica, por categoria de consumidor. Criar esforços promocionais.

Produção: previsão de vendas do produto, planejar a quantidade que será produzida, dimensionar estoques.

Recursos Humanos: prever quantidade de mão de obra necessária, índices de produtividade, programas de admissão e de treinamento.

Finanças: prever índice de inflação, taxas de juros, taxa cambial, fluxo de caixa etc.

Conceitos de visão:

É um modelo mental claro e "luminoso" de um estado ou situação altamente desejável de uma realidade futura possível descrita de forma simples, objetiva, partilhada por todos os dirigentes e colaboradores da empresa ou entidade.

A visão:

- Explicita o que a instituição quer ser.
- Unifica as expectativas.
- Dá um sentido de direção.
- Facilita a comunicação.
- Ajuda o envolvimento.
- Favorece o comprometimento.
- Dá energia às equipes de trabalho.
- Inspira as grandes diretrizes da entidade.
- Baliza as estratégias e demais ações.

Visão naturalista:

Silva et al. (2011) identificam a tomada de decisão dentro de uma visão naturalista que envolve as seguintes características:

- limitação de tempo;
- risco elevado e de qualquer sorte;
- formuladores de decisão ou estrategistas experientes;

- presença de informação inadequada, ambígua ou errada;
- presença de objetivos e/ou procedimentos mal definidos;
- existência de aprendizagem por sugestão;
- estresses;
- presença de equipes coordenadas.

Para Silva et al. (2011), a tomada de decisão naturalista não mapeia apenas o curso dos fluxos percorridos pelas ações até a tomada de decisão, mas descreve principalmente o processo cognitivo do tomador de decisão. É um processo válido à medida que o método consegue responder quais tipos de informação o tomador de decisão está demandando. A corrente defendida pela tomada de decisão naturalista descreve os tomadores de decisão como indivíduos que têm a preocupação em analisar o ambiente e os participantes que são partes integrantes de uma situação que requer uma ação. A ideia é medir a situação e renovar o estado de informação dos participantes, mediante *feedback*, para que se possa chegar em uma ação conjunta, em vez de desenvolver várias ações, e depois buscar o consenso, em negociação, ou escolher qual delas terá a melhor resposta, seja por um processo de escolha ou ordenação, para o problema proposto.

Decisão em grupo, negociação, métodos TODIM e TOPSIS

1 TECNOLOGIA DE INFORMAÇÃO (TI) E TOMADA DE DECISÃO

Informação e comunicação

O uso da TI nas comunicações está mudando os processos tradicionais de negociação e decisão. Seus impactos na negociação, em particular, podem ser medidos e comparados com os meios tradicionais, como a negociação face a face e o telefone. Este é ainda o exemplo mais simples de tecnologia da comunicação: seus meios são o falar e o ouvir, isto é, o meio audioverbal.

As novas tecnologias de comunicação reúnem todos os meios (visão, audição, tato, olfato e paladar) e combinam o texto verbal com o audioverbal, o gráfico, ou o vídeo. As conferências via computador e o uso de redes de microcomputadores nas salas de decisão e negociação são dois exemplos de comunicação com meios escrito e falado. As características dessas tecnologias são: têm flexibilidade – podem selecionar a rede de comunicação (isto é, quem fala com quem) –, dispõem de uma estratégia de comunicação (estruturas adequadas aos elementos, código e conteúdo das mensagens) e de meios apropriados de comunicação.

Silva et al. (2011) identificam os tipos de barreiras na comunicação da informação:

- **barreiras ideológicas:** agentes e usuários da informação participam de forma desigual na dinâmica socioeconômica e cultural da sociedade;

- **barreiras econômicas:** decorrente da privatização do conhecimento que adquiriu valor de propriedade privada para seu produto e, por conseguinte, sua publicação e uso dependem do poder de negociação com o produtor do conhecimento;
- **barreiras legais:** restrições estabelecidas para acesso e uso da informação, especialmente a informação tecnológica;
- **barreiras de tempo:** pode ser dividida em dois aspectos: o primeiro, pelo fato de a informação envelhecer e se tornar obsoleta; o segundo, pelo fato de que há um longo caminho entre produzir a informação, a partir de dados, e disseminar esta informação por meio de comunicação eficiente.
- **barreiras financeiras:** considerando a informação uma mercadoria que tem um preço relativo aos custos e à demanda de mercado;
- **barreiras de eficiência:** referente ao tempo gasto com a transmissão e recepção da informação e sua utilização de forma efetiva pela organização.
- **barreiras terminológicas:** nem sempre os usuários e criadores da informação utilizam as mesmas linguagens no processo de recuperação da informação, deixando lacunas que dificultam a compreensão da mensagem.
- **barreiras de responsabilidade:** o uso da informação, principalmente a tecnológica, depende da capacidade de o usuário final utilizar a informação como insumo no processo produtivo;
- **barreiras de idioma:** problemas com a compreensão das informações advindas de países com língua estrangeira;
- **barreiras de má comunicação:** quando as tentativas para aumentar o fluxo de informação são pouco eficientes para atingir uma boa qualidade e quantidade de informação;
- **barreiras de cultura organizacional:** quando os funcionários e a organização não têm a cultura de compartilhar as informações para serem utilizadas;
- **barreiras de falta de competência:** quando as pessoas envolvidas na utilização da informação não têm a habilidade e entendimentos desejados para utilizar a informação;
- **barreiras de dependência tecnológica:** quando em vez de facilitar a vida da organização, as tecnologias dificultam o processo, seja por má utilização ou dificuldade uso.

Silva et al. (2011) sugerem que a classificação quanto à categorização das barreiras na comunicação da informação possui três níveis:

- **nível estrutural:** relacionada com barreiras ideológicas, econômicas, legais;

- **nível institucional:** associada à barreira terminológica, de consciência e conhecimento da informação, responsabilidade, financeira, dependência tecnológica, cultura organizacional, má comunicação;
- **nível pessoal:** ligada à capacidade de leitura, idioma, falta de competência.

Para Silva et al. (2011), estes níveis são encontrados nas organizações e envolvem, de uma forma ou de outra, pessoas no processo de tomada de decisão.

EMS e GDSS

O EMS (*Electronic Meeting System*) é um ambiente tecnológico voltado para a informação que suporta reuniões em grupo, as quais podem ser distribuídas no tempo e no espaço. Assim, os EMS vão além das reuniões face a face e não as eliminam. Tais sistemas incluem a capacidade de explorar processamentos paralelos, como SIG e SE, para gerar, organizar e analisar ideias, acessar bancos de dados para pesquisa e *design*, ou viabilizar os domínios de conhecimento dos usuários na solução de seus problemas. Os recursos desses sistemas são distribuídos entre as salas interligadas eletronicamente, com as capacidades de áudio e vídeo integrando a tecnologia computacional e da informação.

O sucesso dos EMS depende ainda de avanços na facilidade de uso desses sistemas, do *design* de *softwares*, do *design* da interface e da compreensão dos recursos para estabelecer a colaboração e eficiência no trabalho em conjunto, ou seja, menos horas de trabalho humano e maior processo. As empresas, embora ainda não habilitadas e, principalmente, não convencidas a aplicar recursos na construção desses sistemas para apoiar a colaboração e o trabalho em grupo, estão no início do processo, procurando a produtividade e a competitividade econômica, o que caracteriza, assim, o estágio inicial para a colaboração. O trabalho em grupo, apoiado pela metodologia computacional dos EMS, bem como os sistemas e processos em grupo, podem contribuir para aumentar o consenso e a produtividade global.

Os GDSS (*Group Decision Support Systems*) estão desenvolvendo-se com a aplicação da moderna TI, o uso de redes LAN, de *e-mail* e de *softwares* de apoio à decisão. Os gerentes já estão usando os SE não diretamente como ferramenta de competição, mas como ferramenta de trabalho e de gerenciamento de atividades. E a comunicação está, assim, tornando-se mais impessoal, menos emotiva, mais focalizada, apropriada a negócios, despersonalizada e orientada para atividades e objetivos das organizações.

Por esses motivos, dois novos conceitos emergem como extremamente atuais nos ambientes de negócios: eficiência média (medida de informações processadas por unidade de tempo, enviadas pelo transmissor e recebidas pelo receptor em atividades como agendas, troca de opiniões e informações, geração de ideias ou solução de problemas) e *media richness* (medida de conteúdo social e emotivo da comunicação, associada à barganha, persuasão e desagrado; mistura de extensão e *realimentação*, multiplicidade de tons, sonoridade, facilidade de diálogo e variedade de línguas, enfoques pessoais). Tudo com o objetivo da convergência da interpretação e da diminuição do equívoco.

As conferências via computador e as salas de decisão eletrônicas (EMS) são tecnologias flexíveis, que suportam uma variedade de protocolos de negociação, mas ainda com limitações:

a) a conferência via computador é um "modo texto" de comunicação, que não possibilita o "modo auditivo", além de os participantes não poderem se ver. Em compensação, ela possibilita a comunicação a distância. Os participantes podem estar dispersos no espaço e tempo. Futuramente, essas distinções desaparecerão, com o avanço da tecnologia;

b) a tecnologia das salas de decisão e negociação é superior à conferência via computador, para a barganha do tipo cooperativa (as atividades com potencial de integração), em que a visualização dos negociadores funciona como meio positivo;

c) as conferências via computador são superiores, quando a barganha é individual e o processo de negociação é do tipo "ganha-perde", com a ausência dos participantes, que elimina emoções e efeitos sociais negativos;

d) os meios de comunicação usados nas EMS diferem nas características de cada situação e são combinados com variáveis limitantes, como o tempo (que afeta os participantes em seu comportamento) e a interação do grupo (que determina o resultado final e a respectiva *performance* da reunião).

Papel das interfaces nos GDSS

Interface é o que está entre o usuário e o sistema, o que os liga, como eles se comunicam e estabelecem uma relação de operacionalidade e consistência. Nos GDSS, interfaces são os dispositivos e todos os aspectos da comunicação entre os participantes (como, por exemplo, uma tela pública), ou entre eles e o sistema (por exemplo, a tela privada, o *mouse*). Esses dispositivos influenciam o fluxo das informações e/ou as atividades de grupo em desenvolvimento.

Muitas são as variáveis que influenciam o *design* da interface, como o uso e significado da tela pública e privada (usada nas salas de reuniões eletrônicas e nas conferências), a dimensão, resolução e o tipo monocromático ou as cores da tela, o tempo de resposta do sistema, o *layout* da sala e a ergonomia vivenciada pelos grupos nela apoiados, o controle do fluxo de informações para a tela, as inter-relações dos fluxos da tela privada e da pública (e vice-versa), o número de participantes por tela, a interação individual com o sistema e com o grupo, os estilos individuais, as culturas, as línguas e os conhecimentos/preferências. Ainda assim, a principal característica exigida por uma interface é a flexibilidade para suportar diferentes estilos de interação individual e permitir transições rápidas entre eles, nas tarefas individuais e nas atividades de grupo para a integração das mesmas.

Relação entre a compreensão e a realimentação (*feedback*)

Uma variável crítica no *design* da interface é o equilíbrio na relação entre a compreensão e o nível de realimentação oferecido. Realimentação é a resposta imediata do destino de uma comunicação, uma troca interpessoal, que inclui o questionamento para esclarecer dúvidas, como simples respostas, "sim", "mm-hum", repetição de palavras ou frases etc. Algumas respostas indicam compreensão completa, outras não: existe correlação positiva entre a realimentação e a compreensão.

Há quatro categorias de níveis de realimentação (zero, contato visual sem *audiofeedback*, audiorealimentação limitado e completa realimentação) para demonstrar que um incremento positivo de compreensão nos ouvintes se dá com o aumento da realimentação, isto é, a contínua realimentação garante uma comunicação completa. Uma mensagem repetida várias vezes provoca um ajustamento da realimentação, que finaliza na total compreensão. Contudo, também o excesso de realimentação pode provocar a ruptura do fluxo de comunicação, ou a baixa compreensão. E baixa compreensão resulta em mais realimentação (o esclarecimento indica baixa qualidade de comunicação, ou alto grau de complexidade na informação).

A quantidade de realimentação tem efeito significativo na satisfação do orador, pois este fica atento às perguntas. A ausência de realimentação torna o orador inconfortável e impaciente.

Já os ouvintes tendem a fazer perguntas para esclarecer pontos não entendidos e não geram realimentação, quando compreendem tudo. Daí a importância das interfaces, os recursos empregados nos sistemas para combinar satisfação e compreensão, com os usuários usando e recebendo a realimentação, mas com entusiasmo e satisfação.

Recursos emergentes

A sofisticação e o alcance das interfaces exigem treinamento e conhecimento dos usuários. Eles necessitam compreender como usar e quais as regras de funcionamento do GDSS e dos métodos multicritério de apoio à decisão eventualmente embutidos, para desenvolver a capacidade humana em processamentos paralelos, tais como os participantes poderem falar e enviar mensagens ao mesmo tempo, e todas as ideias armazenadas/salvas servirem como sementes para novas ideias mais evoluídas. E tudo se torna diferente com o avanço da tecnologia. A capacidade de digitalizar a voz e vídeo estão sempre em mudança. Isso possibilita trocar e converter as formas de representação. Por exemplo, com a voz digitalizada, é possível retransmitir a mensagem em outro tom de voz, ou mesmo armazená-la, editá-la e transmiti-la várias vezes e por longos períodos. As distinções entre voz, vídeo e texto desaparecem e os recursos tecnológicos no *design* das interfaces de grupo mudam. É possível enviar mensagens em um modo, por exemplo, voz, e receber em outro modo, texto.

2 MÉTODOS MULTICRITÉRIO EM CONTEXTOS DE NEGOCIAÇÃO E DECISÃO EM GRUPO

Negociação e decisão em grupo

A quantificação das soluções, sua ordenação, ou a geração de novo conjunto de possíveis soluções são atributos de uso dos métodos multicritério. Eles podem ser usados a qualquer momento, imediatamente após a construção dos critérios, na reformulação dos objetivos, ou na flexibilização das preferências e análise das consequências.

É mediante métodos multicritério, próprios de cada agente (cada modelo exige abordagens e *inputs* específicas, pois não se pode associar um modelo a uma particular negociação, mas a cada agente negociador e a seu conhecimento do problema), que se avaliam qualitativa e quantitativamente as soluções, bem como se ordenam ou se criam conjuntos de novas soluções.

No entanto, em que situações o decisor usa ou necessita do apoio dos métodos multicritério, para efetivamente agregar valor a sua informação, tanto em um contexto de negociação como de decisão em grupo?

Os métodos multicritério são puras ferramentas técnicas de apoio à decisão e agregação de valor à informação: eles servem essencialmente para quantificar as soluções segundo os critérios definidos e escalonados, para priorizar as soluções em ordem crescente de valor, ou gerar um novo subconjunto de soluções alternativas, por meio das preferências e consequências dos decisores. Nas decisões e negociações, especialmente em grupo, o objetivo mais importante é a convergência das partes para o acordo, a pesquisa das posições justas para todos e para cada lado e para cada um sentir satisfação e empenho na contribuição global.

A Teoria da Utilidade (Capítulo 6) só é relevante, no entanto, quando os participantes do processo têm consistência e mantêm suas preferências. Ela deve ser transitiva, resultado direto da aditividade, da soma dos pesos. Isso é basicamente o conceito de não dominância, ou o chamado *ótimo de Pareto*: uma solução é *ótimo de Pareto*, se não existe outra solução que proporcione a todas as partes os mesmos ou maiores benefícios, senão à custa de perda de objetivos e/ou valores de uma das partes. É como distribuir as metas de modo vantajoso e proporcional ao risco, para todas as partes, ou seja, uma negociação distributiva.

Na negociação, podem existir tantas alternativas quantas as partes envolvidas no processo. Essas alternativas têm diferentes espaços, mas elas são interdependentes. Sempre haverá uma transformação que converte uma alternativa em outra, isto é, uma alternativa corresponde a um subconjunto de outras. É exatamente por isso que os negociadores tentam negociar no espaço de decisão dos oponentes. Assim, acrescenta-se à negociação a arte da escolha de alternativas em diferentes espaços.

Entre os modelos utilizados, existem os modelos econômicos de barganha e os modelos baseados na Teoria dos Jogos; ambos utilizam a Teoria de Utilidade. É possível acrescentar os modelos de agregação, os modelos táticos e os modelos comportamentais.

Modelo econômico de barganha

Nos modelos econômicos de barganha, a negociação é tratada como um processo de convergência de objetivos no tempo, que envolve uma sequência de ofertas e contraofertas. Eles supõem que a função utilidade de cada participante é conhecida e fixa em seu conjunto de metas, existindo uma zona de compromisso a ser identificada, que permanece estável no tempo.

O tempo é o principal fator de barganha, já que cada participante inicia o processo com um conjunto de expectativas a serem compreendidas, na base da tentativa e experiência. A teoria de barganha tenta produzir modelos descritivos para o processo de barganha, por meio da troca de objetivos, fragmentação em submetas e novas relações. Esses modelos ressaltam o modo como os participantes influenciam o comportamento e as ambições das outras partes e os fatores ambientais que afetam a negociação, como o custo de adiar decisões e acordos ou o custo de outras ações. Tais modelos geralmente envolvem variáveis homogêneas e divisíveis, como moeda. Ressalte-se que estes modelos colocam o tempo como fator de barganha. O participante inicia com um conjunto de expectativas e vai compreendendo seu acerto ou não, na base da tentativa × experiência, mas sempre pressionado pelo tempo.

Modelo da teoria dos jogos

Os modelos da Teoria dos Jogos de von Neumann e Morgenstern (1944) e suas extensões supõem que o número e a identidade dos jogadores são fixos e conhecidos, assim como as alternativas e sua função utilidade. A Teoria dos Jogos é definida como a teoria das decisões racionais em situação de conflito, na qual os participantes são vistos como meros jogadores.

Esses modelos consideram os jogadores racionais e a teoria examina as estratégias usadas para eles encontrarem um resultado específico. Para isso, deve existir uma comunicação perfeita entre eles, no jogo de suas trocas, para maximizarem a função utilidade, ou seja, a teoria implica o conhecimento absoluto, por todos os jogadores, do conjunto de possíveis resultados e seus retornos. Por isso, é grande a dificuldade em aplicar esses modelos aos sistemas computacionais, quer pela modulação, quer pela construção (ver, neste capítulo, Teoria da Utilidade Multiatributo, Teoria dos Conjuntos Nebulosos e Teoria dos Jogos).

Modelo de agregação

Nos modelos agregados de barganha, supõe-se que a função de utilidade de cada participante é estacionária, pode ser calculada isoladamente e depois agregada. Esses modelos pressupõem a total independência da função utilidade para cada meta e reduz o processo de barganha às preferências individuais ou do grupo, que as irá combinar ou manipular. A função utilidade resultante (aditiva ou multiplicativa) vai ser usada para gerar a solução compromisso. Nas situações típicas de barganha, em que os participantes têm objetivos conflitantes e empregam táticas obscuras e preferências não nítidas, o uso desses modelos fica muito difícil.

Outros modelos desse tipo não exigem a definição da função utilidade do grupo (função utilidade vinda de um consenso), mas utilizam as regras de decisão determinadas nas próprias alternativas, por exemplo, cada participante ordena as alternativas e todos conjuntamente estabelecem a alternativa compromisso, mediante um processo de expansão e contração no conjunto de alternativas e seus valores. Já outros modelos supõem que os agentes partem de uma alternativa inferior e, no processo de negociação, por meio de simples procedimentos contratuais, eles atuam e movem-se para a melhor alternativa, sem necessidade de concessões.

Modelos táticos

Os modelos táticos não têm as restrições dos modelos baseados na função utilidade: eles supõem que a informação está incompleta e que a função utilidade e as alternativas não são conhecidas nem fixas. Esses modelos trabalham mais os aspectos não racionais do comportamento e do ambiente da negociação, e exigem perfeita comunicação entre os participantes (o que é comunicado está influenciando o próximo ato de comunicar). Isso implica que os jogadores, enquanto reavaliam a racionalidade de suas posições, são influenciados pelas estratégias dos outros jogadores. Ou seja, a influência da comunicação amplia-se porque as concessões de um jogador dependem das feitas pelos outros.

Os modelos táticos têm na comunicação seu fator principal, para fluírem todas as informações, ambiente e fatores estratégicos associados à barganha, como a habilidade de persuasão, a argumentação, o emprego de "jogadas" e o conhecimento de como e quando usá-las para atingir metas e interesses ocultos.

Modelos comportamentais

Os modelos comportamentais incorporam a teoria do conflito, como a pressão dos vários grupos da sociedade e suas metas, prioridades e relações. Observa-se que a maioria dos conflitos é resolvida cooperativa e inconscientemente, apesar de pouco conhecer-se sobre o mecanismo da cooperação.

Normalmente, parte-se da natureza do conflito e enumeram-se seus principais motivos, como o controle sobre os recursos, as preferências e desagrados (em que as ambições e os desejos de uma parte podem confundir-se com os das outras partes), os valores de cada objetivo (ou o que eles valerão em um futuro próximo), o "des.../acredito que...", em que há uma disputa por informação, fatos e realidades, e a natureza e tipo de relações entre as partes.

Nas organizações, os conflitos são inevitáveis pela própria natureza humana. Eles fazem parte da interação grupal. Acrescentou-se a comunicação como a maior causa de pseudoconflitos. E, no comportamento organizacional, verifica-se que os conflitos são inevitáveis e fazem parte da interação grupal, adotando o seguinte princípio: o gerenciamento de conflitos em um grupo deve ser estimulado como ação, já que ele gera novas regras para a organização, estimula a inovação, diminui as resistências à mudança e elimina a estagnação. O modelo de desenvolvimento do conflito em um grupo, nesse contexto, aponta as condições seguintes:

a) maior ou menor grau de comunicação, incluindo a deficiência na troca de informações, barulho, diferenças de semântica e *background* diferentes;
b) estrutura e comportamento em grupo, incluindo a compatibilidade de objetivos entre os membros do grupo e os estilos de liderança;
c) fatores pessoais, como sistemas de valores individuais ou as características pessoais.

Recomenda-se que, em vez da barganha em uma única posição, os participantes focalizem suas metas e investiguem opções de mútuo ganho. Ou seja, eles devem:

a) explorar as perspectivas de cada parte;
b) separar-se dos leilões, para evitar polarização;
c) iniciar a negociação pelo exame dos interesses, não pelas posições, para compreender os conflitos;
d) gerar muitas opções e não descartar qualquer delas prematuramente;
e) avaliar e acertar os critérios no início, para uma boa solução.

3 METODOLOGIA MULTICRITÉRIO PARA REDUÇÃO DE CONFLITOS

Um processo de negociação frequentemente tem sua complexidade advinda do fato de ser este processo dinâmico e mal estruturado com múltiplos participantes, opiniões divergentes, grupos de pressão etc. Além disso, muitas vezes os dados são imprecisos e os riscos não podem ser estimados adequadamente.

Observação: Segundo Moreira (1998), a negociação pode ser definida como o processo no qual a decisão mútua é feita com a concordância das partes envolvidas.

Na negociação (Gomes e Moreira, 1998), existem fatores (interesses) políticos e/ou econômicos, e não apenas técnicos, que participam do processo, e estes fatores podem dificultar e até impedir a chegada do consenso.

É em ambientes complexos desse tipo que decisões em grupo de naturezas empresariais, governamentais, trabalhistas, negociações internacionais ou militares devem ser tomadas. Por conseguinte, os estudos científicos da análise de conflitos (Gomes, 2006) e da facilitação da chegada ao consenso são altamente relevantes do ponto de vista prático. O termo *conflito* é aqui utilizado para definir qualquer interferência de um lado nas atividades de outro lado.

Hoje, em particular, o Engenheiro de Produção tem a seu dispor uma vasta gama de conceitos e procedimentos (ferramentas, técnicas, algoritmos e metodologias) da Pesquisa Operacional (PO) e da Engenharia de Sistemas que podem ser úteis no suporte à negociação e, sob esse aspecto, deve-se destacar o desenvolvimento dos denominados *Sistemas de Suporte à Negociação* (SSN), tanto na vertente informática como na analítica-matemática (Gomes e Moreira, 1998).

Observação: o nível de conflitos será um dos fatores que permitirão avaliar se será usado um sistema de apoio à decisão em grupo ou um sistema de apoio à decisão negociada.

Por outro lado, todo sistema computadorizado de suporte à negociação tem (ou deveria ter) embutido um modelo matemático orientado para tomada de decisão, bem com a busca do consenso, que neste caso específico é a decisão em grupo e a negociação. Assim sendo, pode-se conceituar o estudo sistemático de processos de negociação e resolução de conflitos como uma subdivisão do AMD, uma vez que tal processo implica uma decisão, naturalmente multicritério, em grupo. Portanto, SSN são, na verdade, *Sistemas de Apoio à Decisão Negociada* (SADN), sendo que a decisão resultante do processo pode ou não ser acordada pelas partes. Eventualmente, mais de uma decisão pode resultar do processo de negociação, o qual não conduz obrigatoriamente a um consenso, nem a uma relação de dominância ou fronteira Pareto-ótima (Jelassi, Kersten e Zionts, 1990).

Os critérios locais de negociação, por sua vez, podem ou não ser passíveis de ser negociados, dentro de uma margem de tolerância. Ao longo do processo, o acordo entre as partes pode simplesmente indicar o final do processo, do qual a negociação tanto pode ser ganha-ganha, como ganha-perde – no caso mais simples, mas nem por isso menos ilustrativo, de haver apenas dois negociadores (Gomes e Moreira, 1998).

Assim, diante de toda essa eventual complexidade, os SSN ou SADN praticamente podem lançar mão de técnicas analíticas de tratamento da informação imprecisa combinadas com métodos do AMD. Essas técnicas e métodos, no entanto, só muito ingenuamente poderiam ser utilizados externamente aos negociadores; espera-se, por conseguinte, que cada negociador tenha acesso a uma base de conhecimento que inclua pelo menos um método analítico.

Pessoas se envolvem em decisões em grupo, seja interorganizações seja intraorganizações, ou mesmo entre Estados soberanos, bem como sindicatos etc., quando existe o interesse na busca da solução de um problema que atinge os atores de decisão envolvidos. Para tal, estas pessoas, ou centros de decisão, a partir de agora denominadas atores da decisão/negociação ou simplesmente atores, juntam-se em grupos. Estes atores durante a decisão em grupo ou negociação devem buscar que (Leyva-López e Fernandez-González, 2003):

- as preferências individuais sejam convertidas em decisão coletiva;
- a decisão final dos grupos envolvidos seja produto das preferências e informações individuais dos atores de decisão envolvidos.

Para Hipel e Fraser (1984), têm-se que:

- Negociação é uma sequência de movimentos na qual os adversários buscam um consenso (se possível, favorável para as partes). Uma negociação pode ser *acomodativa* ou *coerciva*:
    - na negociação *acomodativa*, os movimentos são cooperativos e envolvem ajustes em direção a um compromisso;
    - na negociação *coerciva*, o movimento é agressivo e envolve um aumento em escala dos conflitos.
- Conflito é uma condição de oposição, em que as metas de um lado, e atitudes, afetam o outro lado (normalmente, a maximização das metas de um lado impede a maximização das metas do outro lado).
- Coalizão é a escolha de um grupo de jogadores por agir de forma conjunta para benefício mútuo.

3.1 Considerações iniciais sobre decisão em grupo e negociação
Decisão em grupo

O processo da decisão em grupo para Matsatsinis e Samaras (2001) pode:

- envolver uma diferenciação espacial (local ou remoto), pois é possível que haja interação face a face;
- ser temporal, pois podem ocorrer encontros ou apenas telefonemas, ou pode ocorrer troca de *e-mails* acarretando que a troca de informações pode ser síncrona ou assíncrona;
- ser cooperativo ou não;
- ser democrático, hierárquico ou conflitante.

A análise das alternativas por um grupo ou grupos de atores da decisão pode vislumbrar que existe:

a) a coletiva preferência por uma ou mais alternativas;
b) a coletiva não preferência por uma ou mais alternativas;
c) a coletiva indiferença por uma alternativa ou um grupo de alternativas;
d) conflito de forma coletiva;
e) a coletiva preferência fraca por uma ou mais alternativas;
f) a coletiva não classificação das alternativas (pode ser causada pela impossibilidade técnica e por vezes política de se efetuar a classificação da alternativa);
g) a coletiva repulsa pelas alternativas.

A grande dificuldade do processo decisório está em lidar com a necessidade de satisfazer a restrições, metas, objetivos e critérios conflitantes, sendo este o principal campo de pesquisa AMD (Chen e Lin, 2003). Takeda (2001) expõe que os problemas de decisão complexa envolvem critérios conflituosos, com classificações imprecisas das alternativas nos critérios, gerando incertezas e indeterminações, e identifica três fenômenos:

- imprecisões advindas da dificuldade de determinar os dados;
- indeterminações advindas do uso de forma arbitrária de métodos de avaliação das informações (escolha indevida dos métodos em face da quantidade de métodos existentes);
- incerteza advinda das variações dos dados ao longo do tempo.

Gomes (2003) propõe que o AMD, ao tratar dos fenômenos descritos por Takeda (2001), utilize a Teoria dos Conjuntos Nebulosos e/ou inferência baysiana para tratar as *imprecisões*; já a *incerteza* deveria ser tratada pela probabilidade; e as *indiscernibilidades* deveriam ser objeto de estudo da Teoria dos Conjuntos Aproximativos (TCA). A comparação das sugestões advindas pelo uso de métodos diferentes poderá auxiliar a identificação de erros no processo decisório e/ou identificar o(s) método(s) que melhor se aplica(m) ao processo decisório. O(s) decisor(es) deve(m) ter sempre em mente as limitações dos métodos de decisão, e que a própria escolha do método influencia o processo de decisão.

Negociação

A negociação pode seguir os seguintes passos:

- cada grupo ou cada ator participante fornece as suas informações e suas preferências, criando o seu grupo de alternativas de solução do problema, informando os critérios de avaliação utilizados e os pesos (importância) atribuídos aos critérios (Leyva-López e Fernandez-González, 2003);

- escolhe-se um grupo, ou pessoa (em discussões internacionais, um coordenador ou secretário), que por meio de sua autoridade tente buscar (sem impor) um conjunto de regras e priorizar as informações dos membros. Gomes (2003) propõe o uso da TCA para definição do conjunto de regras de negociação;
- o grupo aceita (por consenso) a decisão final fruto da agregação das preferências do grupo.

Gomes (2003) identifica durante o processo de negociação quatro situações que favorecem as indiscernibilidades:

a) conjuntos de alternativas podem ser indiscerníveis para um particular grupo de negociadores;

b) conjunto de alternativas podem ser indiscerníveis para todos os negociadores;

c) conjunto de alternativas tornam-se indiscerníveis, pois seus graus de factibilidade evoluem ao longo do processo;

d) as importâncias relativas atribuídas aos critérios de negociação em si podem ser indiscerníveis: (i) por dificuldade de atribuir peso (importância relativa) a um critério ou grupo de critérios; e/ou (ii) pela importância relativa dos critérios evoluírem ao longo do processo de negociação.

O processo de negociação, entre centros e/ou atores de negociação (pessoas, países, sindicatos etc.), obedece a três princípios básicos (Matsatsinis e Samaras, 2001):

- **definição prévia de uma estratégia** – antes de iniciar a negociação;
- **utilização de táticas para negociação (busca da solução do problema)** – durante a negociação;
- **organização do procedimento de sobrevivência (estratégico e tático)** – como proceder caso não se obtenham os resultados favoráveis.

Observação: para Hipel e Fraser (1984), uma estratégia de negociação só é possível quando um negociador possui bastante tempo para verificar todas as possibilidades. A tática de negociação dá-se sem grande oportunidade de tempo de análise; é realizada durante as negociações face a face e síncronas.

Durante a negociação, Matsatsinis e Samaras (2001) vislumbram duas grandes etapas:

- **etapa 1** – cada grupo esclarece as suas propostas (soluções para o problema) para negociação. Este é o estágio de aprendizagem (verifica-se como cada grupo entende o problema e quais são as preferências de cada grupo);
- **etapa 2** – surgimento de novas propostas fruto da aprendizagem, normalmente advindas da discussão ocorrida sobre as propostas da etapa 1.

Na evolução da etapa 1 para a 2, pode ocorrer:

- identificação de novas metas;
- substituição de metas;
- introdução de novos critérios e/ou alternativas;
- eliminação de critérios e/ou alternativas;
- mudança dos pesos (importância) atribuídos aos critérios.

Gomes (2003) identifica três categorias de alternativas que são contempladas por um negociador:

I – alternativas inicialmente consideradas factíveis e posteriormente consideradas não factíveis;

II – alternativas inicialmente consideradas não factíveis e posteriormente consideradas factíveis;

III – alternativas que surgem durante o processo de negociação, seja pela evolução do processo, seja pela evolução do meio ambiente ou pela entrada de novos atores no processo.

Em face do exposto, conclui-se que a negociação se caracteriza como um processo de expansão e contração do conjunto de alternativas (soluções factíveis). A intensidade de preferência dos decisores/negociadores pode ser afetada pelo número de alternativas, bem como pela contração e expansão das alternativas. E pode-se também supor que a distribuição marginal das preferências pelas alternativas não é uniforme.

Um grupo "muito grande" de negociadores pode dificultar a interação dos mesmos e impossibilitar que se obtenham compromissos entre os negociadores.

Depreende-se que a decisão e/ou negociação em grupo necessita de:

- informações das preferências dos atores definidas, ou o mais definido possível;
- definição(ões) do(s) problema(s) envolvido(s);
- grupo de alternativas a serem avaliadas;
- critérios de decisão, pesos atribuídos a estes critérios, ou faixa de pesos.

As dificuldades da negociação, ou da decisão em grupo, onde existem múltiplos problemas envolvidos (Matsatsinis e Samaras, 2001), mostram-se evidentes quando:

- os problemas são de difícil modelagem, principalmente no que se refere aos impactos sociais;
- é difícil satisfazer a todas as necessidades e às restrições (simultaneamente);
- tem-se que maximizar/minimizar objetivos conflitantes;
- envolvem critérios conflitantes;
- o uso de metodologias diferentes gera ordenações diferentes.

3.2 Uso do AMD em negociação e decisão em grupo

O nível de conflitos será um dos fatores que permitirá avaliar se será usado um sistema de apoio à decisão em grupo ou um sistema de apoio à decisão negociada. O AMD possibilita a priorização de alternativas em uma situação de critérios conflitantes, buscando satisfazer às restrições, com objetivos conflitantes. Assim, o AMD pode fornecer métodos para apoio à negociação e/ou decisão em grupo.

O uso de um sistema de apoio à negociação só é possível se for reconhecida a existência de um ou múltiplos problemas (comuns a ambos) e os atores envolvidos se conscientizarem da necessidade de usar um sistema que permita a "coletivização" da decisão.

O uso do AMD consiste em (Matsatsinis e Samaras, 2001):

- estruturar o processo da decisão, identificando regras de decisão, critérios e pesos dos critérios;
- representar as múltiplas visões dos atores da decisão;
- grupar preferências, elicitar os valores do grupo.

Observação: o AMD inicia a busca da(s) alternativa(s) de solução do problema pelas soluções e alternativas não dominadas.

A literatura identifica algumas aproximações para a decisão em grupo na visão multicritério (Leyva-López e Fernandez-González, 2003), tais como:

- os atores de decisão identificam as alternativas, critérios com pesos e demais parâmetros julgados importantes, a partir de perguntas individuais, e depois os apresentam aos grupos envolvidos. A partir disto, por meio de ferramentas e/ou metodologias, buscam chegar a uma opinião coletiva; e posteriormente faz-se a ordenação das alternativas utilizando um método ou metodologia previamente acordados.
- cada ator de decisão identifica os parâmetros julgados importantes, e posteriormente qual método ou metodologia mais lhe agrada, faz a ordenação das

alternativas, e, a seguir, cada ator traz a sua ordenação e, a partir das ordenações dos vários decisores, busca-se o consenso.

Matsatsinis e Samaras (2001) afirmam que os métodos do AMD são uma excelente ferramenta para redução (apoio a diminuição) dos conflitos interpessoais quando o objetivo é obter o consenso entre grupos ou pessoas, senão, pelo menos, buscando a minimização de conflitos individuais. Um grande obstáculo a qualquer processo de decisão em grupo e mais ainda na negociação é que cada participante tem a sua percepção do problema alterada de acordo com os resultados possíveis da decisão ou negociação. A percepção das diferenças de visões do problema e/ou preferências individuais aparece quando se pretende um modelo que agregue as preferências do grupo, baseado nas preferências individuais. O AMD, em decisões em grupo, é aplicável a:

- definição inicial do problema, estipulação de regras gerais de decisão e normas do grupo;
- elicitação de preferências individuais, posteriormente agregando-as para gerar as opiniões dos subgrupos e grupos, que refletirão os pontos de vista individuais;
- priorização das alternativas e avaliação dos critérios com pesos;
- resolução dos conflitos, seja de importância dos critérios, seja na "função objetivo".

O AMD é uma área dinâmica do conhecimento e da pesquisa, orientada para apoiar os decisores e os negociadores, auxiliando na estruturação dos problemas, permitindo expandir a argumentação e ampliando a capacidade de aprendizagem e compreensão.

3.3 Metodologia proposta

Ao longo de um processo típico de negociação, alternativas e critérios (quantidade) evoluem, bem como evoluem a importância atribuída aos critérios, e por consequência, a importância de uma alternativa. Captar tal evolução de uma forma *online* implica saber resolver as múltiplas imprecisões eventualmente causadas por hesitações ou dúvidas, associadas aos cenários que vão se desvendando durante o processo (Moreira e Gomes, 1995).

Negociação internacional

Uma negociação internacional que ao final gere, por exemplo, uma convenção aceita pelos países participantes não necessariamente significa que esta entrará em vigor, pois:

a) normalmente, para homologação de uma convenção, existem negociações ditas "técnicas" que antecedem uma reunião diplomática (onde os embaixadores homologam a convenção). Existe a necessidade de um número predeterminado, normalmente de dois terços dos presentes, ou dois terços dos países filiados à organização, aprovarem o texto para a homologação diplomática. A alteração do quórum de países, seja pela ausência de um país, seja pela presença de outro na homologação diplomática, pode alterar este valor de dois terços, que anteriormente tinham aprovado a convenção;

b) entre uma reunião e outra, um país pode mudar sua posição;

c) após a homologação diplomática, existe a assinatura, porém, por vezes, a assinatura só é possível após a aprovação do legislativo do país, no caso do Brasil o Senado Federal, que por algum motivo pode não aceitar e/ou atrasar a autorização (e a consequente homologação), e, assim, o documento pode ter de esperar alguns anos para ter as assinaturas mínimas para entrar em vigor. Caso este período se estenda, algum país pode pedir revisão da convenção, motivado "por mudanças no cenário mundial, ou evoluções tecnológicas" ou outro motivo, e assim, reiniciar o processo.

Por vezes, vários processos de negociação ocorrem paralelos, em fóruns diferentes, até em países diferentes, e a mudança de posição de um negociador e/ou a flexibilidade de este negociador mudar a sua posição ou chegar a um acordo pode ser fruto de uma atitude semelhante do outro negociador em outro processo de negociação; por exemplo, a negociação do país A com o país B para a compra por parte de A de aviões de guerra, onde o país B é um dos cinco possíveis fornecedores pode ocorrer simultaneamente com a concorrência internacional de uma grande empresa de aviação comercial do país B, onde o país A dispõe de uma empresa que fabrica aviões comerciais, e é um dos possíveis fornecedores. Logo, a vitória de B na concorrência de A pode ser negociada com a vitória de A na concorrência de B.

Observação: a decisão em grupo e a negociação frequentemente podem usar as mesmas ferramentas para apoiar o processo, porém isso não caracteriza que sejam sinônimos. Um exemplo diferenciador clássico é que a decisão em grupo permite o uso da votação para sair de um impasse, fato que não é aceito na negociação. O nível de conflitos será um dos fatores que permitirão avaliar se será usado um sistema de apoio à decisão em grupo ou um sistema de apoio à decisão negociada.

Saliente-se que uma delegação que vai para uma negociação pode ter internamente pontos divergentes e conflitantes. Exemplifica-se o caso de uma negociação internacional para normas portuárias, na qual um país que envia em sua delegação um membro do Ministério do Meio Ambiente e um membro do Ministério do Transporte. Estes podem ter opiniões diferentes sobre os gastos com proteção ambiental no porto. Diante do exemplo anteriormente exposto, a própria posição de uma delegação já é fruto de uma negociação.

Teoria dos Conjuntos Aproximativos – TCA (ver Anexo C)

A TCA pode ser utilizada na modelagem analítica embutida em um SSN nas seguintes etapas de tal modelagem:

a) definição de uma função F(x,y), denominada "função negociação", no caso em que há somente dois agentes de negociação; no caso mais geral, essa função poderá ter n argumentos (ou negociadores), sendo n um número inteiro, positivo e maior ou igual a dois;

b) construção de C = conjunto de critérios; esse conjunto será a união dos critérios cx, próprios do negociador x, e cy, próprios do negociador y. A função F só é definida se $C \neq \emptyset$;

c) geração de W = conjunto dos pesos dos critérios c_x e c_y, sendo assim, W = (w_x, w_y);

d) identificação do peso do negociador (ou delegação) (x,y) ou o peso do grupo que o negociador representa.

Observação: esse fator denominado "peso do negociador" tem grande relevância em fóruns internacionais, onde o peso do negociador (representação do país) é, basicamente, produto dos seguintes fatores:

a) capacidade da delegação em se expressar na língua da negociação, pois nem sempre existe tradução simultânea;

b) credibilidade do país, que é fruto do somatório do seu poder econômico, diplomático, político e militar – por vezes, uma forte preponderância de um destes poderes (especialmente, o militar ou o econômico) pode fazer uma delegação ignorar um acordo ou até as normas de condução de uma negociação; o exemplo que se vê no mundo de hoje, pode ocorrer de uma superpotência militar que tem um "peso" que lhe permite ignorar decisões da ONU e/ou impor-se perante esta organização. Situações como essa podem, no médio prazo, criar um descrédito nos fóruns internacionais, o que pode levar inclusive à sua dissolução, como aconteceu com a Liga das Nações em 1946, uma vez que esta organização não conseguira evitar as agressões que antecederam e geraram a Segunda Guerra Mundial. A oposição a um país com peso do negociador extremamente alto está na formação de uma opinião pública internacional que possa desmotivá-lo de uma atitude hegemônica, demonstrando ojeriza a este comportamento e podendo culminar com boicotes a seus produtos que gerem um impacto econômico que force a opinião pública do país a fazer o seu governo rever suas posições;

c) credibilidade dos membros da delegação, fruto dos conhecimentos específicos sobre o assunto que está sendo negociado, por exemplo, quando se discutem normas de navegação, uma delegação com diplomatas, engenheiros navais, oficiais de Marinha Mercante, oficiais de Marinha de Guerra etc., tem mais força que uma delegação composta unicamente por diplomatas. A apresentação de artigos e/ou documentação técnica baseada em pesquisas feitas pelos membros da delegação, e/ou retirada de periódicos ou livros, é uma forma de aumentar a credibilidade das propostas apresentadas. A apresentação de uma proposta contrária aos interesses de um grupo pode ser facilitada apresentando-se documentação que conteste a posição do outro grupo, ou que, pelo menos, apresente "outra visão" que seja favorável, demonstrando que a "comunidade científica" está dividida, e a posição contrária aos nossos interesses não é a única;

d) quantidade de membros na delegação, pois frequentemente coexistem em uma negociação fóruns paralelos e torna-se necessário fazer-se presente em todos, e a existência de uma delegação com múltiplos conhecimentos, como descrito no exemplo anterior, facilita a delegação a emitir opiniões ou discutir um tema sob várias óticas;

e) quantidade de votos que a delegação possui; por exemplo: quando a União Europeia "fecha" questão em uma negociação, sempre haverá tantos votos na questão quanto os membros da União Europeia (países), ou uma situação em que a Rainha do Reino Unido é Chefe de Estado de mais de um país, é possível solicitar apoio destes países, em que ela é Chefe de Estado, a uma causa de interesse do Reino Unido.

Ao iniciar um processo de negociação, poderá ocorrer que os negociadores x e y identifiquem um mesmo conjunto de critérios, $c_x, c_y \in C$, para negociação, porém atribuam pesos, $w_x, w_y \in W$ (importância) diferentes.

Nesse caso, c_x poderá ser igual a c_y, porém $w_x \neq w_y$; ou poderá ocorrer que os negociadores x e y identifiquem critérios diferentes; assim, tem-se $c_x \neq c_y$. Neste último caso, um decisor poderá convidar o outro a atribuir pesos aos critérios, após a definição do conjunto de critérios a ser utilizado.

A situação ideal será aquela em que os decisores atribuírem os mesmos pesos ao conjunto de critérios identificados.

Identificação de uma função $L(x,y)$ ou, o que é equivalente, $L(F(x,y), A)$, sendo A o conjunto de objetos factíveis da negociação (ou ações potenciais factíveis ou alternativas de negociação); uma vez que se pretende maximizar L, a TCA, por meio do índice de indiscernibilidade, possibilitará o desenvolvimento de algoritmos maximizadores.

O conjunto A tem na sua definição os seguintes pontos a considerar (Halpern e Chu, 2001):

- conjunto S, no qual $s_i \in S$, s_i representa cada cenário, ou possível cenário futuro, que o negociador vislumbra, no qual cada s_i possui associada a esta uma probabilidade (P_i) atribuída pelo negociador;
- conjunto O, no qual $o_j \in O$, o_j representa as observações do negociador.

A expressão da $F(c_x, c_y, w_x, w_y)$ assumirá valores de zero a um, uma vez normalizada – onde zero significa conflito total, ao passo que um significa consenso total. Com isso, associa-se a $F(x,y)$ o conceito de índice de indiscernibilidade da TCA. O peso do negociador influenciará sobremaneira na atribuição dos valores zero a um em $F(x,y)$.

Para a negociação progredir, é necessário verificar:

- como um grupo aceita ou não as posições do outro grupo que são contrárias às suas posições – explorar as perspectivas de cada parte;
- quais são os pontos de interesse comum e quais os de divergência – iniciar a negociação pelo exame dos interesses, e não pelas posições divergentes e buscar compreender os conflitos (Gomes et al., 1996);
- se é possível encorajar os pontos de cooperação para reduzir a competição – gerar muitas opções e não descartar qualquer delas prematuramente;
- se a introdução de novas regras e/ou grupos de negociadores impacta positiva ou negativamente no processo de negociação (neste caso, com a visão ganha-ganha); deve-se pensar como a introdução destas regras e participantes faz progredir a negociação melhorando a "nossa posição".

Se há chances de coalizões (como foi exemplificado anteriormente com a União Europeia etc.), as alianças podem ser formadas por interesses comuns; por exemplo, países subdesenvolvidos podem quebrar patentes de remédios para fabricação nacional e, assim, melhorar o padrão de vida da população.

3.3.1 Exemplo numérico

Passa-se agora a mostrar como as indiscernibilidades existentes em um processo de negociação podem ser resolvidas pela TCA. Como exemplo ilustrativo, considera-se o sistema de informação (Tabela 5.1), disponível em dado momento do processo de negociação, a seguir representado. Em tal sistema, o atributo de decisão pode assumir alternativamente os valores F (factível) e NF (não factível), tendo-se seis ações ($a_1, a_2, ... , a_6$) que são os objetos de negociação, seis atributos de condição e os critérios de negociação ($c_1, c_2, ... , c_6$).

Tabela 5.1 Alternativas classificadas nos critérios

	c_1	c_2	c_3	c_4	c_5	c_5	Atributo
a_1	5	3	5	3	6	4	F
a_2	4	5	5	1	1	5	F
a_3	3	5	4	3	2	5	NF
a_4	3	6	3	2	1	4	NF
a_5	5	4	4	6	5	3	F
a_5	5	4	4	6	5	3	NF
a_6	2	3	6	3	4	4	F
a_6	2	3	6	3	4	4	NF

Observação: A aproximação inferior é uma região onde positivamente sabe-se que os elementos pertencem ao conjunto em análise. A aproximação superior (Anexo C) corresponde ao máximo de objetos que podem pertencer ao conjunto em análise.

Pela aproximação inferior, tem-se P̱Y̱F[a_1, a_2], P̱Y̱NF [a_3, a_4]. Pela aproximação superior, por sua vez, tem-se PYF [a_1, a_2, a_5, a_6], PYNF [a_3, a_4, a_5, a_6]. Vê-se, assim, que tanto F como NF têm 50% de indiscernibilidade.

Por intermédio de a_1, a_2, a_3 e a_4, obtêm-se as seguintes regras:

- regra 1 – se $c_1 \geq 4$ e $c_3 \geq 5$, a alternativa é considerada F;
- regra 2 – se $c_1 \leq 3$, é considerada NF.

Observação: poder-se-ia fazer uma simplificação, neste exemplo, colocando-se apenas a regra: $c_1 \geq 4$ e $c_3 \geq 5$; a alternativa é considerada F; caso contrário, NF, mas para melhor entendimento da metodologia mantiveram-se as duas regras.

Aplicando-se as regras anteriores às alternativas a_5 e a_6, verifica-se que a_5 atende à regra 1 em c_1, mas não atende à regra 1 para c_3; por conseguinte, é considerada NF. Por outro lado, a_6 atende à regra 1 para c_3, mas não atende à regra 1 em c_1, e a_6 enquadra-se à regra 2; logo, a_6 também é considerada NF.

Essa análise, portanto, indica que a indiscernibilidade é removível e que os critérios c_2, c_4, c_5 e c_6 (Tabela 5.2) não são relevantes para a negociação. Uma análise idêntica a essa pode ser efetuada para outras situações usualmente encontradas em processos de negociação. O novo sistema de informação (Tabela 5.2) será:

Tabela 5.2 Alternativas classificadas nos critérios relevantes

	c_1	c_3	Atributo
a_1	5	5	F
a_2	4	5	F
a_3	3	4	NF
a_4	3	3	NF
a_5	5	4	NF
a_6	2	6	NF

Assim, chega-se à regra única: se $c_1 \geq 4$ e $c_3 \geq 5$, a alternativa é considerada F; caso contrário, é considerada NF.

Observação: a TCA permitiu verificar que, neste exemplo, somente dois critérios (c_1 e c_3) foram considerados relevantes para classificar as alternativas como F ou NF.

Procedimentos

Os seguintes procedimentos devem ser adotados em um processo de negociação e/ou em uma decisão em grupo:

a) identificar as preferências individuais e convertê-las em decisão coletiva;
b) verificar, caso seja negociação, se esta é coercitiva ou acomodativa;
c) identificar conflitos e coalizões;
d) fazer coalizões quando necessário for;
e) identificar se o processo é local ou remoto; se é temporal; se é cooperativo, democrático, hierárquico ou conflitante;
f) identificar se ocorrem coletivas preferências (ou não preferências ou indiferenças) e onde estão estas preferências;
g) verificar onde estão as imprecisões, indeterminações e incertezas, e identificar como tratá-las;
h) identificar como será procedida a agregação de informações, se será por indivíduo, por grupo, ou pelos dois processos e quais metodologias serão utilizadas para agregação;
i) estudar/identificar/saber qual(is) a(s) limitação(ões) da(s) metodologia(s) utilizada(s);
j) verificar se existe uma pessoa escolhida pelo grupo para auxiliar na busca pelo consenso;
k) identificar quais serão a estratégia e a tática na negociação;
l) verificar quais são as metas, critérios, alternativas e importâncias atribuídas a estes parâmetros;
m) verificar se a etapa de aprendizagem foi concluída;
n) identificar quais novas propostas surgiram durante a aprendizagem;
o) verificar se as múltiplas visões foram identificadas durante a aprendizagem.

4 TEORIA DA UTILIDADE MULTIATRIBUTO, TEORIA DOS CONJUNTOS NEBULOSOS E TEORIA DOS JOGOS

Uma vez maximizada a "função negociação", descrita anteriormente, o decisor poderá utilizar-se da Teoria da Utilidade Multiatributo (Capítulo 6) para construção de uma nova função que traduzirá a "agregação de valor" de cada alternativa. Esta nova função trará dois benefícios seguintes:

a) permitirá verificar a sensibilidade do resultado obtido pela TCA;
b) viabilizará a priorização das alternativas.

Vislumbra-se a utilização da Teoria dos Conjuntos Nebulosos (Anexo C) no auxílio aos negociadores para, no campo das possibilidades, procurar-se responder às seguintes perguntas:

a) Qual a possibilidade de uma negociação particular alcançar um resultado de consenso?

b) Qual a possibilidade do negociador x conseguir junto ao negociador y um dado resultado?

Observação: existe neste caso o pressuposto de que é possível obter-se um resultado de consenso. Em um processo de negociação, pode acontecer de não ser possível encontrar-se um consenso ou meio-termo. Estes pontos inegociáveis normalmente são os ditos "pontos de honra". Esta situação pode acarretar:

- saída do negociador do processo, que pode ou não inviabilizar a negociação;
- retirada, quando possível, deste ponto conflitante da negociação;
- postergação do ponto, com todas as alternativas existentes, sem negociá-las, e prosseguimento da negociação de outros pontos, com o compromisso de voltar a ele no futuro;
- postergação de todo o processo de negociação.

A Teoria dos Jogos é uma teoria matemática que trata os aspectos gerais de situações competitivas, dando ênfase ao processo de tomada de decisão dos adversários. A Teoria dos Jogos desenvolve critérios racionais para a seleção de uma estratégia.

A Teoria dos Jogos está inserida na Pesquisa Operacional e na Economia e pretende descrever e prever o comportamento decisório e/ou econômico utilizando modelos matemáticos, visando à análise e à coordenação de situações de conflito. O decisor disputa um jogo com um oponente não passivo, pois os jogadores tentam ativamente promover as respectivas prosperidades, em oposição ao outro. Um jogo pode ser definido como uma interação entre agentes regulados por um conjunto de regras que especificam os movimentos possíveis de cada participante e por um conjunto de resultados para cada possível combinação de movimentos. Whinston e Mas-Colell (1995) definem jogo como "uma representação formal de uma situação em que os indivíduos (jogadores) interagem por meio de um conjunto de estratégias de forma interdependente". O jogo é uma situação na qual um ou mais jogadores confrontam-se em busca de certos objetivos conflitantes, é uma disputa envolvendo oponentes, cada qual querendo obter o maior ganho.

Observação: Um jogo é dito de informação completa quando os jogadores têm níveis de informação no jogo equivalentes, e as regras que norteiam cada ação no jogo são de conhecimento comum para cada participante.

Ao se estudar a negociação sob o enfoque da Teoria dos Jogos, observa-se que o objetivo de maximização é limitado pela capacidade do ser humano de discernir o mundo, neste compreendidos os critérios e seus diferentes graus de importância, o que sugere haver um limite para a racionalidade.

Um jogo não cooperativo é como a representação formal de uma situação em que um número de indivíduos interage dentro de um conjunto de estratégias interdependentes.

Jogos cooperativos são aqueles em que os jogadores interagem para conseguir os melhores resultados para todos. Por outro lado, nos jogos não cooperativos cada jogador busca somente o que é melhor para si.

Conceitos importantes:

- Os jogos podem ter duas pessoas ou *n* pessoas.
- Jogos podem ser de soma zero quando a soma dos ganhos e perdas é zero, e soma não zero quando ocorre o oposto.

Observação: A Teoria dos Jogos descreve a seguinte situação estratégica:

a) *jogadores* – pessoas, instituições, centros de decisões, países etc. envolvidos, supondo-se que sejam racionais, agindo na forma de maximizar as suas utilidades (Souza, 2002). Saliente-se que uma decisão pode ser racional pelos valores de um jogador e não ser racional pelos valores de outro;

b) *regras* – como jogar, como se comportar, o que o "outro" pode fazer, o que o "outro" sabe;

c) *conjunto de ações* – são as diversas sequências de ações que podem ser adotadas ao longo do tempo pelos jogadores envolvidos (Souza, 2002). Uma jogada ou movimento é o modo como progride o jogo de uma fase para outra, a partir da posição inicial até o último movimento;

d) *resultados* – para cada conjunto de ações dos jogadores, tem-se o "resultado do jogo";

e) *payoffs ou retornos* – quais são as preferências dos jogadores e qual é a utilidade que cada jogador obtém de cada resultado possível;

f) *estratégia* – uma estratégia é a lista de opções ótimas para cada jogador, em qualquer momento do jogo.

O ponto de equilíbrio, em que nenhum jogador tem incentivo para trocar a sua estratégia, também definido como o ponto em que cada jogador está fazendo o melhor que pode para si, é o equilíbrio de Nash. O equilíbrio de Nash traduz-se em um jogador buscar o melhor resultado dentro da estratégia escolhida, adotada, pelo jogador rival (Whinston e Mas-Colell, 1995). A ausência de equilíbrio tornará necessário expandir o conjunto de ações (alternativas que surgem durante o processo, como explanado anteriormente).

Na Tabela 5.3, tem-se a representação de um jogo, em que o jogador X tem quatro estratégias $(X_1, X_2, X_3 \text{ e } X_4)$ e este identifica o mínimo que pode obter em cada uma. O jogador Y, que também tem quatro estratégias $(Y_1, Y_2, Y_3 \text{ e } Y_4)$, buscará obter o máximo em cada uma das possíveis estratégias de X, o cruzamento de X_3 com Y_2 permite ao jogador X conseguir um valor razoável e permite ao jogador Y maximizar o seu ganho, houve um ponto de cela (equilíbrio de Nash).

Tabela 5.3   Equilíbrio de Nash – soma zero

Estratégias	Y_1	Y_2	Y_3	Y_4	Mínimos das linhas
X_1	−3	3	5	7	−3
X_2	−2	−1	−2	7	−2
X_3	6	5	7	8	5
X_4	7	−2	3	4	−2
Máximos das colunas	7	5	7	8	

Na Tabela 5.3, existe um ponto de cela que é o cruzamento das estratégias X_3 e Y_2.

Tabela 5.4   Não existe equilíbrio de Nash

Estratégias	Y_1	Y_2	Mínimos das linhas
X_1	−3	3	−3
X_2	2	−1	−1
Máximos das colunas	2	3	

Na Tabela 5.4, não existe um ponto de cela.

Logo:

Atribuindo valor p para a estratégia X_1 e $(1 - p)$ para a estratégia X_2 tem-se, na coluna Y_1:

$$-3p + 2(1 - p) = -3p + 2 - 2p = -5p + 2$$

e para a coluna Y_2:

$$3p - 1(1 - p) = 3p - 1 + p = 4p - 1$$

Igualando, tem-se:

$$-5p + 2 = 4p - 1;\ -5p - 4p = -2 - 1;\ -9p = -3;\ p = 3 \div 9;\ 0{,}3333 = 33{,}33\%$$

Logo, a estratégia X_1 será usada 33,33% das vezes e X_2 (100 − 33,33 =) 67,77% das vezes.

Efetua-se o mesmo cálculo para as estratégias de Y.

Atribuindo q para Y_1 e $(1 - q)$ para Y_2, tem-se:

$$-3q + 3(1 - q) = -3q + 3 - 3q = -6q + 3$$

$$2q - 1(1 - q) = 2q - 1 + q = 3q - 1$$

Igualando:

$$-6q + 3 = 3q - 1 : -9q = -1 - 3; -9q = -4; q = 4 \div 9 = 44{,}44\%$$

A estratégia Y_1 será usada 44,44% e a estratégia Y_2 = 55,56% das vezes.

Soma não zero

A situação de soma não zero, quando o ganho de um jogador não acarreta a perda do outro jogador, é exemplificado na Tabela 5.5 que se segue:

Tabela 5.5 Soma diferente de zero com dois pontos de cela

Estratégias	Y_1	Y_2	Y_3	Y_4	Máximo
X_1	3,2	<u>5,6</u>	5,3	7,1	6
X_2	2,1	1,0	2,4	7,2	4
X_3	6,3	3,1	<u>7,7</u>	8,3	7
X_4	1,4	2,2	3,6	4,4	6
Máximo	6	5	7	8	

A Tabela 5.5 mostra que a estratégia X_1 permite ao jogador X obter valor 3 quando ocorre a estratégia Y_1, obtêm valor 5 quando a estratégia for Y_2, e 5 para Y_3 e 7 para Y_4.

O jogador Y obtém valor máximo 2 para a estratégia X_1, 1 para a estratégia X_2, 3 para a estratégia X_3 e 4 para a estratégia X_4.

Logo, para a estratégia X_1, o jogador Y tem as estratégias Y_1, obtendo valor 2; estratégia Y_2 obtendo 6, estratégia Y_3 obtendo 3 e estratégia Y_4 obtendo 1, o maior valor entre 2, 6, 3 e 1 é 6, assinalado na última coluna.

O máximo que X obtém para a estratégia de Y_1 é 3 para a estratégia X_1, 2 para a estratégia X_2, 6 para a estratégia X_3 e 1 para X_4, e o maior valor é 6, que é assinalado na última linha. Assim, sucessivamente para as demais estratégias.

Pontos de cela: 5,6 (X_1 e Y_2) e 7,7 (X_3, Y_3)

Ótimo de Pareto: 7,7, é o ponto de cela que tem maior valor para os dois jogadores

Observação: Para Souza (2002), o termo *negociação* é tratado como jogos cooperativos, e ao contrário, os jogos não cooperativos, em que existe um conflito de interesses, são tratados pela Teoria dos Jogos. Os jogos cooperativos ocorrem quando existem interesses complementares. Em qualquer processo com dois ou mais jogadores, fica muito difícil ocorrer isoladamente um jogo cooperativo e um não cooperativo. O que ocorre são oscilações de um para o outro. A flexibilidade de um jogador em um jogo não cooperativo poderá ser função da atitude do outro jogador em um jogo não cooperativo de que ambos tenham participado anteriormente.

A utilidade dos jogos pode ser calculada pela teoria de von Neumann e Morgenstern (1953) e pela Teoria da Utilidade Multiatributo, desenvolvendo da função $\mu(G_i)$ (Souza, 2002):

$$\mu(G_i) = \mu[\lambda_i \rho_j + (1 - \lambda_i)\rho_k] = \lambda_i \mu(\rho_j) + (1 - \lambda_i)\mu(\rho_k)$$

sendo ρ_j, $j = 1, 2, ..., n$, ρ_k, $k = 1, 2, ..., n$, no qual r_j são as perguntas ou comparações que cobrem todo o processo; nesta situação, associa-se uma probabilidade λ_i de obtenção de um resultado ρ_j ou uma probabilidade $(1 - \lambda_i)$ de se obter um resultado ρ_k.

Torna-se intuitivo que um aumento de perguntas, ou comparações, pode gerar um consequente aumento de inconsistências (Souza, 2002). Uma possibilidade de reduzir estas inconsistências, pela retirada de perguntas que não agreguem utilidade, é o uso da TCA, como mostrado anteriormente, em que as alternativas seriam as perguntas, e os critérios seriam as probabilidades λ. A utilidade μ está no cruzamento das linhas com as colunas, exemplificado a seguir na Tabela 5.6.

Tabela 5.6 Perguntas e a utilidade correspondente

	$\mu(\lambda_i \rho_j)$	$\mu((1 - \lambda_i)\rho_k)$	Atributo
ρ_1	5	5	F
ρ_2	4	5	F
ρ_3	3	4	NF
ρ_4	3	4	NF
ρ_5	5	4,1	F
ρ_6	5	4,1	NF
ρ_7	2,5	6	F
ρ_8	2,5	6	NF

Pela aproximação inferior, tem-se PYF[ρ_1, ρ_2], PYNF [ρ_3, ρ_4]. Pela aproximação superior, por sua vez, tem-se PYF [ρ_1, ρ_2, ρ_5, ρ_6, ρ_7, ρ_8], PYNF [ρ_3, ρ_4, ρ_5, ρ_6, ρ_7, ρ_8]. Vê-se, assim, que tanto F como NF têm 33,33% de indiscernibilidade. Observando que ρ_5 é igual a ρ_6, e ρ_7 é igual a ρ_8, obtêm-se as regras iniciais:

- regra 1 – se $\mu(\lambda_i \rho_j) \geq 4$ e $\mu((1 - \lambda_i)\rho_k) \geq 5$, a alternativa é considerada F;
- regra 2 – se $\mu(\lambda_i \rho_j) \leq 3$ ou $\mu((1 - \lambda_i)\rho_k) \leq 4,1$, é considerada NF.

A regra 2 pode ser eliminada pela regra 1, ficando apenas: se $\mu(\lambda_i \rho_j) \geq 4$ e $\mu((1 - \lambda_i)\rho_k) \geq 5$, a alternativa é considerada F, caso contrário NF. Nesta situação, não foi possível reduzir os critérios de decisão. O novo sistema de informação (Tabela 5.7) será:

Tabela 5.7 Utilidades relevantes definindo a factibilidade

	$\mu(\lambda_i \rho_j)$	$\mu((1-\lambda_i)\rho_k)$	Atributo
ρ_1	5	5	F
ρ_2	4	5	F
ρ_3	3	4	NF
ρ_4	3	3	NF
ρ_5	5	4,1	NF
ρ_6	5	4,1	NF
ρ_7	2,5	6	NF
ρ_8	2,5	6	NF

Para Dias (2002), o apoio à decisão busca os valores precisos e, para tal, frequentemente, utiliza-se das seguintes questões:

a) Existe consenso entre os decisores acerca de um valor?
b) É possível utilizar-se da votação para resolver o impasse?
c) Pode-se fazer uma média (aritmética ou geométrica) para buscar um "meio-termo"?
d) É conhecido algum valor futuro?
e) Podem-se fazer estimativas?
f) Podem-se vislumbrar cenários futuros?
g) Existe hesitação sobre o "peso" de um ou mais critérios?
h) É possível criar-se um questionamento que ajude a elicitação destes valores?
i) Será arbitrado um valor para o início do debate?
j) Fez-se uma análise de sensibilidade dos valores utilizados?
k) Quais as teorias que tratam do não determinismo (imprecisão, ambiguidade e/ou incerteza) que poderão ser utilizadas?

Uso do Modelo do Hiperjogo

O Modelo do Hiperjogo é aplicado quando (Hipel e Fraser, 1984):

- existe um falso entendimento das preferências entre os jogadores; e/ou
- tem-se uma compreensão incorreta das posições entre os jogadores.

Modelo do Hiperjogo:

G_i = percepção total do jogo pelo jogador i;

V_i = preferência de cada jogador i;

V_{iq} = preferência do vetor V pelo jogador i imaginada pelo jogador q;

Tabela 5.8   Modelo do Hiperjogo

Percepção do jogador	Percepção do jogo por cada jogador			
	1	2	...	n
1	V_{11}	V_{12}	...	V_{1n}
2	V_{21}	V_{22}	...	V_{2n}
...	...	...	...	...
N	V_{n1}	V_{n2}	...	V_{nn}
	G_1	G_2	...	G_n

$G = \{V_1, V_2, ..., V_n\}$, para $i = 1, ..., n$;

$G_q = \{V_{1q}, V_{2q}, ..., V_{nq}\}$, para os n jogadores na visão de q (Tabela 5.8);

H = somatório da percepção dos jogadores;

$H = \{G_1, G_2, ..., G_n\}$;

H_q = percepção das preferências dos outros jogadores por q, G_{iq}, para $n = 1, ..., n$;

$H_q = \{G_{1q}, G_{2q}, ..., G_{nq}\}$;

Tabela 5.9   Modelo do Hiperjogo

Percepção do jogador	Percepção do jogo por cada jogador			
	1	2	...	n
1	G_{11}	G_{12}	...	G_{1n}
2	G_{21}	G_{22}	...	G_{2n}
...	...	...	...	...
N	G_{n1}	G_{n2}	...	G_{nn}
	H_1	H_2	...	H_n

H^2 = percepção dos jogadores do jogo como um todo = $\{H_1, H_2, ..., H_n\}$ (Tabela 5.9).

4.1   Métodos TODIM e TOPSIS

4.1.1   Método TODIM

A Teoria dos Prospectos (*Prospect Theory*), orientada para o tratamento do risco, bem como a Teoria da Utilidade Multiatributo (MAUT), são úteis para priorizações de alternativas no processo de negociação, e o uso de métodos multicritério como **TOPSIS** (*Technique for Order Preference by Similarity to Ideal Solution*) poderá reduzir o número de alternativas para o início da negociação. Acopladamente à utilização desse método multicritério, de modo a estabelecer-se para dois negociadores (x e y) as alternativas que possuem maior agregação de valor E^+ e as alternativas que possuem a menor agregação de valor E^-, posteriormente dois caminhos podem ser delineados.

a) buscar inicialmente o consenso, por negociação, de E^+ e E^- para cada negociador, e assim obter uma alternativa intermediária; e/ou

b) estabelecer uma alternativa intermediária por negociador e, a partir destas alternativas intermediárias, buscar o consenso (busca do equilíbrio pelo desenvolvimento de novas alternativas).

A Teoria dos Prospectos pertence ao campo da psicologia cognitiva. Um dos seus principais aspectos é a modelagem do comportamento do ser humano diante do risco, no que diz respeito à tomada de decisões. O comportamento de decisores, observados pelos desenvolvedores da teoria, mostra que, nas situações que envolvem ganhos, seres humanos tendem a ser mais conservadores em relação ao risco e, em situações que envolvem perdas, mostram-se mais propensos ao risco. Isto é, quando se estabelece uma situação em que se pode ganhar, prefere-se um ganho menor, porém certo, a se arriscar por ganhos maiores e incertos. Em situações que envolvem perdas, as pessoas preferem se arriscar a perder mais, porém, com a possibilidade de nada perderem, a ter uma perda menor, porém, certa. Foi verificado esse comportamento do ser humano por meio de vários experimentos, aplicados a uma quantidade considerável de pessoas. A figura a seguir expressa a função de valor da Teoria dos Prospectos.

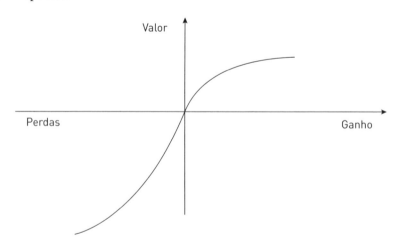

Figura 5.1 – Função de valor da Teoria dos Prospectos.

O método multicritério TODIM é um método de AMD de uso corrente e amplo, calcado no paradigma da Teoria dos Prospectos. Sobre o método TODIM consulte, além de Gomes, Araya e Carignano (2004), Gomes, Gomes e Maranhão (2010); Gomes, Gomes e

Rangel (2009); Gomes e Lima (1991, 1992); Gomes e Rangel (2009); Gomes, Rangel e Maranhão (2009); Nobre, Trotta e Gomes (1999); e Rangel, Gomes e Cardoso (2011). Chen, Zhang, Kang, Fan e Chen (2010) estenderam o método TODIM no sentido de poderem trabalhar com dados imprecisos, expressos por números intervalores.

Dentre os vários métodos multicritério destinados a resolver problemas realísticos de tomada de decisão na presença de múltiplos critérios, TODIM (acrônimo em português para Tomada de Decisão Interativa e Multicritério) foi um dos primeiros métodos a fundamentar-se no comportamento psicológico do tomador de decisão. O método TODIM fundamenta-se na teoria acumulativa dos prospectos (Tversky e Kahneman, 1992), segundo a qual ganhos e perdas partem de um ponto de referência, para cada critério. O método TODIM foi concebido em sua formulação original pelo primeiro autor deste livro e publicado por Gomes e Lima (1991, 1992). Presentemente, o método TODIM tem sido aplicado com sucesso em uma ampla gama de situações práticas de apreciável relevância, para resolver problemas multicritério discretos de seleção, ordenamento e classificação (Nobre, Trotta e Gomes, 1999; Gomes e Rangel, 2009; Gomes, Rangel e Maranhão, 2009; Chen, Zhang, Kang, Fan e Chen, 2010; Tseng, Lin, Tan, Chen e Chen, 2014; Tseng, Lin, Lim e Teehankee, 2015; Ferreira, Jalali, Bento, Marques e Ferreira, 2016).

Em particular, o recente artigo de Zhang, Ju e Gomes (2017) aborda precisamente o tratamento das incertezas no método TODIM original e nas suas extensões, quando nem todas as informações sobre o problema estão disponíveis e, também, quando há incertezas associadas aos valores das variáveis e parâmetros disponíveis.

A ideia básica subjacente à formulação do método TODIM original consiste na construção de uma função de valor que permite o cálculo do grau de dominância global de cada alternativa sobre as demais, segundo todos os critérios. Para a construção de tal função, inicia-se pela identificação do grau de dominância de cada alternativa sobre cada outra alternativa, de acordo com todos os critérios; estes graus de dominância particulares são então agregados por meio de uma métrica adequada para tanto. Isto conduz ao ordenamento das alternativas ou, em problemas de classificação, à classificação das mesmas (Passos e Gomes, 2014). Como método multicritério relativamente simples, prático e eficaz, TODIM e suas extensões têm atraído razoável atenção por parte de pesquisadores fora do Brasil, principalmente no continente asiático. Encontram-se hoje várias aplicações do método TODIM e suas extensões em áreas como educação, empreendedorismo, energia, gestão ambiental, gestão de bancos, gestão de cadeias de suprimento, gestão da indústria hoteleira, indústria da construção, inteligência artificial, mercado imobiliário, planejamento governamental, saúde, seleção de fornecedores etc.

Sob forma algorítmica, a aplicação do método TODIM segue os passos a seguir:

Passo 1: partindo-se da matriz de avaliação de tamanho m (número de critérios) por n (número de alternativas) e dos pesos dos critérios, calculam-se os valores de $\Phi_c(A_i, A_j)$ por meio da equação (2) e fazendo-se θ variar no intervalo [1,10];

Passo 2: calcula-se os valores de δ(A_i, A_j) pela equação (1);

Passo 3: computa-se os valores de ξi com a equação (3): estes valores conduzem à ordenação das alternativas.

As expressões seguintes, (1), (2) e (3), constituem o cerne da modelagem subjacente ao emprego do método TODIM:

As expressões seguintes, (1), (2) e (3), constituem o cerne da modelagem subjacente ao emprego do método TODIM:

As expressões seguintes, (1), (2) e (3), constituem o cerne da modelagem subjacente ao emprego do método TODIM:

$$\delta(A_i, A_j) = \sum_{c=1}^{m} \Phi_c(A_i, A_j) \quad i, j = 1, \ldots, n \tag{1}$$

$$\Phi_c(A_i, A_j) = \begin{cases} \sqrt{\dfrac{w_{rc}(P_{ic} - P_{jc})}{\sum_{c=1}^{m} w_{rc}}} & if\ (P_{ic} - P_{jc}) > 0 \\ 0 & if\ (P_{ic} - P_{jc}) = 0 \\ -\dfrac{1}{\theta}\sqrt{\dfrac{\left(\sum_{c=1}^{m} w_{rc}\right)(P_{jc} - P_{ic})}{w_{rc}}} & if\ (P_{ic} - P_{jc}) < 0 \end{cases} \tag{2}$$

$$\xi_i = \frac{\sum_{j=1}^{n} \delta(A_i, A_j) - \min_i \sum_{j=1}^{n} \delta(A_i, A_j)}{\max_i \sum_{j=1}^{n} \delta(A_i, A_j) - \min_i \sum_{j=1}^{n} \delta(A_i, A_j)}, \quad (i = 1, 2, 3, \ldots, n) \tag{3}$$

em que:

δ (A_i, A_j) = medida da dominância da alternativa A_i sobre a alternativa A_j;

n = número total de alternativas;

m = número total de critérios;

c = um critério genérico;

w_{rc} = taxa de substituição de um critério r, tomado como referência, por qualquer outro critério genérico c. Pode-se escolher como critério de referência, por exemplo, o critério com maior peso, sendo fácil constatar-se que a escolha do critério de referência não influencia o resultado final dos cálculos;

P_{ic}, P_{jc} = avaliações (ou desempenhos) das alternativas i e j com relação ao critério c;

θ = fator de atenuação das perdas; diferentes valores de θ conduzem a diferentes formas da função de valor da teoria acumulativa dos prospectos no quadrante negativo;

$\Phi_c(A_i, A_j)$ = contribuição do critério c à função $\delta(A_i, A_j)$, quando se comparam as alternativas A_i e A_j.

ξi = desempenho global normalizado da alternativa Ai, quando comparada com outras alternativas.

4.1.2 Método TOPSIS

O método TOPSIS, por sua vez, foi criado por Hwang e Yoon (1981). A tradução do acrônimo TOPSIS é "técnica para avaliar o desempenho das alternativas através da similaridade com a solução ideal".

Quando se emprega o método TOPSIS, a matriz de decisão A composta por *alternativas* e *critérios* é descrita por

$$A = \begin{bmatrix} x_{11} & \cdots & x_{1n} \\ \cdot & \cdot & \cdot \\ \cdot & \cdot & \cdot \\ \cdot & \cdot & \cdot \\ x_{m1} & \cdots & x_{mn} \end{bmatrix}$$

$$W = (w_1, w_1, \ldots, w_n)$$

em que $A_1, A_2, \ldots, A_m$ são alternativas viáveis, $C_1, C_2, \ldots, C_n$ são critérios, x_{ij} indica o desempenho da alternativa A_{ij} segundo o critério C_j. O vetor de peso W composto pelos pesos individuais w_j ($j = 1, \ldots, n$) para cada critério C_j satisfazendo $\sum_{i=1}^{n} w_j = 1$. Em geral, os critérios de avaliação podem ser classificados em dois tipos: *benefício* e *custo*. O critério *benefício* significa que um valor maior é melhor, enquanto para o critério *custo* vale o inverso. Os dados da matriz A têm origens diferentes, por isso ela deve ser normalizada a fim de transformá-la em uma matriz adimensional que possibilite a comparação entre os vários critérios. Neste trabalho, a matriz A é normalizada para cada critério C_j por meio de $P_{ij} = \frac{x_{ij}}{MAX \, \bar{x}_i}$ com $j = 1, \ldots$ e $\bar{x}$ representando o máximo valor de x_i para cada critério C_i.

Como consequência, uma matriz de decisão normalizada A_n representa o desempenho relativo das alternativas e pode ser descrita por $A_n = (p_{ij})_{\text{mín}}$, com $i = 1, \ldots, m$, e $j = 1, \ldots, n$.

Para o cálculo dos pesos para cada critério, será usado um método objetivo baseado na entropia (Shannon, Pegden e Sadowski, 1990). A entropia descreve a quantidade de informação da matriz de decisão. Os pesos são calculados para cada critério conforme (1):

$$e_j = -\frac{1}{\ln(m)} \sum_{i=1}^{m} p_{ij} \ln(p_{ij}), \text{ com } i=1,...,m \text{ e } j=1,...,n. \tag{1}$$

O grau de diversidade das informações contidas em cada critério é calculado de acordo com

$$d_j = 1 - e_j, \text{ com } j = 1, ..., n. \tag{2}$$

Assim, o peso para cada critério pelo método da entropia é calculado por

$$w_j = \frac{d_j}{\sum_{j=1}^{m} d_j} \text{ com } j=1,...,n. \tag{3}$$

O algoritmo para calcular a melhor alternativa segundo o método do TOPSIS é descrito nos seguintes passos:

Passo 1: cálculo das soluções positivas ideais A^+ (benefícios) e das soluções negativas ideais A^- (custos) da seguinte forma:

$$A+ = (p_1^+, p_2^+, ..., p_m^+) \tag{4}$$

$$A^- = (p_1^+, p_2^+, ..., p_m^-) \tag{5}$$

em que:

$$p_j^+ = (\text{máx}_i p_{ij}, j \in J_1; \text{mín } i\, p_{ij}, j \in J_2)$$

$$p_j^- = (\text{máx}_i p_{ij}, j \in J_1; \text{mín } i\, p_{ij}, j \in J_2)$$

com J_1 e J_2 representando, respectivamente, o critério *benefício* e *custo*.

Passo 2: cálculo das distâncias euclidianas entre A_i e A^+ (benefícios) e entre A_i e A^- (custos) da seguinte forma:

$$d^+ = \sqrt{\sum_{j=1}^{n} w_j \left(d_{ij}^+\right)^2} \tag{6}$$

$$d^- = \sqrt{\sum_{j=1}^{n} w_j \left(d_{ij}^-\right)^2} \tag{7}$$

com

$$d_{ij}^+ = p_j^+ - p_{ij}, \text{com } i = 1, ..., m \text{ e}$$

$$d_{ij}^- = p_j^- p_{ij}, \text{com } i = 1, ..., m.$$

Passo 3: cálculo da proximidade relativa x_i para cada alternativa A_i com relação à solução ideal positiva A^+:

$$\xi_i = \frac{d_i^-}{d_i^+ + d_i^-} \tag{8}$$

Passo 4: classificação segundo a proximidade relativa (*ranking*). As melhores alternativas são aquelas que têm o maior valor de x_i e, portanto, devem ser escolhidas por estarem mais próximas da solução ideal.

Teoria da utilidade multiatributo[1]

1 INTRODUÇÃO

A Teoria da Utilidade Multiatributo, referida frequentemente por MAUT (*Multi-Attribute Utility Theory*), derivou da teoria da utilidade, cujos fundamentos são também apresentados neste capítulo. MAUT incorpora à teoria da utilidade a questão do tratamento de problemas com múltiplos objetivos. Nesta teoria, esses objetivos são representados pelo que se denomina atributos.

No conjunto de métodos de AMD, este método é o único que recebe o nome de teoria, embora algumas vezes seja usado como um método e não como uma teoria. Essa distinção está associada à forma como se obtém a função utilidade multiatributo. Como teoria, a determinação da função está associada à confirmação da relação que existe entre a estrutura axiomática da teoria e a estrutura de preferências do decisor. Como método, essa confirmação não é efetuada, pelo menos em alguns estágios do processo de análise. Pode-se dizer que, em alguns métodos de AMD, o decisor especifica parâmetros, ou condições que influenciam o processo de decisão, de forma *ad hoc*. Ou seja, sem um protocolo bem estruturado e suportado por uma estrutura axiomática associada. Em MAUT, esse processo

---

[1] A pedido de Adiel Teixeira de Almeida, retirou-se seu nome como terceiro autor deste livro, já a partir desta quarta edição. No entanto, manteve-se o Capítulo 6, por ele cuidadosamente elaborado, de acordo com a terceira edição. Assim sendo, Luiz Flavio Autran Monteiro Gomes e Carlos Francisco Simões Gomes, os únicos autores da presente obra, tornam público seus agradecimentos ao amigo e colega Adiel Teixeira de Almeida, por sua dedicação na preparação das três primeiras edições desta obra. A Seção 8.1 – Método UTA foi posteriormente acrescentada pelos dois autores atuais deste livro.

é muito bem estruturado e é chamado de elicitação (tradução de *elicitation*; algumas vezes, é adotada a palavra *edução*).

Essa distinção entre método e teoria é muito importante quando se fala de MAUT, e será explorada mais adiante. Nesse momento, destaca-se a importância de entender a teoria antes de pensar na modelagem da função utilidade multiatributo.

Historicamente, observa-se que MAUT surgiu como derivação natural da teoria da utilidade. A noção de utilidade foi descrita em 1738 em um artigo por Daniel Bernoulli como unidade para medir preferências (associou noções, tais como: quanto gostamos mais de um bem do que de outro; quanto mais temos de algo, menos estamos dispostos a pagar mais). Depois, em obra publicada em 1789, Jeremy Bentham trata dessa noção. Ele destacou que a humanidade estaria sob o governo de dois senhores: a dor e o prazer. Associou à noção de utilidade "propriedade em qualquer objeto, pela qual ele tende a produzir benefício, vantagem, prazer, bem ou felicidade". Um marco na teoria da utilidade foi a publicação do trabalho *Theory of games and economic behaviour*, por John von Neumann e Oskar Morgenstern, em 1944. Assim, tem-se essa teoria associada a outros temas, tais como Teoria dos Jogos e Teoria da Decisão. Para os interesses da abordagem apresentada neste texto, ressalte-se particularmente a associação entre MAUT e Teoria da Decisão.

O surgimento de MAUT precede o surgimento dessa visão mais ampla de AMD, em que MAUT enquadra-se como uma das opções na questão de modelagem de problemas multicritério. Como teoria, há em MAUT uma estrutura muito sólida e consistente para decisão multicritério e, em decorrência, com fortes restrições para aplicação, como ilustrado mais adiante.

Muitos autores, em multicritério, classificam MAUT entre os métodos aplicáveis para problemas discretos. Entretanto, sua concepção inicial associada à Teoria da Decisão permite a solução de problemas com o conjunto de ações discreto ou contínuo. Talvez por essa classificação mais restrita, MAUT venha sendo utilizada mais frequentemente para problemas discretos.

Outro aspecto da associação entre MAUT e Teoria da Decisão corresponde ao tratamento do ingrediente estado da natureza que se distingue de consequências. Geralmente, associam-se, a cada alternativa de ação, consequências que são avaliadas pelo decisor. Essas consequências são avaliadas conforme cada critério ou atributo pelo método multicritério utilizado. Na estrutura de MAUT, outro elemento pode ser considerado: o estado da natureza. Ingrediente típico de Teoria da Decisão, representa as variáveis não controladas pelo decisor. Estariam sob "controle" da natureza. Assim, para cada combinação de estado da natureza e alternativa de ação, há uma consequência. Utiliza-se o conhecimento probabilístico que pode ser obtido dos estados da natureza, seja por meio de dados, ou de conhecimento *a priori* de especialistas, ou combinação destes. Há, na análise do problema, uma etapa de modelagem probabilística, em complemento à modelagem de preferências do decisor. MAUT está associada à questão da modelagem de preferências. Em relação à modelagem probabilística, deve-se observar que a forma como as incertezas são inseridas dentro da estrutura axiomática permite uma abordagem muito mais consistente com a aplicação de MAUT a problemas multicritério de decisão sob situação de incerteza.

Antes de apresentar algumas das construções de utilidade multiatributo, é necessário discutir alguns dos axiomas contidos nessa teoria e, especialmente, observar alguns aspectos da teoria da utilidade esperada, em que se considera o caso básico de um atributo.

2 ELEMENTOS DA TEORIA DA UTILIDADE ESPERADA

A seguir, alguns aspectos básicos da Teoria da Utilidade de von Neumann e Morgenstern são abordados, principalmente os que tratam da teoria da utilidade esperada, destacando-se que MAUT incorpora os axiomas básicos da teoria da utilidade.

Em um problema de decisão, quando se procura estabelecer um processo de escolha entre mais de uma alternativa, normalmente está-se em busca de maximizar um objetivo. Isso envolve determinar uma medida sobre as consequências do problema.

A teoria da utilidade permite avaliar essas consequências por meio de um processo de elicitação de preferências, que busca incorporar ao problema as escolhas do decisor e seu comportamento em relação ao risco. Esse processo permite criar uma nova escala, denominada de escala de utilidade, que estabelece para cada consequência um valor de utilidade. O processo de escolha será então realizado com base nessa nova escala, que agrega os aspectos de incerteza inerentes ao problema de decisão.

A solução do problema de decisão não se resume à determinação da função utilidade, ainda que essa etapa permita uma boa estruturação do problema na mente do decisor. A sequência da solução do problema envolve a maximização do valor esperado da função utilidade, obtida da função utilidade e da distribuição de probabilidade em relação à consequência considerada. Essa distribuição de probabilidade pode ser determinada empregando ferramentas estatísticas apoiadas em dados históricos.

Maior aprofundamento na teoria da utilidade envolve o conhecimento de sua fundamentação básica e de uma série de conceitos e notações apresentados a seguir.

Relação de preferências básicas

Na opinião do tomador de decisões, duas alternativas quaisquer a e b podem ser comparadas, no sentido de que uma e só uma dessas afirmações é verdadeira:

(a) a é preferível a b, aPb
(b) b é preferível a a, bPa
(c) a é indiferente a b, aIb

Se *a* é preferível a *b* e *b* é preferível a *c*, então *a* deve ser preferível a *c* (transitividade da preferência).

Se *a* é indiferente a *b* e *b* é indiferente a *c*, então *a* deve ser indiferente a *c* (transitividade da indiferença).

Outra notação utilizada para A e B, duas consequências de um problema, consiste no seguinte:

    A B   Consequência A é preferível à consequência B.
    A B   Consequência B é preferível à consequência A.
    A ~ B   Consequência A é indiferente à consequência B.

Loterias

[A, *p*; C, 1 − *p*] representa uma loteria entre as consequências A e C, em que *p* é a probabilidade de obter a consequência A e 1 − *p* é a probabilidade de obter a consequência C. Pode também ser representada, conforme a seguir:

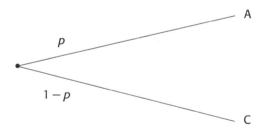

Dominância

Suponha que as alternativas *a* e *b* tenham como consequências

$$x' = (x'_1, ..., x'_i, ..., x'_n) \text{ e } x'' = (x''_1, ..., x''_i, ..., x''_n),$$

com $X_i(a) \equiv x'_i$ e $X_i(b) \equiv x''_i$, para $i = 1, ..., n$.

Além disso, assumindo que as preferências são incrementadas em cada X_i, então diz-se que *x' domina x"* se

    (a) $x'_i \geq x''_i$, $\forall i$, e
    (b) $x'_i > x''_i$,   para algum *i*

Se *x'* domina *x"*, então a alternativa *b* não é um *competidor* para ser o "melhor", dado que *a* é pelo menos tão boa quanto *b* para cada avaliador e estritamente melhor a *b* para pelo menos um avaliador.

Seja R o conjunto de consequências no espaço n associadas com as alternativas ou ações em A. O conjunto R também é chamado de conjunto de alcance do vetor X dos avaliadores $X_1, ..., X_n$ que estão definidos sobre o domínio de A.

O conjunto de consequências de R que não são dominadas é chamado de *fronteira eficiente* de R, ou mais conhecido como o "conjunto ótimo de Pareto".

Função utilidade unidimensional

Uma função u, que associa um número real $u(x)$ para cada x no espaço de avaliação, é chamada de *função utilidade* se representa a estrutura de preferências do tomador de decisões de forma que

$$x' \sim x'' \Leftrightarrow u(x') = u(x''), \text{ e}$$

$$x' \succ x'' \Leftrightarrow u(x') > u(x'')$$

Se u é uma função utilidade que reflete as preferências do tomador de decisões, então esse problema pode ser enquadrado no formato de um problema de otimização: achar $a \in A$ que maximize $u[X(a)]$.

Utilidade esperada

Com base na função utilidade, é possível aplicar o princípio da utilidade esperada para a escolha da melhor alternativa (Souza, 2002). Este é decorrente de uma propriedade em que, para duas distribuições de probabilidade C e D sobre consequências multiatributo $\tilde{a}$ (um vetor consequência), a distribuição de probabilidade C é no mínimo tão desejável quanto D se, e somente se,

$$E_C[u(\tilde{a})] \geq E_D[u(\tilde{a})]$$

em que E_C e E_D correspondem ao operador do valor esperado em relação à distribuição de probabilidade C e D, respectivamente.

Quando a distribuição de probabilidade C ou D é definida por uma função contínua, ou seja, por uma função densidade de probabilidade $f_C(a)$, então

$$E_C[u(\tilde{a})] = \int_R u(a) f_c(a) da$$

A escolha de uma entre as várias alternativas que compõem o problema consiste em escolher a alternativa que maximiza o valor esperado da função utilidade pela função probabilidade das alternativas existentes. Assim:

$$\text{Máx } E_c[u(\tilde{a})]$$
$$a$$

2.1 Estrutura axiomática

Nesse tipo de análise, são feitas várias hipóteses em relação às preferências do tomador de decisões. Essas hipóteses são os axiomas da teoria. Eles representam um conjunto de postulados que podem ser considerados razoáveis. Se o tomador de decisões aceita esses axiomas e se ele é racional (isto é, se ele se comporta de forma consistente em relação aos axiomas), então ele aceitará as ordenações de preferência resultantes da teoria.

No processo de determinação da função utilidade, o decisor deve ser coerente com suas preferências, de modo que se possam evitar inconsistências na estruturação do problema. Dentro desse contexto, o decisor deve obedecer aos seis axiomas a seguir relacionados, de modo que sua função utilidade possa ser perfeitamente definida. Os axiomas são apresentados a seguir:

a) axioma da ordenabilidade: dadas as consequências A e B, pode-se dizer que $A \succ B$ (A é preferível a B), ou $A \sim B$ (A é indiferente a B) ou $A \prec B$ (B é preferível a A);

b) axioma da transitividade: se $A \succ B$ e $B \succ C$, então $A \succ C$ se $A \sim B$ e $B \sim C$, então $A \sim C$;

c) axioma da continuidade: se $A \succ B \succ C$, então existe p, $0 < p < 1$, tal que $B \sim [A, p; C, 1 - p]$;

d) axioma da substitutabilidade: se $A \sim B$, então $[A, p; C, 1 - p] \sim [B, p; C, 1 - p]$;

e) axioma da redutibilidade: $[[A, p; B, 1 - p], q; B, 1 - q] \sim [A, pq; B, 1 - pq]$;

f) axioma da monotonicidade: se $A \succ B$, então $[A, p; B, 1 - p] \succ [A, q; B, 1 - q]$ se, e somente se, $p > q$.

Admite-se que determinado problema de decisão contenha n consequências de um atributo qualquer, representadas por $x_1, x_2, x_3, ..., x_n$, e que o decisor possa estabelecer uma ordem de preferência entre essas consequências. Considerando que, do ponto de vista do decisor, a consequência x_n é a mais preferível e que a consequência x_1 é a de menor preferência, então essas consequências podem ser ordenadas da seguinte forma:

$$x_1 \prec x_2 \prec x_3 ... \prec x_n$$

Suponha-se agora que o decisor, para cada consequência x_i apresentada, tenha que declarar sua indiferença em relação a uma loteria entre as consequências x_n e x_1. Nesse caso, oferece-se ao decisor duas opções, uma denominada opção da certeza, x_i, e outra dita opção de risco, a loteria $\langle x_n, \pi_i; x_1, 1 - \pi_i \rangle$.

Assim, para cada indiferença do tipo $x_i \sim \langle x_n, \pi_i; x_1, 1 - \pi_i \rangle$, obtém-se uma probabilidade π_i, que representa a probabilidade de indiferença do decisor para diferentes quantidades da consequência x_i. Considerando que o decisor seja consistente (em conformidade com a teoria da utilidade, que não admite incomparabilidade), é de se esperar que $\pi_n = 1$ e $\pi_1 = 0$. As probabilidades π_i obtidas estarão relacionadas da seguinte forma:

$$p_1 < p_2 < p_3 < p_n$$

ou

$$\pi_1 < \pi_2 < \pi_3 < \pi_4$$

Comparando as duas equações, pode-se admitir que as probabilidades π_i obtidas correspondem a uma escala numérica das consequências x_i. O princípio básico da teoria da utilidade consiste em empregar as probabilidades p_i na obtenção do valor esperado das consequências x_i. Melhor compreensão dessa ideia pode ser obtida por meio da ilustração de um exemplo que envolve um problema com duas ações.

Suponha que em um problema o decisor tenha que manifestar sua preferência entre duas ações denominadas a_1 e a_2. A ação a_1 corresponde a obter uma das consequências $x_1 \prec x_2 \prec x_3 ... \prec x_n$ com probabilidades p_i, e a ação a_2 corresponde a obter uma das consequências $x_1 \prec x_2 \prec x_3 ... \prec x_n$ com probabilidades b_i. Por meio dessas informações, obtém-se o valor esperado das ações a_1 e a_2:

$$Ea_1 = \sum_i p_i x_i \qquad Ea_2 = \sum_i p_i x_i$$

Sabe-se pela teoria das probabilidades que $\sum p_i = 1$ e que $\sum b_i = 1$, dado que só existem esses eventos no espaço considerado. Observe que há potencialmente um número infinito de possíveis combinações de probabilidades sobre o número finito de consequências.

Considerando as probabilidades π_i e $1 - \pi_i$, sobre a consequência mais preferível, x_n, e sobre a consequência de menor preferência, x_1, respectivamente. Pode-se associar a preferências sobre x_i com as probabilidades π_i, considerando que a escolha da ação a_1 equivale ao decisor obter x_n com uma chance de π_1 e x_1 com uma chance $1 - \pi_1$, e similarmente, que para a ação a_2 tem-se x_n com uma chance de π_2. Admitindo que $\pi_1 > \pi_2$, pode-se verificar que ação a_1 é preferível à ação a_2. Isso significa que a escolha entre as alternativas a_1 e a_2 é feita considerando a alternativa cuja chance de obter x_n (a melhor consequência) é a maior possível.

2.2 Alguns conceitos e propriedades relevantes

2.2.1 Monotonicidade

Suponha que, em um problema, há duas consequências monetárias x_1 e x_2, com $x_1 > x_2$. Nesse caso, a preferência dos decisores é feita pela consequência que apresenta o maior valor monetário, que é também a de maior valor de utilidade. Portanto, quando a preferência em utilidade por uma consequência aumenta à medida que seu valor aumenta, pode-se dizer que a função utilidade é *monotonicamente crescente*.

$$[x_1 > x_2] \, \hat{U} \, [u(x_1) > u(x_2)]$$

Entretanto, se considerar as preferências dos decisores relacionadas com tempo de resposta, percebe-se que esta é *monotonicamente decrescente*. Normalmente, decisores estabelecem preferências no tempo para as consequências com o menor tempo de atendimento, espera etc.

$$[t_1 > t_2] \, \hat{U} \, [u(t_2) > u(t_1)]$$

Nesse caso, para resposta no tempo, tem-se uma função utilidade monotonicamente decrescente. Essa função pode ser transformada em uma função crescente por meio de artifícios simples.

2.2.2 Equivalente certo

Outro conceito bastante importante para a teoria da utilidade é o do equivalente certo. Seja uma loteria L com as consequências $x_1, x_2, ..., x_n$ e com as respectivas probabilidades $p_1, p_2, ..., p_n$. Denotar-se-á por $\tilde{x}$ a consequência incerta da loteria e por $\bar{x}$ a consequência esperada. Logo:

$$\bar{x} = E(\tilde{x}) = \sum_{i=1}^{n} p_i x_i$$

A utilidade esperada da loteria é dada por:

$$E[u(\tilde{x})] = \sum_{i=1}^{n} p_i u(x_i)$$

O *equivalente certo* de uma loteria é definido como uma quantidade x para a qual o decisor fica indiferente entre essa loteria L e esta quantidade $\hat{x}$, que é obtida com certeza. Assim, tem-se:

$$u(x) = E[u(\tilde{x})], \text{ ou } \hat{x} = u^{-1} E u(x)$$

As consequências possíveis de uma loteria podem ser representadas em certos casos por uma função densidade de probabilidade $f(x)$, e assim, a consequência esperada assume a forma:

$$\bar{x} = E(x) = \grave{o} \, x f(x) dx$$

A utilidade esperada da loteria é dada por:

$$u(\hat{x}) = E[u(\tilde{x})] = \smallint u(x)f(x)dx$$

2.2.3 Equivalência estratégica

Supondo que duas funções utilidade u_1 e u_2 tenham sido obtidas e que apresentem por duas loterias quaisquer uma mesma ordem de preferência, pode-se dizer que, nesse caso, u_1 é estrategicamente equivalente a u_2, ou seja, $u_1 \; \tilde{u}_2$.

Como resultado, o equivalente certo $\hat{x}_1$, $\hat{x}_2$, calculado com base em cada uma dessas funções utilidade, será o mesmo. Assim:

$$u_1 \; \tilde{u}_2 => \hat{x}_1 = \hat{x}_2 \; \text{Þ} \; u_1^{-1}Eu_1(\tilde{x}) = u_2^{-1}Eu_2(\tilde{x})$$

Quando se efetua uma transformação linear em uma função utilidade u_1, obtém-se outra função utilidade u_2 que é estrategicamente equivalente à primeira. Ou seja, se $u_2 = au_1 + b$, então u_2 é estrategicamente equivalente a u_1.

2.2.4 Aversão ao risco

O emprego de loterias é bastante utilizado para determinar a tendência do decisor em relação ao risco. O comportamento das preferências do decisor em relação a loterias e seu equivalente certo define seu perfil em relação ao risco.

Seja uma loteria $\langle x_1, p; x_3 \rangle$, em que $x_1 \; x_3$ e $p = \frac{1}{2}$.

A consequência esperada dessa loteria pode ser obtida da seguinte forma:

$$x = x_1 \; \tfrac{1}{2} + x_3 \; \tfrac{1}{2}$$

$$x = (x_1 + x_3)\tfrac{1}{2} \Rightarrow \text{consequência esperada}$$

Suponha que o decisor seja submetido a um processo de escolha e tenha que manifestar sua preferência por uma das opções a seguir relacionadas:

a) $\bar{x}$, ou

b) loteria $\langle x_1, p; x_3 \rangle$

Se o decisor escolhe a opção "a", ele prefere evitar o risco associado à loteria. Essa atitude é conhecida como *aversão ao risco*. Dessa forma, pode-se concluir que um decisor é avesso ao risco se ele prefere o valor esperado da loteria à loteria.

Como resultado, tem-se que $u[E(\tilde{x})] > E[u(\tilde{x})]$. Isso implica que, para o decisor avesso ao risco, a utilidade do valor esperado é maior do que a utilidade do equivalente certo.

Quando a função utilidade é monotonicamente crescente, pode-se obter outra definição para aversão ao risco.

Dado que $u[E(\bar{x})] > E[u(\bar{x})]$ e

$$u(\hat{x}) = E[u(\bar{x})] < u[E(\bar{x})] = u(\bar{x}),$$

Então, $\bar{x} > \hat{x}$.

A função utilidade de um decisor avesso ao risco assume uma forma côncava.

2.2.5 Propensão ao risco

Determinados tipos de decisores podem apresentar um comportamento oposto ao anteriormente visto quando enfrentam uma escolha entre uma loteria e seu valor esperado.

De modo semelhante ao item anterior, pode-se oferecer ao decisor duas opções de escolha, de modo que ele tenha que optar entre uma loteria do tipo $\langle x_1, p; x_3 \rangle$ e a consequência esperada $\bar{x}$.

Assim, seja uma loteria $\langle x_1, p; x_3 \rangle$, em que $x_1 \succ x_3$ e $p = ½$.

A consequência esperada dessa loteria é dada por:

$$\bar{x} = x_1 ½ + x_3 ½$$
$$\bar{x} = (x_1 + x_3)½$$

Se o decisor escolhe a loteria em vez da consequência esperada, então ele prefere o risco associado à loteria. Essa atitude é conhecida como *propensão ao risco*.

Dessa forma, conclui-se que um decisor propenso ao risco atribui à utilidade do valor esperado da loteria, ou seja, à utilidade do equivalente certo, uma quantidade maior do que a utilidade da consequência esperada da loteria.

$$E[u(\tilde{x})] > u[E(\tilde{x})]$$

Supondo-se que a função utilidade seja monotonicamente crescente, como $E[u(\tilde{x})] = u(\hat{x})$ e $u(\hat{x}) > u[E(\tilde{x})]$, então:

$$u(\hat{x}) > u(\bar{x}) \text{ Þ } \hat{x} > \bar{x}$$

A função utilidade de um decisor propenso ao risco possui uma forma convexa. Um decisor é propenso ao risco se, e somente se, sua função utilidade for convexa.

2.2.6 Função utilidade monotonicamente decrescente

Conforme mencionado, a avaliação de preferências para determinados tipos de atributos pode resultar em uma função utilidade monotonicamente decrescente. Isso significa que quanto maior a quantidade de um atributo, menor será a preferência do decisor por esse atributo.

Dentro desse aspecto, os decisores irão também apresentar comportamentos distintos em relação ao risco. De forma semelhante ao apresentado para a função utilidade monotonicamente crescente, considerações similares devem ser observadas sobre aversão ao risco e propensão ao risco do decisor.

2.3 Elicitação da função utilidade

A determinação da utilidade para as consequências de um problema de decisão pode ser realizada basicamente por meio de duas técnicas:

a) avaliação direta;
b) levantamento da função utilidade.

O processo de avaliação direta da utilidade para consequências envolve inicialmente a identificação pelo decisor das consequências de maior preferência e as de menor preferência. A consequência de maior preferência será denominada x^* e a de menor preferência, de x^0.

Essas duas consequências irão compor o início e o fim da escala de utilidade, de modo que se pode atribuir a x^* e a x^0 os valores extremos dessa escala e, assim, obter:

$$u(x^*) = 1 \text{ e } u(x^0) = 0$$

A utilidade das demais consequências x é obtida pela determinação da probabilidade de indiferença entre cada consequência e a loteria $\langle x^*, \pi; x^0 \rangle$. Como a utilidade da consequência x deve ser igual à utilidade esperada da loteria, tem-se:

$$u(x) = \pi\, u(x^*) + (1 - \pi)\, u(x^0) = \pi$$

A técnica de avaliação direta apresentada é limitada a problemas com poucas consequências. A partir de um número maior de consequências, é mais apropriado o emprego da função utilidade.

O levantamento da função utilidade é baseado no procedimento anterior, porém permite que, com base na utilidade de algumas consequências, seja traçada uma curva denominada *função utilidade*, que possibilita determinar a utilidade de qualquer consequência no intervalo predefinido.

3 ESTABELECIMENTO DO PROBLEMA COM UTILIDADE MULTIATRIBUTO

Seja a uma alternativa viável e A o conjunto de todas as alternativas viáveis. A cada alternativa a de A está associada uma consequência à qual se relacionam n atributos avaliados por $X_1(a), ..., X_n(a)$. Os n atributos relacionam a alternativa a de A a um ponto no espaço de consequências n-dimensional, $x = (x_1, x_2, ..., x_n)$.

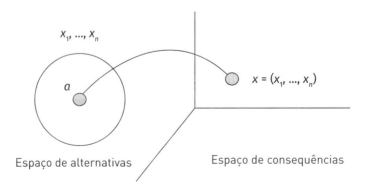

Fonte: Adaptada de Keeney e Raiffa (1976).

Figura 6.1 – Mapeamento das alternativas nas consequências.

Observe que, na Figura 6.1, $(x_1, x_2, ..., x_n)$ é um ponto no espaço de consequências.

Conforme mencionado, a construção dos modelos que utilizam MAUT inclui, geralmente, a metodologia da Teoria da Decisão, que, em seu enfoque bayesiano, permite ainda tratar as incertezas inerentes aos problemas a serem analisados por meio do uso de conhecimento *a priori* de especialistas no sistema de produção.

Nesse caso, alguns problemas são tratados sob a ótica dos ingredientes básicos em Teoria Da Decisão (Keeney e Raiffa, 1976, Bell, Raiffa e Tversky, 1988, e Berger, 1985): estado da natureza (θ), ações que o decisor pode adotar (a), consequências (P). O comportamento do estado da natureza é avaliado com base na análise estatística dos dados do sistema, incorporando também o conhecimento *a priori* dos especialistas por meio de distribuição de probabilidade *a priori* (Berger, 1985).

Assim, no caso em que a modelagem inclui esse elemento de estado da natureza, a Figura 6.1 deve ser revisada de modo que se visualize a associação de cada combinação ação e estado da natureza (a) a um ponto x no espaço de consequências. O texto a seguir adota a visão da Figura 6.1 com o propósito de simplificação.

De maneira resumida, o problema do tomador de decisões consiste em escolher a alternativa a em A que o deixe mais feliz com o resultado $X_1(a), ..., X_n(a)$. Dessa forma, é necessário um índice que combine $X_1(a), ..., X_n(a)$ em um índice de desejabilidade ou valor, que, no contexto de MAUT, será a função utilidade. Portanto, deve-se obter uma função utilidade u, definida sobre o espaço de consequências, com a propriedade de que:

$$u(x_1, x_2, ..., x_n) \geq u(x'_1, x'_2, ..., x'_n) \Leftrightarrow (x_1, x_2, ..., x_n) \succsim (x'_1, x'_2, ..., x'_n),$$

em que o símbolo $\succsim$ quer dizer "preferido ou indiferente a". A função u é chamada de função utilidade.

Essa mesma construção pode receber outros nomes na literatura, tais como função utilidade multiatributo, função de preferência. Deve-se tomar cuidado, distinguindo a expressão *função utilidade* de *função valor*. Na grande maioria dos textos sobre MAUT, há clara distinção entre função valor e função utilidade. Uma função valor está associada a uma escala ordinal na avaliação das consequências, enquanto uma função utilidade está relacionada com uma escala cardinal de diferenças. A função utilidade é obtida por meio de um protocolo estruturado e fundamentado na estrutura axiomática da teoria da utilidade, incluindo a questão probabilística sobre a avaliação de escolha entre diferentes consequências. Esse protocolo é geralmente um procedimento denominado elicitação da função utilidade. Uma função valor não é obtida por meio de um protocolo baseado na teoria da utilidade.

A função utilidade de u serve para comparar indiretamente vários níveis dos diferentes atributos (ou critérios), por meio dos efeitos que as magnitudes x_i, $i = 1, ..., n$ têm sobre u.

O principal problema é como estruturar e quantificar uma função utilidade de u. Seria bom achar alguma função f, com uma forma simples, de maneira que:

$$u(x_1, x_2, ..., x_n) = f[u_1(x_1), u_2(x_2), ..., u_n(x_n)]$$

em que u_i corresponde a uma função utilidade valor sobre o atributo X_i.

Função utilidade multiatributo

Anteriormente, destacou-se a função utilidade unidimensional. Entretanto, uma representação mais abrangente dos diversos aspectos que influenciam a escolha de alternativas de um problema é feita por meio da modelagem de preferências que envolve mais de um atributo. Nesse caso, obtém-se uma função que agrega as funções utilidades para cada atributo na forma:

$$u(x_1, x_2, ..., x_n) = f[u_1(x_1), u_2(x_2), ..., u_n(x_n)]$$

Uma forma típica para a função utilidade multiatributo é a função utilidade aditiva:

$$u(a) = \sum_{j=1}^{n} k_j u_j(a)$$

Nessa expressão, $u_j(a)$ representa a função utilidade unidimensional da alternativa a de acordo com o j-ésimo atributo e k_j (com $k_j \geq 0$) representa uma constante de escala relativa ao j-ésimo atributo. Essa constante de escala é ocasional e indevidamente chamada de *peso*, conforme mostrado mais adiante. Essa função só pode ser usada se algumas condições de preferência importantes forem satisfeitas. Essas condições estão relacionadas com essa forma analítica por meio dos axiomas da teoria.

Uso de MAUT como teoria

Um aspecto importante da aplicação da teoria é a avaliação e o estudo das condições de independência em preferência. A forma de avaliação corresponde a encontrar uma forma analítica para função utilidade multiatributo. Essas funções apresentam formas funcionais, se na estrutura de preferências do decisor verificam-se os axiomas de independência para os atributos. O ideal seria obter uma representação da função utilidade da forma:

$$u(x_1, x_2, ..., x_n) = f(f_1(x_1), f_2(x_2), ..., f_n(x_n))$$

A independência em utilidade detecta independência das preferências do decisor entre os atributos, de maneira a simplificar bastante os cálculos para a obtenção da função utilidade multiatributo. Pode-se considerar que um atributo é independente de outro em utilidade quando as preferências condicionais para loterias no primeiro atributo não dependem de um nível particular de z.

A independência aditiva consiste em outra condição mais restritiva para a estrutura de preferências do decisor e leva à forma da função de utilidade aditiva.

Esse processo de confrontar a estrutura de preferências do decisor com as condições de independência, para estabelecer a forma analítica que corresponda à condição encontrada, originou a denominação teoria prescritivista. Para cada condição associada à estrutura de preferências do decisor, prescreve-se uma forma analítica.

Outra forma de obter a função utilidade multiatributo seria pela avaliação direta. A avaliação direta para vários atributos é semelhante ao caso monoatributo. A diferença básica é a dimensão da consequência; no caso de um único atributo, a consequência é um ponto linear; no caso de biatributo, é um ponto no espaço (y, z); no caso de n atributos, é um ponto no espaço n.

Tome-se como exemplo o espaço de consequências da Figura 6.2. A alternativa menos preferível será denominada (y^0, z^0) e a alternativa preferível (y^*, z^*).

Supondo-se uma avaliação direta de preferências, é oferecido ao decisor, como opção certa, um par ordenado (y, z) e, como opção de risco, a loteria $\{(y^0, z^0), \pi, (y^*, z^*)\}$.

Em uma escala de zero a um para os valores de utilidade, de modo que $u(y^0, z^0) = 0$ e $u(y^*, z^*) = 1$, tem-se como resultado da teoria que $u(y, z)$ é igual ao valor para o qual existe indiferença entre a loteria e a consequência (y, z).

A avaliação de função utilidade multiatributo, por meio de avaliação direta, é mais complexa do que para o caso monoatributo.

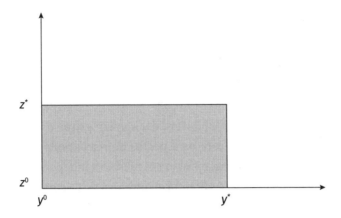

Figura 6.2 – Espaço de consequências.

Para simplificar a avaliação de uma função utilidade multiatributo, consistente com a estrutura de preferência do decisor, são verificadas as condições de independência em utilidade entre os atributos. As características da estrutura de preferência do decisor, quando confirmadas em condições de independência, viabilizam um processo mais simples de avaliação. A seguir, esse procedimento será analisado para o caso de dois atributos.

4 ESTUDO DA TEORIA DA UTILIDADE MULTIATRIBUTO PARA O CASO DE DOIS ATRIBUTOS

A determinação da função utilidade multiatributo emprega os conceitos relacionados com a teoria da utilidade unidimensional; entretanto, uma série de novos conceitos, como a independência em utilidade e a independência aditiva, são fundamentais para a determinação da função utilidade multiatributo, quando se considera a visão prescritiva.

A maior parte do raciocínio a ser desenvolvido neste item envolve o caso em que há apenas dois atributos, com o objetivo de facilitar a explanação da teoria e dos diversos conceitos existentes. Entretanto, os resultados obtidos para dois atributos podem ser estendidos para problemas com mais de dois atributos, mas com um grau de complexidade bem mais elevado. Os principais elementos básicos expostos na sequência foram apresentados por Keeney e Raiffa (1976).

A estrutura de preferências do decisor inclui uma característica importante que pode implicar a independência em preferência entre os atributos ou critérios. A independência em preferência (Vincke, 1992) é uma característica imprescindível para ser avaliada no processo de modelagem multicritério. No caso de MAUT, além do conceito de independência em preferência, outros dois conceitos muito relevantes podem ser considerados: independência em utilidade e independência aditiva, os quais são analisados a seguir.

4.1 Independência em utilidade

A independência em utilidade é uma propriedade que permite simplificar a determinação da função utilidade multiatributo. Além disso, possibilita melhor estruturação do problema para fins de estudo de análise de sensibilidade. Isso decorre da parametrização obtida por meio de formas analíticas para utilidade das consequências.

Observe-se que problemas que envolvem decisão em grupo apresentam diferentes categorias de decisores relacionadas com os aspectos de risco; pode-se, porém, admitir que esses decisores venham a ter a mesma opinião em relação à independência em utilidade dos atributos envolvidos no problema. A diferença entre esses decisores pode estar apenas nos parâmetros da função.

A independência em utilidade pode ser compreendida pelo exemplo mostrado a seguir, que envolve dois atributos Y e Z no espaço de atributos X, com $X = Y \times Z$.

Representa-se por (y, z) um ponto no espaço X, de forma que:

$$y^0 \leq y \leq y^* \text{ e } z^0 \leq z \leq z^*$$

A Figura 6.3 ilustra a representação dos dois atributos Y e Z:

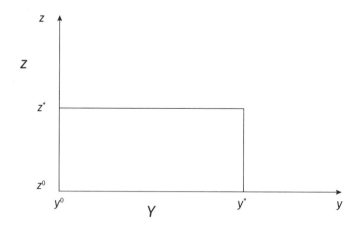

Fonte: Adaptada de Keeney (1976).

Figura 6.3 – Preferência para níveis de Y dado z^0.

Suponha que a alternativa menos preferível seja denominada (y^0, z^0) e a alternativa mais preferível (y^*, z^*). Admite-se uma escala de zero a um para os valores de utilidade, de modo que $u(y^0, z^0) = 0$, e $u(y^*, z^*) = 1$.

O processo de avaliar a independência em utilidade do atributo Y em relação ao atributo Z consiste inicialmente em avaliar as preferências do decisor na linha escura, ou seja, em $(y,$

z^0). Esse processo corresponderia a avaliar a utilidade unidimensional $u(y)$, denominada forma melhor de utilidade condicional, pois corresponde à utilidade de y condicionada a $z = z^0$.

Então, pode-se determinar o equivalente certo (y) do decisor, considerando z fixo em z^0, para uma loteria 50-50 com os valores de y^1 e y^2. Assim, tem-se a loteria, mostrada na Figura 6.4, considerando o equivalente certo como y:

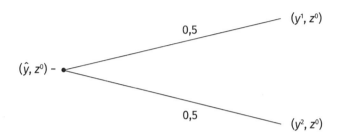

Figura 6.4 – Equivalente certo de uma loteria.

Por meio de um processo interativo entre o decisor e o analista de decisão, o equivalente certo da loteria citada é avaliado para diferentes valores de z, sendo observado que, caso Y seja independente em utilidade de Z, o valor do equivalente certo não se altera quando z assume valores diferentes de z^0. Esse fato pode ser observado para qualquer valor fixo de y^1, y^2, de forma que $u(y, z^0)$ e $u(y, z)$ seriam estrategicamente equivalentes.

Uma função, no caso $u = u(y, z^0)$, é estrategicamente equivalente a outra função; no caso, qualquer $u' = u(y, z)$, quando representam a mesma estrutura de preferências e, portanto, uma corresponde a uma transformação linear da outra na forma:

$$u = au' + b$$

Assim, todas as funções utilidades condicionais para diferentes valores de Z, linhas horizontais, na Figura 6.3, são uma transformação linear de cada uma. Logo, como $u(y, z) \sim u(y, z^0)$, tem-se que:

$$u(y, z) = c_1(z) + c_2(z) u(y, z^0) \qquad (1)$$

em que $c_1(z)$ e $c_2(z) > 0$ dependem unicamente de z.

Conclui-se que o atributo Y é independente em utilidade de Z quando preferências condicionais para loterias em Y, dado z, não dependem do valor de z.

De maneira análoga, o atributo Z é independente em utilidade de Y quando preferências condicionais para loterias em Z, dado y, não dependem do valor de y. A Figura 6.5 ilustra a representação das preferências de Z para um dado y^0.

Como $u(y, z) \sim u(y^0, z)$,

$$u(y, z) = d_1(y) + d_2(y) u(y^0, z),\qquad(2)$$

em que $d_1(y)$ e $d_2(y) > 0$ dependem unicamente de y.

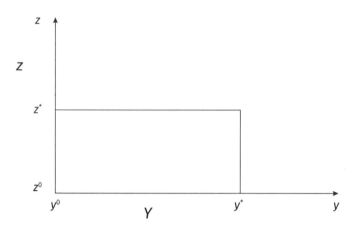

Fonte: Adaptada de Keeney (1976).

Figura 6.5 – Preferência para níveis de Z dado y^0.

A independência simultânea em utilidade entre Y e Z não ocorre todas as vezes; em alguns casos, pode-se ter apenas Y independente em utilidade de Z, ou vice-versa. Essa condição é denominada independência mútua em utilidade.

Em outros casos, pode ainda ser observado que nenhum dos atributos é independente em utilidade do outro. Assim, cada atributo deve ser avaliado separadamente, pois o conhecimento de um atributo pode significar muito pouco a respeito do outro.

A determinação da função utilidade $u(y, z)$ é uma das etapas mais importantes em um problema de decisão e muito do trabalho pode ser facilitado com o conhecimento da independência em utilidade dos atributos envolvidos.

Assim, supondo-se que se quer acessar preferências em (y, z), admitindo que o atributo y pertence ao intervalo $y^0 \le y \le y^*$ e o atributo z está contido no intervalo $z^0 \le z \le z^*$, pode-se empregar várias simplificações para obter a função utilidade $u(y, z)$, com base no conhecimento da independência em utilidade dos atributos Y e Z.

Considerando inicialmente a independência em utilidade de Y em relação a Z, observa-se que o conhecimento do valor da utilidade das linhas escuras apresentadas na Figura 6.6 é suficiente para determinar a função $u(y, z)$.

Cada uma dessas linhas mais grossas é denominada função utilidade condicional. Dessa forma, tem-se a função $u(y, z)$ determinada com base em três funções utilidade condicional, uma vez que, para diferentes valores de z, a função utilidade condicional $u(y, z')$ é uma transformação linear positiva da função $u(y, z^0)$.

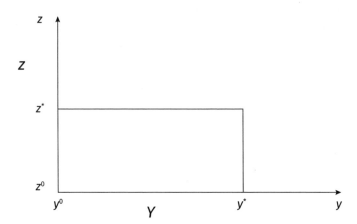

Fonte: Adaptada de Keeney (1976).
Figura 6.6 – Avaliando a função u(y, z) quando Y é independente em utilidade de Z.

Analisando o caso em que o atributo Z é independente em utilidade de Y, e Y não é independente em utilidade de Z, tem-se que a função utilidade $u(y, z)$ pode ser avaliada por meio de três funções utilidade condicional, conforme observa-se na Figura 6.7. Assim, para cada valor distinto de y' tem-se uma função $u(y', z)$ como uma transformação linear positiva da outra. Ainda de acordo com a Figura 6.7, $u(y^2, z)$ é estrategicamente equivalente a $u(y^1, z)$, e assim:

$$u(y^2, z) = k_1 + k_2\, u(y^1, z) \tag{3}$$

A função $u(y^1, z)$ pode ser avaliada; logo, é conhecida. As constantes k_1 e k_2 podem ser determinadas a partir da introdução, na equação apresentada, das consequências (y^2, z^1) e (y^2, z^2), cuja utilidade é conhecida.

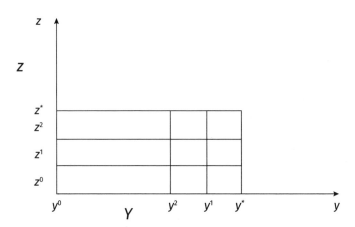

Fonte: Adaptada de Keeney e Raiffa (1976).
Figura 6.7 – Avaliando a função u(y, z) quando Z é independente em utilidade de Y.

Quando os atributos Y e Z são independentes em utilidade entre si ou mutuamente independentes em utilidade, a função utilidade $u(y, z)$ pode ser facilmente acessada por meio de duas funções utilidade condicionais e uma utilidade de uma consequência qualquer. A ideia básica consiste em utilizar a propriedade que existe na independência em utilidade em que uma função é uma transformação linear da outra. Assim, de acordo com a Figura 6.8, a função $u(y^*, z)$ pode ser avaliada pela função $u(y^0, z)$ e de apenas um ponto, conforme verificado na dedução da equação a seguir:

$$u(y, z) = c_1(z) + c_2(z) u(y, z^0)$$

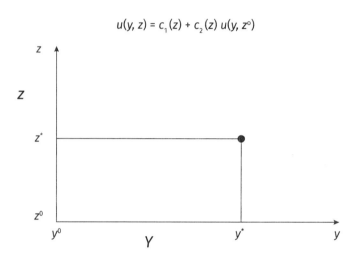

Fonte: Adaptada de Keeney e Raiffa (1976).
Figura 6.8 – Avaliando a função $u(y, z)$ quando Y e Z são mutuamente independentes em utilidade.

Portanto, quando se têm dois atributos mutuamente independentes, necessita-se apenas avaliar duas funções: utilidade condicional e utilidade do ponto (y^*, z^*) para, então, acessar $u(y, z)$. A Figura 6.8 ilustra o exemplo das duas funções utilidade condicionais e de uma consequência, necessárias para acessar a função $u(y, z)$ quando Y e Z são mutuamente independentes.

Não necessariamente as funções a serem avaliadas necessitam ser do tipo apresentado na Figura 6.6, podendo ser escolhida qualquer função utilidade condicional, assim como outra consequência para que se possa acessar $u(y, z)$.

4.2 Independência aditiva

A independência em utilidade entre dois atributos permitiu diversas considerações que facilitaram a determinação da função utilidade $u(y, z)$. Além da independência em utilidade, outra propriedade, denominada aditividade, pode facilitar bastante a obtenção da função utilidade. Dessa forma, se essas duas propriedades se verificam, pode-se determinar a função $u(y, z)$ com apenas duas funções utilidade condicionais, conforme ilustrado na Figura 6.9. A seguir, algumas considerações sobre aditividade e sua importância para a determinação da função utilidade.

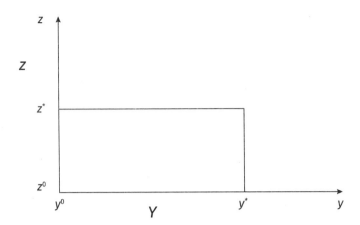

Fonte: Adaptada de Keeney (1976).

Figura 6.9 – Avaliando a função $u(y, z)$ quando Y e Z são mutuamente independentes em utilidade e aditivas.

Admita que existam dois pares de consequências A, C e B, D, representados, respectivamente, na Figura 6.10, pelos níveis das consequências (y^1, z^1), (y^*, z^*) e (y^1, z^*), (y^*, z^1).

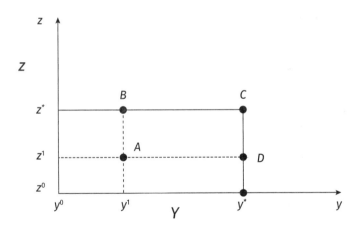

Fonte: Adaptada de Keeney e Raiffa (1976).

Figura 6.10 – Avaliando a função $u(y, z)$ quando Y e Z são mutuamente independentes em utilidade.

Pode-se afirmar que dois atributos Y, Z são aditivamente independentes, se duas loterias representadas por < A, C > e < B, D > forem indiferentes ou igualmente preferíveis para todo (y, z) e para um y^1 e z^1 previamente escolhido (essa notação < A, B > indica uma loteria com a opção A ou B, cada uma com probabilidade 0,5; outra notação, < A; p; B >, indica A com probabilidade p e B com probabilidade $1 - p$). Observa-se que essas duas loterias diferem apenas nas combinações diferentes de níveis de Y e Z, existindo, portanto, 0,5 de chance de obter y ou y^1 e 0,5 de chance de obter z ou z^1. A Figura 6.11 ilustra o exemplo da loteria igualmente preferível dos atributos Y e Z.

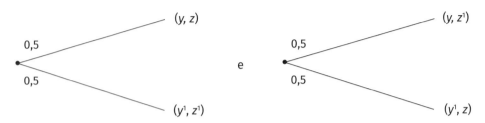

Figura 6.11 – Loterias igualmente preferíveis.

4.3 Função utilidade aditiva

A função utilidade pode adquirir a forma de uma função aditiva quando a independência aditiva for observada nos atributos. Essa propriedade pode facilitar bastante o trabalho de obtenção da utilidade total, $u(y, z)$, pois permite adicionar as contribuições individuais dos dois atributos.

A função utilidade aditiva pode ser representada pelas duas formas seguintes:

$$u(y, z) = u(y, z^0) + u(y^0, z) \tag{4}$$

$$u(y, z) = K_y u_y(y) + K_z u_z(z) \tag{5}$$

em que:

$u(y, z)$ = normalizada por $u(y^0, z^0) = 0$ e $u(y^1, z^1) = 1$;

$u_y(y)$ = a função utilidade condicional em Y, normalizada por $u_y(y^0) = 0$ e $u_y(y^1) = 1$;

$u_z(z)$ = a função utilidade condicional em Z, normalizada por $u_z(z^0) = 0$ e $u_z(z^1) = 1$;

$K_y = u(y^1, z^0)$;

$K_z = u(y^0, z^1)$.

Provando a equação (4), a independência aditiva implica a indiferença entre as loterias L_1 e L_2, conforme a Figura 6.12.

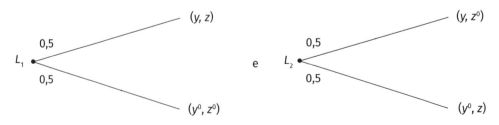

Figura 6.12 – Loterias igualmente preferíveis.

Há a seguinte relação entre as utilidades esperadas dessas duas loterias:

$$\tfrac{1}{2}\, u(y, z) + \tfrac{1}{2}\, u(y^0, z^0) = \tfrac{1}{2}\, u(y, z^0) + \tfrac{1}{2}\, u(y^0, z) \tag{4a}$$

Arbitrariamente, estabelecendo que $u(y^0, z^0) = 0$, tem-se:

$$u(y, z) = u(y, z^0) + u(y^0, z).$$

Provando a equação (5), pode-se definir:

$$u(y, z^0) = K_y u_y(y); \text{ e}$$

$$u(y^0, z) = K_z u_z(z)$$

Substituindo em (4a), tem-se (5).

A função utilidade aditiva apresenta certa restrição no que se refere às preferências do decisor por não permitir interações entre os atributos. Isso significa que, usando a forma aditiva, não será possível contemplar a situação em que, para determinados tipos de problema de decisão, é desejável que certa quantidade de atributo dependa de uma quantidade de outro atributo.

Vale ressaltar que uma função utilidade aditiva acarreta independência aditiva, uma vez que a utilidade esperada de qualquer loteria que use uma das equações (4) ou (5) é função unicamente da distribuição de probabilidade marginal para Y ou Z. Conclui-se, então, que os dois atributos Y e Z são aditivamente independentes, porque as preferências entre as loterias não dependem da distribuição de probabilidade conjunta de Y e Z.

Deve ser observado que a função utilidade aditiva garante que os atributos Y e Z são mutuamente independentes; entretanto, se dois atributos são mutuamente independentes, não é possível afirmar que a função utilidade seja aditiva.

Esse aspecto é muito relevante para constatar a indicação de que o modelo aditivo não pode ser simplesmente aplicado se há apenas independência em preferência entre os atributos, falando mais rigorosamente com base na teoria. Entretanto, geralmente, essa prática tem sido desenvolvida. Nesse caso, cabe ter clara percepção de que se trata de uma aproximação.

4.4 Função utilidade multilinear

A função utilidade multilinear é uma forma mais genérica de representar a função utilidade, inclusive com a vantagem de permitir certo tipo de interação entre os atributos. A representação da função utilidade por essa função pressupõe que os dois atributos Y e Z sejam mutuamente independentes em utilidade.

A representação da função utilidade multilinear pode assumir as seguintes formas:

$$u(y, z) = u(y, z^0) + u(y^0, z) + k\, u(y, z^0)\, u(y^0, z) \tag{6}$$

$$u(y, z) = k_y u_y(y) + k_z u_z(z) + k_{yz} u_y(y)\, u_z(z) \tag{7}$$

com k_y, k_z, $k_{yz} > 0$, todas constantes de escala.

A determinação da função utilidade $u(y, z)$, quando há dois atributos mutuamente independentes, pressupõe a necessidade de avaliar duas funções utilidade condicionais e a utilidade de um ponto (y^*, z^*). Antes de apresentar a função utilidade multilinear, cabem algumas considerações sobre o espaço de consequências para determinar essa função. A Figura 6.13 ilustra o exemplo do espaço de consequências para dois atributos mutuamente independentes.

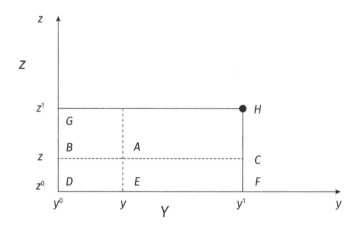

Fonte: Adaptada de Keeney (1976).
Figura 6.13 – Avaliando a função $u(y, z)$ quando Y e Z são mutuamente independentes em utilidade.

A interpretação geométrica que se tem do espaço de consequências da Figura 6.13 é de que a utilidade de qualquer consequência é determinada com base na utilidade relativa das consequências que estão nas linhas salientadas e no ponto ressaltado.

Dessa forma, uma vez estabelecido que Y e Z são mutuamente independentes, é possível dar continuidade ao processo de avaliação com a determinação das utilidades das consequências em Y, $u(y, z^0)$, as utilidades das consequências em Z, $u(y^0, z)$, e a utilidade da consequência do ponto H, $u(y^1, z^1)$. Com a determinação dessas duas funções utilidade e da utilidade do ponto H, é possível determinar a utilidade de qualquer consequência dentro da área estabelecida pelas consequências D, F, H, G.

A seguir, tem-se a determinação da utilidade $u(y, z)$ de uma consequência qualquer (y, z) no ponto A, representada por u_A. Como Y é independente em utilidade de Z, pode-se determinar a função $u(y, z)$ a partir da função utilidade $u(y, z^0)$ já conhecida.

Sabe-se que a função $u(y, z)$ é uma transformação linear positiva da função $u(y, z^0)$. Assim:

$$u(y, z) = c_1(z) + c_2(z)\, u(y, z^0)$$

Logo, pode-se determinar $u(y, z)$ com as utilidades u_B, u_C e com as utilidades conhecidas u_D, u_E e u_F. A utilidade do ponto A, u_A é então finalmente determinada de $u(y, z)$.

Entretanto, a utilidade u_C não é conhecida, porém pode ser expressa a partir das utilidades conhecidas u_H e u_F, dado que Z é independente em utilidade de Y. Logo, a função $u(y^1, z)$ é uma transformação linear positiva de $u(y^0, z)$, em que são conhecidas as utilidades u_G, u_B, u_D, resultando em:

$$u(y^1, z) = d_1(y) + d_2(y)\, u(y^0, z)$$

A utilidade u_C é, então, determinada a partir desses pontos conhecidos e, consequentemente, a utilidade u_A fica definida.

Do exemplo exposto, conclui-se que é possível encontrar uma função utilidade que represente a utilidade de qualquer ponto no espaço de consequências. Nesse contexto, pode-se apresentar a função utilidade multilinear e sua respectiva dedução.

A demonstração dessas representações da função utilidade requer o uso de considerações já apresentadas anteriormente relativas à independência em utilidade. Partindo de algumas considerações iniciais e das equações (1) e (2) que representam, respectivamente, a independência em utilidade de Y em relação a Z e a de Z em relação a Y, pode-se demonstrar a equação da utilidade multilinear (Keeney e Raiffa, 1976).

4.5 Análise do parâmetro k

O parâmetro k da função utilidade multilinear em sua forma apresentada na equação (6) representa a interação de preferência dos dois atributos para o decisor. Isso significa que, apesar de Y e Z serem independentes em utilidade, em determinados tipos de problema é importante avaliar as preferências do decisor entre consequências desses dois atributos. O decisor pode preferir consequências iguais dos dois atributos, consequências distintas dos dois atributos, ou ser indiferente entre determinadas combinações de consequências desses atributos.

$$u(y, z) = u(y, z^0) + u(y^0, z) + k\, u(y, z^0)\, u(y^0, z)$$

Uma forma prática de avaliar a interação de preferências entre dois atributos consiste em duas loterias, ilustradas na Figura 6.14, que representam as preferências do decisor por quatro consequências distintas. Por meio dessas loterias, é possível analisar o efeito do parâmetro k na interação dos atributos Y e Z.

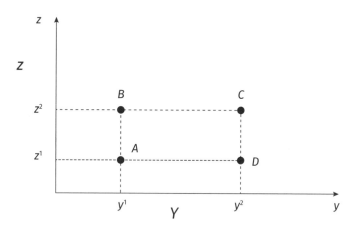

Figura 6.14 – Espaço de consequências.

Supondo-se duas loterias $<A, C>$ e $<B, D>$ no espaço de consequências ilustrado, conclui-se que as seguintes relações de preferência podem ser observadas, tendo como resultado valores distintos para o parâmetro k:

a) $<A, C> \succ <B, D> \Leftrightarrow k > 0$
b) $<A, C> \prec <B, D> \Leftrightarrow k < 0$
c) $<A, C> \sim <B, D> \Leftrightarrow k = 0$

Analisando o caso "a", observa-se que $k > 0$ e que a loteria $<A, C>$ é preferível à loteria $<B, D>$. Nesse caso, as consequências C e A representam, respectivamente, preferências de altas quantidades dos atributos Y e Z ou de baixas quantidades desses dois atributos. Isso implica que o decisor prefere uma loteria em que tenha a chance de obter altas quantidades ou baixas quantidades dos dois atributos. A interação de preferência entre os dois atributos mostra que estes são simultaneamente importantes para o decisor. Nesse caso, os atributos são ditos complementares.

No caso "b", observa-se que a loteria $<B, D>$ é preferível à loteria $<A, C>$ e $k < 0$; isso significa que as consequências B e D representam, respectivamente, alta quantidade do atributo Z e baixa quantidade do atributo Y, ou ainda alta quantidade do atributo Y e baixa quantidade do atributo Z. Os atributos Y e Z, nesse caso, são ditos substitutos. A interação de preferências entre esses dois atributos mostra que é importante obter altas quantidades em pelo menos um dos atributos.

O caso "c" representa a situação em que as loterias $<A, C>$ e $<B, D>$ são indiferentes ao decisor. Nessa situação, não existe interação de preferências entre os atributos Y e Z, portanto $k = 0$.

Uma forma adicional de interpretar o parâmetro k consiste em reescrever a equação (6) da seguinte forma:

$$u(y, z) = u(y, z^0) + u(y^0, z) + k\, u(y, z^0)\, u(y^0, z)$$

$$u(y, z) = u(y, z^0) + u(y^0, z)\, [1 + k\, u(y, z^0)]$$

Analisando o termo em k da equação reescrita e estabelecendo que $u(y^0, z)$ aumenta em preferência quando z aumenta, em uma primeira análise pode-se admitir que, quando $k > 0$, preferências em quantidades adicionais de Y implicam preferências em quantidades adicionais de Z. Entretanto, se $k < 0$, preferências em quantidades adicionais de Y implicam redução das preferências em Z. Quando $k = 0$, a interação em preferências de Y e Z passa a não existir.

4.6 Não existência da independência em utilidade entre os atributos

Em certos casos, não é possível obter independência em utilidade entre os atributos, ou seja, Y não é independente em utilidade de Z nem Z é independente em utilidade de Y; portanto, as propriedades de independência em utilidade apresentadas nos itens anteriores não podem ser aplicadas para determinar a função utilidade $u(y, z)$ dentro das opções apresentadas.

Nesse caso, cabe avaliar a possibilidade e viabilidade de efetuar o processo de avaliação direta, preservando a estrutura teórica de MAUT. Outra forma de resolver o problema sem tratá-lo como teoria; em um linguajar mais rigoroso, geralmente implementada, é a aplicação da função utilidade aditiva como método de agregação multicritério. Isso é comentado de forma específica mais adiante.

Alternativamente, existem, porém, algumas formas de ação que podem servir de base para a determinação da função utilidade, que exploram as condições de independência e mantêm a aplicação dessa abordagem multicritério como teoria.

Essas formas envolvem uma série de artifícios que permitirão a aplicação indireta de algumas propriedades de independência em utilidade, de modo a possibilitar a quantificação das preferências do decisor. Essas formas alternativas envolvem as seguintes considerações:

a) obtenção de novos atributos com base na transformação dos atributos originais Y e Z, de forma a permitir a aplicação das propriedades de independência em utilidade;

b) aplicação de técnicas de interpolação apoiada na avaliação direta da função utilidade de várias consequências;

c) subdivisão do espaço de consequências em vários espaços que possam permitir a aplicação das propriedades anteriormente vistas.

5 ESTUDO DA UTILIDADE MULTIATRIBUTO PARA O CASO COM MAIS DE DOIS ATRIBUTOS

Os resultados e procedimentos mostrados para o caso de dois atributos são aplicados para o caso em que há um número maior de atributos. Entretanto, observa-se que, à medida que o número de atributos aumenta, maior é a complexidade de análise e especialmente de compreensão do processo por parte do decisor.

Alguns procedimentos para agrupar ou tentar reduzir o número de atributos podem ser aplicados desde que não comprometam a representação dos objetivos relevantes.

MAUT considera outras condições de independência e associadas formas funcionais no processo de análise. Outro conceito em MAUT está relacionado com a independência em preferência, que se distingue do conceito de independência em utilidade.

A independência em preferência de X em relação a Y implica que a ordem de preferência entre valores de X não é alterada quando o valor de Y é alterado. A independência em utilidade de um atributo X em relação a Y implica que $u(x)$ sofre transformações lineares à medida que o valor de Y é alterado. Portanto, não apenas a ordem de preferência é preservada, como também a cardinalidade de diferenças, que é uma característica da escala obtida com a função utilidade.

Várias formas funcionais podem ser obtidas de resultados teóricos para diferentes condições de independência entre atributos. Essas condições podem ser observadas como uma combinação de diferentes condições de independência de forma parcial. Alguns atributos podem apresentar independência em utilidade e outros, independência em preferência, o que envolve formas analíticas deduzidas dentro da estrutura axiomática de MAUT.

Como ilustração, observe dois resultados a seguir.

Para o caso em que $X_1, X_2, ..., X_n$ são aditivamente independentes entre si, a forma funcional aplicável é a função aditiva para n atributos:

$$u(x_i) = \sum_{i=1}^{n} k_i u_i(x_i)$$

Um dos resultados obtidos em MAUT está associado ao caso da condição de mútua independência em utilidade. Se $X_1, X_2, ..., X_n$ são mutuamente independentes em utilidade, prova-se, nesse caso, que a seguinte forma funcional para função utilidade multiatributo pode ser aplicada:

$$u(x) = \sum_{i=1}^{n} k_i u_i(x_i) + k \sum_{\substack{i=1 \\ j>i}}^{n} k_i k_j u_i(x_i) u_j(x_j) + k^2 \sum_{\substack{i=1 \\ j>i \\ l>j}}^{n} k_i k_j k_l u_i(x_i) u_j(x_j) u_l(x_l) + ...$$

$$+ k^{n-1} k_1 k_2 ... u_1(x_1) u_2(x_2) ... u_n(x_n)$$

Estruturas hierárquicas para os atributos podem facilitar o processo de avaliação para um número relativamente grande de atributos. No caso ilustrado na Figura 6.15, pode-se obter $u(x)$ em função de $u(y_1)$ e $u(y_2)$, os quais podem ser obtidos por:

$$u(y_1) = f_1[u(x_1), u(x_2)], \text{ e}$$
$$u(y_2) = f_2[u(x_3), u(x_4)]B$$

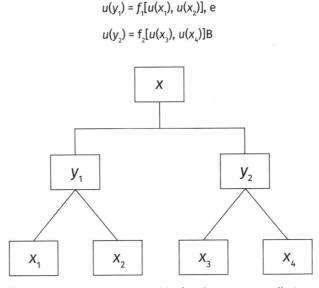

Figura 6.15 – Uma estrutura hierárquica para os atributos.

6 PROCEDIMENTO PARA AVALIAÇÃO DA FUNÇÃO UTILIDADE MULTIATRIBUTO

A aplicação dessa teoria pressupõe um processo de entrevista entre o analista de decisão e o decisor como forma de permitir o levantamento das preferências do decisor em relação aos atributos do problema.

O processo de entrevista deve permitir que o decisor expresse suas preferências da forma mais real possível, de modo que a função utilidade obtida represente uma medida das atitudes do decisor em relação ao risco e a situações de incerteza.

O decisor deve estar consciente dos objetivos do processo de entrevista e suficientemente motivado para responder e colaborar com os propósitos do trabalho associado ao problema de decisão.

Keeney e Raiffa (1976) apresentam uma metodologia que permite a determinação da função utilidade por um processo composto de cinco etapas. Essas etapas proporcionam a intensificação de aspectos importantes do problema e permitem discussão mais profunda entre o analista e o decisor sobre as variáveis que compõem a estrutura do problema. Cinco etapas compõem a metodologia para elicitação da função utilidade multiatributo:

a) preparação do decisor para avaliação;
b) identificação de independência;
c) avaliação da função utilidade condicional;
d) avaliação das constantes de escala;
e) *check* de consistência.

Descrevem-se a seguir essas etapas da metodologia com base na proposta de Keeney e Raiffa (1976), considerando para efeito de ilustração o caso de dois atributos.

6.1 Preparação do decisor para avaliação

A preparação do decisor para o processo de avaliação de preferências exige que o analista de decisão introduza alguns conceitos iniciais sobre a teoria da utilidade multiatributo e apresente a estrutura do problema de decisão.

Um dos aspectos mais importantes a serem esclarecidos ao decisor é que não existe uma preferência ótima a ser determinada, mas um conjunto de consequências em que o decisor expressa suas preferências. Não existe, portanto, uma preferência correta, uma vez que elas são representações de sentimentos subjetivos do decisor; retratam sua particular estrutura de preferências.

À medida que o processo de avaliação avança, é perfeitamente aceitável que o decisor sinta necessidade de reavaliar sua preferência sobre uma consequência. Pode-se dizer que é este um dos objetivos da teoria da utilidade: eliminar as contradições do decisor até que este sinta que o problema está plenamente estruturado em sua mente. Ao final desse processo, o decisor tem o domínio sobre os atributos do problema e consegue perceber o quanto cada um influencia o processo de decisão.

Supondo-se que o problema de decisão foi estruturado e que o mesmo envolve dois atributos, Y e Z, relacionados com as consequências do problema, cabe preparar o decisor para expressar suas preferências sobre o espaço de consequências. A determinação da função utilidade é, portanto, determinada com base na avaliação dessas consequências nesse espaço.

A introdução de um procedimento gráfico nessa etapa inicial pode ajudar o decisor a expressar suas preferências e a melhor compreender a estrutura do problema de decisão.

A Figura 6.16 ilustra o exemplo do procedimento gráfico que envolve dois atributos.

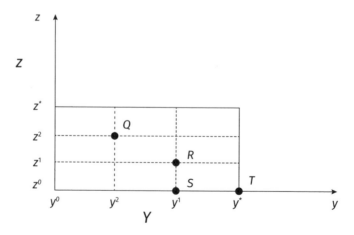

Figura 6.16 – Procedimento gráfico.

Inicialmente, o analista de decisão necessita estar seguro de que o decisor compreende o espaço de consequências ilustrado. Em seguida, deve estar claro para o decisor que a consequência Q representa uma quantidade y^2 do atributo Y e uma quantidade z^2 do atributo Z. Deve ser perguntado ao decisor o que representa a consequência R em termos dos dois atributos.

É importante que o decisor possa perceber em que direção os atributos Y e Z aumentam. A limitação da região em que se vai trabalhar é também uma das etapas importantes do processo. As preferências devem ser avaliadas na menor região possível, ou seja, devem ser previamente conhecidos os valores mínimos e máximos de cada atributo.

6.2 Identificação de independência

Essa etapa permite identificar a existência de independência em utilidade entre os atributos Y e Z. Sabe-se que a independência aditiva pode facilitar bastante a determinação da função utilidade, além de garantir a independência mútua entre os atributos.

Conforme visto, a independência aditiva entre os atributos pode ser verificada por meio da existência de duas loterias igualmente preferíveis, conforme ilustrado na Figura 6.17.

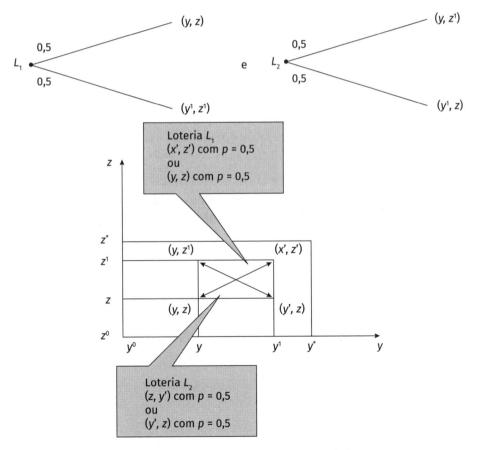

Figura 6.17 – Loterias igualmente preferíveis.

Assim, Y e Z são aditivamente independentes, se as loterias L_1 e L_2 forem indiferentes para qualquer quantidade de (y, z), combinadas com um valor específico de y^1, z^1. Isso significa que, em cada uma das loterias, existe 50% de chance de se obter y ou y^1, independentemente do valor de z.

Os valores de (y, z) podem ser escolhidos conforme ilustração apresentada na Figura 6.17.

Se as loterias L_1 e L_2 formadas a partir da consequência (y^1, z^1) e dos vários pares (y, z) que podem ser combinados com a divisão de Y, Z, respectivamente, nas subseções {y^0, $y^{.25}$, $y^{.5}$, $y^{.75}$, y^*} e {z^0, $z^{.25}$, $z^{.5}$, $z^{.75}$, z^*}, forem indiferentes, pode-se confirmar que Y e Z são aditivamente independentes.

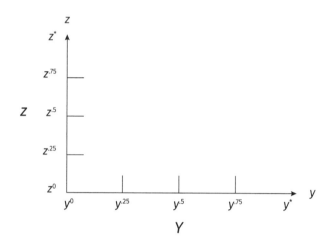

Figura 6.18 – Procedimento gráfico para determinação da independência aditiva.

Existe também um procedimento prático para determinar a independência em utilidade de dois atributos Y, Z, considerando que eles podem variar, respectivamente, no intervalo $y^0 \leq y \leq y^*$ e $z^0 \leq z \leq z^*$. Supondo que se deseja avaliar preferências dos dois atributos nesse intervalo, pode-se por meio do procedimento gráfico ilustrado na Figura 6.19 determinar se Y é independente em utilidade de Z.

Por um processo interativo entre o decisor e o analista de decisão, a independência em utilidade de Y em relação a Z é verificada, fazendo uso de loterias com as consequências apresentadas. Com o emprego do gráfico da Figura 6.19, pede-se ao decisor que manifeste, uma por vez, sua preferência entre a loteria 50-50 < P, Q > e as consequências S, T, W, R. O Quadro 6.1 mostra na coluna preferência os resultados esperados:

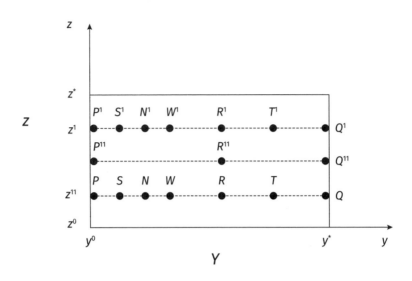

Figura 6.19 – Procedimento gráfico para determinação da independência em utilidade.

Quadro 6.1

Loteria	Consequência	Preferência
50-50 < P, Q >	S	Loteria
50-50 < P, Q >	T	T
50-50 < P, Q >	W	Loteria
50-50 < P, Q >	R	Indiferente

Pode-se supor que o decisor está bastante coerente com nossas expectativas e que R é o equivalente certo da loteria. Caso o decisor apresente uma preferência não consistente, o procedimento pode ser repetido até que ele perceba a incoerência.

O procedimento continua, lembrando ao decisor que a quantidade do atributo Z será alterada para z^1. O decisor, utilizando a Figura 6.19, deve manifestar seu interesse, uma por vez, entre a loteria 50-50 < P^1, Q^1 > e as consequências T^1, S^1, W^1 e R^1. Os resultados esperados são apresentados no Quadro 6.2:

Quadro 6.2

Loteria	Consequência	Preferência
50-50 < P^1, Q^1 >	T^1	T^1
50-50 < P^1, Q^1 >	S^1	Loteria
50-50 < P^1, Q^1 >	W^1	Loteria
50-50 < P^1, Q^1 >	R^1	Indiferente

Os resultados apresentados demonstram que, apesar de a quantidade de Z ter variado, as preferências do decisor em relação a Y permanecem a mesma. Observa-se também que o equivalente certo nos dois casos, R e R^1, possui a mesma quantidade do atributo Y. Isto pode ser considerado um indício de que Y é independente, em utilidade, de Z.

O procedimento é repetido para uma nova quantidade z^{11} do atributo Z, e, caso o equivalente certo da loteria 50-50 $< P^{11}, Q^{11} >$ seja R^{11}, há mais um indício de que Y é independente em utilidade de Z.

Como procedimento final, pergunta-se ao decisor sobre as loterias seguintes:

Se $< (y^*, z^1), (y^0, z^1) >$ é indiferente a (y^1, z^1) e

$< (y^*, z^{11}), (y^0, z^{11}) >$ é indiferente a (y^1, z^{11})

cabe dizer que $< (y^*, z), (y^0, z) >$ é indiferente a (y^1, z) para todo z?

Caso o decisor confirme que a loteria $< (y^*, z), (y^0, z) >$ é indiferente para todo z, há uma evidência clara de que Y é independente em utilidade de Z.

Poderiam ainda ser obtidas mais evidências da independência em utilidade de Y em relação a Z, escolhendo quantidades diferentes de y, de forma que a loteria $< P, Q >$ fosse, por exemplo, substituída por uma loteria $< S, T >$ e o equivalente certo resultasse em W em vez de R. Isso equivale a perguntar ao decisor: se, para quantidades y^1, y^2 e y^3 de y, tivesse uma loteria $< (y^1, z), (y^2, z) >$ indiferente a (y^3, z), esta indiferença permaneceria para todo valor de z? Uma confirmação positiva dessa pergunta implicaria que Y é realmente independente em utilidade de Z.

6.3 Avaliação da função utilidade condicional

Com base nos resultados encontrados na etapa anterior, quando foram obtidos vários equivalentes certos, pode-se iniciar o procedimento para determinação da função utilidade condicional u_y em Y e a função u_z relativa a Z.

Tendo sido provado que Y é independente em utilidade de Z, determina-se a função utilidade condicional u_y com os resultados do equivalente certo R para a loteria $< P, Q >$. Assume-se que a origem da função condicional u_y seja igual a: $u_y(P, 0) = 0$.

E que a unidade de escala seja igual a: $u_y(Q, 0) = 1$.

Admitindo como exemplo que a função utilidade u_y seja da forma $b(1 - e^{cy})$, pode-se determinar as constantes b e c com ajuda da origem e da unidade de escala definidas.

Como $u < P, Q > = u(R)$

½ $u(P)$ + ½ $u(Q) = u(R)$

$0 + ½ = u(R) \Rightarrow u(R) = ½$

Com os valores obtidos de $u(R)$, $u_y(P, 0)$ e $u_y(Q, 0)$, determina-se b e c.

A função utilidade condicional u_z pode ser determinada de maneira semelhante à empregada para determinação de u_y. Esse processo é extremamente simples, considerando poucos pontos. É recomendável o uso de um processo de elicitação mais estruturado, conforme àquele apresentado no item relativo à teoria da utilidade esperada.

6.4 Avaliação das constantes de escala

A função utilidade, quando apresentada em sua forma multilinear, possui três constantes de escala que são determinadas com base em um conjunto de equações, formuladas por meio de considerações probabilísticas e procedimentos de avaliação.

Admitindo que a função multilinear assume a forma apresentada na Seção 4.4, tem-se:

$$u(y, z) = k_y u_y(y) + k_z u_z(z) + k_{yz} u_y(y)\, u_z(z) \tag{8}$$

As constantes de escala k_y, k_z e k_{yz} permitem estabelecer uma consistência interna para as funções utilidade u_y e u_z, existente na equação, podendo assumir valores de 0 a 1.

As funções utilidade u_y e u_z podem ser determinadas com o procedimento visto na seção anterior e são, portanto, conhecidas. Pode-se, então, formular três equações com três incógnitas a fim de determinar as três constantes de escala.

Uma primeira equação pode ser formulada com base nos *procedimentos de avaliação* que permitem, por exemplo, identificar duas consequências (y^1, z^1) e (y^2, z^2) indiferentes. Pode-se igualar as utilidades dessas duas consequências com o auxílio da equação (8).

$$k_y u_y(y^1) + k_z u_z(z^1) + k_{yz} u_y(y^1)\, u_z(z^1) = k_y u_y(y^2) + k_z u_z(z^2) + k_{yz} u_y(y^2)\, u_z(z^2) \tag{9}$$

A segunda equação pode ser obtida com base em *considerações probabilísticas*. Assim, supondo que, após avaliar algumas consequências, determinou-se que (y^3, z^3) é indiferente à loteria $< (y^1, z^1);\ p\, (y^2, z^2) >$, a utilidade esperada pode ser calculada para obter:

$$u(y^3, z^3) = p\, (y^1, z^1) + (1-p)\, (y^2, z^2) \tag{10}$$

Substituindo (8) e (9) na equação (8), obtém-se:

$$k_y u_y(y^3) + k_z u_z(z^3) + k_{yz} u_y(y^3)\, u_z(z^3) = p\, [k_y u_y(y^1) + k_z u_z(z^1) + k_{yz} u_y(y^1)\, u_z(z^1)] + (1-p)\, [k_y u_y(y^2) + k_z u_z(z^2) + k_{yz} u_y(y^2)\, u_z(z^2)]$$

É possível ainda determinar a escala da função com base em considerações obtidas por avaliação e gerar as equações em K. Sabe-se que a origem de $u(y, z)$, u_y, u_z corresponde, respectivamente, a $u(y^0, z^0) = 0$, $u_y(y^0) = 0$ e $u_z(z^0) = 0$.

Supondo-se que as preferências são crescentes em Y e Z, então a escala pode ser definida da seguinte forma:

$$u(y^*, z^*) = 1 \; u_y(y^*) = 1 \text{ e } u_z(z^*) = 1.$$

Empregando esses resultados na equação (8), tem-se:

$$k_y + k_z + k_{yz} = 1 \qquad (11)$$

Avaliando as consequências (y^*, z^0) e (y^0, z^*) na equação (7), obtém-se:

$$k_y = u(y^*, z^0) \text{ e } k_z = u(y^0, z^*)$$

O passo seguinte consiste em determinar se a constante k_y é maior do que a constante k_z, ou vice-versa. Um procedimento prático consiste em perguntar ao decisor: qual das consequências, (y^*, z^0) ou (y^0, z^*), é a preferível? Se (y^*, z^0) for a escolhida, conclui-se pela equação anterior que $k_y > k_z$. Por outro lado, poder-se-ia ainda obter $k_z > k_y$ para o caso em que a consequência (y^0, z^*) fosse a escolhida, ou ainda $k_z = k_y$, quando existisse indiferença entre as consequências.

Como exemplo, suponha que $k_y > k_z$, o que implicaria determinar uma quantidade y^1 tal que o decisor ficasse indiferente entre as consequências (y^1, z^0) e (y^0, z^*). A determinação de y^1 envolve um processo interativo em que o decisor deve pronunciar a sua escolha até que a consequência (y, z^0) possa convergir para (y^1, z^0). Determinando a utilidade dessas consequências, tem-se:

$$u(y^1, z^0) = k_y u_y(y^1)$$
$$u(y^0, z^*) = k_z u_z(z^*) = k_z$$

Como $u(y^1, z^0) = u(y^0, z^*)$, então:

$$k_z = k_y u_y(y^1) \qquad (12)$$

Esta equação é um exemplo de escala obtida por meio de considerações teóricas. Recorrendo a considerações probabilísticas, pode-se também determinar a escala de uma função utilidade. Assim, supondo que a probabilidade de indiferença π_y seja determinada de modo a obter uma consequência (y^*, z^0) indiferente à loteria

$$< (y^*, z^*); \pi_y; (y^0, z^0) >,$$

tem-se:

$$u(y^*, z^0) = u(y^*, z^*) \pi_y + u(y^0, z^0)(1 - \pi_y)$$

Como $u(y^*, z^0) = k_y$, $u(y^*, z^*) = 1$ e $u(y^0, z^0) = 0$

$$k_y = \pi_y \qquad (13)$$

As equações (11), (12) e (13) formam um sistema de três equações de três incógnitas que permitem obter as constantes k_y, k_z e k_{yz}.

6.5 Verificação de consistência

A etapa final no processo de determinação da função utilidade consiste em proceder a uma verificação de consistência na função obtida de modo a certificar que essa função expressa realmente as preferências do decisor. Em certos casos, pode-se obter uma função que, quando submetida a um teste de consistência, apresenta resultados incompatíveis com as preferências do decisor.

Uma forma simples de comprovar que a função utilidade é uma representação correta das preferências do decisor consiste em submeter ao decisor um processo de escolha entre duas consequências, (y^1, z^1) e (y^2, z^2). Caso a escolha recaia na consequência (y^2, z^2), a substituição dessa consequência na função utilidade obtida $u(y, z)$ deverá ter como resultado um valor de $u(y^2, z^2)$ maior do que $u(y^1, z^1)$. Essa verificação é repetida várias vezes com outras consequências, de modo a certificar que a função utilidade obtida é uma representação correta das preferências do decisor.

A consistência da função utilidade obtida pode ainda ser verificada com a geração de um conjunto de curvas de indiferença no espaço $Y \times Z$ calculadas com base nessa mesma função $u(y, z)$. O passo seguinte consiste em submeter esse conjunto de curvas ao decisor, de modo que ele possa julgar se essas curvas de indiferença estão de acordo com suas preferências.

Uma verificação de consistência adicional pode ser efetivada com o objetivo de comprovar a aversão ao risco do decisor, caso este comportamento tenha sido comprovado no processo de avaliação da função utilidade. Assim, admitindo que $u(y, z)$ é crescente em Y, pode-se perguntar ao decisor qual consequência (y^1, z^1) é indiferente à loteria $< (y^2, z^2), (y^3, z^3) >$. Em seguida, calcula-se a derivada primeira e a derivada segunda da função utilidade obtida, devendo resultar, respectivamente, em um valor positivo e um negativo. Comprova-se que o decisor é avesso ao risco, caso o valor de y^1 declarado seja menor do que $(y^2 + y^3)/2$.

A verificação de consistência permite, dessa forma, detectar possíveis erros que possam ter ocorrido no processo de avaliação e que tenham refletido na função utilidade obtida. Nesse caso, essa função não representa realmente as preferências do decisor e parte do processo de avaliação deve ser repetida.

Como procedimento final para verificar a robustez da função utilidade obtida, é recomendada uma análise de sensibilidade nos parâmetros dessa função.

7 INFORMAÇÕES INTERCRITÉRIOS NOS MÉTODOS MULTICRITÉRIO E, EM PARTICULAR, NA MAUT

Os conceitos de compensação, ponderação e independência entre os critérios merecem atenção especial quando de sua aplicação nos diversos métodos multicritério. Compensação entre critérios é um conceito fundamental ainda pouco estudado, embora muito importante na análise de métodos (Vincke, 1992 e Fishburn, 1976).

Segundo Vincke (1992), a escolha da utilização de um método de agregação dos critérios, como MAUT, por exemplo, é equivalente a escolher um tipo de *"compensação entre os critérios"*. A noção intuitiva de compensação sugere uma quantidade que contrabalance a desvantagem de um critério em relação a uma vantagem em outro. Já os métodos não compensatórios, métodos *outranking*, requerem uma informação intercritério correspondente à relativa importância entre os critérios. Dessa forma, enquanto os métodos compensatórios podem favorecer a ações não balanceadas, aquelas cuja *performance* é excelente sob algum aspecto, mas sofrível nos demais, os métodos não compensatórios favorecem as ações mais balanceadas, que possuem melhor *performance* média. No entanto, sempre que um decisor é confrontado com uma agregação de critério, ele utiliza essa noção de compensação.

A grande maioria dos métodos traduz a importância relativa entre os critérios em números, denominados *pesos*, embora essa noção esteja estreitamente relacionada com a forma sob a qual são levantados e com o objetivo com que são utilizados. Dessa forma, Vincke (1992) sugere um cuidado especial quando se utilizam as mesmas ponderações em diferentes métodos para comparação de resultados. No entanto, admitindo que métodos como o Electre I (Anexo A) traduzem a noção de importância entre critérios, considerando G e H dois subconjuntos da família de critérios F, G é mais importante que H se duas ações, a e b, são encontradas, tal que:

- a é melhor do que b para todos os critérios de G;
- b é melhor do que a para todos os critérios de H;
- a e b são indiferentes para todos os outros critérios;
- a é globalmente melhor do que b.

Assumindo que "mais importante do que" pode ser representada por n constantes, p_1, p_2, ..., p_n, associados aos n critérios, tem-se que a comparação entre G e H é equivalente ao somatório dos pesos dos critérios nos quais a é melhor que b, e ao somatório dos pesos dos critérios nos quais b é melhor do que a, levando à mesma noção dos métodos compensatórios.

Na análise multicritério, uma informação importantíssima é a importância relativa dos critérios. Na maioria dos métodos, essa importância dos critérios é traduzida em números, geralmente chamada de *pesos*. A interpretação do significado desses "pesos" não é tão simples, e depende fortemente do uso dado a eles.

Em MAUT, a importância relativa entre os critérios ou atributos não é diretamente considerada na função utilidade multiatributo. Isso geralmente leva a grandes equívocos na utilização de MAUT. Os números associados a cada função utilidade unidimensional, relativa a cada atributo, não correspondem nem podem ser denominados *pesos*, embora essa noção por vezes seja empregada. Esses valores são, na realidade, constantes de escala, conforme ilustrado a seguir.

Muito cuidado deve ser tomado com o uso dos pesos. Pesos obtidos no contexto de um método não podem ser simplesmente aplicados em outro método, especialmente para efeito de comparação dos métodos. Por exemplo, no modelo aditivo, em MAUT, os pesos são na realidade constantes de escala. Se a unidade de um atributo é alterada, a constante (peso) também muda. Em MAUT, a estimativa dos "pesos" (o correto é chamar de constante de escala) é obtida por meio de questões que avaliam quanto se ganha em um critério para compensar perdas em outro, dentro da escala de valores considerada; não é em termos de grau de importância do critério.

8 USO DA FUNÇÃO UTILIDADE MULTIATRIBUTO COMO MÉTODO

O uso da função utilidade multiatributo no contexto da teoria, o que pode ser chamado de MAUT, implica obter a função analítica ou valores de utilidade por avaliação direta, levando em consideração a estrutura axiomática da teoria. Ou seja, avalia-se se o decisor concorda com as condições estabelecidas pela estrutura axiomática da teoria e, em seguida, obtém-se o valor de utilidade das consequências por um processo de entrevista fundamentado na teoria.

Esse processo verifica como o decisor se comporta diante de algumas questões de escolha no espaço de consequências, e, em função dessa escolha, tem-se uma forma analítica que é deduzida a partir dos axiomas e considerando essas condições. Assim, pretende-se obter uma representação da função utilidade da forma:

$$u(x_1, x_2, ..., x_n) = f(f_1(x_1), f_2(x_2), ..., f_n(x_n))$$

Conforme visto anteriormente, verifica-se a estruturação das preferências baseada em condições de independência em utilidade. Essa abordagem consiste em:

a) identificar condições de independência associadas à estrutura de preferências do decisor;

b) encontrar uma função utilidade multiatributo, que apresenta uma forma funcional definida em função da estrutura de preferências do decisor.

Por esse motivo, diz-se que esse processo consiste em estabelecer a modelagem da função utilidade como teoria, assim justificando o uso da sigla MAUT. Desse modo, a forma analítica e os parâmetros da função, ou seja, todas as informações, têm um respaldo teórico.

Outra forma de tratar a questão consiste em usar a função utilidade multiatributo como método de agregação dos múltiplos objetivos do problema analisado sem considerar todos os passos exigidos do ponto de vista teórico, para se ter certeza de que a forma analítica adotada está em concordância com a estrutura de preferência do decisor. Isto significa que parte dos elementos utilizados para representar a função utilidade não é avaliada com o decisor. Esses elementos não avaliados podem ser:

a) a forma da função; ou

b) os parâmetros da função; ou ainda

c) ambos.

Essa forma de tratar a questão tem sido utilizada em muitos casos, em virtude de dificuldades em aplicar alguns passos exigidos do ponto de vista teórico. Como exemplo, tem-se o caso de uso do modelo aditivo como forma analítica para a função utilidade para um número elevado de atributos. É difícil avaliar com o decisor as condições de independência em utilidade.

Outro exemplo é a adoção do modelo aditivo com base em alguma suposição do comportamento do decisor, sem aplicar o procedimento de elicitação apresentado anteriormente. Muitas vezes, isso ocorre em razão da dificuldade de o decisor compreender as questões do protocolo de elicitação. Há outras situações em que o modelo aditivo é adotado com base em elementos do problema que indicam a possibilidade de generalizar a aceitação da condição de independência aditiva para aquele problema em particular. Isto pode ser razoável para alguns analistas e decisores, mas, para outros, ser inaceitável. De qualquer maneira, fica registrado que essa prática tem sido empregada, e, portanto, é importante destacar as diferenças entre as duas formas de tratar a questão de uso da função utilidade multiatributo: como teoria (MAUT) e como método.

A maioria dos casos em que a função utilidade multiatributo é empregada como método envolve o uso da função utilidade aditiva. Essa função permite que as contribuições separadas dos atributos possam ser somadas, a fim de representar uma função utilidade multiatributo do decisor:

$$u(c_i) = \sum_{i=1}^{n} k_i u_i(c_i)$$

Algumas hipóteses são assumidas para que a estrutura de preferências do decisor possa ser representada por essa função. A mais importante delas é que não haja integração de preferências entre os atributos.

Muitos métodos assumem a hipótese de independência preferencial entre os critérios, como o modelo aditivo MAUT, no qual os critérios podem ser analisados individualmente, sem sofrer interferências dos demais critérios. Em muitas aplicações práticas, torna-se difícil reduzir a uma família de critérios consistente, na qual não existam dependências entre eles. Por outro lado, a simples eliminação dos critérios fortemente dependentes pode levar a uma perda de informações indispensáveis, não necessariamente redundantes.

Nesse caso, os métodos consistem na avaliação específica de parâmetros da função utilidade aditiva, tais como os métodos UTA (Vincke, 1992), Utadis e Utadis I (Zopounidis e Doumpos, 2000).

Para alguns autores, pode-se assumir que a dependência funcional entre atributos é excluída quando os critérios são consistentes, condição de não redundância. Em algumas ocasiões, pode-se tentar, ao encontrar atributos dependentes em utilidade, transformá-los ou ajustá-los, definindo, assim, um novo conjunto de critérios.

Assim, quando os critérios são bem definidos e não redundantes, a hipótese de independência entre os atributos é aceitável para alguns autores. Os critérios devem preferencialmente ser independentes para que o decisor expresse realmente preferências em um, sem se referir a outros.

Informalmente, cabe dizer que a independência em preferências implica a avaliação das ações de acordo com um critério sem a necessidade de se referir a outro. A definição de critérios pode implicar que são independentes em preferência. A maioria dos métodos assume a hipótese de independência em preferência. Seria o caso da utilização da função valor aditivo. Em MAUT, no sentido mais estrito da teoria, essa condição tem que ser confirmada pela elicitação da função utilidade, na qual a estrutura de preferências do decisor é avaliada. Muitas vezes, fala-se no modelo aditivo de utilidade sem adotar os procedimentos padrões requeridos pela teoria.

Alguns métodos foram propostos, assumindo as condições que levam ao modelo aditivo. Assim, nesse caso, não é avaliada junto ao decisor a forma da função considerada aditiva. O processo de avaliação com o decisor consiste na determinação dos parâmetros da função utilidade aditiva, mais especificamente, constantes de escala.

O método UTA consiste em estimar os parâmetros da função aditiva com base em julgamento global do decisor sobre o conjunto de consequências, por meio de programação linear, com vistas à obtenção de uma função utilidade ótima.

Outro método é o Smart (*Simple Multi-Attribute Rating Technique*), proposto por Edwards (1975). Esse método simplifica o processo de obtenção das constantes de escalas e de estabelecimento das escalas de valores, simplificando as hipóteses no processo de análise.

8.1 Método UTA

A proposta original do método UTA foi assim definida (Rangel e Gomes, 2010):

> Tendo uma estrutura de preferência de pré-ordem R ($\prec$, $\sim$), com "$\prec$" significando preferência estrita e "$\sim$" a indiferença em um conjunto de alternativas ou ações, o ajuste da função de utilidade aditiva baseado em critérios múltiplos é obtida de tal modo que a estrutura de preferência resultante seja tão consistente quanto possível com a estrutura inicial (Jacquet-Lagrèze e Siskos, 1982, 2001).

Para a aplicação do método UTA, considere uma família de critétios gi, em que *i* varia de um a *n*, que avalia o conjunto de alternativas A (Pinto Junior e Soares de Mello, 2013).

Considere-se a agregação de todos os critérios em um único critério de síntese, $U(g) = U(g_1, g_2, g_3, ..., g_n)$.

Sob esta condição, analisando-se o conjunto de alternativas, obtém-se a relação de preferência estrita *P* e a relação de indiferença *I* (Roy e Boyssou, 1985, 1993, e Vincke, 1992).

A relação *R*, em que $R = P \cup I$, define uma pré-ordem para o conjunto de alternativas, pois permite a preferência e a indiferença.

A função de utilidade (equação 1) é aditiva, apresentando a seguinte forma:

$$U[g(a)] = \sum_{i=1}^{n} u_i[g_i(a)] \qquad (1)$$

Em que cada *ui(gi)* é a utilidade marginal do desempenho *gi* no critério *i*. Quando se aplica uma função de utilidade aditiva, é necessário existir a condição de independência mútua dos critérios em função das preferências (Clemen e Reilly, 2001, Keeney e Raiffa, 1976).

Os valores extremos das funções de utilidade de cada critério *i* são representados por gi*, para o valor mais alto, e gi*, para o valor mais baixo. Considere-se, também, que as funções de utilidade marginais ui de cada critério *i* são funções monótonas crescentes ou decrescentes. Dessa forma, normalizam-se a função de utilidade dentro do intervalo [0, 1], obtendo-se (Equações 2 e 3):

$$\sum_{i=1}^{n} u_i(g_i^*) = 1 \qquad (2)$$

$$u_i(g_{i*}) = 0, \text{para todo } i \qquad (3)$$

A equação 2 normaliza os valores máximos de todos os critérios presentes na análise, indicando que o somatório desses valores tem de ser igual à unidade. A equação 3 atribui o valor zero ao valor inicial de cada função de utilidade.

Os decisores expressam as suas preferências e indiferenças em relação ao conjunto de alternativas A ou a um subconjunto representativo de alternativas A', de modo a obter uma ordenação dessas alternativas. O modelo do método UTA busca chegar a essa mesma ordenação ou ao mais próximo possível desta, de modo que a utilidade calculada para uma alternativa U'[(ga)] difira da verdadeira U[(ga)], de um erro σ(a). Dessa forma, obtém-se o cálculo para toda alternativa $a \in A'$ da seguinte forma (equação 4):

$$U'[g(a)] = U[g(a)] + \sigma(a) \qquad (4)$$

Para duas alternativas consecutivas, de acordo com o conjunto A', têm-se as relações de preferência (equação 5) e indiferença (equação 6):

$$U'[g(a)]-U'[g(b)] \geq \delta \Leftrightarrow \text{se o agente de decisão indica } aPb \quad (5)$$

$$U'[g(a)]-U'[g(b)] = 0 \Leftrightarrow \text{se o agente de decisão indica } aIb \quad (6)$$

Na equação 5, δ é um número real suficientemente pequeno e maior do que zero, empregado para separar significativamente duas classes de pré-ordem completa R. Os autores do método UTA sugeriram que o valor de δ deve necessariamente pertencer ao intervalo [1/10Q, 1/Q], sendo Q o número de classes de indiferença (Jacquet-Lagrèze e Siskos, 1982, 2001). Assumindo-se a existência de transitividade, pressuposto básico da MAUT, o agente de decisão só precisará fazer ($m-1$) comparações entre alternativas, em que m corresponde ao número de alterativas de A'.

Substituindo-se (4) em (5) e (6), obtêm-se (equações 7 e 8):

$$\sum_{t=1}^{n}\left\{u_i[g_i(a)]-u_i[g_i(b)]\right\}+\sigma(b) \geq \delta \Leftrightarrow aPb \quad (7)$$

$$\sum_{t=1}^{n}\left\{u_i[g_i(a)]-u_i[g_i(b)]\right\}+\sigma(a)-\sigma(b)=0 \Leftrightarrow aIb \quad (8)$$

As funções ui são consideradas lineares por intervalos. Para definir tais intervalos, o decidor escolhe ui pontos do intervalo [gi*, gi*], em que a função ui está definida, sendo gi* e gi*, respectivamente, os limites inferiores e superiores de cada critério i. Por meio de cálculos que empregam interpolação, determinam-se os valores de ui[gi(a)] em função dos intervalos definidos pelos decisores.

As funções de utilidade empregadas neste método são monótonas. Dessa forma, a hipótese de monotonicidade é satisfeita a partir do seguinte conjunto de restrições (equação 9):

$$u_i(g_i^{j+1})-u_i(g_i^j) \geq s_i, j=1,2,3,\ldots,(\alpha_{j-1}), i=1,2,3,\ldots,n \quad (9)$$

Em que $s_i > 0$ é o limite de indiferença definido para cada critério i.

Por conseguinte, o primeiro problema de programação linear deste método tem como função objetivo a minimização do somatório dos erros $\sigma(a)$, associados às utilidades das alternativas pertencentes a A', sujeitos às seguintes restrições: preferência entre as alternativas (equação 7); indiferença entre as alternativas (equação 8); monotonicidade das funções de utilidade (equação 9); e normalização das funções de utilidade (equações 2 e 3). Além destas restrições, todos os problemas de programação linear exigem a condição de não negatividade de suas variáveis, representada pelas equações 10 e 11 (Rangel e Gomes, 2010).

$$u_i(g_i^j) \geq 0, \text{ para todo } i \text{ e } j \quad (10)$$

$$\sigma(a) \geq 0, \text{ para todo } a \in A' \quad (11)$$

Dessa forma, tem-se o [PPL1] do método UTA (equação 12):

$$[PPL1] \text{Min } F = \sum_{t=1}^{m} \sigma(a) \quad (12)$$

Sujeito a:

$$\sum_{t=1}^{n}\{u_t[g_t(a)] - u_t[g_t(b)]\} + \sigma(a) - \sigma(b) \geq \delta \Leftrightarrow aPb \quad (13)$$

$$\sum_{t=1}^{n}\{u_t[g_t(a)] - u_t[g_t(b)]\} + \sigma(a) - \sigma(b) = 0 \Leftrightarrow aIb \quad (14)$$

$$u_i(g_i^{j+1}) - u_i(g_i^j) \geq s_i, \; j=1,2,3,...,(\alpha_{j-1}), \; i=1,2,3,...,n \quad (15)$$

$$\sum_{t=1}^{n} u_t(g_t^*) = 1 \quad (2)$$

$$u_t(g_{t^*}) = 0 \text{ para todo } i \quad (3)$$

$$u_t(g_t^j) \geq 0, \text{ para todo } i \text{ e } j$$

$$\sigma(a) \geq 0, \text{ para todo } a \in A'$$

As equações 7 e 8 são mutuamente exclusivas no [PPL1] (equação 12), uma vez que o método respeita a transitividade entre as alternativas. A implementação deste método não termina com a busca da solução do [PPL1] (equação 12), pois outras soluções são pesquisadas no entorno desta solução. Dessa forma, considerando F^* como a solução ótima deste problema e $k(F^*)$ como uma folga, buscam-se outras soluções de modo a satisfazer essa nova restrição (equação 13):

$$F \leq F^* + k(F^*) \quad (13)$$

em que k é um número real suficientemente pequeno e maior do que zero. Os vértices deste novo poliedro correspondem às funções de utilidade, com um ou mais critérios atingindo um peso extremo máximo ou mínimo. Implementam-se mais dois PPL para cada critério: um, buscando determinar o valor mínimo que o valor extremo da função de utilidade do critério pode assumir, e outro, buscando o valor máximo que o valor extremo da função de utilidade do critério pode assumir (equações 14 e 15):

$$[PPL2] \text{Min } u_t(g_i^*), \text{para } i=1,2,3,...,n \quad (14)$$

$$[PPL3] \text{Max } u_t(g_i^*), \text{para } i=1,2,3,...,n \quad (15)$$

Esta etapa é chamada de análise pós-otimização, no método UTA. Esses dois novos problemas de programação linear [PPL2] (equação 14) e [PPL3] (equação 15) possuem as mesmas restrições do [PPL1] (equação 12), além da restrição (equação 13).

Depois dessas implementações pelo método UTA (Jacquet-Lagrèze e Siskos, 1982), calculam-se as médias dos valores obtidos pelas variáveis que representam as funções de utilidade marginais ui(gij) verificadas na análise de pós-otimização [PPL2] (equação 14) e [PPL3] (equação 15). Após estes cálculos, pode-se avaliar a $U(g(aa))$ de todas as alternativas a εA, sejam ou não estas alternativas do conjunto de referência A'.

9 APLICABILIDADE DA TEORIA DA UTILIDADE MULTIATRIBUTO

Escolher um método multicritério envolve vários fatores, dentre os quais se destacam as características: do problema analisado, do contexto considerado, da estrutura de preferências do decisor e da problemática. Um fator que frequentemente surge e caracteriza uma distorção é a preferência do analista por um método em particular (Almeida e Costa, 2003). De qualquer forma, esta escolha do método também acarreta escolher um tipo de compensação entre critérios. A escolha da MAUT é apropriada para o caso de um decisor que esteja em conformidade com a racionalidade proposta pela estrutura axiomática da teoria, que, de início, implica uma lógica de compensação entre os critérios, de modo a se obter uma função de síntese que agregue todos os critérios em uma única função analítica.

Para avaliar o uso de MAUT (como teoria), levando em conta suas dificuldades e riqueza de consistência, é necessário observar as características do conjunto de consequências. Duas classificações são consideradas. Na primeira, quanto à composição dos elementos: conjunto discreto ou contínuo.

No caso contínuo, obtêm-se as funções condicionais para cada atributo, conforme procedimentos anteriores. Para o caso discreto, com reduzido número de elementos, pode-se aplicar a avaliação direta sobre as consequências relevantes, não dominadas, o que simplificaria bastante o processo e permitiria o uso da teoria com sua consistência preservada (Almeida e Costa, 2003).

Na segunda classificação, leva-se em conta o fator probabilístico. Em algumas situações, dada uma combinação de ação e estado da natureza, ou para caso em que apenas o conjunto de ações é considerado, alguns atributos podem apresentar consequências determinísticas. O caso de consequências probabilísticas traz certa complexidade ao processo. Por outro lado, MAUT apresenta a forma mais segura de se obter consistência no processo, desde que o decisor entenda as questões apresentadas.

Um exemplo de problema com atributos que apresenta consequências determinísticas para cada alternativa consiste no caso de compra de um carro. Atributos como preço, cor, *design*, entre outros, enquadram-se nessa situação.

A questão do número de atributos pode causar sérios impactos na viabilidade de aplicação da teoria, muitas vezes em razão das dificuldades de entendimento do processo de elicitação pelo decisor. Trata-se, especialmente, da questão da interpretação probabilística das loterias, conceito essencial para o processo de elicitação. Essa questão é mais crítica na avaliação das condições necessárias para confirmar a independência aditiva, caso mais aplicado. Nesse caso, deve-se tomar cuidado.

Algumas vezes, a dificuldade em aplicar MAUT (como teoria, avaliando-se as condições e axiomas junto com o decisor) decorre, na realidade, das dificuldades de entendimento do processo por parte do analista, que deve ter o necessário embasamento teórico.

A saída que o analista encontra para as dificuldades, muitas vezes, é o uso de função utilidade aditiva como método multicritério e não como "teoria da utilidade multiatributo".

Cabe ainda destacar que outras abordagens (escolas) permitem a avaliação multicritério sem que seja necessária a agregação dos critérios por meio de uma única função de síntese, e, talvez, para um decisor ou contexto em particular, este seja o caminho mais adequado. Antes de tudo, a seleção do método adequado deve ser avaliada (Almeida e Costa, 2003).

Contextos onde incertezas são presença marcante são bem apropriados para a aplicação de MAUT. Problemas envolvendo confiabilidade e manutenção (Almeida e Souza, 2001) apresentam situações típicas de incerteza, como se observa pelas definições apresentadas no Capítulo 1, em relação à confiabilidade e à mantenabilidade. Contextos onde as consequências e as variáveis, de maneira geral, se apresentam em uma forma determinística (sem incertezas) nem sempre são apropriados para o uso de MAUT, como ocorre em alguns casos de decisão em gestão da informação (Almeida e Ramos, 2002, Almeida e Costa, 2003).

Alguns problemas no contexto de manutenção são modelados com base em MAUT (Almeida e Bohoris, 1995). Nestes problemas, as funções confiabilidade, $R(T)$, e mantenabilidade, $M(T)$, podem-se apresentar por meio de seus modelos probabilísticos, a seguir, em que λ e μ são parâmetros da função exponencial, respectivamente, para a confiabilidade, $R(T)$, e mantenabilidade, $M(T)$:

$$R(T) = e^{(-\lambda t)}$$

$$M(T) = 1 - e^{(-\mu t)}$$

Dentre estes problemas, há questões relacionadas com o dimensionamento de sobressalentes e contratação de manutenção (Almeida, 2001), além de problemas que envolvem estruturação de manutenção de sistemas com reserva (*stand by*) técnica (Almeida e Souza, 1993, Almeida e Bohoris, 1995), que são modelados com MAUT e se baseiam nos modelos probabilísticos anteriores.

Um contexto no qual se explora muito bem a possibilidade de uso de MAUT está relacionado com a área de saúde, em que situações típicas de incertezas estão presentes. A escolha de pacientes (Almeida et al., 2002) para tratamento em uma Unidade de Terapia Intensiva corresponde a um típico problema deste contexto.

De qualquer forma, esta escolha da MAUT implica selecionar uma lógica de compensação entre os atributos, de modo a se obter uma função de síntese que agregue todos os critérios em uma única função analítica. Nem sempre isso pode ser apropriado para um decisor em particular, mesmo em um dos problemas citados, no contexto de manutenção. Este tipo de situação foi resolvido (Almeida, 2002) pelo uso integrado da teoria da utilidade e do método Electre (Almeida, 2002). A função utilidade foi usada para a modelagem das variáveis probabilísticas, incluindo a mantenabilidade, e a análise multicritério sobre as funções utilidades de cada atributo foi analisada com o método Electre. Neste caso particular, foi constatado que a utilização de MAUT não seria apropriada.

Métodos Electre e Promethee

1 PRIMEIROS MÉTODOS DA ESCOLA FRANCESA

Os primeiros métodos da chamada escola francesa do AMD foram os métodos Electre[1] I e II, apresentados por Benayoun, Roy e Sussman a partir de 1996 (Roy, 1968; Roy e Bertier, 1971, 1973). Esses métodos definem uma série de processos sobre as ações consideradas pertencentes ao conjunto de possíveis soluções para o problema de decisão analisado. Inicialmente, essas ações são dispostas em uma tabela cruzada com os vários critérios selecionados, formando uma matriz de custos, em que são atribuídos pesos para os vários critérios. Antes de explicar os métodos Electre I e II, é necessária uma revisão de alguns conceitos, os quais são indispensáveis para a real compreensão dos referidos métodos, assim como de outros métodos mais avançados da família Electre. Para uma apresentação completa dos métodos Electre, consulte Roy e Bouyssou (1993). Outros métodos Electre são: Electre Iv (v de veto); Electre II, Electre III, IV, TRI e IS. Posteriormente, surge o Electre TRI, renomeado Electre TRI-B, e mais tarde, o Electre TRI-C.

2 SISTEMA DE PREFERÊNCIAS

Uma das principais características introduzidas pelos métodos da família Electre foi um novo conceito na modelagem de preferências que procura ser uma representação mais realista do que a utilizada na teoria da decisão.

---

[1] ELimination Et Choix Traduisant la REalité.

Apesar de raramente alguém mostrar na prática, a modelagem de preferências desempenha papel fundamental no campo da Pesquisa Operacional, nos cálculos econômicos e na teoria da decisão. Muitas vezes, porém, o modelo de preferências imposto ao agente de decisão pode não captar completamente sua posição em relação a duas alternativas. Tendo um agente de decisão que expressar sua preferência em relação a duas ações potenciais (soluções admissíveis, possíveis decisões), é fácil perceber que, embora o agente tenha consciência das consequências dessas ações, não necessariamente se pode garantir que suas informações sejam precisas, completas e exaustivas. A teoria de decisão clássica fornece, basicamente, duas situações de preferências, as quais podem ser chamadas de Indiferença ($\sim$) e de Preferência estrita (P), sendo essas relações supostamente ditas transitivas. Em outras palavras, a teoria clássica da decisão é baseada no que se denomina *axioma da comparabilidade completa e transitiva* entre alternativas. Existem várias razões pelas quais novos pesquisadores, modeladores de preferências, tentam evitar o dilema da indiferença e preferência estrita na comparação de duas ações a e b. Entre elas, considere que os agentes de decisão podem estar inaptos a:

a) ter capacidade de decidir entre as duas alternativas. A informação pode ser muito incompleta, ou não ser tão subjetiva a ponto de produzir um julgamento de indiferença ou preferência estrita. Forçar a significância de certos índices ou inferir a indiferença a partir da total ausência de informação pode ser equivalente a assumir riscos arbitrários e não coerentes;

b) ter como determinar as reais preferências do(s) tomador(es) de decisão. Este(s) pode(m) não estar acessível(eis) ao analista, podendo ser uma entidade remota (chefe de estado, presidente de uma grande empresa) ou uma entidade esparsa (opinião pública) com preferências mal definidas e/ou contraditórias;

c) querer discriminar uma alternativa. Comparar duas alternativas significa considerar as vantagens de uma sobre a outra sem negligenciar as características comuns às duas. Para ser possível distinguir entre duas alternativas, é necessário existir suficiente informação sobre as preferências do(s) decisor(es) ou, então, ser possível introduzir hipóteses adicionais de modo que se possa arbitrar sobre opiniões opostas. O analista das decisões pode desejar não se envolver no processo de decisão em um particular período até que se atinja um estágio onde mais informações estejam disponíveis. Por essas razões, é necessário incrementar o sistema anterior de preferências com mais duas situações: incomparabilidade e preferência fraca, formando o que se chama de Sistema Fundamental de Relações de Preferências (SFRP), apresentado no Quadro A.1.

A ideia da incomparabilidade não significa que um agente de decisão esteja excluído do processo, no que tange à comparação entre duas ações que possam fazer parte de seu conjunto-solução, e sim que a relação aRb, incomparabilidade entre a e b, significa que o agente de decisão não teve informações suficientes para que pudesse definir os valores das alternativas *a* e *b*, o que não pode ser encarado como indiferença (*aIb*). Já a noção de preferência fraca, *aQb*, significa que o agente de decisão tem a convicção de que a alternativa *b* é não preferível à alternativa *a*, não *bPa*, mas se encontra relutante entre *aPb* e *aIb*.

Quadro A.1 Situações fundamentais quando da comparação entre duas alternativas

Situação	Definição	Relação binária
Indiferença	Existem razões claras e positivas que justificam a equivalência entre duas ações.	I : Simétrica Reflexiva
Preferência estrita	Existem razões claras e positivas que justificam uma preferência significativa em favor de uma (bem definida) das duas ações.	P : Assimétrica (Irreflexiva)
Preferência fraca	Existem razões claras e positivas que não implicam uma preferência estrita em favor de uma (bem definida) das duas ações, mas essas razões são insuficientes para que seja assumida uma preferência estrita em favor da outra, ou a indiferença entre as ações.	Q : Assimétrica (Irreflexiva)
Incomparabilidade	Inexistem razões claras e positivas que justificam uma das três situações precedentes.	R : Simétrica (Irreflexiva)

Transitividade

Outro conceito importante a ser apresentado aqui diz respeito à transitividade nas relações de preferência. Na teoria clássica, é comum considerar as relações *P* e *I* como transitivas, isto é, *aIb* e *bIc* $\Rightarrow$ *aIc*, e, *aPb* e *bPc* $\Rightarrow$ *aPc*. Em relação à indiferença, existe o clássico exemplo das xícaras de café, em que várias xícaras de café são dispostas em uma fila e, a partir da primeira xícara de café, um pouco de açúcar é acrescentado, sempre aumentando a quantidade de açúcar, mas de tal forma que um degustador não perceba uma diferença entre duas xícaras adjacentes, ou seja, que estas sejam indiferentes. Não há dúvida de que as xícaras extremas não serão indiferentes em relação ao doce, e isso será tão mais perceptível quanto maior sua distância.

Da mesma forma, pode-se ter *aQb*, *bQc* e *aPb*. Outra situação que poderia ocorrer seria *aPb*, *bPc* e *aRc*, justificada pelo fato de as alternativas *a* e *c* terem muito em comum com a alternativa *b*, para justificar a preferência, mas pouco em comum entre si, de tal modo que o agente de decisão se reserve quanto à sua preferência. Quanto a incomparabilidade, pode-se também supor que não há nenhuma razão para que ela seja considerada transitiva.

Pseudocritérios

Na prática, a imprecisão e a incerteza que recaem na definição de um dado critério *g* são expressas por meio dos resultados produzidos por sua função de avaliação g(.), de tal maneira que esses valores não podem ser considerados como uma expressão fiel da realidade. Assim, seria muito arriscado aceitar, como na teoria clássica da decisão, que uma diferença positiva entre a avaliação das ações a e b, $g(a) - g(b)$ fosse automaticamente traduzida para uma preferência de a em relação a b.

Uma maneira de melhor delimitar esses limites entre as situações de preferência é estabelecer alguns parâmetros, que funcionam como limites de tolerância para a passagem de uma situação de preferência para outra, quando duas ações são comparáveis. Critérios que possuem esses limites estabelecidos são denominados pseudocritérios.

A cada critério são associados limites de indiferença e preferência, os quais estabelecem diferenças a serem alcançadas, para que se enquadre a relação entre duas ações em uma das relações fundamentais (Figura A.1):

Limite de preferência (p): $aPb \Leftrightarrow g(a) - g(b) > + p$

Limite de indiferença (q): $aIb \Leftrightarrow - q = g(a) - g(b) = + q$

Situação de preferência fraca: $aQb \Leftrightarrow q < g(a) - g(b) | < p$

a é estritamente preferível a b	a é francamente preferível a b	a é indiferente a b	b é francamente preferível a a	b é estritamente preferível a a
aPb	aQb	aIb e bIa	bQa	bPa
$g(a) - p$	$g(a) - q$	$g(a) + q$	$g(a) + p$	$g(b)$

Figura A.1 – Situações de preferência modelada para um pseudocritério (limites independentes de g (a)).

3 COMBINAÇÃO DAS SITUAÇÕES FUNDAMENTAIS

Com o modelo apresentado, o clássico *axioma da comparabilidade completa e transitiva* dá lugar agora ao *axioma da comparabilidade parcial*, que define as relações entre duas alternativas como uma (ou combinação de duas ou três) das quatro relações expressas no sistema fundamental de relações de preferências. Em algumas situações, pode ser útil a combinação de duas ou três das situações fundamentais. O fato de que pelo menos duas situações possam ser consideradas para a comparação de duas alternativas significa que o agente de decisão não pode, não está em posição de ou não quer definir uma posição entre as duas alternativas, ou considera prematuro ou impossível isolar a melhor relação das apresentadas até o momento. O Quadro A.2 apresenta cinco exemplos de combinações possíveis.

Quadro A.2 Cinco situações combinadas de preferência

Situação	Definição	Relação binária
Não preferência	Ausência de razões claras e positivas para justificar uma preferência estrita ou fraca em favor de uma das duas ações quaisquer. Essa situação combina *indiferença* e *incomparabilidade* sem a possibilidade de discriminação entre elas.	$\sim$: $a \sim b$ se, e somente se, $a\,I\,b$ ou $a\,R\,b$
Preferência	Existem razões claras e positivas que justificam (sentido amplo) uma preferência estrita ou fraca em favor de uma (bem definida) das duas ações. Essa situação combina a *preferência estrita e a preferência fraca*, sem discriminação entre elas.	ϕ: $a\,\phi\,b$ se, e somente se, $a\,P\,b$ ou $a\,Q\,b$
Presunção de preferência	Existem razões claras e positivas que justificam a preferência fraca em favor de uma (bem definida) das duas ações, ou uma indiferença entre elas, sem que haja separação significativa entre as situações de *preferência fraca* e de *indiferença*.	J: $a\,J\,b$ se, e somente se, $a\,Q\,b$ ou $a\,I\,b$; $a\,Q\,b \Rightarrow a\,J\,b$; $a\,I\,b \Rightarrow a\,J\,b$ ou $b\,J\,a$ (ou não exclusivo)
K-Preferência	Existem razões claras e positivas que justificam seja a preferência estrita em favor de uma ação (bem definida) sobre outra ação, ou verifica-se a incomparabilidade dessas duas ações, mas sem que nenhuma separação significativa seja estabelecida entre elas.	K: $a\,K\,b$ se, e somente se, $a\,P\,b$ ou $a\,R\,b$; $a\,P\,b \Rightarrow a\,K\,b$; $a\,R\,b \Rightarrow a\,K\,b$ ou $b\,K\,a$ (ou não exclusivo)
Sobreclassificação	Existem razões claras e positivas que justificam seja uma preferência, seja uma presunção de preferência em favor de uma (bem identificada) dessas duas ações, mas sem que nenhuma separação significativa seja estabelecida entre elas.	S: $a\,S\,b$ se, e somente se, $a > b$ ou $a\,J\,b$; então, $a\,S\,b$ se, e somente se, $a\,P\,b$ ou $a\,Q\,b$ ou $a\,I\,b$; $a\,I\,b \Rightarrow a\,S\,b$ ou $b\,S\,a$ (ou não exclusivo)

Graficamente, tem-se:

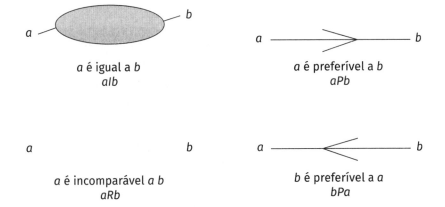

a é igual a b
aIb

a é preferível a b
aPb

a é incomparável a b
aRb

b é preferível a a
bPa

Núcleo (K)

Esse conceito consiste em:

a) cada alternativa em *K* não é superada por uma alternativa fora de *K*;
b) cada alternativa fora de *K* é superada por pelo menos uma alternativa em *K*.

Considerando *aPb*, *bPc*, *dPe*, *fPb*:

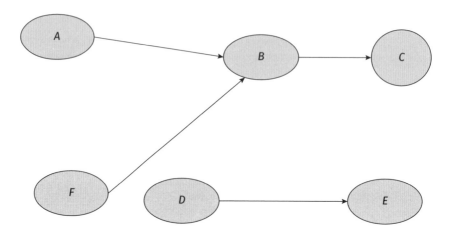

O núcleo é formado pelas alternativas *A*, *F* e *D*.

Os métodos Electre I e II fazem uso de uma dessas combinações: a relação de sobreclassificação. O uso do conceito de sobreclassificação nos métodos em questão tenta capturar aquelas relações de preferência que estão bem definidas, dentro das relações apresentadas pelo agente de decisão. A relação de sobreclassificação nada mais é do que uma combinação de três relações do SFRP, quais sejam: indiferença, preferência fraca e preferência estrita.

4 FUNDAMENTOS DOS MÉTODOS ELECTRE

Seja *A* um conjunto de possíveis decisões (alternativas), e $g_i(a)$ correspondendo à avaliação de qualquer dessas decisões segundo um critério i ($i = 1, 2, 3, ..., n$). Aplicando a relação de sobreclassificação aos elementos do conjunto *A*, pode-se definir que uma alternativa *a* sobreclassifica uma alternativa *b*, ou *aSb*, se a alternativa *a* é pelo menos tão boa quanto a alternativa *b*. Essa relação de sobreclassificação, que não é necessariamente transitiva, aparece como uma possível generalização do conceito de dominância. O que se está tentando identificar no contexto de um problema de decisão é se existe ou não uma relação de dominância entre duas alternativas, em outras palavras, se o risco em se considerar a afirmativa "a alternativa *a* é pelo menos tão boa quanto a alternativa *b*" como verdade é aceitável. As considerações que conduzem a aceitar a relação aSb podem ser explicitadas por meio de dois conceitos:

- *Concordância* – quando um subconjunto significativo dos critérios considera a alternativa a (fracamente) preferível a b.
- *Discordância* – quando não há critérios em que a intensidade da preferência da alternativa b em relação a a ultrapasse um limite aceitável.

Pode-se definir um limite de concordância c (relativamente grande) e um limite de discordância d (relativamente pequeno) a fim de estabelecer a relação de superação da seguinte forma;

$$aSb \text{ se, somente se,} \begin{cases} C(a,b) \geq c \\ D(a,b) \leq d \end{cases} \quad (2)$$

Pode-se notar que os conceitos apresentados vão estabelecer limites para a validação ou não da hipótese aSb.

Os índices de discordância podem ser calculados a partir da fórmula a seguir.

$$d_{i,k} = \left(\frac{1}{d}\right)_{j \in D(x_j, x_k)} máx.\left(u_j(x_i) - u_j(x_k)\right) \quad (3)$$

em que $> d = máx j(c_i, x_k) \in A$ máx $(u_j(x_k) - u_j(x_i))$, para $j = 1, ..., n$.

5 CONCORDÂNCIA E DISCORDÂNCIA

Os valores de concordância e discordância são estabelecidos para cada par de alternativas, escrevendo-se:

$K^+(a,b)$ = soma dos pesos dos critérios em que $g(a) > g(b) + q$, sendo q o limite de indiferença;

$K^=(a,b)$ = soma dos pesos dos critérios em que $-q \geq g(a) - g(b) > q$, com q sendo o limite de indiferença;

$K^-(a,b)$ = soma dos pesos dos critérios em que $g(a) < g(b) \leq q$, sendo q o limite de indiferença;

$C(a,b)$ = valor da concordância com a afirmativa aSb, que representa a força dos argumentos favoráveis a essa afirmativa.

Tem-se:

$$C(a,b) = \frac{K^+ + K^=}{K^+ + K^= + K^-}$$

Assim, é estabelecido um valor que representa a concordância com a proposição *aSb*, o qual varia entre zero e um, em que *a* e *b* são elementos pertencentes ao conjunto de alternativas.

O valor da discordância da proposição *aSb*, *D(a,b)* também será um valor entre zero e um, e nesse trabalho seu cálculo poderá ser executado de dois modos:

Absoluto

Nesse caso, *D(a,b)* é a máxima diferença entre os *g(b)* e *g(a)* para todos os critérios em que *g(b) > g(a)*, dividida pelo intervalo da escala do critério considerado.[2]

$$D(a,b) = \text{máx } (0, \frac{g_i(b) - g_i(a)}{\text{Escala}_i}, \text{ para } i = 1, \ldots n;$$

Relativo

Aqui, *D(a,b)* é o máximo valor de *(g(b) − g(a))/g(a)*, para todos os critérios em que *g(b) > g(a)*.

$$D(a,b) = \text{máx } (0, \frac{g_i(b) - g_i(a)}{g(a)_i}, \text{ para } i = 1, \ldots n;$$

Deve-se agora definir um limite de concordância *C* (relativamente grande) e, se necessário, um limite de discordância *D* (relativamente pequeno), que permitirá definir a relação de sobreclassificação da seguinte forma:

$$aSb \text{ se e somente se } \begin{matrix} C(a,b) \geq C \\ D(a,b) \leq D \end{matrix}$$

Outro parâmetro importante é o limite de veto, que pode ser definido para cada critério, e fixa um valor para a diferença $g_j(b) - g_j(a)$ (diferença em relação ao critério *j* e discordante da afirmativa *aSb*), a partir do qual não será aceita a proposição *aSb*.

O efeito de veto é caracterizado por:

$$\text{Se } g_j(a) + V_j < g_j(b) \Rightarrow \text{Não } (aSb), \text{ para } \forall j;$$

sendo $V_j \geq p_j$, em que:

V_j = limite de veto;

p_j = limite de preferência.

---

[2] Considera-se que os valores atribuídos às alternativas são diretamente proporcionais ao grau de satisfação. Nos casos de o intervalo de escala ser diferente para cada critério, pode ser necessário proceder a uma normatização das diferenças.

6 REPRESENTAÇÃO DAS RELAÇÕES DE SOBRECLASSIFICAÇÃO USANDO GRAFOS

Relações binárias, como as que são construídas na utilização dos métodos Electre, podem ter uma representação equivalente com o uso de grafos orientados (também conhecidos como direcionados), que são representações gráficas que consistem em pontos, chamados de vértices, ligados por linhas orientadas, chamadas de arcos.

Um grafo orientado $G = (V, A)$, ou simplesmente G, ficaria então definido por um conjunto não vazio de vértices $V = \{v_1, ..., v_n\}$, e um conjunto A de pares ordenados $V \times V$, que seriam os arcos, ou seja, o par $(v_i, v_j) \in A$ se, e somente se, existe um arco orientado de v_i para v_j. Fazendo, então, um paralelo com a relação de sobreclassificação, tem-se que, em um conjunto de alternativas (vértices), existe um arco de a para b, se aSb (Figura A.4):

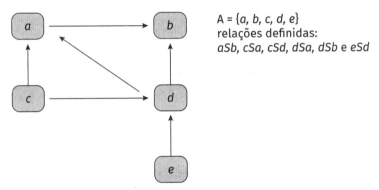

Figura A.4 – Representação das relações de sobreclassificação com uso de grafo.

A partir do grafo, também é possível deduzir outras relações do sistema fundamental de preferências (Figura A.5):

aRb
R – incomparabilidade[3]

aIb
I – indiferença

Figura A.5 – Incompatibilidade de indiferença.

Após a apresentação desses conceitos fundamentais, pode-se agora generalizar os estágios dos métodos Electre:[3]

---

[3] A introdução da situação de incomparabilidade nesse estágio torna-se mais adequada, do ponto de vista do analista de decisões, do que forçar o agente de decisão a situações de indiferença e preferência.

1. obtenção das avaliações dos agentes de decisão para as várias alternativas em relação aos critérios;
2. construção das relações de sobreclassificação;
3. exploração das relações de sobreclassificação com o objetivo de selecionar um conjunto de alternativas dominantes (método Electre I) ou de ordenar o conjunto de alternativas segundo sua dominância (método Electre II).

7 MÉTODO ELECTRE I

O método Electre I, o primeiro de uma família de métodos que usam o conceito de sobreclassificação, tenta resolver o que se chama de problemática α ($P\alpha$ = esclarecer a decisão por meio da escolha de um subconjunto, tão restrito quanto possível, contendo as ações que foram consideradas como melhores).

O Electre I explora relações de concordância e de discordância, construindo relações de sobreclassificação ou subordinação, de tal forma que uma alternativa sobreclassifica outra se há uma concordância superior a um nível de concordância mínima (c^*) e uma discordância inferior a um nível de discordância máxima (d^*). A partir das relações de sobreclassificação, obtém-se uma partição do conjunto de alternativas em dois subconjuntos: subconjunto K (ou núcleo) de alternativas não dominadas, e subconjunto D, composto por alternativas dominadas ou sobreclassificadas.

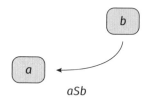

Figura A.6 – aSb.

Para atingir a esse objetivo, a exploração das relações de sobreclassificação deve ser conduzida de tal modo que seja obtido um subconjunto K de alternativas possíveis, também chamado de mínimo subconjunto dominante, por conter as seguintes propriedades:

a) uma alternativa pertencente ao subconjunto K não é sobreclassificada por nenhuma outra alternativa também pertencente a K;

b) para toda alternativa não pertencente ao subconjunto K, existe uma alternativa pertencente a K, que a sobreclassifica.

Por conseguinte, pode-se afirmar que o subconjunto K sobreclassifica ou domina o subconjunto D.

8 NÚCLEO DE UM GRAFO

Em Teoria dos Grafos, existe uma formulação que se enquadra no conceito de mínimo subconjunto dominante, chamada de *núcleo* de um grafo. Todavia, para permanecer fiel à notação e terminologia usada na literatura quando se trata de Teoria dos Grafos, é necessário inverter a orientação originalmente proposta por Bernard Roy, que foi apresentada anteriormente. Assim, a nova notação será a constante na Figura A.6.

O núcleo de um grafo, também conhecido como *kernel*, ficaria assim definido: considere um grafo orientado $G = (V, A)$, em que V representa o conjunto de vértices e A, seus arcos (ou arestas direcionadas), que são definidos por um subconjunto de pares ordenados do produto cartesiano $V \times V$, ou seja, $A \subseteq V \times V$. O vértice u de um arco (u, v) é chamado de antecessor de v, e v de sucessor de u.

O conjunto de sucessores de um vértice v é expresso como $\Gamma^+(v)$. O núcleo de G seria, então, definido por um conjunto $K \subset V$, que satisfaz às duas propriedades:

$$\Gamma^+(v) \cap K = \varnothing, \forall v \in K;$$

$$\Gamma^+(v) \cap K \neq \varnothing, \forall v \notin K.$$

O conjunto de vértices que satisfaz à propriedade (1) é chamado internamente de estável (também conhecido como independente, isto é, um vértice pertencente ao conjunto K que não possui sucessor em K), e quanto à propriedade (2), esse conjunto é chamado externamente estável (também conhecido como absorvente, isto é, todo vértice não pertencente ao conjunto K tem um sucessor em K).

9 CIRCUITOS

Circuito é uma sequência de arcos, todos com a mesma orientação, na qual os vértices inicial e final confundem-se (Figura A.7). Como vimos anteriormente, um circuito de comprimento 2, aSb e bSa (Figura A.8) implica que aIb.

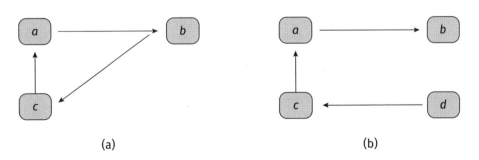

Figura A.7 – Circuitos.

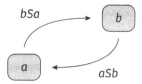

Figura A.8 – Circuito de comprimento 2.

Assim, os circuitos são considerados uma propriedade estrutural do grafo, e essa propriedade implicará a existência ou não de núcleo(s). Segundo dois teoremas, pode-se afirmar que:

> Teorema [von Neumann]: todo grafo sem circuitos possui um único núcleo.
>
> Teorema [Richardson]: todo grafo sem circuitos de comprimento ímpar tem núcleo.

Com isso, as dificuldades encontradas para determinar o mínimo conjunto dominante de alternativas, no caso de o grafo não possuir núcleo ou possuir mais de um núcleo. O primeiro caso pode ser exemplificado pela Figura A.7(a), na qual tem-se um grafo com circuito de comprimento 3, não possuindo, então, núcleo. Já no segundo caso, em que o grafo possui mais de um núcleo, observe na Figura A.7(b), os dois núcleos: {a,d} e {b,c}.

O teorema de von Neumann, segundo o qual *todo grafo sem circuitos possui um único núcleo*, orienta como resolver esse tipo de dificuldade por meio dos circuitos, os quais estão identificando um tipo de intransitividade, que reflete inconsistências nas preferências do(s) agente(s) de decisão. O grafo original deve sofrer modificações quando possuir circuitos; essas modificações resumem-se a considerar os vértices pertencentes a um circuito como um único vértice, ou seja, considerar as alternativas pertencentes a um circuito como indiferentes, originando um novo grafo chamado de grafo reduzido.

Resolvida essa dificuldade, pode-se reafirmar que o método Electre I, que procura solucionar a problemática $P\alpha$, consiste em encontrar o mínimo conjunto de alternativas não dominadas, que seria o núcleo do grafo (reduzido) gerado pelas relações de preferência construídas com base nos julgamentos do(s) agente(s) de decisão.

10 MÉTODO ELECTRE II

O método Electre II pode ser considerado um aprimoramento do método Electre I, à medida que seu objetivo passa a ser a solução do que se chama problemática γ ($P\gamma$ = esclarecer a decisão por meio de uma ordenação das ações).

A relação de sobreclassificação apresentada no método Electre I era definida basicamente pelos valores dos índices de concordância e discordância, que indiretamente incorporam um *risco*[4] a ser aceito ao se estabelecer que uma ação sobreclassifica outra. Supondo que os valores de concordância e discordância fossem alterados, de modo a ser menos exigentes em admitir a hipótese de que aSb, seria formada então uma relação S_2. Continuando com esse relaxamento e estabelecendo novas relações, obtém-se a seguinte sequência:

$$S \subset S_2 \subset S_3 \subset ...,$$

em que $\subset$ significa que, se existe a relação no lado esquerdo, também existirá no lado direito (Figura A.9).

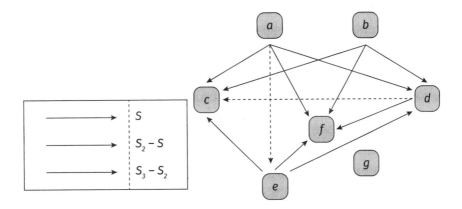

Figura A.9 – Relações de sobreclassificação com diferntes riscos.

O procedimento usado no método Electre II define duas relações de sobreclassificação, uma chamada forte, 'S'_F, e outra chamada fraca, 'S'_f. Partindo desse ponto, são construídos dois grafos, um para cada relação considerada. Isso é feito definindo-se três índices de concordância e dois de discordância:

$$C_1, C_2 \text{ e } C_3, \text{ com } 1 \geq C_1 \geq C_2 \geq C_3 \geq 0; \text{ e}$$

$$D_1 \text{ e } D_2, \text{ com } 1 \geq D_1 \geq D_2 \geq 0.$$

Uma relação é considerada sobreclassificação forte somente se satisfizer a pelo menos uma das seguintes condições:

1. $c(a,b) \geq C_1$;
2. $d(a,b) \leq D_1$;
3. $K^+(a,b) \geq K^-(a,b)$.

---

[4] Esse risco traduz-se em revelar uma não compreensão das reais preferências do(s) agente(s) de decisão e, consequentemente, relações de sobreclassificação que não exprimem a verdade.

ou:

1. $c(a,b) \geq C_2$;
2. $d(a,b) \leq D_2$.

$$K^+(a,b) \geq K^-(a,b)$$

A relação de sobreclassificação fraca fica estabelecida somente se atender à condição:

1. $c(a,b) \geq C_3$;
2. $d(a,b) \leq D_1$;
3. $K^+(a,b) \geq K^-(a,b)$.

Tendo sido encontradas as relações de sobreclassificação forte e fraca, pode-se dizer que $S_F \subset S_f$, ou seja, todas as relações existentes na relação forte também estão presentes na relação fraca. Da mesma forma, definem-se também dois novos grafos, um construído a partir de S_F, chamado de G_F, e outro a partir de S_f, denominado G_f. Assim, conclui-se que qualquer circuito em G_F também estará presente em G_f. Isso mostra que uma relação fraca não pode separar vértices, ações, pertencentes a uma mesma classe (grupo de ações consideradas equivalentes) em G_F.

Se se encontra um núcleo para G_f, pode-se afirmar que é provável que nem todas as ações que antes estavam no núcleo de G_F continuarão presentes no núcleo de G_f, pois como em G_f existem os arcos das relações fortes e mais os novos que surgiram após um relaxamento na condição forte, será difícil que todas as primeiras ações que alcançaram o núcleo lá ainda permaneçam. Fica fácil visualizar que, enfraquecendo a força da dominância, haverá um aumento do número de relações de dominância, sendo então maior o esforço para se definir um grupo dominante. Pode acontecer, por exemplo, que novas relações apareçam entre ações que antes estavam no núcleo, obrigando a saída da ação que é sobreclassificada, ou que ações anteriormente situadas no núcleo passem a pertencer a uma classe de ações não dominantes.

Para definir a primeira etapa da ordenação das ações, tem-se o seguinte algoritmo:

Passo 1:

    Inicializar: X : conjunto de ações

    Determinar G_F, G_f

    Redução dos circuitos

    $k := 1$;

Passo 2:

    Determinar:

    $N := \{$conjunto das ações pertencentes ao núcleo de $G_F\}$

    $U := \{$conjunto das ações pertencentes ao núcleo de $G_f\}$

Passo 3:

Determinar:

$A[k] := N - U$

em que $A[k]$ é o conjunto das ações que permanecem no *mínimo subconjunto dominante* (no núcleo) dos dois grafos.

Passo 4:

Associar o valor k a todas as ações em $A[k]$:

$V_1(x) := k, \forall x \in A[k]$;

Passo 5:

Retirar todos os vértices pertencentes ao conjunto $A[k]$ de G_F e G_f.

$k := k + 1$;

Passo 6:

Se ainda existirem vértices em G_F e G_f, retornar ao passo 2;

Passo 7:

Inverter os valores de $V_1(x)$, de modo que esses valores representem o grau de dominância da ação x:

$V_1(x) := k - V_1(x)$.

Observe que, para cada ação, existirá um valor que representa seu grau de dominância. Note também que o passo 7 foi necessário, pois, caso contrário, as primeiras ações encontradas como sendo o subgrupo dominante teriam grau de dominância 1, e as últimas, menos dominantes, ou melhor, totalmente dominadas, teriam o grau máximo que seria igual ao número de iterações realizadas. Um modelo que representa essa ideia pode ser visto na Figura A.10, na qual quanto mais baixo for o grau de dominância da ação, mais afastada esta se encontra do núcleo. As ações com o mesmo grau de dominância, julgadas equivalentes, ocupam o mesmo "nível".

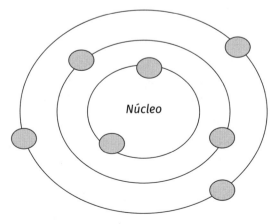

Figura A.10 – Representação da dominância em níveis.

O método ainda pode ser mais refinado. Da mesma forma que se trabalha com a orientação dos arcos sempre direcionada para a ação que sobreclassifica, pode-se agora inverter novamente a orientação dos arcos, voltando à orientação inicialmente proposta, e, então, aplicar o mesmo algoritmo apresentado, porém sem o passo 7.

O que se observa dessa vez é que o primeiro grupo de ações a serem selecionadas é, na verdade, o das ações totalmente dominadas; elas têm seu grau de dominância, agora correto, igual a um. Esse novo grau de dominância é denominado $V_2(x)$. O grau de dominância final, que será usado para ordenação das ações, é então definido por:

$$V(x) = \frac{V_1(x) + V_2(x)}{2}, \forall x \in X$$

Técnica de destilação

A técnica de destilação ordena a informação de duas diferentes formas:

a) uma *ordenação descendente* é obtida por um algoritmo que primeiro seleciona a melhor opção e elimina essa opção do processo decisório; posteriormente, refaz o processo de decisão, eliminando a que se apresenta como melhor, até chegar à pior opção;

b) uma *ordenação ascendente* é obtida por um algoritmo que primeiro seleciona a pior opção e elimina essa opção do processo decisório; posteriormente, refaz o processo de decisão, eliminando a que se apresenta como pior, e finaliza com a melhor opção.

11 PROMETHEE (PREFERENCE RANKING ORGANIZATION METHOD FOR ENRICHMENT EVALUATIONS)

Os métodos da família Promethee foram apresentados pela primeira vez em 1982, por Brans. O ponto de partida dos métodos Promethee é uma matriz de avaliação das alternativas com relação a um conjunto de critérios. A função de preferência de um critério descreve a forma como a preferência do decisor muda com a difrenreça entre os níveis de desempenho de duas alternativas nesse critério, $g_j(a) - g_j(b)$, em que $g_j(a)$ representa o desempenho da alternativa a no critério j (Behzadian et al., 2010).

De acordo com Vincke (1992), o decisor deve estabelecer para cada critério um peso (p_j), que representa a sua importância relativa; o grau de sobreclassificação $p(a, b)$, para cada par de ações (a, b), é calculado pelas equações 1 e 2:

$$\pi(a,b) = \frac{1}{P} \sum_{j=1}^{n} P_j F_j(a,b) \quad (1)$$

em que:

$$F_j(a,b)=0, \text{ se } g_j(a) \leq g_j(b) \text{ e}$$
$$F_j(a,b)=1, \text{ se } g_j(a) > g_j(b) \tag{2}$$

No Promethee, a fase de exploração da relação de sobreclassificação utiliza dois indicadores, chamados de fluxos (Brans e Mareschal, 1992).

- Fluxo de sobreclasificação de saída $\phi^+(a)$ da alternativa 'a':

$$\Phi^+(a) = \sum_{b \in A} \pi(b,a)$$

- Fluxo de sobreclassificação de entrada $\phi^-(a)$ da alternativa 'a':

$$\Phi^+(a) = \sum_{b \in A} \pi(b,a)$$

Quanto maior o fluxo de saída, melhor a alternativa, enquanto o fluxo de entrada mede a fraqueza da alternativa. O método Promethee I fornece uma pré-ordem parcial, uma vez que utiliza as relações de preferência (*P*), indiferença (*I*) e incomparabilidade (*R*). Essa ordenação é obtida a partir dos valores dos fluxos de sobreclassificação positivo e negativo, descrito a seguir (Brans e Mareschal, 2002):

- Preferência *aPb* se:

$$\Phi^+(a) > \Phi^+(b) \text{ e } \Phi^-(a) \leq \Phi^-(b), \text{ ou}$$
$$\Phi^+(a) = \Phi^+(b) \text{ e } \Phi^-(a) < \Phi^-(b).$$

- Indiferença *aIb* se:

$$\Phi^+(a) = \Phi^+(b) \text{ e } \Phi^-(a) = \Phi^-(b).$$

- Incomparabilidade *aRb* se:

$$\Phi^+(a) > \Phi^+(b) \text{ e } \Phi^-(b) < \Phi^-(a), \text{ ou}$$
$$\Phi^+(b) > \Phi^+(a) \text{ e } \Phi^-(a) < \Phi^-(b).$$

Há seis formas básicas de funções de preferência (critério generalizado), que são (Silva et al., 2013):

- Tipo I: critério usual – não há parâmetro a ser definido, ou seja, para qualquer diferença de desempenho entre as alternativas, há uma preferência estrita.
- Tipo II: quase critério – define-se o parâmetro q.
- Tipo III: de preferência linear – define-se o parâmetro p.
- Tipo IV: pseudocritério – definem-se p e q.

- Tipo V: área de indiferença – definem-se p e q.
- Tipo VI: gaussiana – com desvio-padrão a ser fixado (Brans e Mareschal, 2005).

De acordo com Almeida e Costa (2002), esses critérios servem para identificar a intensidade da preferência, em que p representa o limiar de preferência que é o menor valor para $[g_i(a) - (b)]$ acima do qual existe uma preferência estrita e q representa o limiar de indiferença que é o maior valor para a diferença $[g_i(a) - (b)]$ abaixo do qual existe uma indiferença. O termo limiar indica a intensidade mínima necessária para se produzir efeito, e que esses valores devem representar valores mínimos, no contexto da faixa de valores de consequências e da escala de avaliação utilizadas. A sua atribuição deve ser feita a partir de um processo de elicitação. Procedimentos de análise de sensibilidade devem ser conduzidos para minimizar erros de imprecisão no processo de elicitação. O Quadro A.3 apresenta as funções sugeridas pelos métodos Promethee.

Quadro A.3 Critérios gerais para o Promethee

---

1. Critério usual – não há parâmetro a ser definido

$$g_f(a) - g_f(b) > 0 \quad F(a,b) = 1$$
$$g_f(a) - g_f(b) \leq 0 \quad F(a,b) = 0$$

2. Quase critério – define-se o parâmetro q (limite de indiferença)

$$g_f(a) - g_f(b) > q \quad F(a,b) = 1$$
$$g_f(a) - g_f(b) \leq q \quad F(a,b) = 0$$

3. Limite de preferência – define-se o parâmetro p (limite de preferência)

$$g_f(a) - g_f(b) > p \quad F(a,b) = 1$$
$$g_f(a) - g_f(b) \leq p$$
$$g_f(a) - g_f(b) \leq 0$$

$$F(a,b) = \frac{g_j(a) - g_j(b)}{p}$$
$$F(a,b) = 0$$

4. Pseudocritério – definem-se os parâmetros q (limite de indiferença) e p (limite de preferência)

$$|g_f(a) - g_f(b)| > p \quad F(a,b) = 1$$
$$q < |g_f(a) - g_f(b)| \leq p \quad F(a,b) = \frac{1}{2}$$
$$|g_f(a) - g_f(b)| \leq q \quad F(a,b) = 0$$

5. Área de indiferença – definem-se os parâmetros q (limites de indiferença) e p (limite de preferência)

$$|g_f(a)-g_f(b)|>p \qquad F(a,b)=1$$
$$q<|g_f(a)-g_f(b)|\leq p \qquad F(a,b)=|g_f(a)-g_f(b)|-q/(p-q)$$
$$|g_f(a)-g_f(b)|\leq q \qquad F(a,b)=0$$

6. Critério gaussiano – desvio-padrão deve ser fixado

$$g_f(a)-g_f(b)>0$$
$$g_f(a)-g_f(b)\leq 0$$

A preferência aumenta segundo uma distribuição normal $F(a,b) = 0$.

Fonte: Adaptado de Araujo e Almeida (2009).

A função de preferência fornece a intensidades de preferência de uma alternativa a sobre outra alternativa denominada b, com relação a um dado critério j, que é representada por $P_j(a,b)$. A intensidade de preferência deve ser calculada para cada par de alternativas, considerando todos os critérios. Para a função usual (tipo I), apresentada no Quadro A.3, $P_j(a,b)$ assume os valores zero ou um. Para as demais funções $P_j(a,b)$, pode-se assumir qualquer valor no intervalo [0,1]. Implicando uma relação de preferência *nebulosa*, que permite incorporar aspectos de incerteza no julgamento dos decisores (Lima Junior et al., 2013).

A seguir, determina-se o índice de preferência para cada par de alternativas, que é dado pela agregação das intensidades de preferências determinadas para todos os critérios, no que diz respeito ao respectivo par de alternativas. A agregação é feita por uma soma, ponderada pelos pesos atribuídos aos critérios (Brans, Vincke e Mareschal, 1986):

$$P(a,b)=\frac{1}{W}\sum_{j=1}^{n}w_j P_j(a,b) \qquad (1)$$

$$W=\sum_{j=1}^{n}w_j \qquad (2)$$

em que w_j é o peso do critério j e n é o número de critérios.

Para cada alternativa, dois índices são calculados a partir dos índices de preferências: o fluxo positivo, $Q^+(.)$, e o fluxo negativo, $Q^-(.)$.

A grandeza $Q^+(a)$, fluxo postitivo, expressa o quanto uma alternativa a sobreclassifica todas as outras; quanto maior o fluxo positivo de uma alternativa, mais atrativa ela é. A grandeza $Q^-(a)$, fluxo negativo, expressa o quanto uma alternativa a é a sobreclassificada pelas demais; quanto menor o fluxo negativo de uma alternativa, mais atrativa ela é. Essas grandezas são usadas para explorar as relações entre as alternativas. Elas são determinadas pelas expressões:

$$Q^+(a) = \sum_{a \neq b} \frac{P(a,b)}{m-1} \quad (3)$$

$$Q^-(a) = \sum_{a \neq b} \frac{P(b,a)}{m-1} \quad (4)$$

em que m é o número de alternativas.

Os seguintes métodos da família Promethee são descritos na literatura (Brans, Vincke e Mareschal, 1986; Almeida e Costa, 2002):

- Promethee I – pré-ordem parcial das alternativas, destinada à problemática de ordenação. É o método que fornece pré-ordens parciais. O decisor deve fornecer um peso p_i, para cada critério, peso representando a importância do critério, e é com esses pesos que se obtém o grau de sobreclassificação $\pi(a,b)$, que é o grau em que alternativa a sobreclassifica b, para cada par de alternativas (a,b), obtido por:

$$\pi(a,b) = \sum_{i=1}^{n} p_1 F_1(a,b)$$

em que:

$$\sum_{i=1}^{n} p_1 = 1$$

$Fi(a,b)$ é a diferença $[g_i(a) - (b)]$ entre o desempenho das alternativas para cada critério i, definida no intervalo [0,1], sendo calculada uma função de preferência.

- Promethee II – estabelece uma pré-ordem completa entre as alternativas, destinada à problemática de ordenação. Uma pré-ordem completa das alternativas é obtida a partir de uma grandeza denominada fluxo líquido, que pode ser interpretada como uma pontuação atribuída à alternativa de acordo com o seu desempenho. O fluxo líquido é dado por Brans, Vincke e Mareschal (1986):

$$Q(a) = Q^+(a) - Q^-(a) \quad (5)$$

Uma alternativa a sobreclassifica uma alternativa b, se o fluxo líquido de a for maior que o fluxo líquido de b, isto é, $Q(a) > Q(b)$, a é indiferente a b se seus fluxos líquidos forem iguais, isto é, $Q(a) = Q(b)$. A ordenação das alternativas é feita com base na ordem decrescente de seus respectivos fluxos líquidos (Cavalcante e Almeida, 2005).

- Promethee III – ampliação da noção de indiferença, tratamento probabilístico dos fluxos. Utiliza a ordenação por intervalos para organizar as alternativas (preferência intervalar).
- Prometee IV – pré-ordem completa ou parcial, destinada à problemática de escolha e ordenação em situações onde o conjunto de soluções viáveis é contínuo.
- Promethee V – nessa implementação, após estabelecer uma ordem completa entre as alternativas (Promethee II), são introduzidas restrições, identificadas no problema, para as alternativas selecionadas; incorpora-se uma filosofia de otimização inteira.
- Promethee VI – pré-ordem completa ou parcial. Problemática de escolha e ordenamento. Destinado às situações em que o decisor não consegue estabelecer um valor fixo de peso para cada critério. Preferências a partir de intervalos de valores para os pesos dos critérios.
- Promethee Gaia – extensão dos resultados do Promethee, por meio de um procedimento visual e interativo.
- Promethee TRI – aplica-se a problemas de classificação.
- Promethee Cluster – aplica-se a problemas de classificação nominal.

Esclarecimentos terminológicos

- **Atributo:** está ligado ao objetivo e/ou critério e/ou metas. No exemplo: "Escolher um conjunto de navios para cumprir uma missão com menor custo", a quantidade de recursos de que se necessita economizar é um atributo; o atributo é uma consequência das alternativas existentes.

Pode-se também exemplificar o conceito de atributo com a seguinte situação: "um indivíduo dispõe de uma quantidade X de dinheiro e deseja comprar um automóvel". Seu objetivo é adquirir um automóvel; o critério mais importante será o menor preço e o atributo é a quantidade de dinheiro que será economizada. O referido indivíduo visita todas as concessionárias possíveis e verifica todas as alternativas. Estas são os automóveis disponíveis para venda. A alternativa de menor custo, ou seja, o automóvel mais barato existente definirá o máximo em dinheiro que poderá ser economizado.

O atributo refere-se a uma propriedade mensurável, e essa propriedade precisa ter gradações, por exemplo, massa, comprimento, unidades monetárias etc. O atributo também pode ser entendido como referindo-se aos descritores objetivos da realidade, que devem permitir a observação das características dos objetos de maneira relativamente independente das necessidades e dos desejos dos decisores. Os atributos frequentemente fazem a ligação entre a tangibilidade das alternativas e a abstração dos critérios. Pode-se exemplificar a diferença de atributo para critério da seguinte forma: um termômetro mede temperatura em °C ou °K, ou outra escala qualquer; a leitura da temperatura em um termômetro que dispõe de uma escala é um atributo, porém a sensação que a temperatura fornece ao decisor é baseada em um critério individual. Os atributos indicam o grau em que o objetivo global é encontrado ou o grau em que uma meta é alcançada. Um atributo torna-se uma meta quando alocado a um propósito, e torna-se um objetivo quando é alocado a uma direção de desejo ou de mudança. O atributo é uma propriedade, qualidade ou característica que pode ser atribuída a uma pessoa ou objeto.

Um atributo também pode ser definido como um conjunto ordenado de níveis plausíveis de impacto associados a um Ponto de Vista Fundamental (PVF), segundo Bana e Costa e Silva (1992). Esse conjunto de níveis de impacto deve ser:

1. identificado tão objetivamente quanto possível, a fim de eliminar qualquer possibilidade de ambiguidade ou dúvida entre os atores, quando da análise do impacto de cada ação potencial em relação ao PVF em questão, segundo Bana e Costa e Silva (1994);
2. ordenado de tal modo que seja definida a direção de preferência, permitindo o estabelecimento da atratividade: intensidade de preferência de um nível em relação a outro, de maneira a construir uma escala de preferência local (função de valor).

A construção do atributo deve ser feita cuidadosamente, uma vez que o perfil de cada ação será identificado a partir de seu impacto sobre cada descritor. De acordo com Bana e Costa e Silva (1994), "um descritor pode ser quantitativo ou qualitativo, discreto ou contínuo, direto, indireto ou construído".

- **Critério:** Estudando o exemplo "escolher um conjunto de navios para cumprir uma missão com menor custo", o custo associado aos navios, citados no exemplo anterior, é o critério. Critérios estão associados aos atributos ou objetivos julgados relevantes na situação, em uma visão particular do analista e/ou decisor. Os critérios permitem estabelecer as relações de preferência entre as alternativas.

Critério também pode ser definido como uma ferramenta que permite a comparação de alternativas segundo um eixo particularmente significativo ou ponto de vista. A decisão multicritério começa com a geração de critérios que permitirão a avaliação do problema dentro do contexto em que este está inserido. O critério também é definido como uma função de valor real sobre um *conjunto* A de alternativas, que permita obter algum tipo de significado ao comparar duas alternativas de acordo com um ponto de vista particular. O critério é a base de uma avaliação. Cabe ressaltar que um critério é, essencialmente, um instrumento de comparação sem ser absoluto.

Os critérios permitem a avaliação das alternativas de forma a verificar que, para uma alteração na classificação da alternativa em um dado critério, será observada uma redução ou aumento da satisfação da alternativa.

A família de critérios deve verificar os axiomas de exaustividade, coesão e não redundância, segundo Roy (1977, 1985, 1988, 1989, 1993, 1995 e 1996) (consulte o Capítulo 3 deste livro, Seção 4.7 – Família coerente de critérios):

a) possuir todos os pontos de vista julgados importantes, ou seja, a quantidade de critérios deve ser completa e exaustiva e deve conter todos os critérios julgados relevantes para a decisão final (exaustividade);

b) ser operacional: a classificação das alternativas nesses critérios deve permitir seu manuseio por algoritmos (exaustividade);

c) ter as preferências parciais modeladas em cada critério, e cada preferência deve estar de acordo com as preferências globais, segundo Bouyssou, (1996) (coesão);

d) ser coesa – estar de acordo com o objetivo (coesão);

e) ser legítima e consistente – deve representar de forma clara e correta o juízo de valores do(s) decisor(es) (coesão);

f) excluir redundância, ou seja, um aspecto abordado por um critério não poderá aparecer em outro critério; os critérios devem apresentar independência para evitar a contagem dupla, segundo Bouyssou (1996) (não redundância).

Os critérios devem ter duas qualidades, segundo Bana e Costa (1993):

1. *legitimidade*: a família de critérios deve considerar todos os atores como base para continuar o processo de apoio à decisão;

2. *operacionalidade*: a família de critérios deve conter um número suficiente e pequeno de critérios que permita, em uma análise intercritério, obter a informação necessária para a implementação do procedimento de agregação.

Observação: na apreciação dos critérios de decisão, podem aparecer critérios quantitativos ou qualitativos. Um critério é quantitativo quando é possível medi-lo ou graduá-lo por meio de métodos determinísticos ou probabilísticos, e um critério é qualitativo quando sua graduação é feita por meio de julgamentos subjetivos.

Pode-se ilustrar a definição de critério com o seguinte exemplo: "uma pessoa deseja comprar um automóvel"; os critérios a serem ponderados na compra (avaliação das alternativas), seriam:

1. cor: branca, preta, azul etc.;
2. consumo: relação de quilômetros percorridos/litros de combustível gastos;
3. espaço interno;
4. espaço do porta-malas;
5. tempo de aceleração de 0 a 100 km/h;
6. preço;
7. tempo de entrega.

Pode ocorrer que alguém considere que alguns dos critérios descritos sejam irrelevantes. Entretanto, como a determinação dos critérios busca atender a um julgamento subjetivo, e o processo de decisão é um sistema aberto em que são componentes os valores dos decisores e objetivos, naturalmente poderá haver discordâncias. Em resumo, os critérios não devem ser excessivos, nem podem deixar de fora aspectos relevantes na avaliação das alternativas. Os critérios devem ter significados claros de modo que não fique dúbia a interpretação dos analistas e/ou decisores.

Os critérios, bem como os atributos, podem ser classificados em três grupos:

a) *benéficos* – oferecem incremento monotônico, ou seja, o incremento dos critérios/atributos é desejado. Por exemplo: incremento do espaço interno de um automóvel, ou da relação quilômetros percorridos/litros de combustível;

b) *custos* – oferecem um decréscimo monotônico. O incremento deles não é desejado, por exemplo, o preço do automóvel;

c) *não monotônicos* – ocorrem quando a máxima utilidade está em um posto intermediário da escala. Por exemplo, se a temperatura de uma sala estiver muito baixa, deseja-se que a sala se aqueça até a temperatura requerida, ao passo que, se estiver muito alta, deseja-se que se esfrie até a temperatura tida como ideal.

- **Escalas:** uma avaliação em uma escala tem como propósito fazer a graduação de um fator, desde que essa escala permita exibir uma propriedade específica, seja um julgamento absoluto ou relativo. As escalas de avaliação são baseadas em teorias psicofísicas, utilizando-se de conceitos sociológicos, psicológicos e da teoria da decisão.

A escala de avaliação é usada para quantificar critérios ou atributos, ou quaisquer fatores que possam ser ordenados de forma subjetiva (qualitativa) ou quantitativa. Uma vez escalonado o julgamento, uma medida quantitativa pode (ou deve) ser incorporada na análise. Para esse fim, são utilizadas várias unidades de medida, bem como meios não numéricos, ou números adimensionais, segundo Gomes (1997).

Ao se utilizarem números em escalas, eles devem respeitar as seguintes propriedades:

a) *ordem* – indica ordenação. O menor número vem antes do maior número em uma visão crescente e, inversamente, em uma visão decrescente;

b) *unidade* – indica a diferença. A diferença entre os números 3 e 2 (3 – 2) é igual à diferença entre 9 e 8 (9 – 8);

c) *cardinalidade* – representa a quantidade.

A cardinalidade permite definir apenas a quantidade de posições possíveis dentro de uma escala. Não está associada uma intensidade a cada posição, ou seja, o fato de definirmos as posições como 0, 2 e 4 (três posições) seria indiferente se os números fossem substituídos por 1, 2 e 3 (três posições). A cardinalidade está associada à quantidade. A cardinalidade também pode ser usada como base para construção de uma escala de intervalos, considerando quatro alternativas: a_1, a_2, a_3 e a_4. Inicia-se o interrogatório do decisor perguntando qual a sequência de atratividade entre as alternativas. Supondo-se que a sequência seria $a_1 > a_2 > a_3 > a_4$, verifica-se se a diferença de valores agregados de a_1 e a_2 ($v(a_1) - v(a_2)$) supera a diferença de valores agregados de a_3 e a_4 ($v(a_3) - v(a_4)$). Para tal, é possível construir uma razão de intervalos $[v(a_1) - v(a_2)] + [(v(a_3) - v(a_4)]$, que auxiliará na construção da futura escala de intervalos.

Classificação

As escalas utilizadas poderão ser, segundo Haimes e Chankong (1991):

a) *escala verbal (ou nominal ou semântica)* – nesse tipo de escala, atribuem-se nomes ou números às opções. Pode-se apenas obter o resultado, "estas opções são iguais", ou "estas opções são diferentes". Matematicamente, tem-se que, se x é igual a y, e se y é igual a z, z é igual a x. Qualquer elemento diferente de x será diferente dos demais. Essa escala irá basear-se apenas em uma comparação binária: é igual ou é diferente ao elemento da escala. Essa escala caracteriza diferentes fatores (ou critérios) quente/frio; branco/cinza/preto; os nomes são associados a fatores observados, por exemplo – excelente, muito bom, bom, regular, fraco e muito fraco. Essa é uma escala adequada para seleções mutuamente exclusivas;

b) *escala de intervalo* (também conhecida como escala de transformações lineares, ou simplesmente escala linear, definida pela fórmula $y = ax + b$, com $a > 0$): a escala de intervalos tenta atribuir números que representem a "distância psicológica" que o decisor vê, as opções de um critério e/ou preferências entre alternativas. Essa escala não reflete apenas a posição de um objeto sobre o outro, mas a graduação em que um objeto ou alternativa supera o(a) outro(a). A diferença entre os fatores é estabelecida por meio do comprimento do intervalo que os separa. Nessa escala, o ponto zero é arbitrário, não sendo a origem da escala, como, por exemplo, a escala de temperatura em ºC;

c) *escala cardinal* – esta escala está associada ao conceito de posição em uma ordem predefinida de importância; ou seja, é definido um conjunto de posições possíveis de serem ocupadas por um objeto, por exemplo: posição 1, posição 2, ..., posição n, em que, no caso de crescente importância, a posição n é mais importante que a posição 1, e em caso oposto, a posição 1 é preferida à posição n. Em uma escala ordinal, tem-se a relação "um critério é mais importante que outro" (crescimento monotônico), "esta opção dentro do critério é superior à outra", e assim, ordenam-se os critérios e opções em importância, e atribuem-se os pesos que lhes são devidos. Essa escala permite uma variação maior: é igual; é semelhante; é diferente etc. Essa escala é usada para ordenar de forma sequencial (ou seja, de preferência) objetos similares (Gomes, Mury e Gomes, 1997). A ordenação é feita de forma gradativa, mas não ocorre diferenciação de fatores, ou seja, a ordenação é feita dentro de um critério, como, por exemplo: pouco quente, quente, muito quente. A escala ordinal não permite uma visão clara da diferença entre duas classificações, segundo Slowinski, Greco e Matarazzo (1998). A *escala ordinal com origem natural* estabelece uma origem comum (zero), segundo Torgerson (1985).

d) *escala de quociente* (também conhecida como escala de razões em que $y = ax$, e $a > 0$) – a escala de razão tem seu maior exemplo nas escalas métricas, pois um objeto de tamanho três pés terá o triplo do tamanho de outro objeto de tamanho de um pé, não importando a escala métrica usada; uma escala de temperatura não segue essa regra, visto que 100°C é o dobro de 50°C, porém, se passarmos para Kelvin, 373°K não é o dobro de 323°K. Essa escala precisa ter uma origem natural, segundo Saaty (1991). Por exemplo, não existem tamanhos de objetos com valor negativo; logo, 0 m ou 0 em qualquer escala métrica é uma origem natural. É uma escala restrita, uma vez que tem de começar, no caso, obrigatoriamente de zero. A diferença essencial entre a escala de razão e a escala de intervalo é que a escala de razão requer uma origem como ponto de referência, e a escala de intervalo não. O zero representa a ausência de propriedade;

f) *escala diferencial* ($y = x + b$, sendo esta um caso particular da escala de intervalo);

g) *escala multidimensional* – associação de dois ou mais dos conceitos anteriores em um espaço n-dimensional. Para representação do espaço multidimensional, pode-se utilizar matrizes, segundo Torgerson (1985).

Aplicações das escalas

1. avaliação individual das utilidades dos vários critérios usados em uma análise de múltiplos critérios;
2. avaliação de alternativas de decisão de forma sequencial, podendo ser usada uma árvore de decisão. Na avaliação de preferências entre alternativas, são usadas a(s) escala(s) ordinal e/ou escala de intervalos;
3. avaliação das possibilidades que cada alternativa pode gerar, para estabelecer um indicador de relação entre alternativas, ou seja, estabelecer o quanto uma alternativa excede a outra. Usa-se a escala de intervalo;
4. estabelecer uma ordenação das alternativas, no estabelecimento de categorias de diferenciação entre alternativas. Usa-se a escala nominal. Exemplo: verde, vermelho; claro, escuro etc.

A escala selecionada determina como o avaliador colocará seu juízo de valores na avaliação das alternativas.

Escalas de avaliação permitem uma comparação quantitativa. Se a comparação envolver muitos fatores, a discriminação entre fatores é conseguida, incrementando-se a relação nas dimensões físicas utilizadas nas escalas, podendo ser exemplificada por meio de um incremento no intervalo que separa as alternativas.

Fatores quantificados em uma escala de avaliação podem ser combinados para refletir a quantidade de contribuição. O efeito de acumulação determina o quanto uma alternativa supera a outra.

Limitações

Escalas de avaliação são construídas por julgamentos subjetivos nas escalas de intervalo ou ordinal. Essa limitação não aparece nas escalas de razão e nominal.

Técnicos podem ser requeridos para o estabelecimento da relação apropriada para a avaliação dos parâmetros. O processo de avaliação é subjetivo e pode combinar o julgamento individual de técnicos ou clientes.

Tempo

Escalas nominais requerem pouco tempo para serem criadas, principalmente se poucos fatores forem empregados.

Escala de intervalo e a escala de razão podem demandar mais tempo para serem construídas e possibilitar o estabelecimento de razões, porque são necessários maiores julgamentos.

Requisitos para o estabelecimento de uma escala

1. determinar os objetos, opções, critérios, alternativas etc. a serem escalonados;
2. executar o dimensionamento das comparações e dos contrastes envolvidos, pois estes precisam ser claramente identificados.

A construção e aplicação da escala de avaliação parte do pressuposto de que os seres humanos podem discriminar suas preferências por meio de dimensões de avaliação. Existem dois fatores limitantes envolvidos na comparação e julgamentos absolutos.

O primeiro sugere que homens são limitados em sua habilidade de discriminar dois fatores adjacentes, em dimensões como cores, tonalidade, volume, odor e mensuração de comprimento.

O segundo sugere que podem ser reconhecidas discriminações em uma única dimensão limitada, por exemplo, dentro do critério sabor; o ser humano reconhece quatro diferentes sabores: doce, ácido, salgado e amargo.

A discriminação de alternativas ou opções pode ser feita por meio da combinação de gosto, textura, cheiro e aparência, ou seja, uma combinação de fatores. A ampliação é que pode ser improdutiva, ao se tentar descobrir uma diferenciação maior, em termos de intervalo, que supere a capacidade de avaliação psicofísica que o ser humano é capaz de executar.

Procedimentos

1. determinação dos atributos, critérios ou fatores a serem escalonados;
2. determinação da melhor escala para escalonar os fatores:

    2.1 considerar o grau de subjetividade do julgamento;

    2.2 determinar o prazo desejável para a construção da escala e o nível de discriminação desejado;
3. construção da escala de atributos, critérios e fatores;
4. relacionamento das alternativas na escala de atributos ou critérios com os fatores pertinentes;
5. avaliação da consistência da escala.

Pode-se considerar a seguinte situação para exemplificar o que foi definido anteriormente: desejo de comprar uma mesa. Apenas os critérios cor e tamanho são importantes e pode-se considerar o critério tamanho mais importante que o critério cor; na loja só havia três mesas, todas de tamanho e cores diferentes; logo, dentro do critério tamanho, haveria três opções – grande, média e pequena; e dentro do critério cor, ter-se-ia vermelho, amarelo e azul; caberia ao decisor ordenar as opções de tamanho e cor dentro de sua ordem de preferência. Poderia acontecer que, dentro do critério tamanho, a preferida fosse a média, porém a cor dessa mesa é vermelha e esta, dentro do critério cor, seria a pior opção; nesse caso, a relação de importância entre os critérios seria um fator de decisão. É para a solução de problemas ainda mais complexos que surgiram os algoritmos do Auxílio (ou Apoio) Multicritério à Decisão (AMD).

Uma opção pode ser tão ruim para um decisor que ela por si só poderá impedir uma alternativa, mesmo que todos os demais critérios sejam satisfeitos; isso seria um critério de veto. Por exemplo, encontrou-se a mesa ideal em tamanho e cor, porém, ao incluir-se um terceiro critério – preço –, pode-se descobrir ser impossível pagá-la. Por mais que se goste da referida mesa, o medo de inadimplência no pagamento obrigaria a escolher outra mesa.

- **Juízo de valores:** são os elementos-chave para a construção de um modelo de apoio à decisão. O modelo de apoio à decisão visa modelar a importância que o decisor atribui aos critérios, atributos, objetivos e alternativas. Esses valores são subjetivos, pois dependem de cada pessoa. O juízo de valores é feito por meio das características de cada critério, atributo e/ou alternativa.

Observações:

a) pessoas diferentes podem interpretar o mesmo acontecimento de forma diferente;

b) pensamentos, avaliações e sentimentos não são imutáveis, são alterados após a assimilação de uma nova informação.

- **Metas:** a semelhança dos objetivos é identificada com as necessidades e os desejos dos decisores: são determinações *a priori*, em que são definidos valores específicos, em que esses valores são determinados em termos de critérios e/ou atributos. A combinação de um critério ou atributo com um nível de aspiração (algo que deseja lograr) gera uma meta.
- **Objetivo:** é uma direção a ser seguida; conjunto de metas a serem atingidas; uma finalidade a ser alcançada. Também definido como uma direção de aumento de preferência para um critério particular, ou uma necessidade a satisfazer. O objetivo é condicionado pelos valores inerentes ao decisor/analista que os determina; é identificado com as necessidades e os desejos dos decisores. Os objetivos que provêm de interesses e aspirações são às vezes imprecisos, instáveis e expostos a conflitos. Pode-se concluir que o objetivo pode ter uma natureza subjetiva. Por exemplo: "Escolher um conjunto de navios para cumprir uma missão com menor custo." Menor custo é o objetivo; "cumprir a missão" seria outro objetivo. Os atributos são utilizados para mensurar o alcance ou grau de alcance do objetivo. Os objetivos subdividem-se em: operacional e não operacional. O objetivo operacional é todo aquele em que existe um caminho prático para ser alcançado. O objetivo é a razão pela qual o decisor está interessado no problema. A organização que não define corretamente seus objetivos não tem possibilidade de avaliar seus resultados (consulte o Capítulo 1 deste livro, Seção 5 – Teoria dos Sistemas).
- **Ponto de vista:** representa todo o aspecto da decisão real; é considerado importante para a construção de um modelo de avaliação de ações existentes ou a criar. Ao estruturar um modelo, deve-se fazê-lo do ponto de vista individual, identificando objetivos, ações, critérios, atributos etc. O ponto de vista é influenciado pelo juízo de valores do decisor, ou seja, eventualmente serão diferentes de pessoa para pessoa. Com base no ponto de vista, definem-se os critérios (Bana e Costa, 1993). O ponto de vista divide-se em ponto de vista elementar (PVE) e ponto de vista fundamental (PVF). Um PVF é um fim em si mesmo. Para que um ponto de vista seja fundamental, é necessário que, no desenrolar do processo de estruturação, confirme a validade da hipótese de independência, e deve refletir um valor fundamental isolável. Isso significa dizer que é possível e desejável avaliar as ações segundo um PVF independente de seus impactos, segundo outros pontos de vista. Um PVF pode ser formado por um conjunto de PVE, isto é, um PVF pode ser um fim comum para o qual contribuem vários PVE. Os PVF definem os critérios de avaliação.

Os PVF devem satisfazer a algumas propriedades. São elas: inteligibilidade, consensualidade, operacionalidade e isolabilidade, e concisão. O número de PVF deve ser suficientemente grande, para permitir o entendimento do problema, porém não tão grande que prejudique a compreensão.

Teorias que tratam do não determinismo

1 TEORIA DOS CONJUNTOS APROXIMATIVOS (TCA)

A TCA foi proposta em 1982 por Zadislaw Pawlak. Como teoria científica, trata da questão da granulosidade[1] da representação de um problema. Essa granulosidade causa indiscernibilidade, que, por sua vez, impede a revelação de estruturas ou padrões de classificação, com base em dados que refletem uma experiência. A TCA, em essência, constitui-se em um instrumental para transformar um conjunto de dados em conhecimento. Por esse motivo, é uma análise para representação de conhecimento. A TCA é caracterizada por um conjunto de elementos que não pode ser precisamente definido no que concerne a seus atributos; a relação de indiscernibilidade constitui a base matemática da TCA. A TCA é a primeira metodologia não estatística para análises de dados. Essa metodologia tem como vantagem, em relação à probabilidade em estatística, o fato de não necessitar de um banco preliminar de dados.

A TCA baseia-se principalmente na ideia de indiscernibilidade entre dois objetos. A relação de indiscernibilidade é uma relação de equivalência: reflexiva, simétrica e transitiva. Essa relação de indiscernibilidade pode ser entendida como binária, à medida que dois objetos possuem a mesma descrição, porém de atributos diferentes. Seria, por exemplo, a situação de duas pessoas nascerem ao mesmo tempo e possuírem idades diferentes (Nakamura, 1992, e Nuanda e Majumdar, 1992).

---

[1] Define se a situação é determinística ou não; se é determinística, é unívoca, e poderia ser representada por grãos, ou seja, cada grão só estaria associado a outro grão; se é não determinística, ocorre o oposto.

Para a filosofia dos conjuntos aproximativos, *"o conhecimento está na habilidade de classificação"* (Slowinski, Greco e Matarazzo, 1998).

A indiscernibilidade pode advir das seguintes fontes:

a) determinação da quantidade de atributos e/ou critérios;
b) dúvidas geradas pelos descritores;
c) perda de informação de um ou mais descritores;
d) divergência entre os múltiplos descritores.

A TCA não é uma evolução da Teoria dos Conjuntos Nebulosos (Klir e Folger, 1988, e Klir e Yuan, 1996), pois, enquanto a primeira baseia-se na indiscernibilidade dos objetos, ou seja, a dificuldade de estabelecer a qual conjunto pertence determinado objeto, a Teoria dos Conjuntos Nebulosos baseia-se na análise da má definição das fronteiras dos conjuntos, ou subclasses de conjuntos. À medida que indiscernibilidade e imprecisão são duas expressões do conhecimento imperfeito, é incerto considerar a TCA uma abordagem alternativa à Teoria dos Conjuntos Nebulosos. O uso simultâneo dessas duas teorias permite o tratamento simultâneo de duas categorias do conhecimento imperfeito (Prade e Dubois, 1992).

O conhecimento imperfeito também é gerado pela inabilidade humana de prover uma compreensível e precisa estrutura funcional, hierárquica ou não, que descreva os fenômenos ou sistemas. A dificuldade de extrair o conhecimento preciso e completo é uma das causas que gera o conhecimento imperfeito. Esse conhecimento imperfeito pode ser qualitativo ou quantitativo. Esse problema vem sendo objeto de estudo de vários pesquisadores. Essas duas teorias (conjuntos nebulosos e conjuntos aproximativos) possibilitam auxiliar esses pesquisadores (Ghoshray, 1996).

A TCA, é importante para:

a) avaliar a importância de um critério particular, determinando quais critérios são os mais importantes (Pawlak, 1996); definição do conjunto mínimo de critérios para um processo de decisão (Slowinski, Greco e Matarazzo, 1998);
b) eliminar redundâncias em uma tabela de decisão, permitindo a retirada de critérios supérfluos;
c) determinar regras que diminuam uma tabela de decisão; ou avaliar as regras existentes:
   - gerar um conjunto mínimo de regras de decisão que represente uma tabela de decisão;
   - gerar um grupo exaustivo de regras que inclua todas as possibilidades de regras existentes em uma tabela de decisão;
d) avaliar conflito de opiniões entre especialistas;

e) representar um conhecimento ambíguo (informação "dúbia") (Slowinski, 1996);
f) representar conhecimentos adquiridos de forma empírica;
g) caracterizar objetos de acordo com critérios e/ou atributos, permitindo a determinação de dependência parcial ou total entre os critérios e/ou atributos (Pawlak, 1996);
h) tratar informações qualitativas e quantitativas (Slowinski, Greco e Matarazzo, 1998).

O cerne da TCA é a noção de sistema de informação. Este é uma quádrupla $S = <U, Q, V, \rho>$, em que U é um conjunto, não vazio, finito de objetos, denominado Universo; $Q = \{q_1, q_2, ..., q_m\}$ é um conjunto finito, de acordo com Slowinski e Pawlak (1993), e não necessariamente finito, de acordo com Nakamura (1992), de atributos,[2] em que os objetos de U são classificados.

$$V = \cup_{a \in Q} V_q \text{ denominada função de atributo de } q.$$

Para cada par de objetos x e atributos q, existe um conjunto de valores V_{xq}, ou seja, um valor v tem que pertencer ao conjunto V_{xq}.

O objeto $x \in U$, o atributo $q \in Q$, V_q é o domínio do atributo q; este domínio é mais bem definido como o conjunto dos valores dos atributos, em que $V = U_q \in V_q$; $V_{xq} \in V_q$, q define V_q, $\rho: U \times Q \Rightarrow V$ é uma função total, ou seja, $\rho(x, q) \in Vq$, para todo $q \in Q$ e $x \in U$, denominada função de informação (ρ).

Todo par (q, v), $q \in Q$, $v \in V_q$, isto é, objeto-atributo, é chamado descritor em S (Slowinski e Pawlak, 1993), V é subdividido em V' e D', em que D' seria o conjunto de atributos a serem valorados, e V', o conjunto dos valores desses atributos.

Para cada objeto $x \in U$, é descrito um vetor $Des_Q(x) = [\rho(x,q_1), \rho(x,q_2), ..., \rho(x,q_m)]$, chamado descritor de x em termos de avaliação nos atributos de Q; isto representa a avaliação da informação de x.

O conjunto de atributos pode ser dividido em dois conjuntos: atributos de condição e atributos de decisão.

O sistema de informação pode ser visualizado como uma matriz finita, na qual cada coluna é associada a um atributo, cada linha corresponde a um objeto e a célula localizada no cruzamento da coluna q com a linha x tem o valor $\rho(x, q)$. Assim, cada linha da matriz representa a informação sobre um objeto em S. Para que essa informação tenha alguma utilidade, é necessário que os atributos tenham sido bem escolhidos, isto é, que seja boa a aproximação de classes particulares de objetos pelo conjunto de atributos. Se essa qualidade não

---

[2] A matemática demonstra ser possível um conjunto infinito de atributos, porém a experiência demonstra que um conjunto finito de atributos, na análise da TCA, é uma aproximação mais realística.

for considerada boa, novos atributos podem ser introduzidos ou seus valores, revistos. Uma questão importante diz respeito ao subconjunto mínimo de atributos que garante a mesma qualidade de aproximação que o conjunto completo. Caso existam vários subconjuntos mínimos, os atributos que se acham na interseção desses conjuntos mínimos constituem a parte insubstituível da informação, ao passo que outros atributos mínimos são intercambiáveis.

Outro aspecto importante tem relação com as regras de classificação ou de decisão, em termos dos atributos de um subconjunto mínimo. As regras são certas se os atributos associam de forma unívoca os objetos às classes particulares. Essas regras podem vir a ser úteis para processos futuros de tomada de decisão.

Dois objetos quaisquer são ditos indiscerníveis[3] com relação a um atributo, se seus valores $\rho(x, q)$ pertencem ao mesmo subintervalo, considerando-se que o domínio original de um atributo quantitativo é dividido em poucos subintervalos de valores. Assim, seja $S = <U, Q, V, \rho>$ um sistema de informação e seja $\subseteq Q$ e $x, y \in U$. Os objetos x e y são indiscerníveis pelo conjunto de atributos em P se, e somente se, em S, $\rho(x, q) = \rho(y, q)$ para todo $q \in P$. Dessa forma, todo $P \in Q$ gera uma relação binária em U, que será denominada relação de indiscernibilidade em P, designada por $IND(P)$. Naturalmente, $IND(P)$ é uma relação de equivalência para qualquer P.

As classes de equivalências de $IND(P)$ são chamadas conjuntos P-elementares em S. A família de todas as classes de equivalência da relação $IND(P)$ em U é designada por $U | IND(P)$ ou, em termos abreviados, $U½P$.

$$IND(P) = \{(x, y) \in U \times U: \rho(x, q) = \rho(y, q) \forall q \in P\}$$

A cada par (objeto, atributo) associa-se um descritor, sendo que cada linha da matriz contém descritores representativos da informação sobre um objeto particular. $DESq(x)$ designa uma descrição do conjunto P-elementar $x \in U½P$, em termos dos valores dos atributos de P, ou seja: $DESp(x) = \{(q, V_q): \rho(x, q) = V_q, \forall x \in U, \forall q \in Q\}$; ou $DESq(x) = [\rho(x, q_1), \rho(x, q_2), ..., \rho(x, q_m)]$.

Dois objetos podem ser indiscerníveis em termos de descritores e isso constitui o ponto de partida para a análise do sistema de informação pela TCA. De modo geral, o conjunto de atributos é dividido em dois subconjuntos: atributos de condição (critérios) e atributos de decisão (decisões ou classificações).

Dada uma relação de equivalência percebida como uma relação de indiscernibilidade, esta induz a um espaço de aproximação constituído por classes de equivalência percebida como uma relação de indiscernibilidade, que induz a um espaço de aproximação constituído por classes de equivalência. Um conjunto aproximativo objetiva aproximações inferior e superior a um conjunto, em termos das classes de objetos indiscerníveis. Ou seja,

---

[3] A indiscernibilidade implica impossibilidade de distinguir dois objetos em um conjunto U, tendo esses objetos a mesma descrição, em termos de atributos de um conjunto de atributos Q.

um conjunto aproximativo é uma coleção de objetos que, de modo geral, não podem ser perfeitamente caracterizados em termos dos valores do conjunto de atributos de condição, enquanto aproximações inferior e superior podem.

Usando o par de aproximações inferior e superior ao conjunto – ou família de conjuntos –, são definidas precisão e qualidade de aproximação, que são representadas por números que variam de zero a um.

Concebe-se o sistema de informação como uma tabela de decisão, na qual $Q = C \cup D$ e $C \cap D = \varnothing$, C é o conjunto de atributos de condição e D o conjunto de atributos de decisão. A tabela de decisão $S = < U, C \cup D, V, \rho >$ é determinística se, e somente se, $C \rightarrow D$; caso contrário, essa tabela é não determinística.

Sejam $P \subseteq Q$ e $Y \subseteq U$. Definem-se a aproximação P-inferior a X, designada por $\underline{P}_X$, e a aproximação superior P-superior a X, designada por P_X, das formas seguintes (Slowinski, Greco e Matarazzo, 1998):

$$\underline{P}_X = \{x \in U \mid IND(P)\ x \subseteq X\} \text{ e}$$

$$P_X = \{x \in X \mid IND(P)\ x: X \cap Y \neq \varnothing\}$$

A aproximação inferior é uma região em que positivamente se sabe que os elementos pertencem ao conjunto em análise. À aproximação superior corresponde o máximo de objetos que podem pertencer ao conjunto em análise. Os elementos da aproximação superior que não pertencem à aproximação inferior constituem a fronteira do conjunto aproximativo.

A P-fronteira (região incerta) do conjunto X em S é definida como:

$$Bnp \text{ ou } Fp\ (X) = P_X - \underline{P}_X;\ e$$

$$\underline{P}_X \subseteq X \subseteq P_X$$

$$\underline{P}_X = U - P(U - X).$$

Essa região incerta é formada pelos objetos que não foram corretamente classificados e/ou não possuem consenso em sua classificação. O conjunto $\underline{P}_X$ é o conjunto de todos os elementos de U que podem ser, com certeza, classificados como elementos de X, com base no conjunto de atributos P. O conjunto P_X, por sua vez, é o conjunto de elementos que não podem ser, com certeza, classificados como elementos de X, usando-se o conjunto de atributos P. A precisão de X é obtida pela fórmula:

$$ap(X) = card(\underline{P}_X) \div card(P_X), \text{ em que } 0 \leq ap(X) \leq 1.$$

Este índice define a consistência da tabela de decisão. Se for igual a um, a tabela é determinística; caso assuma outro valor, é não determinística.

Se $B_{np}(X)$ é diferente de $\varnothing$, então X é um conjunto aproximativo, ou seja, possui indiscernibilidade.

Por qualidade da aproximação da partição X pelo conjunto de atributos P, também denominada qualidade da classificação, designa-se o quociente.

Este último representa a frequência relativa de objetos classificados corretamente pelos atributos de P.

A TCA, conforme exposto, busca construir um conjunto mínimo de critérios independentes, tendo a mesma habilidade de discernibilidade que o conjunto mais amplo de critérios. Uma importante faceta da TCA é sua capacidade de identificar atributos/critérios que podem ser eliminados.

A qualidade da aproximação de X é definida por $\Upsilon_p(X) = |\underline{P}(X)| \div |X|$. Esta qualidade representa a frequência com que os objetos são corretamente classificados nos atributos de P.

Verifica-se que $0 \leq \alpha p(X) \leq \Upsilon P(X) \leq 1$, $\Upsilon P(X) = 0$ se $ap(X) = 0$ e $\Upsilon P(X) = 1$ se $\alpha p(X) = 1$.

A função aproximativa, ou função da indiscernibilidade de um objeto $x \in U$, em que X é um subconjunto de U, é definida por:

$$\mu^P_X(x) = |X \cap IND(P)| \div |IND(P)|.$$

$$\underline{P}_X = \{x \in U : \mu^P_X(x) = 1\} \text{ e}$$

$$P_X = \{x \in U : \mu^P_X(x) > 0\} \text{ e } Bnp(X) = \{x \in U : 0 < \mu^P_X(x) < 1\}$$

A redução de atributos por meio da TCA deve trazer a mesma informação que o conjunto original. As regras obtidas pela observação das tabelas com critérios/atributos (ou, simplesmente, atributos de condição) de classificação e atributos de decisão demonstram um princípio da inteligência artificial. Essas regras permitem a classificação dos novos objetos a serem analisados, por exemplo, *o objeto x_1 está inserido na regra y_2*.

Formalmente, uma regra de decisão envolvendo o conjunto dos atributos de condição em C e o conjunto dos atributos de decisão em D tem a estrutura

$$\text{se } f(x,q_1) = r_1, f(x, q_2) = r_2, ..., f(x,q_p) = r_q, \text{ então } x \in A.$$

A TCA usa três concepções:

a) aproximação (aproximação inferior e superior);
b) dependência (determinação da tabela de informação);
c) redução (determinação do conjunto mínimo de regras com um mínimo de atributos).

A aplicação da TCA e da Teoria dos Conjuntos Nebulosos, de forma conjunta ou não, vem demonstrando ser uma forte ferramenta para modelar as imprecisões naturais do ser humano, permitindo, assim, uma modelagem mais perfeita da realidade.

Essas duas teorias aparecem como fortes ferramentas a serem utilizadas no desenvolvimento de algoritmos do AMD, uma vez que esses algoritmos buscam modelar a subjetividade humana.

Ressalte-se que muitos autores buscam a unificação dessas teorias para que as duas formas de conhecimento imperfeito sejam tratadas simultaneamente. Vislumbra-se, assim, a possibilidade do surgimento de uma teoria unificadora que modele simultaneamente, quando necessário, as duas formas de imprecisões existentes.

2 TEORIA DOS CONJUNTOS NEBULOSOS

A Teoria dos Conjuntos Nebulosos foi introduzida por Lotfi Asker Zadeh, em 1965 (Zadeh, 1965). Essa teoria é uma extensão da lógica convencional (booleana), para introduzir o conceito de verdade não absoluta, e funciona como uma ferramenta para tratar imprecisões na linguagem natural. A matemática nebulosa é uma tentativa de aproximar a precisão característica da matemática à inerente imprecisão do mundo real. O número nebuloso não surge, normalmente, de observações reais, mas de conceitos ou concepções mais ou menos conhecidos. Os conjuntos nebulosos (Wang, 1980) são uma forma de representar imprecisões encontradas, as quais os seres humanos tratam com grande habilidade, normalmente existentes em problemas reais, os quais os conjuntos tradicionais não podem representar adequadamente.

Logo, os números nebulosos são uma alternativa à noção de conjunto de números reais e lógicos, que possui origem na filosofia grega. A Teoria dos Conjuntos Nebulosos está associada à abstração e à generalização, e possibilita a representação de conceitos vagos e imprecisos, porém mantendo a precisão matemática no tratamento.

A precisão da matemática baseia-se no falso ou verdadeiro; isso se deve, em parte, aos esforços de Aristóteles e outros filósofos que o precederam. A linguagem natural possui a noção do que é vago e impreciso, por exemplo: Carlos é alto, Carlos possui a altura de 1,79 m, porém, se alguém possuir a altura de 1,78 m, será considerado uma pessoa baixa? Dentro da cultura de Carlos, ele é considerado alto, porém, em outra cultura, ele também será considerado alto?

Na matemática clássica, um subconjunto U de um conjunto S pode ser definido como uma aplicação dos elementos de S aos elementos do conjunto [0,1].

$$U:S \to [0,1]$$

Essa aplicação pode ser representada como um conjunto de pares ordenados; o primeiro é elemento do conjunto *S*, e o segundo é elemento do conjunto [0,1]. Essa função é denominada função de pertinência. A função de pertinência é o fator caracterizador do conjunto nebuloso. Ela associa a um elemento do universo um número real do intervalo [0,1]. O grau de pertinência um equivale ao clássico símbolo de pertinência ∈, e o grau de pertinência zero equivale ao clássico símbolo ∉ (Braga, Barreto e Machado, 1995).

A Teoria dos Conjuntos Nebulosos indica com que grau cada elemento pertence ao conjunto. O valor zero, ou valor nulo, indica que não pertence, representa a "total não pertinência"; e o valor um indica "total pertinência". Outro tipo de pertinência é dado pelos valores intermediários entre zero e um. Esses valores representam os "graus de pertinência" (também pode ser interpretado como "grau de veracidade") da afirmativa, ou seja, esta teoria transforma o conceito de falso e verdadeiro em números reais, no intervalo zero a um, em que zero é falso e um, verdadeiro (Kaufmann, 1975).

Os conjuntos nebulosos são aplicados quando não é possível identificar todas as variáveis antecipadamente, ou as variáveis conhecidas não podem ser medidas corretamente e/ou existem conceitos vagos (Bezdek, 1981).

Pode-se identificar nesse princípio básico as definições de *funções características* e *funções escolha*, existentes na *teoria dos conjuntos*.

A função característica associa os elementos de um conjunto *A* aos elementos de um conjunto *B*; este último é formado por apenas dois números, zero ou um. A função escolha associa, por escolha, os elementos de um conjunto *A* aos elementos de um conjunto *B*. Considerando um conjunto *B* formado por números que sejam maiores que zero e menores que um, ou seja, $B = \{x/x\ 0 < x < 1\}$, e, posteriormente, definindo uma função, que pode ser subjetiva ou não, de associação dos elementos do conjunto *A* com os elementos do conjunto *B*, e definindo o conjunto *A* como formado pelos números reais, tem-se uma função de pertinência para os elementos do conjunto *A*. Acrescentando a essa definição da função de pertinência o princípio da função característica, tem-se um conjunto *A* que se associa a um conjunto *B*, em que os elementos de *B* variam de zero a um, obtendo, assim, o princípio da matemática nebulosa.

Os números naturais e reais da matemática clássica podem ser expressos por meio de números nebulosos cujo valor da função de pertinência é "um". Por exemplo, um conjunto *A* definido pelos três primeiros números naturais seria 1½0, 1½1, 1½2; em que o primeiro algarismo, no caso 1, representa a pertinência dos números 0, 1 e 2. A maneira como o conjunto *A* foi definido é denominada caso discreto.

Um número nebuloso (também chamado difuso) é um número pertencente a um conjunto nebuloso com função de pertinência normalizada. As funções de pertinência m$a(x)$ de um número nebuloso podem assumir diferentes formas. A dispersão de m$a(x)$ pode ser interpretada como uma medida de dispersão do número nebuloso x qualquer, com: $\mu a(x) = 1$ se $x \in a$ e $\mu a(x) = 0$ se $x \notin a$ (Biswas, 1995).

A função de pertinência $\mu a(x)$, em que $0 \leq \mu a(x) \leq 1$, está associada aos eventos x_i, em que i varia de um até n. Dessa forma, o conjunto nebuloso é representado, também, por $A = \{\mu a(x_i)/x_j\}$, $i = 1, 2, ..., n$.

A variável X pode ser discreta ou contínua; o caso discreto está descrito no parágrafo anterior; para o caso contínuo, um conjunto nebuloso B poderia ser:

$$B = \{X/\mu A(x) = 1 \text{ se } X \geq b; \mu A(x) = (X - a)/(b - a)$$

Se $a \leq X < b$ e $\mu A(x) = 0$ se $X < a\}$.

No caso contínuo, pode-se definir duas situações, unimodal e patamar. Por exemplo, na situação unimodal:

$$\mu a(x) = h(x) \text{ se } x < a; 1 \text{ se } x = a \text{ e } k(x) \text{ se } x > a$$

Na situação patamar (*flat* ou trapezoidal), ocorre um intervalo contínuo, por exemplo (Delgado et al., 1994):

$$\mu a(x) = h(x) \text{ se } x < b; 1, \text{ se } x \in [b, c] \text{ e } k(x), \text{ se } x > c$$

Unimodal

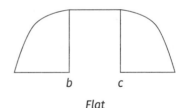
Flat

Um exemplo para demonstrar o que foi exposto anteriormente pode ser o seguinte:

É Joana uma pessoa idosa?

Considerando que Joana tem 76 anos de idade, pode-se considerar que é de 0,80 a pertinência de Joana pertencer a esse grupo de pessoas idosas.

A aproximação probabilística indica que Joana tem 80% de chances de pertencer ao grupo de pessoas idosas, e a aproximação nebulosa indica a pertinência de Joana pertencer ao grupo.

Definições:

1. A = conjunto de objetos, x = elemento que pertence a A; $A = \{x\}$;
2. $\mu A(x)$ define a pertinência de x no conjunto A;

3. um conjunto é vazio, se para todo x $\mu A(x) = 0,0$;
4. considera-se que dois conjuntos A e B são iguais, $A = B$, se, para todo x, $\mu A(x) = \mu B(x)$, ou seja, se m$a(x)$ é igual a m$b(x)$ para todo x;
5. $\mu A' = 1 - \mu A$, por exemplo, $\mu(y/\text{idoso}) = 1 - \mu(y/\text{não idoso})$;
6. A está contido em B se, para todo x, $\mu A \Leftarrow \mu B$, ou seja, $A \subset B$, se $\mu a(x) \leq \mu b(x)$, para todo x;
7. $C = A \cup B$, quando $\mu C(x) = \text{máx}(\mu A(x), \mu B(x))$ ou $\{x : x \in A \lor x \in B\}$;
8. $C = A \cap B$, quando $\mu C(x) = \text{mín}(\mu A(x), \mu B(x))$, também definida como diferença ou $A(x) - B(x)$ ou $\{x : x \in A \land x \in B\}$;
9. soma disjuntiva $A(x) + B(x) = (A(x) \cap B(x) \text{ barra}) \cup (A(x) \text{ barra} \cap B(x))$;
10. a informação qualitativa pode ser feita de forma gráfica ou linguística, e, posteriormente, transformada em funções de pertinência.

Nas Definições 7 e 8, encontra-se a diferença do conceito probabilístico e do conceito da lógica nebulosa. A lógica nebulosa está associada ao conceito de possibilidade. Possibilidade é uma abstração da percepção intuitiva humana e é independente de probabilidade no contexto de caracterizar a incerteza. A possibilidade caracteriza a indeterminação. A *Probabilidade de $x \in X$, ou seja, Prob(x) é $\leq$ à Possibilidade de $x \in X$, ou seja, Posb(x)*. A lógica nebulosa permite a modelagem possibilística.

Pode-se representar uma fórmula possibilística da seguinte maneira:

A possibilidade de A ser Pequeno é:

A-Pequeno = 0/0 + 0/1 + 0,8/2 + 0,6/3 + 0,5/4 + 0,3/5 + 0,1/6. A maior possibilidade está em Pequeno ser igual a 3 com pertinência 0,6. A fórmula de Pequeno também pode ser representada por:

Pequeno	0	1	2	3	4	5	6
μ	0	0	0,8	0,6	0,5	0,3	0,1

$PA = 0,9$ e $PB = 0,9$, a interseção probabilística poderia ser 0,81.

No conceito nebuloso, seria o mín $(0,9, 0,9) = 0,9$.

Em termos semânticos, seria: Carlos é inteligente (0,9) e alto (0,9).

Pelo conceito probabilístico: Carlos é quase alto e inteligente (0,81).

Pelo conceito nebuloso: Carlos é alto e inteligente (0,9).

Por esse mesmo conceito, Carlos não é inteligente (0,1) e Carlos não é alto (0,1).

O produto probabilístico de x e y pode ser identificado pela fórmula:

$$x \oplus y = [x + y - x \times y]$$

O produto entre dois números nebulosos, x e y, por exemplo, pode ser assim definido:

$$x \oplus y = [x \times y] \div [x \times y + (1 - x) \times (1 - y)]$$

Outra característica dos conjuntos nebulosos é a mudança de limites dos conjuntos, por exemplo:

Joana é idosa = $\mu A(x) = 0,8$

Joana é muito idosa = $\mu A(x)^2 = 0,64$.

Dois conjuntos nebulosos podem ser comparados por meio da pertinência de seus elementos. Sejam os conjuntos A e E, formados pelos elementos:

$$A = \{1/0, 0,5/2, 0,8/3\} \text{ e } E = \{0,3/9, 0,6/4, 0,4/7\}$$

A semelhança S entre A e E é definida por $S(A,E) = (\hat{A}.\hat{E}) \div (\text{máx}(\hat{A}.\hat{A}, \hat{E}.\hat{E}))$. No exemplo anterior, ter-se-ia:

$$(\hat{A}.\hat{E}) = (1 \times 0,3 + 0,5 \times 0,6 + 0,8 \times 0,4) = 0,92;$$
$$(\hat{A}.\hat{A}) = (1 \times 1 + 0,5 \times 0,5 + 0,8 \times 0,8) = 1,89;$$
$$(\hat{E}.\hat{E}) = (0,3 \times 0,3 + 0,6 \times 0,6 + 0,4 \times 0,4) = 0,61;$$

assim:

$$S(A,E) = 0,92 \div (\text{máx}(1,89, 0,61)) = 0,92 \div 1,89 \cong 0,49.$$

A álgebra-lógica nebulosa apresenta os seguintes axiomas:

(a) $y +^4 y = y$ e $y \times y = y$.
(b) $x + y = y + x$ e $x \times y = y \times x$.
(c) $(x + y) + z = x + (y + z)$ e $(x \times y) \times z = x \times (y \times z)$.
(d) $x + (x \times y) = x$ e $x \times (x + y) = x$.
(e) $x + (y \times z) = (x + y) \times (x + z) = (x \times y) + (x \times z)$.
(f) $x + 0 = x$, e $x \cap 0 = 0$.
(g) $x + 1 = 1$, e $x \cap 1 = x$.
(h) $y \times 0 = 0$.
(i) $y \times 1 = 1$.
(j) $(x \wedge y) \wedge x = x$.
(k) $(x \wedge y) \vee = x$.

---

[4] O sinal de + significa $\cup$ de união.

(l) Leis de Morgan.
(m) $1 - \text{máx}(f_a, f_b) = \text{mín}(1 - f_a, 1 - f_b)$.
(n) $\text{máx}[f_c, \text{mín}(f_a, f_b)] = \text{mín}[\text{máx}(f_c, f_a), \text{máx}(f_c, f_b)]$.
(o) $(x \cap y) \cap z = x \cap (y \cap z)$.

Considerando um universo U de números inteiros de 1 a 5, tem-se:

$$A = 0,8/1 + 0,9/2 + 1/5.$$

$$B = 0,9/1 + 0,7/3 + 0,9/5.$$

Tem-se A' ou A barra $= 1 - A = 0,2/1 + 0,1/2 + 1/3 + 1/4 + 0/5$. Não é necessário representar o 5.

$A + B = 0,9/1 + 0,9/2 + 0,7/3 + 1/5$.
$A \cap B = 0,8/1 + 0,9/5$.
$A \times B = 0,72/1 + 0,9/5$.
A elevado $2 = 0,64/1 + 0,81/2 + 1/5$.
$0,4 \times A = 0,36/1 + 0,36/2 + 0,28/3 + 0,4/5$.

Observação: se $A = 0,9$, logo A' será 0,1, assim $A \cap A' = 0,1$; logo, em lógica nebulosa $A \cap A'$ frequentemente será diferente de zero, bem como $A \cup A'$ é frequentemente diferente de um; nesse caso, será 0,9.

Se A representa-se largo e B representa-se pequeno, a definição de largo e pequeno seria: $A \cap B = 0,8/1 + 0,9/5$, ou Possibilidade (Poss) de $\{x$ ser Largo $|$ x ser Pequeno$\}$.

Uso de máx-mín, por exemplo:

Matriz A

| 0 |
| 0,9 |
| 0,8 |

$=$

Matriz B

0,9	0,7	0
1	0	0
0,7	0,6	0,9

0

Matriz C

| a_1 |
| a_2 |
| a_3 |

As equações advindas do produto anterior são:

$0 = (0,9 \wedge a_1) \vee (0,7 \wedge a_2) \vee (0 \wedge a_3)$ – equação 1.
$0,9 = (1 \wedge a_1) \wedge (0 \wedge a_2) \vee (0 \wedge a_3)$ – equação 2.
$0,8 = (0,7 \wedge a_1) \vee (0,6 \wedge a_2) \vee (0,9 \wedge a_3)$ – equação 3.

Resolvendo a equação 1, tem-se que 0 mín a_3 é zero, e qualquer número positivo máx com zero é o próprio número; logo, essa equação é reduzida para:

$$0 = (0{,}9 \wedge a_1) \vee (0{,}7 \wedge a_2).$$

Da mesma forma, na equação 2, tem-se que a_2 mín 0 é 0, e a_3 mín 0 é 0, e 0 máx 0 máx $(1 \wedge a_1)$ é $(1 \wedge a_1)$, assim $0{,}9 = (1 \wedge a_1)$, assim $a_1 = 0{,}9$.

Colocando este valor na equação 1 reduzida, tem-se:

$$0 = (0{,}9 \wedge 0{,}9) \wedge (0{,}7 \wedge a_2); \text{ logo, } 0 = (0{,}7 \wedge a_2) \wedge 0{,}9, \text{ assim, } 0{,}7 \wedge a_2 = 0, a_2 = 0.$$

Analisando a equação 3:

$$0{,}8 = (0{,}7 \wedge 0{,}9) \vee (0{,}6 \wedge 0) \vee (0{,}9 \wedge a_3); \text{ logo, } 0{,}8 = (0{,}7) \vee (0) \vee (0{,}9 \wedge a_3), \text{ assim:}$$
$$0{,}8 = 0{,}7 \vee (0{,}9 \wedge a_3); 0{,}9 \wedge a_3 = 0{,}8; a_3 = 0{,}8.$$

A construção da função de pertinência pode ser realizada de duas formas:

a) dedutiva, utilizando-se modelos formais de construção, de acordo com hipóteses específicas;

b) empírica, que se subdivide em:

b.1 interpolando um número finito de avaliações de função de pertinência;

b.2 construindo um modelo real e verificando posteriormente sua validade.

A nebulosidade de um conjunto nebuloso $A(x)$ é dada pela área $A(x) \cap A(x)$barra e utiliza a seguinte expressão:

$$B(A(x)) = 2 \times |A(x) \cap A(x)\text{barra}| \div (nA(x)),$$

em que $nA(x)$ é o número de valores da variável X que estão em $A(x)$.

A indeterminação do conjunto nebuloso $A(x)$, cuja notação utilizada é $I(A(x))$, é dada pela expressão:

$$I(A(x)) = [B(A(x) + \mu A(x)SP + rA(x)] \div 3,$$

sendo $\mu A(x)SP$ igual a $1 - \mu S \cup P$ e $rA(x)$ igual a $\eta A(x)/\eta u$, em que $rA(x)$ é o intervalo relativo de $A(x)0$, $\eta A(x)$ são os números de valores da variável X que estão em $A(x)$, ηu são os números de valores do universo.

Conceito de números triangulares, sejam x e y dois números triangulares, com $x = (x_1, x_2, x_3)$, e x_1, x_2 e x_3 são vértices de um triângulo, e de forma semelhante y é representado por $y = (y_1, y_2, y_3)$. Assim, x poderá ser representado por:

$$x = (X_x, \beta_x),$$

em que Xx é o maior valor de x_1, x_2 e x_3 e βx é o desvio-padrão de x_1, x_2 e x_3.

De forma semelhante, y pode ser representado por $y = (X_y, \beta_y)$. Assim:

$x + y = (x_1 + y_1, x_2 + y_2, x_3 + y_3)$ e

$x + y = (X_x + X_y, \beta_x + \beta_y)$, considerando que $sx = \beta_x/X_x$ e $\sigma_y = \beta_y/X_y$.

Então, $x \times y = (X_x \times X_y, \sigma_x + \sigma_y + \sigma_x \times \sigma_y)$.

Outra maneira de representar um número triangular é:

$\mu(y) = y \div (m - n) - n \div (m - n)$; para y no intervalo de $[m, n]$;

$\mu(y) = y \div (m - k) - k \div (m - k)$; para y no intervalo de $[k, m]$; e zero para outros intervalos.

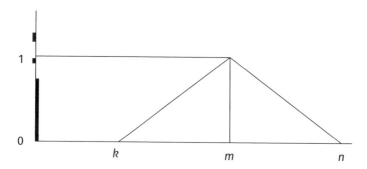

O número triangular também pode ser representado da seguinte forma:

$\mu(y) = 0$, se $y < 0$;

$\mu(y) = (y - k) \div (m - k)$, se $k \leq y \leq m$;

$\mu(y) = (n - y) \div (n - m)$, se $m \leq y \leq n$;

$\mu(y) = 0$, se $y > n$.

A probabilidade de um conjunto nebuloso é definida da seguinte forma:

Suponha o conjunto D associado às seguintes pertinências = $\{d_1, d_2, d_3, d_4\}$ e a probabilidade associada a cada número definida por $p(D) = \{p(d_1) = 0,2; p(d_2) = 0,3; p(d_3) = 0,1; p(d_4) = 0,4\}$; logo, a probabilidade de D é $p(d_1 \times 0,2 + d_2 \times 0,3 + d_3 \times 0,1 + d_4 \times 0,4)$.

A interpolação e a distribuição condicional de possibilidade pode ser obtida por:

$$\pi(a/b) = 1 \text{ mín } (1 - ma + mb).$$

A decisão nebulosa pode ser expressa matematicamente por:

D(decisão) $= G_j$(objetivos) $\cap R_i$(restrições) $\cap M_z$(funções de pertinência)

em que i varia de um até m; j varia de um até n; e z varia de um até y; a interseção ($\cap$) é feita por meio do mínimo (mín).

Pode-se complementar a proposta de decisão nebulosa apresentada em Munda (1993), acrescentando a proposta de decisão multicritério de Gomes (1999), e concluir que a decisão nebulosa em uma avaliação multicritério pode ser definida como:

$$D = \{G, R, A, C, O, W, \Omega, P(\Omega), H, M\}$$

A agregação dos termos é feita por meio de um algoritmo multicritério nebuloso, sendo:

A = Conjunto de alternativas e $A = \{a_1, a_2, ..., ap\}$.

C = Conjunto de critérios e $C = \{c_1, c_2, ..., cm\}$.

O = Conjunto de atributos e $O = \{o_1, o_2, ..., ok\}$.

W = Conjunto de pesos atribuídos aos critérios e $W = \{w_1, w_2, ..., wt\}$.

Ω = possíveis estados da natureza possíveis ou possíveis eventos.

$p(\Omega)$ = a probabilidade; e, na ausência desta, a possibilidade associada ao evento Ω.

$H(A, \Omega, p(\Omega))$ = benefícios esperados da alternativa.

M = Conjunto de funções de pertinência e $M = \{m_1, m_2, ..., mz\}$.

G e R = o mesmo conceito descrito no Capítulo 3 deste livro, Seção 2 – Métodos multicritério de apoio à decisão.

Os conjuntos nebulosos podem não obedecer à regra $A \cap A$ barra $= \varnothing$. Supondo-se:

$a = \{0,3, 0,5, 1,0\}$, A barra seria $1 - A$; logo, $= \{0,7, 0,5, 0\}$ A interseção faz-se pelo processo mín A, A barra; logo $\{0,3, 0,5, 0\}$ e a união seria pelo máx; assim, $\{0,7, 0,5, 1,0\}$. Nos conjuntos tradicionais em que a pertinência é apenas zero ou um, tal situação não ocorre.

Zadeh (1978) propõe o conceito de máx-mín para a escolha de alternativas quando estas são classificadas dentro dos critérios de avaliação.

O julgamento de valor, empregado nos métodos de avaliação de alternativas, como o do Auxílio (ou Apoio) Multicritério à Decisão (AMD), ou nos métodos tradicionais, nem sempre pode ser expresso de forma segura e precisa. Por esse aspecto, a Teoria dos Conjuntos Nebulosos tem sido empregada na estruturação do AMD. A Teoria dos Conjuntos

Nebulosos também está ganhando um grande campo de estudos no que concerne à inteligência artificial, teorias de circuitos e controle (Nakamura, 1992).

Destaca-se a seguir uma aproximação matemática da TCA com a Teoria dos Conjuntos Nebulosos:

(a) $\mu A(x) = 1$, se $x \in \{\underline{P}_Y\}$;
(b) $\mu A(x) > 0$ e < 1, se $x \hat{I} \{P_Y - \underline{P}_Y\}$;
(c) $\mu A(x) = 0$, se $x \notin \{P_Y\}$.

3 CONCEITOS BÁSICOS DE PROBABILIDADE

a) Distribuição de Poisson

Representa a contagem Y do número de sucessos que podem ser exemplificados pela chegada de clientes em uma caixa de um banco, navios em um porto, ou pela ocorrência de falhas na máquina em um intervalo contínuo t (de tempo, ou comprimento, área etc.).

$$P(Y = K) = \frac{e^{\lambda t}(\lambda t)^k}{k!} \text{ para } k = 0,1,2,\ldots$$

em que λ = número médio de sucesso por unidade de t (tempo ou intervalo, ou área) e a distribuição de probabilidade acumulada é:

$$P(Y \leq K) = \frac{e^{\lambda t}(\lambda t)^k}{k!} \text{ para } k = 0,1,2,\ldots$$

Média da distribuição Poisson: $\mu = \lambda t$.

Desvio-padrão da distribuição de Poisson: $\sigma = \sqrt{\lambda t}$.

O processo de Poisson tem as seguintes hipóteses:

- independência entre o número de falhas em intervalos independentes;
- a probabilidade de ocorrer um evento em um pequeno intervalo é aproximadamente proporcional ao intervalo;
- a probabilidade de ocorrer mais de um evento em um intervalo pequeno é desprezível, comparada com a probabilidade de ocorrer um evento.

b) Distribuição uniforme

Representa a ocorrência de valores equiprováveis em um intervalo contínuo (0,1) de tempo, ou comprimento, ou ângulo etc. Os valores possíveis da variável X que representa este fenômeno são, portanto, todos os números reais contidos de zero a um, tendo-se, então, infinitos valores assumidos por X.

Nesse caso, não tem lógica definir a probabilidade de ocorrência de um valor particular de X ($X = 6$, por exemplo), pois, como existem infinitos valores, a probabilidade de um único valor de X seria praticamente nula.

Então, quando a variável aleatória x *assume valores contínuos* em um intervalo, cabe definir uma probabilidade somente para subintervalos contínuos de X. No caso particular da distribuição uniforme, X assume valores no intervalo contínuo $(0,1)$ e, então, define-se como distribuição uniforme a função $f(x)$ = constante $k = 1$ para $0 \leq x \leq 1$ e $f(x) = 0$ para demais valores de x.

A distribuição uniforme é muito importante para a obtenção ou geração de *números aleatórios* ou *equiprováveis* utilizados na simulação.

c) Distribuição exponencial

Representa o tamanho do intervalo (de tempo, comprimento, área etc.) ocorrido entre dois sucessos semelhantes à definição existente na **distribuição de Poisson**, consecutivos, de um modelo de distribuição de Poisson com média $\mu = \lambda t$.

Nesse caso, um mesmo fenômeno pode ser analisado segundo duas visões:

- por meio do número k de sucessos verificados no intervalo fixo t de tempo (isto é, estuda-se o fenômeno como distribuição de Poisson); ou
- a partir da variação do tamanho t_i de intervalo entre a ocorrência de dois sucessos consecutivos (isto é, usa-se a distribuição exponencial).

A distribuição exponencial é definida pela função contínua:

$f(t) = \lambda e^{\lambda t}$ para $t \geq 0$.
  $= 0$ para $t < 0$.

Formulação multiobjetivo

1 CONCEITOS

Seja máx $f_i(\underline{x})$ $i = 1, ..., I$.

Sujeito (restrições) $f_i(x)$ tal que $\underline{x} \in X$, em que X é um conjunto viável.

$X = \{\underline{x}|\underline{x} \in (R^n), g_i(\underline{x}) \geq 0, i = 1, ..., I\}$

f_i = objetivo.

$\underline{x}$ = variável de decisão, solução única decisor ou múltiplos decisores.

Matematicamente, a formulação multiobjetivo é definida pela fórmula:

$$\min f(x) = \{f_1(x), f_2(x), ..., f_k(x)\}, \text{ com } g_i(x) \geq 0, i = 1, ..., m$$

Definição 1: $\underline{x}^* \in X$ é fracamente não dominada, se não existe $\underline{x} \in X | f_i(\underline{x}) \geq f_i(x^*)\ \forall\ i = 1, ..., I$. $\underline{x}$ domina x.

Definição 2: $\underline{x}^* \in X$ é fracamente não dominada, se não existe $\underline{x} \in X / f_i(x) \geq f_i(\underline{x}^*)\ \forall\ i = 1, ..., I$ e para ao menos um valor de i. Tem-se que $f_i(\underline{x}) > f_i(\underline{x}^*),\ \forall\ i = 1, ..., I$.

Definição 3: O conjunto de $H = \{\underline{u}|\underline{u} = u_i \in (R \exp n), \underline{x} \in X\ |\ U_i = f_i(\underline{x})$ para todo $i\}$ é o conjunto de retornos (ou consequências, ou níveis de impacto).

$$X \Rightarrow U_i$$

Considerando X atributo em estudo; x_j como conjunto de consequências, em que j varia de um até m; e $\underline{A}$ o conjunto de ações possíveis:

$$X = (x_1, x_2, ..., x_j, ..., x_m) \text{ e } a \in A$$

O atributo X pode, por meio de cada ação, acarretar uma consequência $x_i(a)$.

Definição 4: $v^* \in H$ é fracamente não dominada, se não existe $\underline{v} \in H | v_i > u_i^*$, $\forall \ i = 1, ..., I$.

Definição 5: $u^* \in H$ é fracamente não dominada, se não existe $\underline{u} \in H | u_i \geq u_i^*$, e, para ao menor valor de i, $u_i > u_i^*$, $\forall \ i = 1, ..., I$.

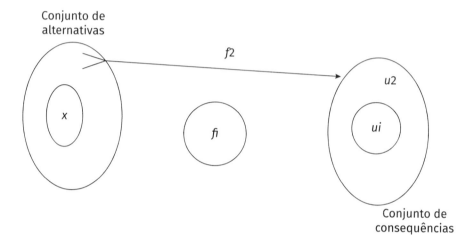

Teorema 1: $U^* \in H$ é fracamente (*fortemente*) não dominada se, e somente se, não existe $\underline{x}^* \in X$ fracamente (*fortemente*) não dominada $|ui^* = f_i(\underline{x}^*)$, "$_i = 1, ..., I$.

Se $\underline{x}^*$ é fracamente não dominada, então é impossível aumentar os valores de todos os objetivos simultaneamente pela escolha de uma solução viável. Se $\underline{x}^*$ é fortemente não dominada, o melhoramento de qualquer objetivo deve ser acompanhado por uma piora no valor de, ao menos, outro objetivo (ótimo de Pareto).

Observação: se um conjunto é aberto, ou seja, um conjunto que não tem limites, todos os seus pontos são interiores.

Teorema 2: Se $\underline{u}^*$ é ponto interior de h, então $\underline{u}^*$ não pode ser não dominada.

Teoremas 3: Se H é não vazio, fechado e máx $\{U_i\}$ $(ui) \in H\} < \infty \ \forall_i = 1, ..., I$, então H deve ter ao menos uma solução não dominada.

Teorema 4: Se x é uma ação que maximiza um objetivo f_i, então x é eficiente.

Corolário 1: se o conjunto de X de soluções viáveis for não vazio, fechado, limitado, e todos os objetivos f_i contínuos, então H satisfaz às condições do Teorema 3 e, portanto, o problema tem ao menos uma solução não dominada.

Corolário 2: se o conjunto H for não vazio e consistir em um número finito de pontos, então deve possuir ao menos um ponto fortemente não dominado. Consequentemente, todos os problemas têm um número finito de alternativas e possuem soluções fortemente não dominadas.

Observação: solução não dominada é uma solução eficiente.

Ponto ideal: é visivelmente não dominado. É chamado de ponto utópico; é a alternativa que possui a pontuação máxima em todos os critérios. Nesse ponto, ter-se-ia uma ação ou alternativa com suas classificações em cada atributo maximizadas.

Nadir: conjunto dos piores valores possíveis. É o ponto em que a alternativa ou ação teria todas as suas classificações minimizadas.

Corolário 3: é possível, em uma otimização linear, dentro de uma combinação de critérios, encontrar uma solução eficiente. A solução eficiente é a que minimiza a distância do ponto ideal.

Elementos da programação linear multicritério

Um *problema multiatributo* caracteriza-se pela existência de um número finito de alternativas e cujos atributos são conhecidos explicitamente, enquanto um *problema multiobjetivo*, pela existência de um conjunto de soluções admissíveis definidas por um conjunto de restrições e onde os objetivos são explicitados pela Função Objetivo (*FO*).

Nos problemas multiobjetivos, várias funções objetivo têm de ser otimizadas simultaneamente, entretanto, em geral, nos problemas multiobjetivos não existe uma solução que otimize simultaneamente todas as FO (Clímaco, Antunes e Alves, 2003).

Formulação matemática:

Máx

$$Z_1 = Z_1(x) = \sum_{j=1}^{n} c_{ij} x_j$$

...

$$Z_p = Z_p(x) = \sum_{j=1}^{n} c_{pj} x_j$$

s.a. $\sum_{j=1}^{n} a_{ij} x_j = b_i \quad i = 1, ..., m; j = 1, ..., n$

$x_{ij} \geq 0$

em que:

p = n° de critérios;

n = n° de variáveis de decisão;

m = n° de restrições do modelo;

Definições básicas

- *Alternativa dominada*: uma solução é dominada se, e somente se, existe outra melhor em pelo menos um critério, sem ser pior em algum dos outros.
- *Alternativa eficiente* (não dominada ou ótima de Pareto): uma solução é eficiente se, e somente se, não é dominada por alguma solução admissível. Na formulação multiobjetivo, uma solução não dominada seria uma solução que superasse outra solução em todos os objetivos. Como isto não acontece, não se encontra a alternativa eficiente.
- *Solução ideal*: solução geralmente não viável definida no espaço dos atributos. É constituída pelos ótimos individuais das funções objetivo (ou possui, simultaneamente, a classificação máxima possível em todos os critérios de avaliação).
- *Curva de indiferença*: lugar geométrico (espaço dos atributos) das soluções a que o agente de decisão dá o mesmo valor.
- *Trade-off* (valor de compensação entre dois atributos X e Y): relação entre o que é preciso perder em X para ganhar em uma unidade em Y, sem sair da curva de indiferença.
- *Pesos de importância relativa dos atributos*: se houver independência aditiva nas preferências entre atributos, os *trade-offs* permitem deduzir pesos de importância relativa. Se, além disso, os *trade-offs* forem constantes, os pesos também serão constantes.

Classificação dos principais métodos dedicados à Programação Linear Multiobjetivo (PLMO)

A PLMO torna os modelos mais próximos da realidade, portanto mais próximos do mundo gerencial, e preenche a lacuna das formulações monocritério. Para tal, é importante a compreensão do modelo e o conhecimento (familiaridade) com a ferramenta de resolução. A Otimização estuda a formalização de conceitos, métodos e aplicações relacionada com a obtenção da melhor (ótima) solução dos modelos advindos de problemas de decisão. A solução ótima é a alternativa que se considera mais favorável em relação a um critério previamente determinado. Um estudo de Otimização implica a construção de um modelo matemático que represente um problema real, a especificação do conjunto de soluções possíveis e um critério para avaliação dessas soluções. Implícito em todo modelo de Otimização está, portanto, a capacidade de saber como mensurar o ótimo, assim como distinguir o que é bom do que é mau (Gomes e Chaves, 2012).

A característica comum aos denominados Problemas de Programação Matemática (PPM) é que todos envolvem o conceito de otimização. Tipicamente, deseja-se maximizar ou minimizar determinada grandeza. A quantidade que se deseja otimizar é conhecida como Função Objetivo (FO). Problemas de decisão multiobjetivo ocorrem em um grande número de aplicações da vida real. Muitas vezes, o analista acaba modelando problemas multiobjetivos a partir de uma única função objetivo (FO) e, dessa forma, transforma as demais FO a serem consideradas em restrições para o problema. Esse tipo de simplificação implica erros no que diz respeito à mensuração das preferências do decisor quanto aos objetivos, pois a subjetividade inerente a esse processo é retirada pela fixação de valores máximos ou mínimos para uma restrição que busca representar uma FO adicional (Gomes e Chaves, 2012). A abordagem multiobjetivo permite a intervenção do decisor durante o processo decisório e que este obtenha mais informações sobre o problema. Contudo, é este mesmo aspecto que torna a PLMO mais difícil. Muitas vezes, os objetivos são incompatíveis e o decisor precisa tanto atender as restrições como contornar os conflitos encontrados nos objetivos.

Observa-se na literatura que grande parte das aplicações na área utiliza ou a função FO do Método Lexicográfico ou a FO da minimização da distância ponderada de Tchebycheff e que, muitas vezes, a seleção de uma ou outra é realizada meramente motivada por considerações de aspectos computacionais. Isto é potencialmente perigoso dado que uma escolha "errada" poderá muito provavelmente gerar uma solução para o modelo, que não será aceita pelo decisor.

Problemas multiobjetivos consistem na otimização de um vetor composto por funções escalares, escolhidas como forma de avaliar o impacto das decisões factíveis do problema, de acordo com diferentes índices de desempenho (Gomes e Chaves, 2005).

Na resolução de modelos com um único objetivo, deseja-se encontrar a solução ótima, isto é, que torna máximo (mínimo) o valor da FO. É neste ponto que a Programação Multiobjetivo se diferencia dos demais problemas de otimização, ou seja, quanto ao sentido que o conceito de solução do problema assume (Steuer, 1988, Steuer e Gardiner, 1994). O conceito tradicional não é mais aplicável. A menos, é claro, no caso trivial em que existe uma solução que otimiza todos os objetivos ao mesmo tempo. Usualmente, é necessário ponderar os objetivos conflitantes e tentar encontrar uma solução de compromisso satisfatória (Buchanan e Gardiner, 2003). É importante destacar a mudança no paradigma de otimalidade até então vigente.

A "otimização" multiobjetivo busca encontrar o conjunto de pontos "ótimos", os componentes de uma função objetivo vetorial (o vetor é composto por várias funções objetivos a serem "otimizadas") em que, diferentemente da otimização monobjetivo, a solução do problema é um conjunto de pontos (soluções) eficientes. Cada solução eficiente é ótima no sentido de que nenhuma melhoria pode ser alcançada em um componente da função vetorial sem que haja piora de pelo menos um dos componentes restante da função vetorial (Shi, 2001). Dentro do conjunto de soluções eficientes, o decisor escolherá a que julgue mais satisfatória.

Há diversas classificações para os métodos de resolução de PMLO. Cabe aqui destacar a classificação baseada no grau de interferência do agente de decisão (Clímaco, Antunes e Alves, 2003):

Classificação baseada no grau de intervenção do agente de decisão

- *Opção normativa*: é feita uma agregação *a priori* de preferências. O agente de decisão (AD) começa por indicar suas preferências, a partir das quais é possível transformar o problema inicial em um problema monocritério. Utiliza conceitos como função de valor, teoria da utilidade ou distância ao ideal.
- *Agregação progressiva de preferências do agente de decisão*: alternam fase de cálculo de soluções eficientes com fases de diálogo com o AD (métodos interativos). Esse diálogo gera indicações do AD que servem de base para o cálculo de novas soluções eficientes.
- *Agregação* a posteriori *de preferências*: é o que ocorre quando se usam métodos geradores de todo o conjunto das soluções eficientes, sendo a agregação de preferências do AD feita *a posteriori*.

Classificação baseada no tipo de estruturação de preferências do agente de decisão do agente de decisão

- *Consideração de uma função de utilidade global*
- *Estabelecimento de prioridade entre critérios*
- *Fixação de metas para os critérios*
- *Uso de comparação par a par*
- *Uso de taxas marginais de substituição*

Classificação baseada na natureza dos parâmetros do modelo

- *Formulação determinística*
- *Formulação não determinística*: permite a incorporação da incerteza associada aos parâmetros do modelo.

Método interativo PLMO

Embora a tentativa de ignorar o agente decisor no processo de decisão PLMO seja uma ideia bastante difundida, estas abordagens são um tanto questionáveis, na medida em que o problema de decisão não pode ser completamente definido por leis categóricas.

Os métodos iterativos permitem que o decisor acompanhe passo a passo as consequências que suas preferências vão acarretando nas soluções geradas. Deste modo, o decisor pode conduzir a direção da busca na região das soluções admissíveis, evoluindo para a solução preferida a partir de decisões parciais que vão sendo apresentadas.

São procedimentos interativos que intercalam uma iteração de cálculo da solução com uma fase de diálogo com o decisor, que recebe a solução proposta e, a partir de seu juízo de valores, propõe novas condições necessárias para o processamento de uma nova iteração.

- *Métodos geradores de soluções eficientes*: nesta categoria, não é realizada agregação de preferência. Todas as soluções do problema (ou boa parte) são colocadas à disposição do agente de decisão. Requerem um elevado esforço computacional para a determinação do conjunto de soluções eficientes.

- *Métodos interativos*: evoluem para a solução preferida a partir de decisões parciais sobre hipóteses que vão sendo apresentadas. Estes métodos vão gradualmente reduzindo a zona de pesquisa, de modo a minimizar o esforço computacional, assim como o esforço do agente de decisão no processamento da informação.

Outros métodos quantitativos de apoio à decisão

1 PROGRAMAÇÃO MATEMÁTICA

Remontar às origens da Teoria da Programação Matemática e rastrear os pensamentos que influenciaram a busca de soluções ótimas para problemas é um convite a ingressar em uma máquina do tempo e a revirar as gavetas das necessidades militares, da indústria, da economia, tanto no tratamento teórico como nas aplicações práticas, sem esquecer do próprio desenvolvimento da Teoria Matemática e da Computação, bem como de abrir a visão a uma abordagem integrada desses aspectos.

A título de enunciação, pode-se mencionar, o *Elements d'économie pure*, de Léon Walras, de 1874, no qual se descreve o funcionamento do mercado como o de um leilão multilateral simultâneo.

De 1936 e 1937, são os modelos *Input-Output*, de Wassily Leontief, e o modelo de Equilíbrio, de von Neumann, tratados como "descendentes" do *Tableau économique*, de Quesnay, de 1759. A extinta URSS reclamava para si os louros da criação da programação linear propriamente dita, tomando por base uma extensa monografia publicada por L. V. Kantorovich, intitulada *Mathematical methods in the organization and planning of production*. Nessa obra, Kantorovich afirma haver duas formas de aumentar a eficiência do trabalho: uma, por inovações tecnológicas; e outra, muito menos utilizada, pela melhoria na organização. Muitos nomes seguem-se na cronologia do desenvolvimento da teoria e dos usos do que veio a ser a programação matemática. Nesse intervalo, surgiram problemas, hoje tidos como clássicos, a mencionar o do transporte e o da dieta.

Todavia, foi somente após a Segunda Guerra Mundial que se deu a maior contribuição ao desenvolvimento da programação matemática, com base nos esforços da Força Aérea dos Estados Unidos, no intuito de avaliar a viabilidade de se aplicarem técnicas matemáticas aos problemas de programação orçamentária e planejamento militar, visando à otimização de recursos.

O trabalho iniciou-se em junho de 1947 e passou a chamar-se, oficialmente, em outubro de 1948, Projeto Scoop (*Scientific Computation of Optimum Programs*).

Em face das limitações dos modelos industriais disponíveis à época, foi necessário generalizar essa abordagem. Assim, surgia o método computacional Simplex, o que fez crescer muito rapidamente o interesse pela programação linear.

De lá para nossos dias, a programação matemática vem encontrando aplicações nos mais distintos ramos do conhecimento humano, e outros algoritmos de complexidade inferior e, por conseguinte, mais econômicos em tempo computacional, foram surgindo.

Todavia, diante dessa abordagem, um comentário adicional é importante. Não se deve confundir programação matemática com programação computacional. Por programação, ao tratar de questões de otimização, entende-se o sentido de planejamento, o que, em princípio, nada tem a ver com computação.

Entretanto, em face das características inerentes a muitos dos problemas de programação matemática, a mencionar, grande quantidade de dados envolvidos e equações aritméticas que envolvem as variáveis de decisão na função objetivo e nas equações e inequações de restrições, é natural, e até imprescindível, fazer uso dos recursos computacionais disponíveis, cujo poder cresce em ritmo vertiginoso.

Programação linear

A *programação linear* lida, basicamente, com o problema de alocar recursos escassos para atividades que por eles "competem" entre si, e cujo modelo se representa por meio de expressões lineares, conforme as expressões a seguir:

$$\text{Minimizar / Maximizar } z = \sum_{j=1}^{n} c_j \cdot x_j \quad (1)$$

$$\text{sujeito a} : r_i = \sum_{j=1}^{n} a_{ij} \cdot x_j < b_i \; i = 1,...,m \quad (2)$$

$$x_i > 0, \quad (3)$$

sendo a_{ij}, b_i e c_j constantes conhecidas.

Resolver um *Problema de Programação Linear* (PPL) consiste, pois, em achar os valores das *variáveis de decisão* x_i, tais que maximizem (ou minimizem) a denominada *Função Objetivo* (z), respeitando-se um sistema de igualdades ou desigualdades que recebe o nome de RESTRIÇÕES (r_i) do modelo. As restrições representam normalmente limitações de recursos disponíveis (capital, mão de obra, recursos minerais ou fatores de produção) ou exigências e condições que devem ser cumpridas no problema. Essas restrições do modelo determinam uma região denominada *conjunto das soluções viáveis*. A melhor das soluções viáveis, isto é, aquela que maximiza ou minimiza a função objetivo, é tida como *solução ótima*.

Eis um exemplo muito simples de alocação de recursos. Suponha que uma fábrica produza n tipos de bens distintos, consumindo, para tanto, m tipos de insumos, e que x_j (variáveis de decisão) é a quantidade a ser produzida do j-ésimo produto. São conhecidos ainda:

c_j = o lucro unitário produzido pelo j-ésimo produto;

b_i = a quantidade disponível de matéria-prima do tipo i;

a_{ij} = a quantidade de matéria-prima do tipo i utilizada para produzir uma unidade do bem j.

O problema é responder à questão: quanto produzir de cada bem de forma a maximizar o lucro? A modelagem do problema é exatamente a fornecida por (1), (2) e (3).

A modelagem de um problema é fundamental para sua solução. É sua representação simplificada que, no caso da programação matemática, se dará por uma linguagem adequada à quantificação dos resultados desejados. Para a obtenção desse resultado, é necessário aplicar ao modelo um método de resolução.

No caso do PPL, o método mais utilizado é o *Símplex,* que, em linhas gerais, pode ser descrito como um procedimento algébrico, que, por aproximações sucessivas, vai melhorando a *solução ótima* por meio de um processo iterativo, até que a melhor solução seja encontrada. A descrição do método foge ao escopo deste trabalho, muito embora seja bastante simples.

Cabe, todavia, ressaltar que o estabelecimento correto do modelo constitui passo fundamental para a solução do problema. Uma vez bem modelado, a aplicação do método, que se encontra disponível em diversos "pacotes" comerciais, traz a solução desejada. Entretanto, não existem técnicas precisas, capazes de permitir o estabelecimento do modelo de um problema. Para consegui-lo, experiência e capacidade de análise e síntese são fundamentais.

Programação inteira

Diversos problemas podem ser modelados de tal forma que algumas de suas variáveis de decisão somente possam assumir valores inteiros. Constituem uma classe de problemas de otimização combinatória de larga aplicação prática, intitulados Problemas de Programação Linear Inteira (PLI).

Se todas as variáveis envolvidas restringirem seus valores ao conjunto dos números inteiros, tem-se um problema de Programação Linear Inteira pura. Caso contrário, isto é, na hipótese de que apenas algumas das variáveis obedeçam a tal restrição, tem-se um problema de Programação Linear Mista.

O problema geral de Programação Linear Inteira é assim definido:

$$\text{Minimizar / Maximizar } z = \sum_{j=1}^{n} c_j \cdot x_j$$

$$\text{sujeito a: } \sum_{j=1}^{n} a_{ij} \cdot x_j \leq b_i \quad i \in M \equiv \{1, 2, \ldots m\}$$

$$x_j \geq 0 \quad j \in N \equiv \{1, 2, \ldots, n\}$$

$$x_j \in Z^+ \quad j \in I \subseteq N$$

Se o Problema de Programação Linear (PPL) encontrou no algoritmo Simplex um excelente método para a grande maioria de suas instâncias e foi completamente resolvido mais recentemente mediante adaptação do método dos elipsoides, com melhorias sucessivas, destacando o método dos pontos interiores desenvolvido por Karmakar em 1984, a mesma sorte não teve o PLI, cujos métodos de solução, todos algoritmos de classe NP-completo, não evoluíram com a mesma desenvoltura da tecnologia computacional.

Um método, ainda que "rudimentar", para solução do PLI consiste na aproximação da solução do PPL, relaxada à condição de integralidade, por meio de um arredondamento "inteligente". O método pode funcionar, fornecendo boa solução (senão a ótima, e isso ocorrerá quando a matriz de coeficientes for unimodular) rapidamente. Entretanto, em muitos casos, a resposta obtida é muito pobre.

A primeira técnica finita para solução do PLI data de 1958 e é devida a Gomory. Trata-se do algoritmo de corte (ou dos planos de corte). Pelo método, resolve-se o PPL, e as porções do espaço de soluções viáveis que não possuem solução inteira vão sendo progressivamente desprezadas pelo uso sucessivo do método dual simplex (um caso particular do método Simplex) e adição de novas restrições ao problema original, até que se chegue a um espaço convexo cuja solução ótima é inteira.

Há outros métodos, como o de ramificação e delimitação (*branch and bound*), de Land e Doig (1960), que resolvem o PPL pela relaxação da restrição de integralidade, seguida de uma busca em árvore, se a solução do PPL não houver sido inteira, o que já teria conduzido ao ponto ótimo; e o da relaxação lagrangeana, em que a ideia é simplificar o PLI pela dualização de restrições. Resolve-sem os problemas lagrangeanos, mais simples, resultantes, simultaneamente estabelecendo limites para o problema original; esta técnica é denominada enumeração implícita.

Programação bivalente

Também chamada de Programação 0 – 1, é o caso dos PLI, em que algumas (ou mesmo todas) variáveis de decisão assumem os valores zero ou um.

Tal classe de problemas possui elevado grau de complexidade em termos computacionais e é considerada de suma importância por representar a maioria dos casos práticos de PLI.

É interessante notar que qualquer problema de PLI pode ser transformado em um problema de programação 0 – 1 por uma conveniente modificação de variáveis.

A desvantagem óbvia dessa abordagem é que o incremento do número de variáveis pode tornar o problema intratável do ponto de vista do tempo computacional.

A busca em árvore pelo método da enumeração implícita vislumbra duas formas de ataque, a saber: uma sem *back tracking* (retorno à enumeração) ou *breadth first*, e outra, com *back tracking*, ou *depth first*. Em ambos os casos, os esquemas de enumeração não se repetem, qualquer que seja o ponto de partida, e só termina após a enumeração, implícita ou explícita, das possíveis soluções. O problema de programação bivalente possui alto grau de dificuldade em termos computacionais.

Programação dinâmica

Consiste em dividir um grande problema em subproblemas, cada qual envolvendo apenas poucas variáveis. É uma técnica matemática cujo desenvolvimento é atribuído sobretudo a Richard Bellman, em 1957. É aplicável a uma grande variedade de problemas, incluindo distribuição, estoque e substituição.

Para usar a programação dinâmica, é necessário que os ganhos de cada decisão sejam aditivos e que, qualquer que seja o modo em que um estado surja, as consequências para o futuro sejam as mesmas.

Exemplo: um problema de manutenção

Suponha que se tem uma peça de equipamento que ou está funcionando, ou está avariada. Se funciona durante uma semana, proporciona um lucro bruto de $ 100. Se falha durante a semana, o lucro bruto é zero. Se estiver funcionando no começo da semana e há manutenção preventiva, a probabilidade de que possa falhar durante a semana é 0,4. Se não se executa tal manutenção, a probabilidade de falha é 0,7. No entanto, a manutenção custará $ 20. Se o equipamento falhar, poderá ser substituído a um custo de $ 120, ou se fará uma tentativa de consertá-lo. Os reparos custam $ 40 e têm 0,50 de probabilidade de sucesso. Com a substituição, a máquina funcionará sempre. Deseja-se escolher um plano ótimo de reparo e manutenção.

Nesse problema, a decisão inicial deverá ser escolhida como uma entre duas circunstâncias. Ou o equipamento está funcionando (W), e nesse caso, deve-se decidir entre a execução de uma manutenção preventiva ou não, ou o equipamento está avariado (B), e cabe escolher entre um reparo ou uma substituição. Qualquer que seja a condição do equipamento no momento da primeira decisão, e quaisquer que sejam as decisões tomadas, a decisão seguinte também se dá com uma máquina similar, seja na condição (W), seja na condição (B).

Programação não linear

O problema geral da programação não linear consiste em achar os valores das variáveis de decisão x_j, tais que

$$\text{Maximizem / Minimizem } z = g_0(x_1, x_2, ... x_n)$$

Sujeito a:
$$g_i(x_1, x_2, ... x_n) \begin{array}{c} \leq \\ = \\ \geq \end{array} b_i \quad i \in M \equiv \{1, 2, ..., m\}$$

$$x_j \geq 0 \quad j \in N \equiv \{1, 2, ..., n\}$$

em que $g_i(x_j)$ são funções não lineares de x.

Programação quadrática

Trata-se do problema de maximizar (ou minimizar) uma função objetivo quadrática. Um caso digno de nota é o problema quadrático de alocação que, genericamente, consiste na alocação de unidades de produção a posições no plano, em situações nas quais se deseja otimizar o custo do transporte de produtos que sejam processados por essas unidades. Sua modelagem é expressa por:

$$\text{Minimizar } \sum_{i,j,p,q} c_{ijpq} \cdot x_{ij} \cdot x_{pq} \quad i, j, p, q = 1, ..., n$$

sujeito a: $x_{ij} \in \{0, 1\}$

$$\sum_{j=1}^{n} x_{ij} = 1 \quad i = 1, ..., n$$

$$\sum_{j=1}^{n} x_{ij} = 1 \quad j = 1, ..., n$$

em que c_{ijpq} pode ser caracterizado como o produto $f_{ip} x d_{jq}$, isto é, o produto da distância entre as localidades j e q pelo fluxo de mercadorias circulantes entre as unidades i e p, alocadas, respectivamente, em j e q.

2 SIMULAÇÃO

A simulação a eventos discretos (ou simulação discreta) teve grande expansão nas últimas quatro décadas, ganhando contorno científico bem definido em congressos e periódicos especializados no assunto (Rangel et al., 2012).

A simulação é usada quando não se dispõe de métodos analíticos para o problema em estudo. Ela pode ser percebida/definida como experimentações numéricas utilizando modelos lógicos e/ou matemáticos que têm como propósito descrever o comportamento de um sistema representado por um modelo e obter estimações de parâmetros que se deseja analisar.

Outra definição para simulação é: "o processo de projetar um modelo computacional de um sistema real e conduzir experimentos, com o propósito de entender seu comportamento e/ou avaliar estratégias para sua operação" (Pedgen, Shannon e Sadowski, 1991).

Os modelos de simulação dividem-se em:

a) dispondo de variáveis determinísticas ou não determinísticas;
b) estáticos ou dinâmicos;
c) discretos ou contínuos.

A simulação tem sido uma técnica utilizada para auxiliar processos de tomada de decisão, abrangendo decisões de investimento em infraestrutura e na melhoria de operações, entre outras. Além de reduzir prejuízos causados por investimentos contestáveis, essa técnica da PO permite também reduzir o tempo de observação dos efeitos de decisões, visto que, com o auxílio do computador, pode-se simular em alguns minutos o comportamento de um processo ou sistema real. Muitos trabalhos da literatura já estudaram a importância da simulação como aliada em gerência de operações (Cardoso, Raupp e Diallo, 2012).

Inserida no campo de conhecimento da PO, a simulação é uma representação da operação de um processo ou sistema real, em um dado período de tempo, que envolve a geração de uma história artificial desse sistema e a observação desta para fazer inferências relativas às características do processo real. A simulação possui dependência com o tipo de variável a ser considerada no modelo. A simulação de eventos discretos abrange o estudo de modelos de simulação cujas variáveis mudam de estado instantaneamente em pontos específicos de tempo, em contraste ao que ocorre com modelos contínuos, cujas variáveis de estado podem mudar continuamente no decorrer do tempo.

De forma geral, a simulação e a modelagem podem ser consideradas técnicas integradas, sendo necessário o desenvolvimento de um modelo para posteriormente simulá--lo. Normalmente, os modelos incorporam várias entradas (parâmetros) no sistema, como tempo, distância, velocidade e recursos disponíveis, e fornecem um meio estatisticamente válido para avaliar, redesenhar e quantificar a utilização de recursos, a racionalização de processos e o tempo gasto (Pereira e Costa, 2012).

A simulação é uma técnica muito utilizada para projetar um modelo de um sistema real ou proposto e realização de experiências com este modelo. Frequentemente, a finalidade das experiências é a estimar os efeitos sobre o desempenho do sistema em razão de alterações em um conjunto de variáveis de entrada controláveis. No entanto, o modelo de simulação pode ser bastante complexo (Santos e Santos, 2009, Poropudas e Virtanen, 2011).

Um analista de simulação tem, normalmente, quatro alternativas, quando deseja construir um modelo de simulação a eventos discretos. A primeira é trabalhar com uma linguagem de uso geral somente, a segunda é trabalhar com as bibliotecas de simulação, a terceira alternativa é trabalhar com linguagens específicas para simulação e, por último, trabalhar com os ambientes de simulação e eventos discretos (Peixoto et al., 2013).

A simulação computacional de sistemas consiste na utilização de determinadas técnicas matemáticas empregadas em programação, implementadas em computadores digitais, que permitem imitar o funcionamento de praticamente todos os tipos de operação ou processos do mundo real. Essa tem sido cada vez mais aceita e empregada como uma ferramenta técnica que permite aos analistas, dos mais diversos segmentos (administradores, engenheiros, biólogos, técnicos em informática etc.), verificar ou encaminhar soluções, com a profundidade desejada, aos problemas com os quais lidam diariamente (Dávalos, 2001).

Para execução de uma simulação, sugerem-se as seguintes etapas:

1. *Definição do problema, identificação das restrições, especificações dos objetivos do modelo de simulação*

Segundo Banks e Gibson (1997), é necessário que o problema seja bem definido e compreendido pelo analista (modelador), para que este possa formulá-lo adequadamente. Nessa fase, o modelador deve identificar as variáveis de impacto do sistema, identificar o tipo de *software* de simulação que melhor se adaptará aos propósitos de estudo, bem como o tempo necessário para executar a simulação, seu respectivo orçamento, o prazo de entrega do projeto (que deve ser compatível com o tempo de simulação), o alcance do modelo, o nível de detalhes e o grau de exatidão (Promodel, 1994, Pedgen, Shannon e Sadowski, 1991).

2. *Elaboração de um esboço do modelo*

O modelador deve elaborar um esboço do modelo do sistema para facilitar a compreensão de como elaborar sua construção. Esse esboço deve ser realizado de acordo com os objetivos do estudo, podendo ser feito de acordo com o arranjo físico de seus componentes, fluxo de informações, hierarquização dos módulos etc. (Lobão e Porto, 1997).

3. *Coleta de dados e informações voltados aos objetivos estabelecidos*

Após a correta definição dos objetivos e especificações, e identificação das restrições do modelo, o modelador deve iniciar o processo de coleta de dados. De acordo com Lobão e Porto (1997), para sistemas implementados, os dados podem ser coletados de relatórios fornecidos pela empresa ou *in loco*; e para sistemas não implementados, estes devem ser obtidos por meio de sistemas similares e informações de especialistas da área, sendo recomendado, neste último caso, ter cuidado ao considerar dados provenientes de pessoas intimamente envolvidas com o processo. Promodel (1994) destaca que os dados coletados devem ser direcionados para responder às questões para as quais o modelo está sendo elaborado; Lobão e Porto (1997) destacam a necessidade de se buscar, quando possível, uma distribuição de probabilidade representativa para os dados de entrada do modelo.

4. Validação dos dados

Segundo Lobão e Porto (1997), dados inconsistentes normalmente conduzem a resultados equivocados, acarretando resultados que tiram a credibilidade da simulação. Existem diversas formas de verificar a validade dos mesmos. Entre elas, citam-se: a confrontação de dados de diferentes fontes e a verificação da semelhança existente entre eles; e a realização de uma análise de sensibilidade. Cumpre ressaltar que, quando o sistema real não está implementado, o modelador deve trabalhar com suposições sobre o modelo e realizar uma análise de sensibilidade para validá-lo ou não. Se os dados obtidos não forem válidos, isto é, não possuírem coerência com o mundo real, nova coleta deve ser realizada.

5. Construção do modelo em um software de simulação

Um modelo deve ser iniciado com poucos detalhes, e estes devem ser incluídos, se necessários, no decorrer da utilização do modelo (Law e Kelton, 1991). Ressalte-se que, em um modelo, normalmente não existe relação de cada elemento do mundo real com elemento do modelo.

6. Validação e verificação do modelo

Segundo Banks e Gibson (1997), validar um modelo de simulação significa procurar a menor discrepância possível entre o mundo real e o modelo elaborado. Para isso, o modelador deve continuamente realizar modificações no modelo, de forma que as diferenças encontradas tendam a ser minimizadas, tomando o cuidado para não superdimensionar o modelo. Não é meta do modelador encontrar um modelo cuja validade seja de 100%, pois isso não seria um modelo, seria o mundo real. O objetivo da validação é encontrar modelos representativos para o problema em estudo, ou seja, que sejam úteis à análise proposta. Lobão e Porto (1997) apresentam algumas formas para validar um modelo. Entre elas, citam-se:

a) teste de Turing;

b) verificar se a animação do modelo não apresenta comportamentos impossíveis (como, por exemplo, um AGV passando dentro de outro);

c) solicitar a revisão do modelo por outro modelador experiente.

O processo de validação é indutivo, exigindo boa habilidade do modelador, de acordo com Banks e Gibson (1997), e o processo de verificação consiste em demonstrar se o programa de simulação executa o que foi proposto. Se essa lógica estiver correta com o que foi estipulado, o modelo é dito verificado.

7. Planejamento e execução de experimentos

Nessa fase, o modelador deve decidir, entre as possíveis alternativas de simulação, a que melhor se adapta aos objetivos de estudo (Banks e Gibson, 1997). Promodel (1994) ressalta que, para cada decisão, devem ser especificados:

- a) tipo de simulação (terminativa ou não terminativa);
- b) tipo da corrida;
- c) número de replicações;
- d) método que será aplicado para estimar o comportamento do modelo.

8. Análise dos resultados

Uma das maiores dificuldades da simulação consiste na interpretação dos resultados obtidos (Banks e Gibson, 1997). A simulação, ao contrário dos métodos analíticos, não fornece uma solução exata para a análise de um problema. Seus resultados são estimativas das características reais de um particular conjunto de parâmetros de entrada, e são, portanto, necessárias várias replicações (simulações) independentes para obter um resultado mais preciso (Law e Kelton, 1991). A simulação usa números aleatórios; esses números influenciam no resultado final e, para cada conjunto de números aleatórios diferentes, haverá resultados diferentes.

Nessa etapa, segundo Lobão e Porto (1997) e Law e Kelton (1991), caso os resultados obtidos não sejam satisfatórios para a análise do problema, a simulação deve ser replanejada.

9. Documentação

Apesar de a documentação constar como última etapa em uma simulação, Lobão e Porto (1997) advertem que ela deve ser realizada desde o início do projeto; aqui, ela é apenas reorganizada. Uma documentação deve conter todas as variáveis utilizadas na simulação, seus respectivos parâmetros, além de registrar todos os procedimentos e modificações executados, bem como registrar as variáveis descartadas durante todo o processo.

Outro modelo de simulação

Para Pedgen, Shannon e Sadowski (1991), a simulação deve ter as seguintes fases:

1. definição do problema;
2. planejamento do projeto;

3. formulação conceitual do modelo e definição do sistema;
4. projeto preliminar de experimento;
5. preparação dos dados de entrada;
6. codificação do modelo;
7. verificação e validação do modelo;
8. projeto final do experimento;
9. experimentação, análise de sensibilidade e realimentação;
10. análise e interpretação dos resultados;
11. implementação e documentação.

Vantagens da simulação

A simulação apresenta as seguintes vantagens:

a) exploração de vários cenários futuros, mediante modificação dos parâmetros de entrada e comparação dos resultados subsequentes;
b) identificação de problemas futuros;
c) economia de investimentos, pois o estudo por meio de um modelo de simulação costuma ser menos de 2% do custo de implementação de um projeto.

A simulação de Monte Carlo (Malczewski, 1999), cuja denominação advém do fato de serem utilizados números randômicos, lembrando a roleta do famoso cassino, tem grande aplicação no AMD na análise de sensibilidade de cenários.

A utilização de Monte Carlo com AMD deve seguir os seguintes passos:

1. formular um modelo AMD determinístico;
2. identificar a distribuição de probabilidades das variáveis, que serão incluídas no modelo determinístico;
3. usar números randômicos como dados de entradas das variáveis identificadas no passo anterior;
4. executar as simulações;
5. analisar os resultados, identificando as diferenças e mensurando as consequências de cada simulação.

3 ALGORITMOS GENÉTICOS

Para Gomes e Gomes (2008), os algoritmos genéticos (AG) são meta-heurísticas inspiradas na evolução e seleção natural. Como tal, são utilizados para solucionar problemas de busca e otimização de forma adaptativa, baseando-se no processo genético e evolutivo dos organismos vivos. As populações constituídas por esses organismos evoluem de acordo com os princípios de seleção natural e sobrevivência dos mais fortes. AG são geralmente eficientes na busca de "boas" soluções, conforme os intervalos ou parâmetros considerados. Uma das vantagens do seu emprego é a simplificação na formulação e solução de problemas de otimização. Os algoritmos transgenéticos (AT), por sua vez, são algoritmos evolutivos que baseiam sua metáfora em um processo de simbiogênese. A simbiogênese é uma teoria evolucionária na qual indivíduos de naturezas distintas – isto é, de diferentes espécies – se unem para formar um novo indivíduo. A simbiogênese enfatiza mais os efeitos positivos resultantes das inter-relações genéticas entre indivíduos de diferentes espécies do que a seleção via reprodução dos mais aptos. As relações simbiogenéticas são mais facilmente identificadas no contexto dos microrganismos, mas podem ser a explicação para as maiores inovações da vida, como a célula eucariótica e o metabolismo celular.

Os AT utilizam informações de diversas fontes e seu processo possui uma forte dependência da qualidade de tais informações. É importante, também, que as informações sejam renovadas durante o procedimento, de forma a prevenir uma convergência prematura do algoritmo.

O processo simbiogenético dos AT é desenvolvido pela interação de duas populações de indivíduos de espécies distintas: cromossomos e vetores transgenéticos. A interação das populações resulta na formação de indivíduos mais aptos à sobrevivência ambiental. No processo evolutivo, informações são obtidas tanto do meio ambiente como do estado evolucionário das populações. A interação das espécies desdobra-se em três níveis:

- No primeiro, reside a população de cromossomos que representa a memória do resultado do processo evolucionário, ou seja, da busca algorítmica.
- O segundo nível é constituído pelos vetores transgenéticos responsáveis por promover a intensificação e diversificação da população de cromossomos.
- O terceiro nível é formado pelas regras que administram o processo de interação entre as populações de vetores e de cromossomos, caracterizando, assim, um cenário evolutivo específico.

O paradigma da simbiogênese sugere que informações genéticas ou não genéticas obtidas *a priori* do início do processo evolutivo possam ser empregadas para guiar a evolução, uma vez que o passado evolutivo dos indivíduos é essencial para habilitar saltos evolutivos. É precisamente na união das informações contidas nos indivíduos que reside o poder para a aceleração evolutiva. Por outro lado, por se tratar de um processo evolutivo, informações obtidas ao longo do processo também podem ser utilizadas.

Como o processo transgenético pertence à dimensão das relações entre espécies, a troca de informações entre os indivíduos de uma mesma espécie é um elemento acessório que pode, inclusive, simplesmente não existir. Assim, a evolução da população de cromossomos pode se efetuar sem que exista troca direta de informações entre seus indivíduos. Esta troca pode se refletir em cruzamentos ou na ocorrência de mutações, efeito típico da transformação autônoma de uma população.

O nível associado às regras de administração do modelo transgenético corresponde ao projeto e coordenação de um processo de inter-relações entre populações de indivíduos de diferentes naturezas. Todavia, um ponto aqui é fundamental: as espécies obtêm e compartilham informações que aumentam suas chances de sobrevivência, ainda que isso realmente implique sua transformação radical, levando à criação de uma outra espécie.

Para que a simbiogênese possa funcionar, é necessário que as espécies sejam capazes de interagir em nível genético, ainda que sejam espécies diferentes. Além disso, cada espécie deve possuir informações úteis e de naturezas complementares. Na abordagem computacional, a viabilidade da interação genética é trivialmente garantida pela possibilidade da alteração da configuração dos cromossomos e dos vetores transgenéticos. Por outro lado, torna-se indispensável que haja compatibilidade dessas interações, e que elas tenham um sentido comum na busca dos cromossomos.

Modelagem evolutiva para determinação

A dinâmica da modelagem evolutiva é relativamente simples. Formada uma população inicial, realizam-se operações de cruzamento e mutação em indivíduos, priorizando de alguma forma os indivíduos mais bem adaptados, até que algum critério de parada seja atingido; ao final do processo, espera-se que os indivíduos tenham evoluído para uma boa solução. É importante analisar de que maneira alguns parâmetros influem no comportamento dos AG, para que se possa estabelecê-los conforme as necessidades do problema e dos recursos disponíveis. Seguem-se comentários sobre os principais parâmetros do processo:

a) Tamanho da população: o tamanho da população afeta o desempenho global e a eficiência dos AG. Uma população "pequena" oferece uma menor cobertura do espaço de busca, causando uma queda no desempenho. Uma "grande" população fornece uma "melhor" cobertura do domínio do problema e previne a convergência prematura para soluções locais. Entretanto, com uma grande população, tornam-se necessários recursos computacionais maiores, ou um tempo maior de processamento do problema.

b) Taxa de cruzamento: quanto maior for esta taxa, mais rapidamente novas estruturas serão introduzidas na população.

c) Taxa de mutação: uma baixa taxa de mutação previne que uma dada posição fique estagnada em um valor, além de possibilitar que se chegue a qualquer ponto do espaço de busca. Com uma taxa muito alta, a busca se torna essencialmente aleatória.

d) Intervalo de geração: controla a porcentagem da população que será substituída durante a próxima geração.

e) Substituição da população: a maioria dos algoritmos genéticos faz uma substituição de tipo geracional da população, isto é, todos os elementos da população corrente são substituídos por descendentes. Em algumas aplicações, usa-se o conceito de elitismo (aplicado na terceira geração), isto é, preservam-se algumas das propostas de solução, aquelas de melhor qualidade, especialmente a incumbente.

Operadores genéticos

Os operadores genéticos transformam a população a partir de sucessivas gerações, estendendo-se a busca até chegar a um resultado satisfatório. Para tanto, é preciso que a população se diversifique e mantenha características de adaptação adquiridas pelas gerações anteriores. Neste estudo, introduziu-se apenas uma geração.

Os operadores de mutação são necessários para a introdução e manutenção da diversidade genética da população, alterando arbitrariamente um ou mais componentes de uma estrutura escolhida. Desta forma, fornecem meios para a introdução de novos elementos na população. A mutação assegura que a probabilidade de se chegar a qualquer ponto do espaço de busca nunca será zero. O operador de mutação é aplicado, então, aos indivíduos.

a) Multiponto: é uma generalização da ideia de troca de material genético por meio de pontos, onde tantos pontos de cruzamento quanto se deseje podem ser utilizados.

b) Uniforme: não utiliza pontos de cruzamento, mas determina, mediante um parâmetro global, qual a probabilidade de cada variável ser trocada entre os pais.

No que concerne à programação de algoritmos genéticos, há um aspecto importante que difere um pouco da programação habitual: é mais difícil detectar erros na programação, já que as várias linhas de código representarão melhoramentos sobre um esquema inicial de evolução e, em muitos casos, o programa funcionará e ainda fornecerá aparentemente bons resultados, executando, no entanto, funções incorretas, ou que ao menos não fazem o que se espera que façam.

Anexo F

PO Soft

A PO Soft é composta de uma geração de métodos, pensados e elaborados para um mundo envolto em um clima de complexidade, conflitos e incertezas que auxiliam aos que praticam funções de análise de problemas e gerenciamento na vida real a enfrentar os problemas de planejamento e tomada de decisão, além de ajudar os estudantes de sistemas de gerenciamento e de pesquisa operacional a entender esta nova perspectiva. A PO Soft surgiu da necessidade de análise de situações e problemas sob uma ótica subjetiva e humanizada.

A principal função desses métodos é a de estruturar problemas antes de tentar resolvê-los; por isso, foram chamados de métodos Soft. Sua importância deve ser compreendida porque a maior parte deles surge de uma evolução da Pesquisa Operacional (PO) – ferramentas de otimização e algoritmos. Para caracterizar especificamente estes métodos Soft, Rosenhead (1989) fornece alguns exemplos da literatura britânica:

Strategic Options Development and Analysis (SODA) e Soft Systems Methodology (SSM) são as metodologias mais utilizadas para a estruturação dos problemas – identificação daqueles fatores e questões que devem constituir a agenda para novas discussões e análise.

A Strategic Choice, incluindo Analysis of Interconnected Decision Areas (AIDA), também se preocupa em estruturar situações complexas, mas dá menos ênfase às construções psicológicas das pessoas envolvidas. A Strategic Choice e a Robustness Analysis partilham o mesmo foco, preocupando-se com a incerteza e os modos de gerenciamento, enquanto o Metagame (Metajogo) e o Hypergame Analysis (Hiperjogo) analisam particularmente os aspectos conflitantes das situações de decisão.

Rosenhead (1989) menciona que essas metodologias se nivelam individualmente pelo grau de transparência, pela incorporação de conflitos, pela representação de julgamentos, pelo interesse intrínseco e pela aplicabilidade. Elas também constituem uma nova e diferente contribuição britânica na arte da estruturação de problemas, sem que haja necessidade das pessoas que vão utilizá-las de adquirirem um conhecimento matemático de alto nível.

Enquanto os métodos tradicionais, na tentativa de representar a complexidade de situações desestruturadas, muitas vezes empregam técnicas baseadas na teoria das probabilidades, os métodos Soft, ao contrário, adotam o conceito de cálculo de possibilidades. Eles estruturam eventos ou resultados que os participantes declaram como relevantes, o que torna possível identificá-los, sem a obrigatoriedade de associar números a seus significados.

O principal ingrediente das metodologias Soft é o comportamento humano, que, por senso comum e experiência, pode ser representado por métodos gráficos ou diagramas que representam de forma esquemática redes de interações, demonstrando, entre os diversos elementos das situações analisadas, as influências, causalidades, similaridades ou compatibilidades existentes. Fornecer elementos que visem estruturar situações problemáticas consideradas estratégicas é a característica mais comum encontrada entre as metodologias aqui citadas.

F.1 SSM – Descrição

SSM é uma metodologia desenvolvida por Checkland e Sholes (1990). Seus conceitos se aplicam, principalmente, à pesquisa qualitativa, conhecida como uma maneira de analisar, diagnosticar e resolver problemas, a partir de tomadas de decisões consistentes, em função do uso contínuo de seus sete estágios, durante a investigação organizacional. A SSM está inicialmente muito mais preocupada com a definição das causas (a raiz) dos problemas do que com sua resolução. A experiência adquirida com os projetos de pesquisa-ação realizados por Checkland e seus colegas levaria eventualmente ao desenvolvimento da SSM como um processo composto por sete estágios, como mostra a figura a seguir:

A SSM faz uma comparação do mundo como ele realmente é (mundo real) com alguns modelos do mundo como deveria ser (mundo dos sistemas). Com esta comparação, amplia-se o entendimento do mundo real, por meio do processo de pesquisa, identificando-se ideias e ações para melhorar este mundo. A diferença entre os modelos "ideais" e a realidade torna-se a base para a tomada de decisões que irão mudar a organização. A SSM é uma metodologia heurística (e subjetiva) que permite o aprendizado da situação e/ou organização.

Na SSM, os pesquisadores começam a estudar um problema do mundo real estudando seus sistemas, e, em seguida, desenvolvem alguns modelos que melhoram o funcionamento dos sistemas estudados. A SSM é uma metodologia de abordagem sistêmica; portanto, os modelos elaborados utilizam alguns conceitos da Teoria dos Sistemas.

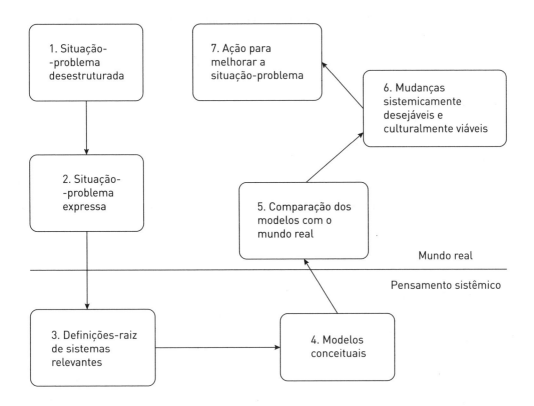

Fonte: Adaptado de Arêas e Lins, 2014.

Confronto entre o enfoque analítico e o enfoque sistêmico

Apesar da oposição dos dois enfoques, analítico e sistêmico, a SSM, ao longo de seus estágios, tenta utilizá-los em momentos distintos, fortalecendo e constituindo uma nova maneira de pensar. Rosnay (1975) situa de maneira bastante compreensível o confronto entre estes dois enfoques.

Enquanto o enfoque analítico concentra-se nos elementos do sistema, observando-os isoladamente, o enfoque sistêmico concentra-se nas interações entre os elementos de um sistema, estuda a natureza das interações e considera os efeitos desta. O enfoque analítico apoia-se na precisão dos detalhes, e modifica uma variável de cada vez, enquanto o enfoque sistêmico apoia-se na percepção global e modifica grupos de variáveis simultaneamente.

Para o enfoque analítico, os fenômenos são reversíveis e independentes de sua duração, e a validação dos fatos se realiza pela prova experimental no âmbito de uma teoria. Já o enfoque sistêmico permite a integração da duração à irreversibilidade, e a validação dos fatos se realiza pela comparação do funcionamento do modelo com a realidade.

Os modelos do enfoque analítico são precisos e detalhados, apesar da difícil utilização em uma ação (por exemplo: modelos econométricos). Os modelos do enfoque sistêmico podem ser insuficientemente rigorosos para servir de base ao conhecimento específico, mas utilizáveis em uma decisão.

O enfoque analítico é eficaz quando as interações são lineares e fracas; o enfoque sistêmico é mais eficiente quando as interações são não lineares e fortes. O primeiro conduz a um ensino por disciplina (justa-disciplinar) e a uma ação programável em seu detalhe. Embora preconize o conhecimento dos detalhes, no enfoque analítico os objetivos podem ser mal definidos, enquanto o enfoque sistêmico conduz a um ensino pluridisciplinar e a uma ação por objetivos, embora podendo conter detalhes mais imprecisos (nebulosos).

A tentativa de uni-los a partir das diretrizes enunciadas pela SSM, durante os seus sete estágios, demonstra a vital importância da metodologia, que ensina o novo pensamento, como iniciativa ao aprendizado organizacional.

F.2 SODA – Descrição

A SODA (Amaral e Araújo Filho, 1998, Eden, 1989) se caracteriza por ser extremamente sucinta e tem por objetivo ajudar o tomador de decisão ou grupo de atores a lidar com problemas complexos por meio de uma modelagem qualitativa, permitindo o entendimento do problema.

No processo de entendimento do problema, determinam-se pontos de vista importantes. A SODA serve inicialmente como uma metodologia de estruturação do processo de resolução do problema e, posteriormente, como uma técnica para planejamento e acompanhamento das ações. O campo de aplicação da SODA é amplo, auxiliando o planejamento em ambientes complexos (ou não) com vários atores de decisão. A SODA consiste, resumidamente, nos seguintes passos:

a) definição dos termos de cooperação entre os atores de decisão;
b) entrevista com indivíduos pertencentes a um grupo decisório;
c) construção de mapas cognitivos individuais;
d) construção de mapas cognitivos agregados;
e) a partir do mapa cognitivo agregado (também denominado mapa estratégico), procura-se a solução do problema;
f) tomada de decisão.

F.3 Comparação entre o AMD e a PO Soft

A SSM mostra-se bastante adequada para tratar de forma explícita os aspectos subjetivos, sendo que a aprendizagem é ditada como a perspectiva da atividade de apoio à decisão. Portanto, é neste ponto que a metodologia de Checkland e Sholes (1990) diferencia-se da abordagem multicritério, principalmente porque a SSM é uma metodologia, enquanto o

AMD compreende três grandes famílias de métodos, algoritmos e teorias de abordagem para tomada de decisão.

Checkland e Sholes (1990) consideram que a metodologia tradicional da PO até 1960 limitava-se a tratar de aspectos puramente quantitativos, não retratando a subjetividade do processo de decisão. Observa-se que a PO Soft tenta modelar as questões sobre comportamento, enquanto o AMD busca modelar os juízos de valores do decisor. A PO Soft baseia-se em modelos ditos apreciativos, em que a apreciação é um ato mental, avaliativo, no qual normas conflitantes e valores determinam quais são somente os fatos relevantes, enquanto fatos percebidos ou considerados exigem atenção porque são vistos como relevantes para certos valores. A apreciação contínua permite alteração de percepções do problema e o aprendizado. O conceito de aprendizado é comum à PO Soft e ao AMD.

A PO Soft baseia-se em aproximações heurísticas, utilizando ferramentas qualitativas. O AMD também utiliza ferramentas qualitativas, mas baseia seus algoritmos em teorias matemáticas, estudos psicofísicos e teorias comportamentais.

A metodologia Macbeth (Measuring Attractiveness by a Categorical Based Evaluation Technique) (Bana e Costa e Vansnick, 1994), do AMD, baseia-se em julgamentos subjetivos de diferença de atratividade para construir escalas cardinais de valor. Esta metodologia, desenvolvida por Bana e Costa e Vansnick (1994), baseada em julgamentos absolutos de diferença de atratividade entre pares de ações e utilizada para a construção de escalas cardinais de valor sobre cada um dos pontos de vista fundamentais, torna possível a avaliação local das alternativas. Esta metodologia, à semelhança da metodologia SODA (da PO Soft), utiliza mapas cognitivos na sua estruturação. Verifica-se uma possibilidade de análise de sensibilidade de resultados ao se comparar as sugestões de ambas as metodologias para um mesmo problema.

Durante o processo de pesquisa, o tempo de observação do mundo real, utilizado pela SSM, normalmente é maior que o tempo utilizado pela abordagem do AMD; entretanto, o tempo utilizado para modelagem dos sistemas da SSM é, em média, inferior ao tempo utilizado pelo AMD.

A SSM constrói modelos heurísticos que, comparativamente, são mais facilmente construídos que os do AMD, principalmente modelos que utilizam algoritmos matemáticos complexos (métodos interativos).

Identificam-se três grandes linhas onde a SSM e o AMD se complementam:

a) a SSM pode produzir as diretrizes básicas para a estruturação do problema que, posteriormente, poderá ser estudado e modelado pelo AMD; consequentemente, o AMD forneceria as ferramentas de programação matemática (métodos interativos ou não) para modelagem dos sistemas observados no mundo real;

b) a SSM, em seu processo de reconhecimento, a organização aprende a maneira que qualquer problema possa ser controlado por ela, sem auxílio emergencial de consultores, além da observância da agregação de experiência, criatividade e conhecimento natural de toda organização que requer um processo de apoio à decisão. Esses elementos, para serem bem atendidos, devem fugir das bases prescritivistas e normativas, segundo a SSM. O AMD, utilizando-se de bases prescritivistas e construtivistas, permite uma apreciação diferente do problema; o somatório das duas abordagens pode permitir um melhor entendimento do problema;

c) o AMD pode auxiliar os estágios 5 e 6 da SSM; particularmente, a teoria do julgamento social de Hammond (1976) pode ser utilizada para esclarecer e reduzir conflitos. Para problemas com muitas alternativas viáveis a serem consideradas, métodos de programação multiobjetivo ou de análise de utilidade multiatributo podem ser usados para buscar a maximização dos objetivos derivados das várias visões de mundo e, consequentemente, atender aos objetivos desejáveis e culturalmente possíveis.

Algumas diferenças importantes foram identificadas, tais como:

a) no AMD, o julgamento dos atores pode ser estudado por meio da associação cruzada de alternativas e critérios; na SSM, o julgamento, principalmente do analista, é condenado durante a observação do mundo real. Ele não deve prejulgar e sim observar e tentar descrever a situação como se apresenta de fato. A análise da situação e do sujeito observado deve ser comparada com outras situações referenciadas, indo em direção à negociação com o intuito de evitar, sempre que possível, a quantificação;

b) a SSM estuda situações problemáticas – sentimentos de incerteza ou preocupações algumas vezes não tão facilmente identificadas. A metodologia não inclui qualquer técnica para determinar ou mesmo otimizar algumas funções de preferência, nem fornece nenhuma direção específica de como fazer. De fato, as preferências individuais dos vários atores não são externamente formalizadas e combinadas. Exceto o recurso dos sistemas de pensamento, o processo usado é inteiramente *ad hoc*, culminando em um debate construtivo.

Referências

ACKOFF, R. L. **A concept of corporate planning**. New York: Wiley, 1970.

ALMEIDA, A. T. de. Multicriteria decision making on maintenance: spares and contracts planning. **European Journal of Operational Research**, Holanda, v. 129, n. 2, p. 235-241, 2001.

ALMEIDA, A. T. de. Multicriteria modelling for repair contract problem based on utility function and Electre I method. **Journal of Management Mathematics**, Inglaterra, v. 13, n. 1, p. 29-37, 2002.

_____; BOHORIS, G. A. Decision theory in maintenance decision making. **Journal of Quality in Maintenance Engineering**, 1(1), p. 39-45, 1995.

ALMEIDA, A. T. de; COSTA, A. P. C. S. Modelo de decisão multicritério para priorização de sistemas de informação baseado no método Promethee. **Gestão & Produção**, v. 9, n. 2, p. 201-214, 2002.

_____; COSTA, A. P. C. S. **Aplicações com métodos multicritério de apoio à decisão**. Recife: UFPE, 2003.

_____; RAMOS, F. S. (Org.). **Gestão da informação na competitividade das organizações**. 2. ed. Recife: UFPE, 2002.

_____; SOUZA, F. M. C. **Gestão da manutenção na direção da competitividade**. Recife: UFPE, 2001.

ARÊAS, Daniel Braga; LINS, Marcos Estellita. Aplicando a soft systems methodology a um projeto de extensão universitária. XVII Simpósio de Pesquisa Operacional e Logística da Marinha (SPOLM). **Anais** [...], Rio de Janeiro, ago. 2014.

ARAUJO, A.F.; ALMEIDA, A.T. Apoio à decisão na seleção de investimentos em petróleo e gás: uma aplicação utilizando o método Promethee. **Gestão & Produção**, São Carlos, 16(4), oct./dec. 2009.

AMARAL, D. C.; ARAÚJO FILHO, T. de. Aplicação da metodologia SODA no processo de desenvolvimento de produto. In: XVIII Encontro Nacional de Engenharia de Produção (Enegep). **Anais** [...], Niterói, set. 1998.

AMARAL, S. A.; SOUZA, A. J. P. Qualidade da informação e intuição na tomada de decisão organizacional. **Perspectivas em Ciência da Informação**, v. 16, n. 1, p. 133-146, jan./mar. 2011.

ANTONIO L. JR.; OLIVEIRA, Luiz C. V. de; KILIMNIK, Zélia M. O planejamento de cenários como aprendizado. **Future Studies Research Journal**, São Paulo, v. 2, n. 3, p. 3-32, jan./jun. 2010.

ANTUNES, C. H.; DIAS, L. C. **Decisão** – perspectivas interdisciplinares. Coimbra, 2007.

AZONDEKON, S. H.; MARTEL, J. M. Value of additional information in multicriterion analysis under uncertainty. **European Journal of Operational Research**, 117, p. 45-62, 1999.

BANA E COSTA, C. A. **Structuration, construction et exploitation d'un modèle multicritère d'aide à la decision**. 1992. Tese (Doutorado em Engenharia de Sistemas) – Universidade Técnica de Lisboa, Instituto Superior Técnico, Lisboa, 1992.

_____. Processo de apoio à decisão: problemáticas, atores e ações. In: **Ambiente: Fundamentalismos e Pragmatismos**. Seminário Pedro Nunes. Porto: Convento da Arrábida, ago. 1993.

_____; ALMEIDA, M. C. de. Mensor: método multicritério para segmentação ordenada. **Revista Investigação Operacional**, v. 10, n.1, p. 19-28, jun. 1990.

_____; SILVA, F. N. Concepção de uma "boa" alternativa de ligação ferroviária ao porto de Lisboa: uma aplicação da metodologia multicritério de apoio à decisão e à negociação. **Revista Investigação Operacional**, v. 14, p. 115-131, 1994.

_____; VANSNICK, J. C. The Macbeth approach: general overview and applications. In: XI International Conference on Multiple Criteria Decision Making. **Anais** [...], Coimbra, Portugal, 1994.

BANKS, J.; GIBSON, R. Simulation modeling some programming required. **IIE Solutions**, p. 26-31, feb. 1997.

BAZARIAN, J. **Intuição heurística**: uma análise científica da intuição criadora. 3. ed. São Paulo: Alfa Omega, 1986.

BAZERMAN, Max H. **Judgment in managerial decision making**. 6. ed. New Jersey: John Wiley, 2006.

BELL, D. E.; KEENEY, R. L.; RAIFFA, H. **Conflicting objectives in decisions**. New York: John Wiley, 1997.

_____; RAIFFA, H.; TVERSKY, A. **Decision making, descriptive, normative and prescriptive interactions**. Cambridge: Cambridge University Press, 1998.

BELTON, V.; STEWART, T. J. **Multiple criteria decision analysis**: an integrated approach. Boston: Kluwer Academic, 2002.

BEHZADIAN *et al.* PROMETHEE: A comprehensive literature review of applications and methodologies. **European Journal of Operational Research**, v. 200, n. 1, p. 198-215, 2010.

BERGER, J. O. **Statistical decision theory and bayesian analysis**. Berlin: Springer-Verlag, 1985.

BERNOULLI, D. Specimen theoriae novae de mensura sortis. Tradução de Louise Sommer. **Econometrica**, v. 22, p. 23-36, 1954.

BETHLEM, **Agrícola**. Estratégia empresarial. São Paulo: Atlas, 1999.

BEZDEK, J. C. **Pattern recognition with fuzzy objective function algorithms**. New York: Plenum Press, 1981.

BINDER, F. V. **Sistemas de apoio à decisão**. São Paulo: Érica, 1994.

BISWAS, R. An application of fuzzy sets in students evaluation. **Fuzzy Sets and Systems**, v. 74, p. 187-194, sept. 1995.

BRAGA, M. J. F.; BARRETO, J. M.; MACHADO, M. A. S. **Conceitos da matemática nebulosa na análise de risco**. Rio de Janeiro: Artes & Rabiskus, 1995.

BRANS, J. P.; MARESCHAL, B. The Promethee-Gaia decision support systems for multicriteria investigations. In: XI International Conference on Multiple Decision Making. **Anais** [...], Coimbra, 1994.

_____; MARESCHAL, B. **PROMETHEE-GAIA**: une méthodologie d'aide à la décision em présence de critères multiples. Bruxelles: Éditions de L'Université de Bruxelles, 2002.

BRANS, J. P.; _____. Promethee methods. In: FIGUEIRA, J. R.; GRECO, S.; EHRGOTT, M. (Eds.). Multiple criteria decision analysis. **State of the Art Survey**, New York, p. 112-131, 2005.

_____; _____. How to select and how to rank projects: the Promethee method. **European Journal of Operational Research**, v. 24, n. 2, p. 228-238, 1986.

BROWN, Paul. Review: Intuition at work: why developing your gut instincts will make you better at what you do. Disponível em: http://www.cioinsight.com/c/a/Past-News/Review-Intuition-at-Work--Why-Developing-Your-Gut-Instincts-Will-Make-You-Better-at-What-You-Do. Acesso em: fev. 2019.

BUARQUE, S. C. Experiências recentes de elaboração de cenários do Brasil e da Amazônia Brasileira. **Parcerias Estratégicas**, n. 5, set. 2003.

BUCHANAN, J.; GARDINER, L. A comparison of two reference point methods in multiple objective mathematical programming. **European Journal of Operational Research**, n. 149, p. 17-43, 2003.

_____; HENIG, M. I. Decision making by multiple criteria: a concept of solution. In: XI International Conference on Multiple Criteria Decision Making. **Anais** [...], Coimbra, 1994.

CAMPBELL, A.; WHITEHEAD, Jo. **How to test your decision-making instincts**. Disponível em: https://www.mckinseyquarterly.com/Strategy/Strategy_in_Practice/How_to_test_your_decision--making_instincts_2598. Acesso em: fev. 2019.

CARDOSO, Í. F.; RAUPP. F. M. P.; DIALLO, M. Avaliação dos movimentos aéreos no aeroporto do Galeão. **Pesquisa Operacional para o Desenvolvimento**, v. 4, n. 2, p. 200-215, 2012.

CARVALHO, D. E. Future studies. **Future Studies Research Journal**, São Paulo, v. 1, n. 1, p. 2-27, jan./jun. 2009.

CAVALCANTE, C. A. V.; Almeida, A. T. Modelo multicritério de apoio a decisão para o planejamento de manutenção preventiva utilizando Promethee II em situações de incerteza. **Pesquisa Operacional**, v. 25, n. 2, p. 279-296, ago. 2005.

CHECKLAND, P. **Systems thinking, systems practice**. Chichester: Wiley, 1981.

_____. From optimizing to learning: a development of systems thinking for the 1990s. **Journal Operational Research Society**, v. 36, n. 9, p. 757-767, 1985.

_____; SCHOLES, J. **Soft systems methodology in action**. New York: Wiley, 1990.

CHEN, F. D.; ZHANG, X.; KANG, F.; FAN, Z. P.; CHEN, X. A method for interval multiple attribute decision making with loss aversion. In: 2010 International Conference of Information Science and Management Engineering. **Anais** [...], Beijing, IEEE Computer Society, v. 1, p. 453-456, 2010.

CHEN, J.; LIN, S. An interactive neural network-based approach for solving multiple criteria decision making problems. **Decision Support Systems**, n. 36, p. 137-146, 2003.

CHIAVENATO, I. **Introdução à teoria geral da administração**. 3. ed. São Paulo: McGraw-Hill, 1983.

CHURCHMAN, C. W. **The systems approach**. New York: Dell, 1968.

CHOO, Chun Wei. **A organização do conhecimento**: como as organizações usam a informação para criar significado, construir conhecimento e tomar decisões. Tradução Eliana Rocha. São Paulo: Editora Senac, 2003.

CLEMEN, R.; REILLY, T. **Making hard decisions with decision tools suite**. Belmont: Duxbury, 2001.

CLÍMACO, J. N.; ANTUNES, C. H.; ALVES, M. J. G. **Programação linear multiobjetivo**. Coimbra: Imprensa Universidade, 2003.

COSTA, J. J. S. **Teoria da decisão**: um enfoque objetivo. 2. ed. Rio de Janeiro: Editora Rio, 1997.

DANE, E.; PRATT, M. G. Exploring intuition and its role in managerial decision making. **Academy of Management Review**, v. 32, n. 1, p. 33-54, 2007.

DÁVALOS, R. V. O ensino de simulação de sistemas nos cursos de engenharia e informática. In: XII Escuela de Perfeccionamiento en Investigación Operativa. **Anais** [...], Córdoba, mayo 2001.

DELGADO, M.; VERDEGAY, J. L.; VILA, M. A. Fuzzy numbers, definitions and properties. **Mathware & Soft Computing**, p. 31-43, 1994.

DIAS, L. C.; COSTA, J. P.; CLÍMACO, J. N. O processamento paralelo e o apoio multicritério à decisão: algumas experiências computacionais. **Revista Investigação Operacional**, v. 16, p. 181-199, dez. 1996.

DIAS, L. M. C. **A informação imprecisa e os modelos multicritério de apoio à decisão**: identificação e uso de conclusões robustas. 2002. Tese (Doutorado) – Faculdade de Economia, Universidade de Coimbra, 2002.

EASLEY, R. F.; VALACICH, J. S.; VENKATARAMANAN, M. A. Capturing group preferences in a multicriteria decision. **European Journal of Operational Research**, 125, p. 73-83, 2000.

EDEN, C. SODA and cognitive mapping in practice. In: ROSENHEAD, J. **Rational analysis for a problematic world**: problem structuring methods for complexity, uncertainty and conflict. New York: Wiley, p. 43-70, 1989.

EDWARDS, W. Cognitive processes and the assessment of subjective probability distributions. **JASA**, v. 70, n. 350, p. 291-293, 1975.

FAHEY, L.; RANDALL, R. **Learning from the future**. New York: Wiley, p. 57-80, 1998.

FARGIER, H.; LANG, J.; SABBADIN, R. Towards qualitative approaches to multi-stage decision making. In: VI International Conference, Information Processing and Management of Uncertainty in Knowledge-Based Systems (IPMU 96). **Anais** [...], Granada, v. 1, p. 31-36, jul. 1996.

FERREIRA, F. A.; JALALI, M. S.; BENTO, P.; MARQUES, C. S.; FERREIRA, J. J. Enhancing individual entrepreneurial orientation measurement using a metacognitive decision making-based framework. **International Entrepreneurship and Management Journal**, p. 1-20, 2016.

FISHBURN, P. C. Non compensatory preferences. **Synthese**, v. 33, p. 393-403, 1976.

_____. C. **Les mathématiques de la** décision. Paris: Mouton, 1973.

FLANAGAN, J. C. A. Técnica do incidente crítico. **Arquivos Brasileiros de Psicologia Aplicada**, v. 21, n. 2, 1973.

FRENCH, S. **An introduction the mathematics of rationality**. Chichester: Ellis Horwood, 1988.

_____. Uncertainty and imprecision: modelling and analysis. **Journal of the Operational Research Society**, v. 46, p. 70-79, 1995.

GERSHON, M.; GRANDZOL, J. Multiple criteria decision making. **Quality Progress**, p. 69-73, jan. 1994.

GHOSHRAY, S. A new approach to inference under uncertainty by using fuzzy mathematics and probabilistic logic. In: VI International Conference, Information Processing and Management of Uncertainty in Knowledge-Based Systems (IPMU 96). **Anais** [...], Granada, v. 3, p. 1363-1368, jul. 1996.

GODET, M. To predict or to build the future? **The Futurist**, n. 46, p. 47-49, may/jun. 2012.

_____. Fore front: how to be rigorous with scenario planning. **Foresight**, v. 12, n. 1, p. 5-9, 2000.

_____. Creating the future: the use and misuse of scenarios. **Long Range Planning**, v. 29, n. 2, p. 164-177, 1996.

_____. A "caixa de ferramentas" da prospectiva estratégica. Lisboa: Cepes, 2000a. (Caderno do Cepes n. 5.)

_____. The art of scenarios and strategic planning: tools and pitfalls. **Technological Forecasting and Social Change**, v. 65, n. 1, p. 3-22, set. 2000b.

_____. How to be rigorous with scenarios planning. **Foresigt**, 2(1), Paris, feb. 2000.

_____. The art of scenarios and strategic planning: tools and pitfalls. **Technological Forecasting and Social Change**, 65, p. 3-22, 2000.

_____. Creating the future: the use and misuse of scenarios. **Long Range Planning**, v. 29, n. 2, p. 164-177, 1996.

_____. Méthode des Scénarios, in **Futuribles**, nov. 1983.

GOMES, C. F. S. **Thor**: um algoritmo híbrido de apoio multicritério à decisão para processos decisórios com alternativas discretas. 1999. Tese (Doutorado em Engenharia de Produção) – Coppe, Universidade Federal do Rio de Janeiro, 1999.

_____. Modelos analíticos aplicados ao apoio à negociação. In: XXXV Simpósio Brasileiro de Pesquisa Operacional (SBPO). **Anais** [...], Natal, p. 1053-1063, 2003.

_____. Modelagem analítica aplicada à negociação e decisão em grupo. **Pesquisa Operacional**, Rio de Janeiro, v. 26, n. 3, p. 537-566, dez. 2006.

_____. Using MCDA methods THOR in an application for outranking the ballast water management options. **Pesquisa Operacional**, Rio de Janeiro, v. 25, p. 11-28, jan./abr. 2005.

_____; CHAVES, M. C. C. Uso de planilha eletrônica para implementação da lógica nebulosa em problemas de formulação linear multiobjetivo. **Engevista** (UFF), v. 14, p. 213-229, 2012.

_____; _____. Aplicação da programação por metas e método lexicográfico ao método STEM – nova proposta de algoritmo de formulação linear multiobjetivo. **Investigación Operativa**, Buenos Aires, v. 25, p. 75-92, maio 2005.

_____; COSTA, H. G. Proposta do uso da visão prospectiva no processo multicritério de decisão. **Relatórios de Pesquisa em Engenharia de Produção**, v. 13, n. 8, p. 94-114, 2013.

_____; GOMES, L. F. A. M. Determining the preference threshold for a multicriteria decision support system through evolutionary modelling. **Revista Tecnologia** (Unifor), v. 29, p. 46-53, 2008.

_____; GOMES, L. F. A. M; MARANHÃO, F. J. C. **Decision analysis for the exploration of gas reserves**: merging TODIM and THOR. **Pesquisa Operacional**, v. 30, p. 601-617, 2010.

GOMES, L. F. A. M. **Teoria da decisão**. São Paulo: Thomson Learning Edições Ltda. 2006, v. 1, p. 116.

_____; ARAYA, M. C. G.; CARIGNANO, C. **Tomada de decisão em cenários complexos**: introdução dos métodos discretos do apoio multicritério à decisão. São Paulo: Pioneira Thomson Learning, 2004, v. 1.

_____; GOMES, C. F. S.; RANGEL, L. A. D. A comparative analysis with THOR and TODIM: rental evaluation in Volta Redonda. **Revista Tecnologia** (Unifor), v. 30, p. 7-11, 2009.

_____; LIMA, M. M. P. P. TODIM: Basics and application to multicriteria ranking of projects with environmental impacts. **Foundations of Computing and Decision Sciences**, n. 16, p. 113-127, 1991.

_____; _____. From modelling individual preferences to multicriteria ranking of discrete alternatives: a look at prospect theory and the additive difference model. **Foundations of Computing and Decision Sciences**, v. 17, n. 3, p. 171-184, 1992.

_____; _____; MARANHÃO, F. J. C. Multicriteria analysis of natural gas destination in Brazil: an application of the TODIM method. **Mathematical and Computer Modelling**, v. 50, n. 1, p. 92-100, 2009.

_____; MOREIRA, A. M. M. Da informação à tomada de decisão: agregando valor através dos métodos multicritério. **Revista de Ciência e Tecnologia Política e Gestão para a Periferia**, Recife, 1998.

_____; MURY, A. R.; GOMES, C. F. S. Multicriteria ranking with ordinal data. **SAMS**, v. 27, p. 139-145, 1997.

_____; RANGEL, L. A. D. An application of the TODIM method to the multicriteria rental evaluation of residential properties. **European Journal of Operational Research**, v. 193, n. 1, p. 204-211, 2009.

_____; _____. An application of the TODIM method to the multicriteria rental evaluation of residential properties. **European Journal of Operational Research**, v. 193, p. 204-211, 2009.

HAIMES, Y. Y.; CHANKONG, V. **Multiobjective decision making**: theory and methods. Amsterdam: North Holland and Series in System Science and Engineering, v. 8, 1991.

HAMMOND, J. S.; KEENEY, R. L.; RAIFFA, H. **Decisões inteligentes**. Rio de Janeiro: Campus, 1999.

HAMMOND, K. R. Externalizing the parameters of quasi-rational thought. In: ZELENY, M. (Ed.). **Multiple criteria decision making**. New York: Springer-Verlag, p. 75-96, 1982.

HENSMAN, A.; SADLER-SMITH, E. Intuitive decision making in banking and finance. **European Management Journal**, v. 29, p. 51-66, 2011.

HILLIER, F. S.; LIEBERMAN, G. J. **Introduction to operations research**. 3.ed. San Francisco: Holden-Day, 1980.

HEIDJEN, K. V. Palavra de Pioneiro. **HSM Management**, p. 62-65, jun. 2000.

HIPEL, K. W.; FRASER, N. M. **Conflict analysis models and resolutions**. Amsterdam: North Holland and Series in System and Engineering, v. 11, 1984.

HOPWOOD, A. G. **The organizational and behavioural aspects of budgeting and control, in topics in management accounting**. Deddington: Philip Allen, p. 221-240, 1980.

HOWARD, R. A. Decision analysis: practice and promise. **Management Science**, v. 34, n. 6, p. 679-695, 1988.

HWANG, C.; YOON, K. **Multiple attribute decision making methods and applications**: a state-of-the-act survey. Berlin: Springer-Verlag, 1981.

JACQUET-LAGRÈZE, E.; SISKOS, Y. Assessing a set of additive utility functions for multicriteria decision making: the UTA method. **European Journal of Operational Research**, v. 10, n. 2, p. 151-164, 1982.

JACQUET-LAGRÈZE, E.; SISKOS, Y. Preference disaggregation: 20 years of MCDA experience. **European Journal of Operational Research**, v. 130, n. 2, p. 233-245, 2001.

JELASSI, T.; KERSTEN, G.; ZIONTS, S. An introduction to group decision and negotiation support. In: BANA E COSTA, C. A. (Ed.). **Readings in multiple criteria decision aid**. Berlin: Springer-Verlag, p. 537-568, 1990.

JOHNSON, E. M.; HUBER, G. P. The technology of utility assessment. **IEEE Transactions on Systems, Man, and Cybernetics** (SMC), v. 7, n. 5, p. 311-325, 1977.

JOHNSTON, R. Experiências nacionais de estudos prospectivos: reflexões da Austrália. In: Seminário Internacional sobre Estudos Prospectivos em Ciência e Tecnologia. **Anais** [...], Brasília, set. 2000.

JU, B.; FENG, J.; MIAO, C. Intuitive decision theory analysis and the evaluation model. **Management Science and Engineering**, v. 1, n. 2, dec. 2007.

KAHNEMAN, D.; TVERSKY, A. The framing of decisions and the psychology of choice. **Science**, v. 211, p. 453-458, 1981.

KAUFMAN, B. E. Emotional arousal as a source of bounded rationality. **Journal of Economics Behaviour & Organization**, n. 38, p. 135-144, 1999.

KAUFMANN, A. **Theory of fuzzy subsets**. New York: Academic Press, 1975. v. 1. (Fundamental Theoretical Elements.)

KEENEY, R. L. Utility functions for multiattributed consequences. **Management Science**, v. 18, n. 5, p. 276-287, 1972.

_____. The art of assessing multiattribute utility functions. **Organizational Behaviour and Human Performance**, v. 19, p. 267-310, 1977.

_____. Decision analysis: an overview. **Operations Research**, v. 30, n. 5, p. 803-838, 1982.

_____; RAIFFA, H. **Decisions with multiple objectives**: preferences and value tradeoffs. New York: Wiley, 1976.

KELLY, G. A. The **Psychology of personal constructs**. New York: Norton, 1955.

KLIR, G. J.; FOLGER, T. A. **Fuzzy sets, uncertainty, and information**. Englewood Cliffs: Prentice Hall, 1988.

KLIR, G. J.; YUAN, B. Fuzzy sets, fuzzy logic, and fuzzy system. Advances in Fuzzy Systems. **Applications and Theory**, v. 6, 1996.

LARSON, H. J. **Introduction to probability theory and statistical inference**. 3. ed. New York: Wiley, 1982.

LAW, A. M.; KELTON, W. D. **Introduction to simulation**. New York: McGraw-Hill, 1991.

LEKAMP, R. C.; THIERAUF, R. J. **Decision making through operations research**. 2.ed. New York: Wiley, 1975.

LEYVA-LÓPEZ, J. C.; FERNANDEZ-GONZÁLEZ, E. A new method for group decision support based on ELECTRE III methodology. **European Journal of Operational Research**, 148, p. 14-27, 2003.

LIMA JUNIOR, Francisco Rodrigues; OSIRO, Lauro; CARPINETTI, Luiz Cesar Ribeiro. Métodos de decisão multicritério para seleção de fornecedores: um panorama do estado da arte. **Gestão & Produção**, v. 20, n. 4, p. 781-801, 2013.

LOBÃO, E. C.; PORTO, A. J. V. Proposta para sistematização de estudo de simulação. In: XVII Encontro Nacional de Engenharia de Produção (Enegep). **Anais** [...], Gramado, 1997.

_____; PORTO, A. J. V. Evolução das técnicas de simulação de acordo com a tecnologia. In: Encontro Nacional de Engenharia de Produção (Enegep). **Anais** [...], Santa Bárbara d'Oeste, 1996.

LOBBER, M. L.; HOPPEN, N.; ESTIVALETE, V. F. B. A teoria da imagem como explicação para a atribuição de pesos em critérios de decisão. **Revista Brasileira de Gestão de Negócios**, v. 10, n. 28, p. 264-281, jul./set. 2008.

LOOTSMA, F. A. The french and american school in multi-criteria decision analysis. **Recherche Opérationnelle/Operations Research**, v. 24, p. 263-285, 1990.

MALCZEWSKI, J. **GIS and multicriteria decision analysis**. New York: Wiley, 1999.

MARSHALL, K. T.; OLIVER, R. M. **Decision making and forecasting**. New York: McGraw Hill, 1995.

MATSATSINIS, N. F.; SAMARAS, A. P. MCDA and preferences disaggregation in group decision support systems. **European Journal of Operational Research**, n. 130, p. 414-429, 2001.

McCORMICK, R. **Ambiguity in moral choice**. Milwaukee: Marquette University Press, 1973.

MIETTINEN, K.; SALMINEN, P. Decision-aid for discrete multiple criteria decision making problems with imprecise data. **European Journal of Operational Research**, 119, p. 50-60, 1999.

MOREIRA, A. M. **Os sistemas de apoio à decisão em grupo e os modelos multicritério**: uma nova proposição de interação nas decisões em um ambiente globalizado. 1998. Tese (Doutorado) – PUC, Rio de Janeiro, 1998.

_____; GOMES, L. F. A. M. O processo de negociação: metáfora e realidade. In: XXVII Simpósio Brasileiro de Pesquisa Operacional. **Anais** [...], Vitória, 1995.

MORENTE, M. G. **Fundamentos de filosofia**: lições preliminares. 4. ed. São Paulo: Mestre Jou, 1970.

MOUSSEAU, V. Are judgment about relative importance of criteria dependent or independent of the set of alternatives? An experimental approach. **Cahier du Lamsade**, 111, Paris, Université Paris-Dauphine, may 1992.

_____. Compensatoriness of preferences in matching and choice. **Foundations of Computing and Decision Sciences**, v. 22, n. 1, p. 3-19, 1997.

_____; SLOWINSKI, R. Inferring an Electre TRI model from assignment examples. **Journal of Global Optimization**, n. 12, p. 157-174, 1998.

MUNDA, G. **Fuzzy information in multicriteria environmental evaluation models**. Amsterdam: Vrije Universiteit, 1993.

_____. Multicriteria evaluation theory: a concise overview. In: Primer Encuentro Iberoamericano sobre Evaluación y Decisión Multicriterio (RED). **Anais** [...], Santiago, p. 55-88, jul. 1997.

NAKAMURA, A. **Applications of fuzzy-rough classification to logics**. Intelligent decision support. Handbook of application and advances of rough sets theory. Roman Slowinski (Ed.). Boston: Kluwer Academic, p. 233-250, 1992.

NOBRE, F. F.; L. T. F., TROTTA, L. T. F.; GOMES, L. F. A. M. Multi-criteria decision making – an approach to setting priorities in health care. **Statistics in Medicine**, v. 18, n. 23, p. 3345-3354, 1999.

NUANDA, S.; MAJUMDAR, S. Fuzzy and rough sets. **Fuzzy Sets and Systems**, v. 45, p. 57-160, 1992.

NUTT, P. C. The effects of culture on decision making. **Omega International Journal of Management Science**, v. 16, n. 1, p. 553-567, jan. 1988.

OLIVEIRA, Djalma de Pinho Rebouças de. **Planejamento estratégico**. São Paulo: Atlas, 2001.

OLIVEIRA, O. V.; FORTE, S. H. A. C. **O uso de cenários prospectivos na formulação da estratégia: uma aplicação na indústria bancária brasileira**. In: VII Congresso Virtual Brasileiro de Administração – Convibra Administração, 2010. Disponível em: http://www.convibra.com.br/upload/paper/adm/adm_1492.pdf. Acesso em: fev. 2019.

PARETO, V. **Manual de economia política**. São Paulo: Nova Cultural, 1996.

PASSOS, A. C.; GOMES, L. F. A. M. TODIM-FSE: A multicriteria classification method based on prospect theory. **Multiple Criteria Decision Making**, v. 9, p. 123-139, 2014.

PATCHING, D. **Practical soft systems analysis**. London: Pitman, 1990.

PAWLAK, Z. Rough sets present state and perspectives. In: VI International Conference, Information Processing and Management of Uncertainty in Knowledge-Based Systems (IPMU 96). **Anais** [...], Granada, v. 3, p. 1137-1145, jul. 1996.

PEDGEN, C. D.; SHANNON, R. E.; SADOWSKI, R. P. **Introduction to simulation using SIMAN**. 2. ed. New York: McGraw Hill, 1991.

PEREIRA, C. R.; COSTA, M. A. B. Um modelo de simulação de sistemas aplicado à programação da produção de um frigorífico de peixe. **Revista Produção Online**, Florianópolis, v. 12, n. 4, p. 972-1001, 2012.

PEIXOTO, T. A.; RANGEL, J. J. A.; MATIAS, Í. O. M.; MONTVECH, J. A. B.; MIRANDA, R. C. URURAU – Um ambiente para desenvolvimento de modelos de simulação a eventos discretos. **Pesquisa Operacional para o Desenvolvimento**, v. 5, n. 3, p. 373-405, 2013.

PINTO JUNIOR, Roberto Paulo da Silva; SOARES DE MELLO, João Carlos Correia Baptista. Identificação da melhor escolha de funcionário para realização de inspeção em estatais do setor elétrico. **Production**, v. 23, n. 1, p. 135-143, 2013.

POLESI, A. Cenários para o Brasil no futuro. **Revista Estudos Avançados**, v. 20, n. 56, 2006.

POMEROL, J. C.; BARBA-ROMERO, S. **Multicriterion decision in management**: principles and practice. New York: Springer US, 2012.

POROPUDAS, J.; VIRTANEN, K. Simulation metamodeling with dynamic Bayesian networks. **European Journal of Operational Research**, 214, p. 644-655, 2011.

PORTER, M. E. **Vantagem competitiva**: criando e sustentando um desempenho superior. 31. reimpr. Rio de Janeiro: Campus, 1989.

_____. **Vantagem competitiva**: criando e sustentando um desempenho superior. 4. ed. Rio de Janeiro: Campus, 1992.

PRADE, H.; DUBOIS, D. **Putting rough and fuzzy sets together, intelligent decision support**. Handbook of application and advances of rough sets theory. Roman Slowinski (Ed.). Dordrecht: Kluwer Academic Publishers, p. 203-232, 1992.

PROMODEL. **User's guide manufacturing simulation software**. ProModel Corporation, p. 45-47, 1994.

RAIFFA, H. **Decision analysis**. Boston: Addison-Wesley, 1970.

_____; DUNCAN, R. **Games and decisions, introduction and critical survey**. New York: Dover Publications, 1985.

RANGEL, L. A. D.; GOMES, L. F. A. M.; CARDOSO, F. P. An application of the TODIM method to the evaluation of broadband Internet plans. **Pesquisa Operacional**, v. 31, p. 235-249, 2011.

_____; _____. O Apoio Multicritério à Decisão na avaliação de candidatos / Multicriteria Decision Aid in the evaluation of candidates. **Production**, v. 20, n. 1, p. 92-101, 2010.

RANGEL, J. J. A.; SOUZA, A. A.; BASTOS, P. J. T.; BAPTISTA, R. C. T. Simulação a eventos discretos para treinamento em sistemas de controle. **Revista Eletrônica Pesquisa Operacional para o Desenvolvimento**, v. 4, n. 1, p. 97-111, 2012.

RIBEIRO, M. P. M. Planejamento por cenários: uma ferramenta para a era do conhecimento. **Intersaberes**, v. 1, n. 1, p. 186-202, jan./jun. 2006.

RINGLAND, G. **Scenario planning**: managing for the future. 2. ed. New York: John Wiley, 2006.

ROMERO, C. **Análises de las decisiones multicriterio**. Madri: Isdefe, 1996.

ROSENHEAD, J. **Rational analysis for a problematic world**: problem structuring methods for complexity, uncertainty and conflict. New York: Wiley, 1989.

ROSNAY J. **Le macroscope** – vers une vision globale. 1. ed. Paris: Points, 1975.

ROY, B. Classement et choix en présence de points de vue multiples: la méthode electre. **RIRO**, 8, p. 57-75, 1968.

_____. **Classement et choix en presence de points de vue multiples** (la methode Electre). Lausanne: Presses Polytechiniques et Universitaires Romandes, 1968a.

_____. A conceptual framework for a prescriptive theory of decision aid. **Management Science**, v. 6, p. 179-210, 1977.

_____. **Methodologie multicritère d'aide à la décision**. Paris: Economica, 1985.

_____. The outranking approach and the foundation of electre methods. In: Third International Summer School "Multiple Criteria Decision Aid: Methods, Applications and Software". **Anais** [...], Monte Estoril, jul. 1988.

_____. **The outranking approach and the formulations of electre methods**. Document du laboratoire d'analyse et modélisation de systèmes pour l'aide à décision. Paris: Université Paris-Dauphine, Lamsade, 1989.

_____. **Mulcriteria methodology for decision aiding**. Netherlands: Kluwer Academic, 1996.

_____; BERTIER, P. **La méthode Electre II**. Paris: SEMA-Metra, 1971.

_____; _____. La méthode Electre II: une application au média-planning. In: ROSS, M. (Ed.). **OR'72**. Amsterdam: North-Holland Publishing Company, p. 291-302, 1973.

_____; BOUYSSOU, D. **Mèthodologie multicritère d'àide à la dècision**. Paris: Economica, 1985.

_____; _____. **Aide multiple à la decision: methods et cas**. Paris: Economica, 1993.

_____; VANDERPOOTEN, D. The european school of MCDA: a historical review. In: SLOWINSKI, R. (Ed.). *EURO XIV Semi-plenary papers*. **Anais** [...], Jerusalém, Israel, p. 39-65, 1995.

_____; _____. The european school of MCDA: emergence, basic features and current works. **Journal of Multi-Criteria Decision Analysis**, v. 5, p. 22-38, 1996.

SAATY, T. L. **The analytic hierarquic process**. Pittsburgh: RWS, 1980.

_____. **Fundamentals of decision making and priority theory with the analytic hierarchy process**. Pittsburgh: RWS, 1994. v. 6.

_____. **Método de análise hierárquica**. São Paulo: McGraw-Hill, 1991.

SCHOEMAKER, P. J. H. Scenario planning: a tool for strategic thinking. **Sloan Management Review**, v. 36, p. 2, p. 25-40, 1995.

SCHWARTZ, P. **A arte da visão de longo prazo**: planejando o futuro em um mundo de incertezas. São Paulo: Nova Cultural, 2000.

_____. **The art of the long view**. New York: Wiley, 1998.

_____. **A arte da visão de longo prazo**. 4. ed. Rio de Janeiro: Best Seller, 2006.

SANTOS, P. M. R. dos; SANTOS M. I. R. dos. Using subsystem linear regression metamodels in stochastic simulation. **European Journal of Operational Research**, 196, p. 1031-1040, 2009.

SCHWENK, C.; HOWARD, T. Formulating the mess: the role of decision aids in problem formulation. **Omega International Journal of Management Science**, v. 11, n. 3, p. 239-252, apr. 1983.

SHAMBLIN, J. E.; STEVENS JR., G. T. **Pesquisa operacional**: uma abordagem básica. São Paulo: Atlas, 1989.

SHANNON, R. E.; PEGDEN, D.; SADOWSKI, R. P. **Introduction to simulation using siman**. New York: McGraw-Hill, 1990.

SHI, Y. Multiple criteria and multiple constraint levels linear programming. **World Scientific Publishing**, Singapore, 2001.

SILVA, Edson Rosa Gomes da; OLIVEIRAS, Thiago Paulo Silva de; BEDIN, Sonali Paula Molin; ROVER, Aires José. Processamento cognitivo da informação para tomada de decisão. **Perspectivas em Gestão & Conhecimento**, João Pessoa, v. 1, n. 1, p. 25-39, jan./jun. 2011.

SIMON, H. **The cornerstone of Simon's modern decision-making theory**. Beijing: Beijing School of Economics, 1989.

SLOWINSKI, R. Rough approximation of a preference relation by dominance relations. **ICS Research Report**, n. 16, 1996.

_____; GRECO, S.; MATARAZZO, B. New developments in the rough set approach to multi--attribute decision analysis. In: Tutorials and Research Reviews: 16th of the European Conference on Operational Research (EURO XVI). **Anais** [...], Brussels, Belgium, jul. 1998.

_____; PAWLAK, Z. Decision analysis using rough sets. In: XIX Conference on Operation Research (Ifors). **Anais** [...], 13, Lisboa, jul. 1993.

SILVA; Vanessa Batista de Sousa; SCHRAMM, Fernando; CARVALHO, Hugo Riccely Cunha de. O uso do método Promethee para seleção de candidatos à bolsa-formação do Pronatec. **Production**, v. 24, n. 3, p. 548-558, 2013.

SOARES, V. M. S. **Aplicação da metodologia de análise dos sistemas complexos em uma empresa operadora de transporte público urbano**. 1997. Dissertação (Mestrado em Engenharia de Transporte) – Coppe, Universidade Federal do Rio de Janeiro, Rio de Janeiro, 1997.

SOLTANI, A.; MARANDI, E. Z.; IVAKI, Y. E. Bus route evaluation using a two-stage hybrid model of Fuzzy AHP and TOPSIS / Avaliação de linhas de ônibus com uso de um modelo híbrido de dois estágios com Fuzzy AHP e TOPSIS. **Journal of Transport Literature**, v. 7, n. 3, p. 34-58, 2013.

STEUER, R. E. **Multiple criteria optimization**: theory, computation and application. New York: Wiley, 1988.

_____; GARDINER, L. R. Unified interactive multiple objective programming. **European Journal of Operational Research**, p. 391-406, 1994.

STEWART, T. J. A critical survey on the status of multiple criteria decision making theory and practice. **Omega International Journal of Management Science**, 20(5-6), p. 569-586, 1992.

SUTTER, M. B.; ESTIMA, D; POLO, E. F.; WRIGHT, J. T. C. Construção de cenários: apreciação de métodos mais utilizados na administração estratégica. **Espacios**, v. 33, n. 8, 2012.

TAKEDA, E. A method for multiple pseudo-criteria decision problems. **Computers & Operation Research**, v. 28, p. 1427-1439, 2001.

TYLOR, E. B. **Primitive culture**, 1871.

TELLALYAN, J. K.; STOYANOV, S. K.; TCOBANOV, I. N. System for multicriteria decision support in the problems of nonlinear optimization. In: XI International Conference on Multiple Criteria Decision Making. **Anais** [...], Coimbra, 1994.

TIAN, Z.; LU, X.; SONG, Y. Study on Intuitive decision-making question. **Journal of the Function of Systematic Management in the Modernization of our Army**, p. 245-251, 2003.

TORGERSON, W. S. **Theory and methods of scaling**. New York: Wiley, 1985.

TSENG, M. L.; LIN, Y. H.; TAN, K.; CHEN, R. H.; CHEN, Y. H. Using TODIM to evaluate green supply chain practices under uncertainty. **Applied Mathematical Modelling**, v. 38, n. 11, p. 2983-2995, 2014.

_____; _____; LIM, M. K.; TEEHANKEE, B. L. Using a hybrid method to evaluate service innovation in the hotel industry. **Applied Soft Computing**, 28, p. 411-421, 2015.

TURNER, N. Future-proofing your organisation. **CEO Journal**, oct. 2008. Disponível em: http://www.the-chiefexecutive.com/features/feature43910/index.html. Acesso em: fev. 2019.

URIS, A. **O livro de mesa do executivo**. São Paulo: Pioneira, 1989.

VANDERPOOTEN, D. **The european school of MCDA**: emergence, basic features and current works. Cahier du Lamsade, Laboratoire d'Analyse et Modélisation de Systèmes pour l'aide à décision, n. 825. Paris: Université Paris-Dauphine, Unité de Recherche Associée au CNRS, 1995.

VANSNICK, J. C. On the problems of weight: in MCDM (the noncompensatory approach). **European Journal of operation Research**, 24, p. 288-294, 1986.

VERGEZ, A.; HUISMAN, D. **Compêndio moderno de filosofia**. 4. ed. Rio de Janeiro: Freitas Bastos, 1982. v. 1.

VINCKE, P. **Multicriteria decision-aid**. New York: Wiley, 1992.

VON NEUMANN, J.; MORGENSTERN, O. **Theory of games and economic behaviour**. New Jersey: Princeton University, 1953.

WALLENIUS, J.; DYER, J. S.; FISHBURN, P. C.; STEUER, R. E.; ZIONTS, S.; DEB, K. Multiple criteria decision making, multiattribute utility theory: recent accomplishments and what lies ahead. **Management Science**, 54(7), p. 1336-1349, jul. 2008.

WANG, P. P. **Fuzzy sets, theory and applications to policy analysis and information systems**. Paul P. Wang e S. K. Chang (Eds.). New York: Springer US, 1980.

WHINSTON, M. D.; MAS-COLELL, A. **Microeconomic theory**. UK: Oxford University, 1995.

WHITE, J. D. **Decision methodology**: a formalization of the OR process. New York: Wiley, 1975.

WRIGHT, J. T. C.; SPERS, R. G. O país no futuro: aspectos metodológicos e cenários. **Estudos Avançados**, v. 20, n. 56, p. 13-28, jan./abr. 2006.

WRIGHT, George; CAIRNS, Georg; GOODWIN, Paul. Teaching scenario planning: Lessons from practice in academe and business. **European Journal of Operation Research**, v. 194, n. 1, 2009.

YAGER, R. R.; LAMATA, M. T. Aggregation of nonnumeric payoffs for decision making under uncertainty. In: VI International Conference, Information Processing and Management of Uncertainty in Knowledge-Based Systems (IPMU 96). **Anais** [...], Granada, 1996.

YANG, N.; LI, H. Study on reference point for intuition decision-making method. **Journal of Systems Engineering Theory and Practice**, p. 92-95, 2006.

YU, P.-L. **Multiple criteria decision making concepts, techniques, and extensions**. New York: Plenum Press, 1985.

ZADEH, L. A. Fuzzy sets. **Information and Control**, v. 8, p. 338-353, 1965.

ZADEH, L. A. Fuzzy sets as a basis for theory of possibility. **Fuzzy Sets and Systems**, v. 1, p. 3-28, 1978.

ZAMBON, Kátia Lívia; CARNEIRO, Adriano Alber de França M.; SILVA, Antônio Nélson Rodrigues da; NEGRI, Jean Cesari. Análise de decisão multicritério na localização de usinas termoelétricas utilizando SIG. Pesquisa. **Pesquisa Operacional**, v. 25, n. 2, p. 183-199, ago. 2005.

ZHANG, W.; JU, Y.; GOMES, L.F.A.M. The SMAA-TODIM approach: Modeling of preferences and a robustness analysis framework. **Computers & Industrial Engineering**, v. 114, p. 130-141, 2017.

ZELENY, M. **Multiple criteria decision making**. New York: McGraw-Hill, 1982.

_____. Six concepts of optimality. In: **TIMS/ORSA Joint National Meeting**, Boston, apr. 1994.

_____; STARR, M. Multiple criteria decision making. New York: Elsevier, 1977.

ZIMMERMANN, H.-J. An application-oriented view of modeling uncertainty. **European Journal of Operational Research**, 122(2), p. 190-198, 2000.

ZOPOUNIDIS, C.; DOUMPOS, M. Prefdis: a multicriteria decision support system for sorting decision problems. **Computers & Operations Research**, 27, p. 779-797, 2000.